Die schönsten Märchen von Müttern und Töchtern

DIE SCHÖNSTEN MÄRCHEN VON MÜTTERN UND TÖCHTERN

Zusammengestellt und herausgegeben von
Hans-Jörg Uther

EUGEN DIEDERICHS VERLAG

Mit Illustrationen aus dem Privatarchiv des Herausgebers

Vordere Umschlagseite: Das Frühstück, von François Boucher aus dem Jahre 1739. Vermächtnis Dr. Achille Malécot 1895, Louvre, Paris.

Die Deutsche Bibliothek – CIP-Einheitsaufnahme
Die schönsten Märchen von Müttern und Töchtern /
zsgest. und hrsg. von Hans-Jörg Uther. – München : Diederichs, 1999
ISBN 3-424-01479-6

Umschlaggestaltung: Ute Dissmann, München
Produktion: Tillmann Roeder, München
Satz: SatzTeam Berger, Ellenberg
Druck und Bindung: Franz Spiegel Buch, Ulm
Printed in Germany

ISBN 3-424-01479-6

INHALT

VON TIERMÜTTERN UND DÄMONISCHEN MÜTTERN

Von leiblichen Müttern und Töchtern

1. Das kleine Rotkäppchen

In einer schönen und fruchtbaren Gegend lag einmal vor Zeiten ein großes Dorf.

Die Häuser waren zwar klein, aber doch freundlich von außen und reinlich von innen und von einem wohlgepflegten Gärtchen umgeben. Mitten in dem Dorfe stand die Kirche auf einem großen Platze, der mit Bäumen bepflanzt war, die an Alter der Kirche selbst gewiß nicht nachstanden und im Sommer den schönsten Schatten gaben.

Auf diesem Platze kam die liebe Dorfjugend zum Spielen zusammen, wenn die Schulstunden vorbei waren und es auf dem Felde eben nichts Besonderes zu tun gab, und dann wurde gelacht und gejubelt, daß man es, wer weiß wie weit, hören konnte. Kinder gab es genug in dem Dorfe, und auch recht artige Kinder, die gern in die Kirche und die Schule gingen, um etwas Nützliches zu lernen. Auch recht hübsche Kinder gab es daselbst, mit hellen Augen und roten Backen; aber ein kleines Mädchen überstrahlte doch in jeder Hinsicht alle anderen Kinder.

Dieses Mädchen war so schön und wunderlieblich, wie man nur ein Kind sehen konnte, und dabei so artig, so freundlich und gefällig, wie eigentlich alle Kinder sein sollten. Seine Mutter liebte es auch über alle Beschreibung, und seine Großmutter war ganz vernarrt in das liebe Kind.

Diese gute Frau, die in einem benachbarten Dorfe wohnte, ließ ihrer kleinen Enkelin ein Käppchen machen, von rotem Samt, mit schwarzen Spitzen besetzt.

Das Käppchen war dem Kinde sehr lieb, weil es ein Geschenk von der guten Großmutter war, aber auch, weil es ihm so allerliebst stand. Etwas Niedlicheres gab es aber auch nicht als das Kind mit seinem roten Käppchen, mit den schönen blonden Locken, die darunter hervorkamen, und mit den hellen, freundlichen Augen, die jeden anlächelten. Sein Käppchen setzte es gar nicht mehr ab, und daher nannte man es bald im ganzen Dorfe nicht anders als Rotkäppchen. Ging Rotkäppchen durch die Straßen des Dorfes, so blieben alle Leute, große und kleine, stehen und sahen ihm nach.

Die Mütter aber zeigten es ihren eigenen Kindern und sagten: »Da geht Rotkäppchen! Ach, wenn ihr doch auch so hübsch, aber auch so brav und so freundlich würdet!«

Eines Tages hatte Rotkäppchens Mutter schöne Kuchen gebacken und legte einen davon beiseite auf einen Tisch und setzte auch ein Töpfchen Butter dazu.

Was sie damit machen wollte, werden wir sogleich hören, denn sie sagte zu ihrer Tochter: »Rotkäppchen, du könntest wohl einmal gehen und sehen, was deine Großmutter macht. Ich habe gehört, daß sie sich nicht wohl fühlt. Nimm ihr dann auch gleich einen von den schönen Kuchen und einen Topf Butter mit.«

Das war Rotkäppchen sehr angenehm zu hören, denn es ging gern zu seiner Großmutter, die es so liebhatte, und ging auch gern durch den Wald, durch welchen der Weg führte und wo so süße Beeren und so schöne Blumen wuchsen. Es schlug also ein weißes Tuch um den Kuchen und um den Buttertopf und machte sich sogleich auf den Weg.

Kaum hatte Rotkäppchen das Haus verlassen, so hatte es auch schon von weitem einen Begleiter, aber einen recht häßlichen. Das war der Wolf, der Gevatter des schlauen Fuchses, welcher zwar nicht, wie dieser, den Bauern die Hühner und Gänse stiehlt, dafür aber ihre Schafe und Ziegen holt.

Dieser Wolf schlich also, wie gesagt, unserem Rotkäppchen von weitem nach, und hätte gar zu gerne das niedliche Kind erwürgt und aufgefressen. Auf dem freien Felde wagte er das aber nicht, aus Furcht, gesehen zu werden.

»Im Walde wird es bessergehen«, dachte er und ließ seine Beute nicht aus den Augen.

Als daher Rotkäppchen in dem Walde angelangt war, war auch Gevatter Wolf gleich bei der Hand. Aber auch jetzt durfte er es noch nicht wagen, sein böses Vorhaben auszuführen, weil in der Nähe Holzhauer sich hören ließen, die damit beschäftigt waren, einige große Bäume umzuhauen.

Diese würden ihm wahrscheinlich schön mit ihrer Axt auf den Pelz gekommen sein, wenn er sich unterstanden hätte, ihrem lieben Rotkäppchen etwas zuleide zu tun.

Der Wolf stellte sich nun ganz fromm, machte ein so gutmütiges Gesicht, wie es ihm nur möglich war, und fragte Rotkäppchen, wohin es ginge. Das gute Kind, welches noch nicht wußte, wie gefährlich es ist,

sich mit einem Wolf in eine Unterhaltung einzulassen, und welches alle Geschöpfe für ebenso schuldlos hielt, als es selbst war, antwortete ohne alle Scheu: »Ich will meine Großmutter besuchen und ihr einen Kuchen und ein Töpfchen Butter bringen, welches meine Mutter ihr schickt.«

»Wohnt deine Großmutter weit von hier?« fragte der schlaue Wolf. »O ja«, antwortete Rotkäppchen; »wenn man durch den Wald ist, dann kommt man erst an eine Mühle, und jenseits der Mühle liegt ein Dorf, und in dem ersten Häuschen wohnt meine Großmutter. Kennst du die gute alte Frau?«

»Nein«, antwortete der Wolf, »aber ich möchte sie gern kennenlernen. Ich werde sie einmal besuchen.«

»Ach ja, das tue doch«, antwortete Rotkäppchen ganz vergnügt. »Das wird meiner Großmutter gewiß recht lieb sein. Die gute Frau muß ja immer so ganz allein in ihrem Zimmerchen sitzen.«

»So? Ganz allein wohnt deine Großmutter?« fragte der Wolf weiter.

»Ei, freilich«, antwortete Rotkäppchen, »wer sollte denn bei ihr sein?«

Das war nicht ganz recht von Rotkäppchen, daß es so zutraulich gegen den Wolf war, den es doch zum erstenmal in seinem Leben sah. Jemandem, den man nicht ganz genau kennt, muß man nicht alles erzählen, was man vorhat, oder überhaupt ihm nicht Dinge anvertrauen, die ihn nichts angehen.

Der Wolf merkte sich recht gut, was er eben gehört hatte, und sogleich war sein Entschluß gefaßt, die alte Großmutter auch zu seiner Beute zu machen.

»Ich habe jetzt gerade Zeit«, fuhr er fort, »und will deiner Großmutter gleich meinen Besuch machen. Bleib du nur hier auf dem Weg, ich will da den Seitenweg gehen und dann wollen wir einmal sehen, wer zuerst da ist.«

Jetzt fing der Wolf zu laufen an, so schnell er nur konnte, und zwar auf dem kürzesten Wege. Rotkäppchen aber nahm sich Zeit. Bald kam es an einen Strauch, auf welchem schöne Haselnüsse wuchsen, und davon wurden einige abgepflückt, aufgeknackt und gegessen. Bald sah es schöne rote Heidelbeeren aus dem Grase hervorgucken, und diese sammelte es, um der Großmutter eine Freude damit zu machen. Zuletzt kam es gar an eine Stelle, wo rundum die niedlichsten Blümchen wuchsen. Da setzte sich denn Rotkäppchen ganz ruhig nieder, legte sein Bündelchen

neben sich und begann ein Sträußchen zu binden und ein hübsches Kränzchen zu winden. Darüber ging dann eine geraume Zeit hin, und Rotkäppchen merkte kaum, daß der Abend herannahte.

Unterdessen war der Wolf tüchtig drauflosgelaufen und hatte bald das Häuschen erreicht, in welchem die Großmutter wohnte. Er schlich einigemal um dasselbe herum, um zu untersuchen, ob die alte Frau auch wirklich allein und keine Gefahr für ihn da wäre. So geht es dem Bösewicht immer. Denn wer kein gutes Gewissen, der muß die Gesellschaft redlicher Leute scheuen, und jedes rauschende Blatt jagt ihm Furcht ein. Die Tür des Häuschens war zu, und obgleich der Wolf sich lauschend immer näher und näher schlich, so konnte er doch nicht das geringste Geräusch im Häuschen vernehmen. Da faßte er sich ein Herz und klopfte mit dem Klöpfer leise an die Tür.

Die alte Großmutter war wohl zu Hause, aber sie war wirklich krank geworden. Sie hatte sich deshalb zu Bett gelegt und Medizin eingenommen, welche sie sich schon früher aus der Stadt hatte mitbringen lassen, da sie dergleichen Zufälle öfter hatte.

Um nun nicht aufstehen zu müssen, wenn jemand in das Haus wollte, hatte sie eine Schnur an den Riegel der Haustür befestigt, mit welcher man diesen von außen aufziehen konnte.

Wie wir gehört haben, hatte der Wolf endlich mit dem Klöpfer an die Haustür gepocht: tup! tup!

»Wer ist da?« fragte sogleich die Großmutter.

»Ich bin es, das kleine Rotkäppchen!« antwortete der Wolf mit verstellter und so feiner Stimme, wie er nur hervorbringen konnte. »Ich bringe dir einen Gruß von meiner Mutter und auch einen Kuchen und ein Töpfchen Butter. Mache geschwind die Tür auf!«

»Ziehe nur von außen an der Schnur, mein Herzchen, so wird der Riegel aufgehen«, antwortete die Großmutter, welche durchaus an keinen Betrug dachte.

Der Wolf zog an der Schnur, und die Tür ging auf. Geschwind fiel er über die gute alte Frau her und verschlang sie in wenigen Augenblicken, denn er war sehr hungrig, da er bereits seit drei Tagen nichts gegessen hatte. Hierauf ging er an den Kleiderschrank der Großmutter, band sich ein Halstuch um, setzte sich eine Mütze auf und legte sich endlich in das Bett, um auf Rotkäppchen zu warten, welches, wie er dachte, doch viel besser schmecken müßte als die alte Großmutter.

Rotkäppchen blieb auch nicht lange aus, denn es war schon ziemlich dunkel geworden. An die ihm wohlbekannte Haustür klopfte es mit dem Klöpfer an: tup! tup!

»Wer ist da?« fragte von innen eine rauhe Stimme. Rotkäppchen erschrak anfangs vor diesem rauhen Tone, doch beruhigte es sich bald wieder, weil es glaubte, die Großmutter habe sich erkältet und sei deshalb so heiser.

»Ich bin es«, antwortete es daher, »dein liebes Rotkäppchen. Ich wollte dich gern einmal besuchen, um zu sehen, wie es dir geht, und meine Mutter schickt dir einen Kuchen und ein Töpfchen Butter. Mache mir doch geschwind die Tür auf, denn ich bin sehr müde.« Der Wolf gab sich nun wieder die größte Mühe, seine Stimme so viel als möglich zu verstellen, und sagte: »Ziehe nur an der Schnur, mein Herzchen, so wird der Riegel aufgehen.«

Rotkäppchen zog an der Schnur, die Tür öffnete sich, und es trat in die Stube. Der Wolf sah mit arger Schadenfreude das liebe Kind hereinkommen und versteckte sich dann geschwind bis dicht an die Ohren unter das Deckbett.

Es war in der Stube schon ziemlich dunkel geworden, und dies erleichterte dem bösen Wolf seinen Betrug, indem man ihn nicht erkennen konnte, und weil er aus dem Deckbett hervorsprach, hatte auch seine rauhe Stimme nichts Verdächtiges.

»Wie geht es dir, liebe Großmutter?« fragte Rotkäppchen zärtlich. »Gar nicht gut, mein Kind«, stöhnte der Wolf. »Aber warum kommst du so spät?«

»Es war so hübsch in dem Walde«, antwortete Rotkäppchen, »und ich fand da so schöne Haselnüsse und so schöne Heidelbeeren und Blumen. Sieh nur, was ich dir alles mitgebracht habe. Beeren und ein Sträußchen und ein allerliebstes Kränzchen! Und was die Mutter dir schickt, wird dir gewiß auch schmecken: schöne Kuchen und frische Butter. Jetzt bin ich aber recht müde und kalt, denn seit einiger Zeit weht draußen ein rauher Wind.«

»So lege die schönen Sachen nur auf den Tisch oder auf einen Stuhl«, sagte der Wolf, »und komm zu mir ins Bett; da wirst du schon warm werden und kannst dich hübsch ausruhen.«

Rotkäppchen zog sich hierauf sein Kleidchen aus und wollte sich zu der Großmutter ins Bett legen. Wie erstaunte es aber, als es nun näher trat und die Veränderung bemerkte, die mit derselben vorgegangen war.

»Großmutter, was hast du für große Arme?«

»Um dich besser umarmen zu können, mein Töchterchen.«
»Großmutter, was hast du für lange Beine?«
»Um besser laufen zu können.«
»Großmutter, was hast du für große Ohren?«
»Um besser damit hören zu können, mein Kind.«
»Großmutter, was hast du für große Augen?«
»Um dich besser sehen zu können, mein Herzchen.«
»Großmutter, was hast du für große Zähne?«
»Die brauche ich, um dich zu fressen.«

Und mit diesen Worten warf sich der schändliche Wolf auf unser liebes Rotkäppchen und verschlang es ebenso rasch, als er vorher die Großmutter verschlungen hatte.

2. Schneeweißchen und Rosenrot

Eine arme Witwe, die lebte einsam in einem Hüttchen, und vor dem Hüttchen war ein Garten, darin standen zwei Rosenbäumchen, davon trug das eine weiße, das andere rote Rosen; und sie hatte zwei Kinder, die glichen den beiden Rosenbäumchen, und das eine hieß Schneeweißchen, das andere Rosenrot. Sie waren aber so fromm und gut, so arbeitsam und unverdrossen, als je zwei Kinder auf der Welt gewesen sind: Schneeweißchen war nur stiller und sanfter als Rosenrot. Rosenrot sprang lieber in den Wiesen und Feldern umher, suchte Blumen und fing Sommervögel; Schneeweißchen aber saß daheim bei der Mutter, half ihr im Hauswesen oder las ihr vor, wenn nichts zu tun war. Die beiden Kinder hatten einander so lieb, daß sie sich immer an den Händen faßten, sooft sie zusammen ausgingen; und wenn Schneeweißchen sagte: »Wir wollen uns nicht verlassen«, so antwortete Rosenrot: »Solange wir leben, nicht«, und die Mutter setzte hinzu: »Was das eine hat, soll's mit dem anderen teilen.«

Oft liefen sie im Walde allein umher und sammelten rote Beeren, aber kein Tier tat ihnen etwas zuleid, sondern sie kamen vertraulich herbei; das Häschen fraß ein Kohlblatt aus ihren Händen, das Reh graste an ihrer Seite, der Hirsch sprang ganz lustig vorbei, und die Vögel blieben auf den Ästen sitzen und sangen, was sie nur wußten. Kein Unfall traf sie; wenn sie sich im Walde verspätet hatten und die Nacht sie überfiel, so legten sie sich nebeneinander auf das Moos und schliefen, bis der

Morgen kam, und die Mutter wußte das und hatte ihretwegen keine Sorge.

Einmal, als sie im Walde übernachtet hatten und das Morgenrot sie aufweckte, da sahen sie ein schönes Kind in einem weißen, glänzenden Kleidchen neben ihrem Lager sitzen. Es stand auf und blickte sie ganz freundlich an, sprach aber nichts und ging in den Wald hinein. Und als sie sich umsahen, so hatten sie ganz nahe bei einem Abgrunde geschlafen und wären gewiß hineingefallen, wenn sie in der Dunkelheit noch ein paar Schritte weitergegangen wären. Die Mutter aber sagte ihnen, das müßte der Engel gewesen sein, der gute Kinder bewache.

Schneeweißchen und Rosenrot hielten das Hüttchen der Mutter so reinlich, daß es eine Freude war hineinzuschauen. Im Sommer besorgte Rosenrot das Haus und stellte der Mutter jeden Morgen, ehe sie aufwachte, einen Blumenstrauß vors Bett, darin war von jedem Bäumchen eine Rose. Im Winter zündete Schneeweißchen das Feuer an und hing den Kessel an den Feuerhaken, und der Kessel war von Messing, glänzte aber wie Gold, so rein war er gescheuert.

Abends, wenn die Flocken fielen, sagte die Mutter: »Geh, Schneeweißchen, und schieb den Riegel vor«, und dann setzten sie sich an den Herd, und die Mutter nahm die Brille und las aus einem großen Buche vor, und die beiden Mädchen hörten zu, saßen und spannen; neben ihnen lag ein Lämmchen auf dem Boden, und hinter ihnen auf einer Stange saß ein weißes Täubchen und hatte seinen Kopf unter den Flügel gesteckt.

Eines Abends, als sie so vertraulich beisammensaßen, klopfte jemand an die Türe, als wollte er eingelassen sein. Die Mutter sprach: »Geschwind, Rosenrot, mach auf, es wird ein Wanderer sein, der Obdach sucht.« Rosenrot ging und schob den Riegel weg und dachte, es wäre ein armer Mann, aber der war es nicht, es war ein Bär, der seinen dicken schwarzen Kopf zur Türe hereinstreckte. Rosenrot schrie laut und sprang zurück: das Lämmchen blökte, das Täubchen flatterte auf, und Schneeweißchen versteckte sich hinter der Mutter Bett. Der Bär aber fing an zu sprechen und sagte: »Fürchtet euch nicht, ich tue euch nichts zuleid, ich bin halb erfroren und will mich nur ein wenig bei euch wärmen.«

»Du armer Bär«, sprach die Mutter, »leg dich ans Feuer und gib nur acht, daß dir dein Pelz nicht brennt.« Dann rief sie: »Schneeweißchen, Rosenrot, kommt hervor, der Bär tut euch nichts, er meint's ehrlich.« Da

15

kamen sie beide heran, und nach und nach näherten sich auch das Lämmchen und Täubchen und hatten keine Furcht vor ihm.

Der Bär sprach: »Ihr Kinder, klopft mir den Schnee ein wenig aus dem Pelzwerk«, und sie holten den Besen und kehrten dem Bär das Fell rein; er aber streckte sich ans Feuer und brummte ganz vergnügt und behaglich. Nicht lange, so wurden sie ganz vertraut und trieben Mutwillen mit dem unbeholfenen Gast. Sie zausten ihm das Fell mit den Händen, setzten ihre Füßchen auf seinen Rücken und walgerten ihn hin und her, oder sie nahmen eine Haselrute und schlugen auf ihn los, und wenn er brummte, so lachten sie. Der Bär ließ sich's aber gerne gefallen, nur wenn sie's gar zu arg machten, rief er: »Laßt mich am Leben, ihr Kinder:

Schneeweißchen, Rosenrot,
Schlägst dir den Freier tot.«

Als Schlafenszeit war und die andern zu Bett gingen, sagte die Mutter zu dem Bär: »Du kannst in Gottes Namen da am Herde liegenbleiben, so bist du vor der Kälte und dem bösen Wetter geschützt.« Sobald der Tag graute, ließen ihn die beiden Kinder hinaus, und er trabte über den Schnee in den Wald hinein.

Von nun an kam der Bär jeden Abend zu der bestimmten Stunde, legte sich an den Herd und erlaubte den Kindern, Kurzweil mit ihm zu treiben, soviel sie wollten; und sie waren so gewöhnt an ihn, daß die Türe nicht eher zugeriegelt ward, als bis der schwarze Gesell angelangt war.

Als das Frühjahr herangekommen und draußen alles grün war, sagte der Bär eines Morgens zu Schneeweißchen: »Nun muß ich fort und darf den ganzen Sommer nicht wiederkommen.«

»Wo gehst du denn hin, lieber Bär?« fragte Schneeweißchen. »Ich muß in den Wald und meine Schätze vor den bösen Zwergen hüten; im Winter, wenn die Erde hartgefroren ist, müssen sie wohl unten bleiben und können sich nicht durcharbeiten, aber jetzt, wenn die Sonne die Erde aufgetaut und erwärmt hat, da brechen sie durch, steigen herauf, suchen und stehlen; was einmal in ihren Händen ist und in ihren Höhlen liegt, das kommt so leicht nicht wieder an des Tages Licht.« Schneeweißchen war ganz traurig über den Abschied, und als es ihm die Türe aufriegelte und der Bär sich hinausdrängte, blieb er an dem Türhaken hängen, und ein Stück seiner Haut riß auf, und da war es Schneeweißchen, als hätte es Gold durchschimmern gesehen; aber es war seiner

Schneeweischen und Rosenroth.

Sache nicht gewiß. Der Bär lief eilig fort und war bald hinter den Bäumen verschwunden.

Nach einiger Zeit schickte die Mutter die Kinder in den Wald, Reisig zu sammeln. Da fanden sie draußen einen großen Baum, der lag gefällt auf dem Boden, und an dem Stamme sprang zwischen dem Gras etwas auf und ab, sie konnten aber nicht unterscheiden, was es war. Als sie näher kamen, sahen sie einen Zwerg mit einem alten, verwelkten Gesicht und einem ellenlangen schneeweißen Bart. Das Ende des Bartes war in eine Spalte des Baumes eingeklemmt, und der Kleine sprang hin und her wie ein Hündchen an einem Seil und wußte nicht, wie er sich helfen sollte. Er glotzte die Mädchen mit seinen roten feurigen Augen an und schrie: »Was steht ihr da! Könnt ihr nicht herbeigehen und mir Beistand leisten?«

»Was hast du angefangen, kleines Männchen?« fragte Rosenrot. »Dumme, neugierige Gans«, antwortete der Zwerg, »den Baum habe ich mir spalten wollen, um kleines Holz in der Küche zu haben; bei den dicken Klötzen verbrennt gleich das bißchen Speise, das unsereiner braucht, der nicht soviel hinunterschlingt als ihr grobes, gieriges Volk. Ich hatte den Keil schon glücklich hineingetrieben, und es wäre alles nach Wunsch gegangen, aber das verwünschte Holz war zu glatt und sprang unversehens heraus, und der Baum fuhr so geschwind zusammen, daß ich meinen schönen weißen Bart nicht mehr herausziehen konnte; nun steckt er drin, und ich kann nicht fort. Da lachen die albernen glatten Milchgesichter! Pfui, was seid ihr garstig!«

Die Kinder gaben sich alle Mühe, aber sie konnten den Bart nicht herausziehen, er steckte zu fest. »Ich will laufen und Leute herbeiholen«, sagte Rosenrot. »Wahnsinnige Schafsköpfe«, schnarrte der Zwerg, »wer wird gleich Leute herbeirufen, ihr seid mir schon um zwei zu viel; fällt euch nicht Besseres ein?«

»Sei nur nicht ungeduldig«, sagte Schneeweißchen, »ich will schon Rat schaffen«, holte sein Scherchen aus der Tasche und schnitt das Ende des Bartes ab. Sobald der Zwerg sich frei fühlte, griff er nach einem Sack, der zwischen den Wurzeln des Baumes steckte und mit Gold gefüllt war, hob ihn heraus und brummte vor sich hin: »Ungehobeltes Volk, schneidet mir ein Stück von meinem stolzen Barte ab! Lohn's euch der Guck[g]uck!« Damit schwang er seinen Sack auf den Rücken und ging fort, ohne die Kinder nur noch einmal anzusehen.

Einige Zeit danach wollten Schneeweißchen und Rosenrot ein Gericht Fische angeln. Als sie nahe bei dem Bach waren, sahen sie, daß etwas wie eine große Heuschrecke nach dem Wasser zu hüpfte, als wollte es hineinspringen. Sie liefen heran und erkannten den Zwerg. »Wo willst du hin?« sagte Rosenrot, »du willst doch nicht ins Wasser?«

»Solch ein Narr bin ich nicht«, schrie der Zwerg, »seht ihr nicht, der verwünschte Fisch will mich hineinziehen?« Der Kleine hatte dagesessen und geangelt, und unglücklicherweise hatte der Wind seinen Bart mit der Angelschnur verflochten; als gleich darauf ein großer Fisch anbiß, fehlten dem schwachen Geschöpf die Kräfte, ihn herauszuziehen: der Fisch behielt die Oberhand und riß den Zwerg zu sich hin. Zwar hielt er sich an allen Halmen und Binsen, aber das half nicht viel, er mußte den Bewegungen des Fisches folgen und war in beständiger Gefahr, ins Wasser gezogen zu werden. Die Mädchen kamen zu rechter Zeit, hielten ihn fest und versuchten, den Bart von der Schnur loszumachen, aber vergebens, Bart und Schnur waren fest ineinander verwirrt. Es blieb nichts übrig, als das Scherchen hervorzuholen und den Bart abzuschneiden, wobei ein kleiner Teil desselben verlorenging.

Als der Zwerg das sah, schrie er sie an: »Ist das Manier, ihr Lorche, einem das Gesicht zu schänden? Nicht genug, daß ihr mir den Bart unten abgestutzt habt, jetzt schneidet ihr mir den besten Teil davon ab: ich darf mich vor den Meinigen gar nicht sehen lassen. Daß ihr laufen müßtet und die Schuhsohlen verloren hättet!« Dann holte er einen Sack Perlen, der im Schilfe lag, und ohne ein Wort weiter zu sagen, schleppte er ihn fort und verschwand hinter einem Stein.

Es trug sich zu, daß bald hernach die Mutter die beiden Mädchen nach der Stadt schickte, Zwirn, Nadeln, Schnüre und Bänder einzukaufen. Der Weg führte sie über eine Heide, auf der hier und da mächtige Felsenstücke zerstreut lagen. Da sahen sie einen großen Vogel in der Luft schweben, der langsam über ihnen kreiste, sich immer tiefer herabsenkte und endlich nicht weit bei einem Felsen niederstieß. Gleich darauf hörten sie einen durchdringenden, jämmerlichen Schrei. Sie liefen herzu und sahen mit Schrecken, daß der Adler ihren alten Bekannten, den Zwerg, gepackt hatte und ihn forttragen wollte. Die mitleidigen Kinder hielten gleich das Männchen fest und zerrten sich so lange mit dem Adler herum, bis er seine Beute fahrenließ.

Als der Zwerg sich von dem ersten Schrecken erholt hatte, schrie er mit seiner kreischenden Stimme: »Konntet ihr nicht säuberlicher mit mir umgehen? Gerissen habt ihr an meinem dünnen Röckchen, daß es überall zerfetzt und durchlöchert ist, unbeholfenes und täppisches Gesindel, das ihr seid!« Dann nahm er einen Sack mit Edelsteinen und schlüpfte wieder unter den Felsen in seine Höhle.

Die Mädchen waren an seinen Undank schon gewöhnt, setzten ihren Weg fort und verrichteten ihr Geschäft in der Stadt. Als sie beim Heimweg wieder auf die Heide kamen, überraschten sie den Zwerg, der auf einem reinlichen Plätzchen seinen Sack mit Edelsteinen ausgeschüttet und nicht gedacht hatte, daß so spät noch jemand daherkommen würde. Die Abendsonne schien über die glänzenden Steine, sie schimmerten und leuchteten so prächtig in allen Farben, daß die Kinder stehenblieben und sie betrachteten. »Was steht ihr da und habt Maulaffen feil!« schrie der Zwerg, und sein aschgraues Gesicht ward zinnoberrot vor Zorn. Er wollte mit seinen Scheltworten fortfahren, als sich ein lautes Brummen hören ließ und ein schwarzer Bär aus dem Walde herbeitrabte. Erschrocken sprang der Zwerg auf, aber er konnte nicht mehr zu seinem Schlupfwinkel gelangen, der Bär war schon in seiner Nähe. Da rief er in Herzensangst: »Lieber Herr Bär, verschont mich, ich will Euch alle meine Schätze geben, sehet, die schönen Edelsteine, die da liegen. Schenkt mir das Leben, was habt Ihr an mir kleinem, schmächtigen Kerl? Ihr spürt mich nicht zwischen den Zähnen; da, die beiden gottlosen Mädchen packt, das sind für Euch zarte Bissen, fett wie junge Wachteln, die freßt in Gottes Namen.«

Der Bär kümmerte sich um seine Worte nicht, gab dem boshaften Geschöpf einen einzigen Schlag mit der Tatze, und es regte sich nicht mehr. Die Mädchen waren fortgesprungen, aber der Bär rief ihnen nach: »Schneeweißchen und Rosenrot, fürchtet euch nicht, wartet, ich will mit euch gehen.« Da erkannten sie seine Stimme und blieben stehen, und als der Bär bei ihnen war, fiel plötzlich die Bärenhaut ab, und er stand da als ein schöner Mann und war ganz in Gold gekleidet. »Ich bin eines Königs Sohn«, sprach er, »und war von dem gottlosen Zwerg, der mir meine Schätze gestohlen hatte, verwünscht, als ein wilder Bär in dem Walde zu laufen, bis ich durch seinen Tod erlöst würde. Jetzt hat er seine wohlverdiente Strafe empfangen.«

Schneeweißchen ward mit ihm vermählt und Rosenrot mit seinem Bruder, und sie teilten die großen Schätze miteinander, die der Zwerg in seine Höhle zusammengetragen hatte. Die alte Mutter lebte noch lange Jahre ruhig und glücklich bei ihren Kindern. Die zwei Rosenbäumchen aber nahm sie mit, und sie standen vor ihrem Fenster und trugen jedes Jahr die schönsten Rosen, weiß und rot.

3. Das Kätzchen und die Stricknadeln

Es war einmal eine arme Frau, die in den Wald ging, um Holz zu lesen. Als sie mit ihrer Bürde auf dem Rückwege war, sah sie ein krankes Kätzchen hinter einem Zaun liegen, das kläglich schrie. Die arme Frau nahm es mitleidig in ihre Schürze und trug es nach Hause zu. Auf dem Wege kamen ihre beiden Kinder ihr entgegen, und wie sie sahen, daß die Mutter etwas trug, fragten sie: »Mutter, was trägst du?« und wollten gleich das Kätzchen haben; aber die mitleidige Frau gab den Kindern das Kätzchen nicht, aus Sorge, sie möchten es quälen, sondern sie legte es zu Hause auf alte weiche Kleider und gab ihm Milch zu trinken. Als das Kätzchen sich gelabt hatte und wieder gesund war, war es mit einem Male fort und verschwunden.

Nach einiger Zeit ging die arme Frau wieder in den Wald, und als sie mit ihrer Bürde Holz auf dem Rückwege wieder an die Stelle kam, wo das kranke Kätzchen gelegen hatte, da stand eine ganz vornehme Dame dort, winkte die arme Frau zu sich und warf ihr fünf Stricknadeln in die Schürze. Die Frau wußte nicht recht, was sie denken sollte, und dünkte diese absonderliche Gabe ihr gar zu gering; doch nahm sie die fünf Stricknadeln des Abends auf den Tisch.

Aber als die Frau des andern Morgens ihr Lager verließ, da lag ein Paar neue fertiggestrickte Strümpfe auf dem Tisch. Das wunderte die arme Frau über alle Maßen, und am nächsten Abend legte sie die Nadeln wieder auf den Tisch, und am Morgen darauf lagen neue Strümpfe da. Jetzt merkte sie, daß zum Lohn ihres Mitleids mit dem kranken Kätzchen ihr diese fleißigen Nadeln beschert waren, und ließ dieselben nun jede Nacht stricken, bis sie und die Kinder genug hatten. Dann verkaufte sie auch Strümpfe und hatte genug bis an ihr seliges Ende.

4. Die Kobra und die Polonga

In einem Land herrschte einmal eine große Dürre. Seit Monaten hatte es nicht mehr geregnet. Alle Seen, Teiche und Tümpel waren ausgetrocknet. Die Tiere des Waldes litten großen Durst. Nirgendwo konnten sie Wasser zum Trinken finden. So zogen viele von ihnen in die Nähe der Dörfer, denn in den Brunnen der Häuser war noch ausreichend Wasser.

So schlängelte eines Tages auch eine Kobra durch ein Dorf und gelangte in den Garten eines Bauern. Da sah sie ein kleines Kind in einer Wanne sitzen. Die Wanne war gefüllt mit Wasser, und das Kind planschte in dem Wasser umher. Ein Teil des Wassers schwappte über und versiegte in der ausgetrockneten Erde.

Die durstige Kobra konnte das nicht mit ansehen und schlängelte sich näher an die Wanne heran, in der Hoffnung, ein paar Tropfen des kostbaren Wassers zu erhaschen. Da aber die Tropfen, die über den Wannenrand liefen, sofort versiegten und die Kobra auch befürchten mußte, daß man sie entdecken und töten könnte, entschloß sie sich, in die Wanne hineinzukriechen und sich in das Wasser zu legen. Das Kind sah die Kobra und begann, unbefangen mit der Hälfte einer Kokosnußschale, die es als Spielzeug in der Hand hielt, auf den Kopf der Kobra zu schlagen. Die Kobra dachte: »Es ist doch nur ein kleines, ahnungsloses Kind. Es weiß ja nicht, was es tut. Also werde auch ich ihm nichts antun«, trank von dem Wasser und schlängelte sich davon, als ihr Durst gestillt war.

An den folgenden Tagen lag die Kobra in dem Garten unter einem Gebüsch und wartete darauf, daß das Kind gebadet würde. Sobald es in der
Wanne saß und die Mutter fortgegangen war, schlängelte sich die Kobra
vorsichtig heran und verschwand wieder in der Wanne. Das Kind hatte
sich schon an die Kobra gewöhnt und ließ sie deshalb ungestört ihren
Durst stillen.

Eines Tages, als die Kobra sich gerade aus dem Garten schlängelte, traf
sie eine Polonga, die gefährlichste und giftigste Schlange im ganzen
Lande. »Ich sterbe vor Durst!« keuchte die Polonga, »bitte sag mir, liebe
Freundin, wo ich etwas Wasser zum Trinken finden kann.«

»Ich weiß leider auch nicht, wo es noch Wasser gibt«, heuchelte die
Kobra und versuchte, so gut sie konnte, ihre Lüge zu vertuschen. Sie
wußte, daß die Polonga eine schlaue und hinterlistige Schlange war. Sie
hätte ihr nicht trauen können, denn sie war sicher, daß die Polonga das
Kind beißen und töten würde, wenn sie ihr von der Wanne in dem Garten erzählen würde.

Da es der Kobra jedoch sehr schwerfiel, sich zu verstellen, schöpfte die Polonga Verdacht und zischte: »Ich weiß, daß du mich belügst, Schwester. Ich kann doch sehen, daß du deinen eigenen Durst gestillt hast!« Dann bettelte sie: »Bitte sag mir doch, woher du das Wasser hast! Ich werde dir ewig dankbar dafür sein!«

Die Kobra bekam Mitleid mit der Polonga, denn noch vor ein paar Tagen hatte sie auch Durst gehabt und wußte sehr gut, wie weh das tat. So gab sie nach und sagte: »Nun gut, ich werde dir verraten, wo du Wasser zum Trinken finden kannst!«

Die Polonga war froh, daß die Kobra jetzt bereit war, ihr zu helfen, als die Kobra hinzufügte: »Du mußt mir aber versprechen, daß du genau das tust, was ich dir jetzt sage. Versprichst du mir das?«

Die Polonga erwiderte: »Ich verspreche es dir! Bei meiner Ehre! Ich werde tun, was du mir sagst!«

Darauf sagte die Kobra: »Ganz in der Nähe ist ein Haus. In dem Garten wachsen viele Araliya-Bäume mit wunderschönen Tempelblüten. Jeden Morgen stellt die Frau des Bauern eine Wanne, gefüllt mit Wasser, in den Garten und setzt ihr Kind hinein. Das Kind spielt dann mit dem Wasser, und du kannst dich, wenn du dich vorsichtig heranschlängelst, in die Wanne zu dem Kind legen. Die Leute im Haus werden dich so nicht bemerken. Und nun meine Bitte: Du darfst dem Kind in der Wanne nichts tun, auch wenn es dir auf den Kopf haut und dich beim Planschen mit Händen und Füßen stößt. Trinke ein wenig Wasser und schlängle dich dann wieder davon!«

Die Polonga erwiderte: »Ich werde dem Kind ganz gewiß nichts tun«, und gab der Kobra dann noch einmal ihr heiligstes Versprechen. Dann dankte sie der Kobra und sagte: »Was kann ich für dich tun, liebe Freundin? Ich bin dir ja so dankbar.«

Die Kobra traute der Polonga jedoch nicht, und so folgte sie ihr und versteckte sich in dem Gebüsch. Sie beobachtete, wie sich die Polonga zur Wanne schlängelte, hineinkroch und einen Augenblick nicht mehr zu sehen war. Das Kind spielte unbefangen im Wasser, planschte und strampelte mit den Füßen. Da nahm es die Hälfte der Kokosnuß und schlug der Polonga damit auf den Kopf. Zum Entsetzen der Kobra schnellte die Polonga aus dem Wasser hoch, zischte und biß das Kind. Die Kobra rief: »Du Lügnerin! Du schmutzige, hinterlistige Lügnerin!« Die Polonga versuchte zu entkommen, aber die Kobra holte sie ein und biß sie so lange, bis sie tot war.

5. Die Gänsemagd

Es lebte einmal eine alte Königin, der war ihr Gemahl schon lange Jahre gestorben, und sie hatte eine schöne Tochter. Wie die erwuchs, wurde sie weit über Feld an einen Königssohn versprochen. Als nun die Zeit kam, wo sie vermählt werden sollten und das Kind in das fremde Reich abreisen mußte, packte ihr die Alte gar viel köstliches Gerät und Geschmeide ein, Gold und Silber, Becher und Kleinode, kurz, alles, was nur zu einem königlichen Brautschatz gehörte, denn sie hatte ihr Kind von Herzen lieb. Auch gab sie ihr eine Kammerjungfer bei, welche mitreiten und die Braut in die Hände des Bräutigams überliefern sollte, und jede bekam ein Pferd zur Reise, aber das Pferd der Königstochter hieß Falada und konnte sprechen. Wie nun die Abschiedsstunde da war, begab sich die alte Mutter in ihre Schlafkammer, nahm ein Messerlein und schnitt damit in ihre Finger, daß sie bluteten; darauf hielt sie ein weißes Läppchen unter und ließ drei Tropfen Blut hineinfallen, gab sie der Tochter und sprach: »Liebes Kind, verwahre sie wohl, sie werden dir unterwegs not tun.«

Also nahmen beide voneinander betrübten Abschied; das Läppchen steckte die Königstochter in ihren Busen vor sich, setzte sich aufs Pferd und zog nun fort zu ihrem Bräutigam. Da sie eine Stunde geritten waren, empfand sie heißen Durst und sprach zu ihrer Kammerjungfer: »Steig ab und schöpfe mir mit meinem Becher, den du für mich mitgenommen hast, Wasser aus dem Bache, ich möchte gern einmal trinken.«

»Wenn Ihr Durst habt«, sprach die Kammerjungfer, »so steigt selber ab, legt Euch ans Wasser und trinkt, ich mag Eure Magd nicht sein.« Da stieg die Königstochter vor großem Durst herunter, neigte sich über das Wasser im Bach und trank und durfte nicht aus dem goldenen Becher trinken. Da sprach sie: »Ach Gott!« Da antworteten die drei Blutstropfen: »Wenn das deine Mutter wüßte, das Herz im Leibe tät ihr zerspringen.« Aber die Königsbraut war demütig, sagte nichts und stieg wieder zu Pferd.

So ritten sie etliche Meilen weiter fort, aber der Tag war warm, die Sonne stach, und sie durstete bald von neuem. Da sie nun an einen Wasserfluß kamen, rief sie noch einmal ihrer Kammerjungfer: »Steig ab und gib mir aus meinem Goldbecher zu trinken«, denn sie hatte aller bösen Worte längst vergessen. Die Kammerjungfer sprach aber noch hochmütiger: »Wollt Ihr trinken, so trinkt allein, ich mag nicht Eure Magd sein.« Da stieg die Königstochter hernieder vor großem Durst, legte sich über das fließende Wasser, weinte und sprach: »Ach Gott!« Und die Blutstropfen antworteten wiederum: »Wenn das deine Mutter wüßte, das Herz im Leibe tät ihr zerspringen.«

Und wie sie so trank und sich recht überlehnte, fiel ihr das Läppchen, worin die drei Tropfen waren, aus dem Busen und floß mit dem Wasser fort, ohne daß sie es in ihrer großen Angst merkte. Die Kammerjungfer hatte aber zugesehen und freute sich, daß sie Gewalt über die Braut bekäme: denn damit, daß diese die Blutstropfen verloren hatte, war sie schwach und machtlos geworden.

Als sie nun wieder auf ihr Pferd steigen wollte, das da hieß Falada, sagte die Kammerfrau: »Auf Falada gehör' ich, und auf meinen Gaul gehörst du«; und das mußte sie sich gefallen lassen. Dann befahl ihr die Kammerfrau mit harten Worten, die königlichen Kleider auszuziehen und ihre schlechten anzulegen, und endlich mußte sie sich unter freiem Himmel verschwören, daß sie am königlichen Hof keinem Menschen etwas davon sprechen wollte; und wenn sie diesen Eid nicht abgelegt hätte, wäre sie auf der Stelle umgebracht worden. Aber Falada sah das alles an und nahm's wohl in acht. Die Kammerfrau stieg nun auf Falada und die wahre Braut auf das schlechte Roß, und so zogen sie weiter, bis sie endlich in dem königlichen Schloß eintrafen.

Da war große Freude über ihre Ankunft, und der Königssohn sprang ihnen entgegen, hob die Kammerfrau vom Pferde und meinte, sie wäre seine Gemahlin; sie ward die Treppe hinaufgeführt, die wahre Königstochter aber mußte unten stehenbleiben. Da schaute der alte König am Fenster und sah sie im Hof halten und sah, wie fein sie war, zart und gar schön; ging alsbald hin ins königliche Gemach und fragte die Braut nach der, die sie bei sich hätte und da unten im Hofe stände und wer sie wäre. »Die hab ich mir unterwegs mitgenommen zur Gesellschaft; gebt der Magd was zu arbeiten, daß sie nicht müßig steht.« Aber der alte König hatte keine Arbeit für sie und wußte nichts, als daß er sagte: »Da hab' ich so einen kleinen Jungen, der hütet die Gänse, dem mag sie helfen.« Der Junge hieß Kürdchen (Konrädchen), dem mußte die wahre Braut helfen Gänse hüten.

Bald aber sprach die falsche Braut zu dem jungen König: »Liebster Gemahl, ich bitte Euch, tut mir einen Gefallen.« Er antwortete: »Das will ich gerne tun.«

»Nun, so laßt den Schinder rufen und da dem Pferde, worauf ich hergeritten bin, den Hals abhauen, weil es mich unterweges geärgert hat.«

Eigentlich aber fürchtete sie, daß das Pferd sprechen möchte, wie sie mit der Königstochter umgegangen war. Nun war das so weit geraten, daß es geschehen, und der treue Falada sterben sollte, da kam es auch der rechten Königstochter zu Ohr, und sie versprach dem Schinder heimlich ein Stück Geld, das sie ihm bezahlen wollte, wenn er ihr einen kleinen Dienst erwiese.

In der Stadt war ein großes finsteres Tor, wo sie abends und morgens mit den Gänsen durchmußte, unter das finstere Tor möchte er dem Falada seinen Kopf hinnageln, daß sie ihn doch noch mehr als einmal sehen könnte. Also versprach das der Schindersknecht zu tun, hieb den Kopf ab und nagelte ihn unter das finstere Tor fest.

Des Morgens früh, da sie und Kürdchen unterm Tor hinaustrieben, sprach sie im Vorbeigehen:

> »O du Falada, da du hangest«,

da antwortete der Kopf:

> »O du Jungfer Königin,
> Da du gangest,
> Wenn das deine Mutter wüßte,
> Ihr Herz tät ihr zerspringen.«

Da zog sie still weiter zur Stadt hinaus, und sie trieben die Gänse aufs Feld. Und wenn sie auf der Wiese angekommen war, saß sie nieder und machte ihre Haare auf, die waren eitel Gold, und Kürdchen sah sie und freute sich, wie sie glänzten, und wollte ihr ein paar ausraufen. Da sprach sie:

> »Weh, weh, Windchen,
> Nimm Kürdchen sein Hütchen,
> Und laß 'n sich mit jagen,
> Bis ich mich geflochten und geschnatzt
> Und wieder aufgesatzt.«

Und da kam ein so starker Wind, daß er dem Kürdchen sein Hütchen wegwehte über alle Land, und es mußte ihm nachlaufen. Bis es wieder kam, war sie mit dem Kämmen und Aufsetzen fertig, und er konnte keine Haare kriegen. Da war Kürdchen bös' und sprach nicht mit ihr; und so hüteten sie die Gänse, bis daß es Abend ward, dann gingen sie nach Haus'.

Den andern Morgen, wie sie unter dem finstern Tor hinaustrieben, sprach die Jungfrau:

> »O du Falada, da du hangest.«

Falada antwortete:

> »O du Jungfer Königin,
> Da du gangest,
> Wenn das deine Mutter wüßte,
> Das Herz tät ihr zerspringen.«

Und in dem Feld setzte sie sich wieder auf die Wiese und fing an, ihr Haar auszukämmen, und Kürdchen lief und wollte danach greifen, da sprach sie schnell:

>»Weh, weh, Windchen,
Nimm Kürdchen sein Hütchen,
Und laß 'n sich mit jagen,
Bis ich mich geflochten und geschnatzt
Und wieder aufgesatzt.«

Da wehte der Wind und wehte ihm das Hütchen vom Kopf weit weg, daß Kürdchen nachlaufen mußte; und als es wiederkam, hatte sie längst ihr Haar zurecht, und es konnte keins davon erwischen; und so hüteten sie die Gänse, bis es Abend ward. Abends aber, nachdem sie heimgekommen waren, ging Kürdchen vor den alten König und sagte: »Mit dem Mädchen will ich nicht länger Gänse hüten.«

»Warum denn?« fragte der alte König. »Ei, das ärgert mich den ganzen Tag.« Da befahl ihm der alte König zu erzählen, wie's ihm denn mit ihr ginge. Da sagte Kürdchen: »Morgens, wenn wir unter dem finstern Tor mit der Herde durchkommen, so ist da ein Gaulskopf an der Wand, zu dem redet sie:

>»Falada, da du hangest.«

Da antwortet der Kopf:

>»O du Königsjungfer,
Da du gangest,
Wenn das deine Mutter wüßte,
Das Herz tät ihr zerspringen.«

Und so erzählte Kürdchen weiter, was auf der Gänsewiese geschähe und
wie es da dem Hut im Winde nachlaufen müßte.

Der alte König befahl ihm, den nächsten Tag wieder hinauszutreiben,
und er selbst, wie es Morgen war, setzte sich hinter das finstere Tor und
hörte da, wie sie mit dem Haupt des Falada sprach; und dann ging er ihr
auch nach in das Feld und barg sich in einem Busch auf der Wiese. Da
sah er nun bald mit seinen eigenen Augen, wie die Gänsemagd und der
Gänsejunge die Herde getrieben brachte und wie nach einer Weile sie
sich setzte und ihre Haare losflocht, die strahlten von Glanz. Gleich
sprach sie wieder:

>»Weh, weh, Windchen,
Faß Kürdchen sein Hütchen,
Und laß 'n sich mit jagen,
Bis daß ich mich geflochten und geschnatzt
Und wieder aufgesatzt.«

Da kam ein Windstoß und fuhr mit Kürdchens Hut weg, daß es weit zu
laufen hatte, und die Magd kämmte und flocht ihre Locken still fort,
welches der alte König alles beobachtete.

Darauf ging er unbemerkt zurück, und als abends die Gänsemagd
heimkam, rief er sie beiseite und fragte, warum sie dem allem so täte.
»Das darf ich Euch und darf auch keinem Menschen mein Leid klagen,
denn so hab' ich mich unter freiem Himmel verschworen, weil ich sonst
um mein Leben gekommen wäre.« Er drang in sie und ließ ihr keinen
Frieden, aber er konnte nichts aus ihr herausbringen. Da sprach er:
»Wenn du mir nichts sagen willst, so klag dem Eisenofen da dein Leid«,
und ging fort.

Da kroch sie in den Eisenofen, fing an zu jammern und zu weinen,
schüttete ihr Herz aus und sprach: »Da sitze ich nun, von aller Welt verlassen, und bin doch eine Königstochter, und eine falsche Kammerjungfer hat mich mit Gewalt dahingebracht, daß ich meine königlichen Kleider habe ablegen müssen, und hat meinen Platz bei meinem Bräutigam
eingenommen, und ich muß als Gänsemagd gemeine Dienste tun. Wenn

das meine Mutter wüßte, das Herz im Leib tät ihr zerspringen.« Der alte König stand aber außen an der Ofenröhre, lauerte ihr auf und hörte, was sie sprach. Da kam er wieder herein und hieß sie aus dem Ofen gehen. Da wurden ihr königliche Kleider angetan, und es schien ein Wunder, wie schön sie war.

Der alte König rief seinen Sohn und offenbarte ihm, daß er die falsche Braut hätte: die wäre bloß ein Kammermädchen, die wahre aber stände hier, als die gewesene Gänsemagd. Der junge König war herzensfroh, als er ihre Schönheit und Tugend erblickte, und ein großes Mahl wurde angestellt, zu dem alle Leute und guten Freunde gebeten wurden. Obenan saß der Bräutigam, die Königstochter zur einen Seite und die Kammerjungfer zur andern, aber die Kammerjungfer war verblendet und erkannte jene nicht mehr in dem glänzenden Schmuck.

Als sie nun gegessen und getrunken hatten und gutes Mutes waren, gab der alte König der Kammerfrau ein Rätsel auf, was eine solche wert wäre, die den Herrn so und so betrogen hätte, erzählte damit den ganzen Verlauf und fragte: »Welchen Urteils ist diese würdig?« Da sprach die falsche Braut: »Die ist nichts Besseres wert, als daß sie splitternackt ausgezogen und in ein Faß gesteckt wird, das inwendig mit spitzen Nägeln beschlagen ist; und zwei weiße Pferde müssen vorgespannt werden, die sie Gasse auf Gasse ab zu Tode schleifen.«

»Das bist du«, sprach der alte König, »und hast dein eigen Urteil gefunden, und danach soll dir widerfahren.« Und als das Urteil vollzogen war, vermählte sich der junge König mit seiner rechten Gemahlin, und beide beherrschten ihr Reich in Frieden und Seligkeit.

6. Das kurzsichtige Mädchen

Es war einmal ein Mädchen, das nie einen Freier hatte, da sie solche schlechten Augen hatte. Aber eines Tages erhielt sie einen Brief eines Verehrers. Er würde gern am Sonntag abend zu ihr kommen.

Und so geschah es.

Die Mutter des Mädchens war Witwe, und sie verabredeten, wie sie den Freier hinters Licht führen könnten. Sie legten eine Nadel auf den Fußboden, und das Mädchen merkte sich sehr genau den Platz, an dem die Nadel lag. Als der junge Mann bereits eine Weile bei ihnen gesessen hatte, sagte das Mädchen zu ihrer Mutter:

»Schau mal, Mutter, hier liegt eine Nadel auf dem Boden.«

Darauf hob das Mädchen die Nadel auf.

Da dachte der Freier selbstverständlich: »Ihre Augen können unmöglich so schlecht sein, wie man immer behauptet. Ich selbst hatte die Nadel auf dem Boden nicht gesehen.«

Abends machten sie einen Spaziergang, er und das Mädchen. Und nachher bekamen sie zu essen. Die Mutter hatte allerhand Sachen hingestellt und war selbst ins Bett gegangen. Auf dem Tisch lag auch ein großer Klumpen Butter. Das Mädchen ging hin, stieß die Butter hinunter und sagte:

»Du dreckige Katze, was machst du auf dem Tisch!«

Da gingen dem jungen Mann die Augen auf. Als er nachts wegging und sich an der Tür verabschiedet hatte, kam er noch einmal kurz zurück. Das Fenster war wegen der Hitze hochgeschoben, und er sagte unter dem Fenster hindurch zu dem Mädchen: »He, warte mal, ich bekomme noch einen Kuß von dir.« Er ließ rasch seine Hose herunter und steckte seinen nackten Hintern in die Fensteröffnung. Als das Mädchen ihn küßte, ließ er einen kleinen Wind fahren.

Am nächsten Morgen fragte die Mutter ihre Tochter:

»Und, hat es dir gefallen?«

»Doch, schon«, antwortete sie, »aber leider stank er recht abscheulich aus seinem Mund.«

7. Die Mär vom Machandelbaum

Das ist nun alles lange her, wohl zweitausend Jahr, da war ein reicher Mann, der hatte eine schöne, fromme Frau, und sie hatten sich beide sehr lieb, hatten aber keine Kinder; sie wünschten sich aber sehr welche, und die Frau betete so viel darum, Tag und Nacht; dennoch kriegen sie keine und kriegen keine. Vor ihrem Hause war ein Hof, darauf stund ein Mandelbaum, hinter dem stand die Frau einst im Winter und schälte sich einen Apfel. Und als sie sich den Apfel so schälte, so schnitt sie sich in den

Finger, und das Blut fiel in den Schnee. »Ach«, sagte die Frau und seufzte so recht hoch auf und sah das Blut vor sich an und war so recht wehmütig, »hätte ich doch ein Kind so rot wie Blut und so weiß wie Schnee!« Und als sie das sagte, da ward ihr so recht fröhlich zumute, ihr war recht, als sollte das was werden. Da ging sie zu dem Hause, und es ging ein Monat hin, der Schnee verging und zwei Monde – da war das Grün und drei Monde –, da kamen die Blumen aus der Erde und vier Monde – da drängten sich alle Bäume ins Holz, und die grünen Zweige waren alle ineinander gewachsen. Dort sangen die Vögelchen, daß das ganze Holz schallte, und die Blüten fielen von den Bäumen. Da war der fünfte Mond weg, und sie stand hinter dem Mandelbaum, der roch so schön; da sprang ihr das Herz vor Freuden, und sie fiel auf ihre Knie und konnte sich nicht lassen. Und als der sechste Mond vorbei war, da wurden die Früchte dick und stark, da ward sie ganz still. Und der siebente Mond – da griff sie nach den Mandelbeeren und aß sie so naschig, daß sie traurig und krank ward. Da ging der achte Monat hin, und sie rief ihren Mann und weinte und sagte: »Wenn ich sterbe, so begrabe mich hinter dem Mandelbaum!« Da wurde sie ganz getrost und freute sich, bis der neunte Monat vorbei war, da kriegte sie ein Kind so weiß wie Schnee und so rot als Blut; und als sie das sah, so freute sie sich so, daß sie starb.

Da begrub sie ihr Mann hinter dem Mandelbaum, und er fing an zu weinen, einige Zeit ganz untröstlich; dann ward er was stiller, und als er sich ausgeweint hatte, da hörte er auf, und noch einige Zeit – da nahm er sich wieder eine Frau.

Mit der zweiten Frau kriegte er eine Tochter, das Kind aber von der ersten war ein Söhnchen und war so rot wie Blut und so weiß wie Schnee. Wenn die Frau ihre Tochter ansah, so hatte sie sie so lieb; aber sah sie den lustigen Jungen an, und das ging ihr so durchs Herz, und ihr war es, als stünde er ihr allerwegen im Weg, und dachte zumal immer, wie sie ihrer Tochter all das Vermögen zuwenden wolle. Und der Böse gab ihr das ein, daß sie dem Jungen ganz gram ward und stets um ihn herum, von einer Ecke in die andre, und puffte ihn hier und knuffte ihn dort, so daß das arme Kind immer in Angst war; wenn er denn aus der Schule kam, so hatte er keine ruhige Stunde.

Einst war die Frau auf die Kammer gegangen, da kam das Töchterchen auch herauf und sagte: »Mutter, gib mir einen Apfel!«

»Ja, mein Kind«, sagte die Frau und gab ihr einen schönen Apfel aus der Kiste; die Kiste aber hatte einen großen, schweren Deckel mit einem großen scharfeisernen Schloß. »Mutter«, sagte die Tochter, »soll Bruder nicht auch einen haben?« Das verdroß die Frau, doch sagte sie: »Ja, wenn er aus der Schule kommt.«

Und als sie aus dem Fenster gewahr wurde, daß er kam, so war das recht, als wenn der Böse über sie kam, und sie griff zu und nahm ihrer Tochter den Apfel wieder weg und sagte: »Du sollst nicht eher einen essen als dein Bruder.« Darauf schmiß sie den Apfel in die Kiste und machte die Kiste zu.

Da kommt der Junge an die Tür; da gab ihr der Böse ein, daß sie freundlich zu ihm sagte: »Mein Sohn, willst du einen Apfel essen?« und sah ihn so hastig an. »Mutter«, sagte der kleine Junge, »was siehst du grausig aus, ja, gib mir einen Apfel!« Da war ihr, als sollte sie ihn töten.

»Komm mit mir«, sagte sie und machte den Deckel auf, »hol dir einen Apfel heraus!« Und wie sich der Junge hineinbückt, so rät ihr der Böse: bratsch – schlug sie den Deckel zu, daß der Kopf abflog und unter die roten Äpfel fiel. Da überfiel sie die Angst, und sie dachte: »Konnte ich das von mir bringen?« Drauf ging sie bebend nach ihrer Stube, nach

37

ihrem Tragkasten und holte aus der Wäschelade ein weites Tuch und setzte den Kopf wieder auf den Hals und band das Halstuch so um, daß man nichts sehen konnte, und setzte ihn vor die Tür auf einen Stuhl und gab ihm den Apfel in die Hand.

Da kam darnach Marleinichen zu ihrer Mutter in die Küche, die stand bei dem Feuer und hatte einen Kessel mit heißem Wasser vor sich, den rührte sie immer um. »Mutter«, sagte Marleinichen, »Bruder sitzt vor der Tür und sieht ganz weiß aus und hat einen Apfel in der Hand; ich habe ihn gebeten, er soll mir den Apfel geben, aber er antwortet mir nicht. Da ward mir ganz traurig.«

»Geh noch mal hin«, sagte die Mutter, »und wenn er dir nicht antworten will, so gib ihm eins an die Ohren.« Da ging Marleinichen hin und sagte: »Bruder, gib mir den Apfel!« Aber er schwieg still; darauf gab sie ihm eins auf die Ohren, da fiel der Kopf herunter. Darüber entsetzte sie sich und fing an zu weinen und zu trauern und lief zu ihrer Mutter und sagte: »Ach, Mutter, ich habe meinem Bruder den Kopf abgeschlagen!« und weinte und wollte sich nicht beruhigen.

»Marleinichen«, sagte die Mutter, »was hast du denn? Aber schweig nur still, daß kein Mensch was merkt, das ist nun doch nicht zu ändern. Wir wollen ihn in Suppe kochen.« Da nahm die Mutter den Jungen und hackte ihn in Stücken, tat ihn da in den Topf und kochte ihn zu Brühe. Marleinichen aber stand dabei und weinte und weinte, und die Tränen fielen alle in den Topf.

Da kam der Vater nach Hause und setzte sich zu Tisch und sagte: »Wo ist denn mein Sohn?« Da trug die Mutter eine große, große Schüssel auf mit schwarzer Brühe, und Marleinichen weinte und konnte sich nicht halten. Da sagte der Vater wieder: »Wo ist denn mein Sohn?«

»Ach«, sagt die Mutter, »er ist über Land gegangen, nach M. zum Oheim, er will dort was bleiben.«

»Was macht er denn da? Und hat mir nicht mal adieu gesagt!«

»Oh, er wollte gern hin und bat mich, ob er da wohl sechs Wochen bleiben könnte.«

»Ach«, sagte der Mann, »mir ist so recht traurig, das ist doch nicht recht, er hätte mir doch adieu sagen sollen!« Und er fing an zu essen und sagte: »Marleinichen, was weinst du? Bruder wird wohl wiederkommen!«

»Ach, Frau«, sagt er dann, »was schmeckt mir das Essen schön, gib mir mehr«; und je mehr er aß, je mehr wollte er haben und sagte: »Gebt mir mehr, ihr sollt nichts davon haben, das ist, als wenn das alles mein wäre!« Und er aß und aß, und die Knochen schmiß er alle unter den Tisch, bis er alles aushatte.

Marleinichen aber ging hin nach ihrer Kommode und nahm aus dem untersten Fach ihr bestes seidnes Tuch und holte alle die Beinichen und

Knochen unter dem Tisch herauf und band sie in das seidene Tuch und trug sie vor die Tür und weinte ihre blutigen Tränen. Da legte sie sie unter den Mandelbaum in das grüne Gras, und als sie sie dahin gelegt hatte, so war ihr mit einmal so recht leicht, und sie weinte nicht mehr. Da fing der Mandelbaum an, sich zu bewegen, und die Zweige taten sich immer so recht voneinander und wieder zusammen, so recht als wenn sich einer so recht freut und mit den Händen so tut. Und alsbald ging daraus so ein Nebel von dem Baum, und recht im Nebel, da brannte ein Feuer, und aus dem Feuer, da flog so ein schöner Vogel heraus, der sang so herrlich und flog hoch in die Luft. Und als er weg war, da war der Mandelbaum, wie er zuvor gewesen, und das Tuch mit den Knochen war weg. Marleinichen aber war so recht leicht und vergnügt, recht als wenn der Bruder noch lebte. Darauf ging sie wieder ganz lustig ins Haus bei Tisch und aß.

Der Vogel aber flog weg und setzte sich auf eines Goldschmieds Haus und fing an zu singen:

>»Mein Mütterlein mich bräkelte,
Mein Väterchen mich häkelte,
Mein Schwesterlein Marleinichen,
Die suchte meine Beinichen,
In eines Tüchleins seidnem Sarg
Am Baum sie mein Gebeine barg!
Piroli, Mahandel, Mahandelbaum,
Ich bin ein Vogel und weiß es kaum!«

Der Goldschmied saß auf seiner Werkstelle und machte eine goldene Kette. Da hörte er den Vogel, der auf seinem Dach saß und sang, und das dünkte ihm so schön. Da stand er auf, und als er hinausging, so verlor er einen Pantoffel, er ging aber so recht mitten auf der Straße, einen Pantoffel und eine Socke an, sein Schurzfell hatte er vor, und in der einen Hand hatte er die goldene Kette und in der andern die Zange. Und die Sonne schien so hell auf der Straße, da ging er rechts zu stehen und sah den Vogel an.

»Vogel«, sagte er da, »wie schön kannst du singen, sing mir das Stück noch mal!«

»Nein«, sagt der Vogel, »zweimal singe ich nicht umsonst, gib mir die goldene Kette, so will ich dir das noch mal singen!«

»Da«, sagte der Goldschmied, »hast du die goldene Kette, nun sing mir das noch mal.« Da kam der Vogel und nahm die goldene Kette so in die rechte Kralle und ging vor den Goldschmied und sang:

> »Stiefmütterchen hat mich zerrissen,
> Mein Väterchen hat mich gebissen,
> In das Schürzchen meine Mareile
> Zusammenlas meine Gebeine,
> Die hat sie getragen zum Baum, zum Baum,
> Zu der Mutter grünem Mahandelbaum!
> Kiwidi, kiwidi, kiwit!
> Ich bin kein Vogel nit!«

Da flog der Vogel weg nach einem Schuster und setzte sich nieder auf seinem Dach und sang dasselbige Liedel.

Der Schuster hörte das und lief vor seine Tür im aufgestrisselten Hemdenärmel und sah nach seinem Dach und mußte die Hand vor die Augen halten, damit die Sonne ihn nicht blendete. »Vogel«, sagt er, »was kannst du schön singen!« Da rief er in seine Tür herein: »Frau, komm mal heraus, dort ist ein Vogel, sieh mal, der Vogel da kann mal schön singen! Da rief er seine Tochter und Kinder und Gesellen und die junge Magd, und alle kamen auf die Straße und sahen den Vogel an, wie er schön wäre. Und er hatte so recht rote und grüne Federn, und um den Hals war das aus lauter Gold, und die Augen blitzerten ihm im Kopf wie Sterne. »Vogel«, sagt der Schuster, »nun sing mir das Stück noch mal!«

»Nein«, sagt der Vogel, »zweimal singe ich niemals umsonst, du mußt mir was schenken.«

»Frau«, sagt der Mann, »geh nach der Bank auf der Oberstube, da stehen ein Paar rote Schuhe, die bring her.« Da ging die Frau hinauf und holte die Schuhe. »Da, Vogel«, sagt der Mann, »nun singe mir das Stück noch mal!« Drauf kam der Vogel und nahm die Schuh in die linke Klaue und flog wieder auf das Dach und sang das vorige Liedel.

Und als er ausgesungen hatte, so flog er weg. Die Kette hatte er in der rechten und die Schuhe in der linken Klaue, und er flog weit weg nach einer Mühle, und die Mühle ging klipp klapp – klippe klappe – klipp klapp, und in der Mühle, da saßen zwanzig Müllerburschen, die hauten einen Stein und hackten, hick hack – hicke hacke – hick hack, und die Mühle ging dazu klipp klapp – klippe klappe – klipp klapp. Da ließ sich

41

der Vogel auf einem Lindenbaum nieder, der vor der Mühle stand und sang:

>Stiefmutter, die mich zerreißt«,

da hörte ein Mühlknappe auf,

>Mein Vater mich aufspeist«,

da hörten noch zwei auf und hörten das,

>Mein Schwesterchen Marleinichen«,

da hörten wieder vier auf,

>hat 'funden meine Beinichen!
In einem Scharlachschreinichen«,

nun hackten noch acht Mann,

>Sie trug sie«,

nun noch fünf Mann,

>zum Mahandelbaum!«,

nun noch ein Mann,

>Kitsch-schitsch-scheritschie!
Ich bin der Vogel hie!«

Da hörte der letzte auch auf und hat das letzte noch gehört. »Vogel«, sagte er, »was singst du schön, laß mich das auch hören, singe mir das noch mal!«

»Nee«, sagt der Vogel, »zweimal singe ich nicht umsonst, gib mir den Mühlenstein, so will ich das noch mal singen!«

»Ja«, sagt der Mühlbursche, »wenn er mir allein gehört, so sollst du ihn haben!«

»Ja«, sagten die andern, »wenn er noch mal singt, so soll er ihn haben.«

Da kam der Vogel herab, und die Müllers faßten alle zwanzig mit Bäumen an und bohrten den Stein auf in die Höhe, ho hopp hoch – huh nuh nuff! Darauf steckte der Vogel den Hals durch das Loch und nahm den Mühlstein um wie einen Kragen und flog wieder auf den Baum und sang das alte Lied. Und als er das ausgesungen, da tat er die Flügel voneinander und hatte in der rechten Klaue die Kette und in der linken die Schuhe

und um den Hals den Mühlenstein und flog weit weg nach seines Vaters Hause.

In der Stube saßen der Vater, die Mutter und Marleinichen bei Tisch, und der Vater sagt: »Ach, wie wird mir leicht, mir ist recht groß zumute!«

»Nein«, sagt die Mutter, »mir ist so angst und bange, so recht, als wenn ein schwer' Gewitter käme!« Marleinichen aber saß und weinte und weinte. Da kam der Vogel angeflogen, und so, daß er sich auf das Dach setzte. »Ach«, sagte der Vater, »mir ist so recht freudig, und die Sonne scheint heute so schön, mir ist recht, als sollte ich einen alten Bekannten wiedersehen!«

»Nein«, sagte die Frau, »mir ist so bänglich, die Zähne klappern mir, und da ist mir wie Feuer in den Adern! Und sie richtete sich ihr Kissen zurecht und so mehr. Aber Marleinichen saß in einer Ecke und weinte und hatte ihr Tüchel vor den Augen und weinte das Tüchlein ganz madennaß. Da setzte sich der Vogel auf den Mandelbaum und sang:

»Meine Mutter, die mich gesäbelt«,

da hielt die Mutter die Ohren zu und kniff die Augen zu und wollte nicht sehen und hören. Aber das brauste ihr in den Ohren wie der allerstärkste Sturm, und die Augen brannten ihr und zückten wie Blitze,

»Mein Vater, der mich geschnäbelt«,

»Ach Mutter«, sagt der Mann, »das ist ein schöner Vogel, der singt so herrlich, die Sonne scheint so warm, und das riecht wie lauter Zimmet!«

»Meine Schwester, das Marleinichen«,

da ließ Marleine den Kopf auf den Knien und weinte in eins weg. Der Mann aber sagte: »Ich gehe heraus, ich muß den Vogel dicht besehen!«

»Ach, gehe nicht«, sagte die Frau, »mir ist, als bebte das ganze Haus und stünde in Flammen.« Aber der Mann ging heraus und sah den Vogel an.

»Nahm die gesagten Beinichen,
Und tat sie in dem seidnen Saum
Da unter den Mahandelbaum!
Kitsch-schitsch-scheritschie!
Ich bin der Vogel von hie!«

Damit ließ der Vogel die goldne Kette fallen, und sie fiel dem Mann just um den Hals, so recht hier herum, daß sie so recht schön paßte. Dann ging er herein und sagt: »Sieh, was ist das für ein schöner Vogel, hat mir so eine schöne goldne Kette geschenkt, und sieht so schön aus!« Der Frau aber war so entsetzt und fiel der Länge lang in die Stube hin, und die Mütze fiel ihr vom Kopfe. Da sang der Vogel wieder:

»Mutter, Mutter, die mich zerdrucket«,

»Ach, daß ich tausend Fuder unter der Erde wäre, daß ich das nicht hören sollte!« schrie die Frau.

»Mein Vater hat mich verschlucket«,

da fiel die Frau für tot nieder,

»Die Schwester, mein Marleinichen«,

»Ach«, sagte Marleine, »ich will auch herausgehen und sehen, ob der Vogel mir was schenkt«. Da ging sie heraus,

»Sie suchte all meine Gebeinichen
Und legte im seinen Leinichen«,

da warf er ihr die Schuhe herab,

»Sie unterm Mahandelbaumbaumbaum hi!
Kitsch-schitscheritsch-schitscheritschie!«

Da war ihr so leicht und fröhlich, da zog sie die neuen roten Schükelchen an und tanzte und sprang herum. »Ach«, sagte sie, »ich war so traurig, als ich herausging, und nun ist mir so leicht, das ist mal ein herrlicher Vogel, hat mir ein Paar rote Schuhchen geschenkt!«

»Nein«, sagte die Frau, und die Haare standen ihr zu Berge wie Feuerflammen, »mir ist, als wollte die Welt untergehen, ich will auch heraus, ob mir leichter werden soll!«

Nun, als sie aus der Tür kam – bratsch! – schmiß ihr der Vogel den Mühlenstein auf den Kopf, daß sie ganz zu Splitter und Brei ward.

Der Vater und Marleinichen hörten das und gingen heraus, da ging ein Dampf und Flamme und Feuer auf von der Stätte, und als das vorbei war, da stand der leibhaftige Bruder, und er nahm seinen Vater und Marleinichen bei der Hand, und alle drei waren so recht vergnügt. Und er ging mit ihnen in das Haus zu Tisch, und da saßen sie denn. Und sind sie nicht über dem Essen gestorben, so essen sie noch heute.

8. Das Kind mit dem Tränenkrug

Einer jungen Frau war das einzige Kind gestorben. Sie weinte über alle
Maßen und konnte sich nicht wieder beruhigen. Jede Nacht lief sie hinaus auf das Grab und jammerte, daß es die Steine hätte erbarmen mögen.
In der Nacht vor dem heiligen Dreikönigsfeste sah sie Perchta [die An-
führerin der Wilden Jagd] nicht weit von ihr vorüberziehen, da gewahrte
sie, den andern Kindern hinterdrein, ein kleines mit einem ganz durch-

46

näßten Hemdchen angetan, das in der Hand einen Krug mit Wasser trug und, matt geworden, den übrigen nicht folgen konnte; ängstlich blieb es vor einem Zaun stehen, den Perchta überschritt und die andern Kinder überkletterten. In diesem Augenblick erkannte die Mutter ihr Kind, eilte hinzu und hob es über den Zaun.

Während sie es so in den Armen hielt, sprach das Kind: »Ach, wie warm sind Mutterhände! Aber weine nicht so sehr, du weinst mir meinen Krug sonst gar zu schwer und voll, da sieh, ich habe mir mein ganzes Hemdchen schon damit beschüttet.«

Von jener Nacht an, so erzählt man in Wilhelmsdorf, habe die Mutter aufgehört zu weinen.

Zu Bodelwitz erzählen die Leute, das Kind habe gesagt: »Ach, wie warm ist Mutterarm« und seiner Bitte »Mutter, weine nicht so sehr« dann noch die Worte beigefügt: »Ich muß ja jede Zähre, die du weinest, in meinen Krug sammeln.« Da weinte sich die Mutter noch einmal herzlich aus.

9. Goldmariken und Goldfeder

Es war einmal ein Edelmann, der hatte eine wunderschöne Tochter, die hieß Goldmariken. Einst wollten ihre Eltern ausfahren, und da wollte Goldmariken gerne mit, aber die Eltern wollten es nicht haben. Da blieb Goldmariken allein zu Hause. Nachts aber, als sie wieder nach Hause wollten, verirrten sie sich in einem großen Walde und konnten sich gar nicht wieder zurechtfinden.

Endlich begegnete ihnen ein großer Pudel. »Ich will euch wohl auf den rechten Weg bringen«, sagte der Pudel, »wenn ihr mir das geben wollt, was aus eurem Hause euch zuerst begegnet.« Da dachten die Eltern gleich an ihr liebes Goldmariken und fürchteten, sie möchte ihnen zuerst entgegenkommen; aber da das Wetter immer schlimmer ward und sie den Weg ganz verloren hatten, so willigten sie endlich ein und versprachen dem Pudel, was er verlangt hatte. Denn sie dachten: »Vielleicht kommt auch unser Hofhund zuerst an unseren Wagen.«

Nun waren sie bald zu Hause; aber die erste, die ihnen entgegenkam, war richtig doch niemand anders als Goldmariken. Da sprach der Pudel: »Jetzt gehört sie mir und nicht mehr euch.«

Und sosehr die Eltern nun auch baten, er möge sich alles andere nehmen und ihnen nur ihr liebes Goldmariken lassen, dem Pudel war es gerade recht, daß er Goldmariken haben sollte; darum half all ihr Bitten nichts. Nur drei Tage wollte er Frist geben, dann würde er wiederkommen und sie abholen.

Goldmariken benutzte nun die Zeit, um von allen Verwandten und Bekannten Abschied zu nehmen; da gab es unter diesen ein großes Jammern und Wehklagen, sie selbst aber blieb ganz ruhig und zufrieden. Am letzten Abend sagte Goldmariken zu ihrer Mutter: »Nun will ich unserer alten Nachbarin auch noch adieu sagen.«

»Meine Tochter«, antwortete die Mutter, »was willst du doch bei der alten Frau tun?«

»Ja«, sagte Goldmariken, »ich will und muß da hin.« Und als sie zu der Alten kam, sagte diese: »Fürchte dich nicht, mein Kind, ich will dich heute abend, wenn du diese Nacht bei mir schlafen willst, das Wünschen lehren, daran sollst du dein ganzes Leben denken, und das wird dir viel nützen.« Goldmariken ward ganz froh und ging zu ihrer Mutter, um zu sagen, sie wolle diese Nacht bei der Nachbarin schlafen. Da sagte die Mutter: »Was willst du doch bei der Alten schlafen?« Aber Goldmariken hörte nicht darauf, sondern ging des Abends doch hin.

Sie gingen nun miteinander zu Bette, und als Goldmariken am andern Morgen aufstand, konnte sie alles zaubern, was sie wollte. Sie dankte der Alten von Herzen und hoffte, durch ihre Kunst ihre Elten sehen zu können, sooft sie wollte.

Als sie nun nach Hause kam, war der Pudel auch schon da, sie abzuholen. Goldmariken nahm Abschied von ihren bekümmerten Eltern, sagte aber nichts davon, daß sie das Wünschen gelernt hatte. Wie sie aufs Feld kamen, sprach der Pudel: »Setze dich auf meinen Rücken, so will ich dich wohl zur Stelle bringen.«

Goldmariken tat das, und es dauerte nicht lange, so machten sie halt vor einem Hause, darin wohnten zwei Mädchen; da gingen sie hinein, und der Pudel verwandelte sich gleich in ein altes Weib, das war die Mutter von den beiden Mädchen. »Nun«, sprach sie, »habe ich drei Mädchen, daran ich mich ergötzen kann. Du, Goldmariken, sollst es recht gut bei mir haben, wenn du immer gehorsam bist.«

Goldmariken versprach das, und wenn die Alte sagte: »Goldmariken, tue dies oder das«, so konnte sie immer leicht damit fertig werden, denn sie wünschte sich nur immer alles zurecht.

Einst ging die Alte wieder als Pudel in den Wald, da fand sie einen jungen hübschen Mann, der hatte sich verirrt und hieß Goldfeder. Der Pudel sprach zu ihm: »Ich will dich hinausführen, wenn du mir versprichst, nachher zu mir zu kommen und bei mir zu bleiben.« Goldfeder antwortete, daß er nichts dazu sagen könnte, denn er sei eines Königs Sohn und müsse zuvor erst mit seinem Vater sprechen.

Endlich aber, da er sich gar nicht zurechtfinden konnte, mußte er doch ja sagen und dem Pudel versprechen, ihm zu gehören; da brachte der Pudel Goldfeder aus dem Wald an den Hof seines Vaters. Aber nach drei Tagen kam er wieder, um Goldfeder abzuholen. Der Vater wollte es nicht zugeben, mußte aber doch dareinwilligen, denn der Pudel sprach: »Goldfeder hat es selber zugesagt, und er muß Wort halten.« Da mußte Goldfeder mit, und er kam dahin, wo Goldmariken war. Goldmariken sprach zu Goldfeder: »Nimm dich in acht vor der Alten, denn das ist keine Gute, und sie kann mehr als Brot essen. Morgen sollst du gewiß Gras mähen.«

»Ja«, sagte Goldfeder, »das kann ich nicht, ich weiß nicht, wie ich das machen soll.«

Am Abend sagte auch die Alte zu ihm: »Goldfeder, du könntest eine Sense zurechtmachen, denn morgen sollst du Gras mähen.« Da ging Goldfeder zu Goldmariken und sagte: »Ich soll eine Sense zurechtmachen und verstehe es nicht.«

»Oh«, sagte sie, »klopfe nur ein bißchen auf die Sense, dann wird sie bald fertig werden.« Das tat Goldfeder, und die Sense ward gleich zurecht.

Am anderen Morgen sagte die Alte: »Goldfeder, gehe hin und mähe das Gras!« Er ging aber erst zu Goldmariken und fragte sie: »Wie fange ich das an? Ich verstehe nichts davon.« Goldmariken antwortete: »Streiche du nur die Sense, daß es klingt, gegen die Zeit, wenn dir die Alte Essen bringt.« Nun ging Goldfeder auf die Wiese und legte sich erst nieder und schlief. Zu der Zeit aber, als ihm das Essen gebracht werden sollte, strich er die Sense, daß es klang: Da fiel alles Gras mit einemmal um. Nun kam die Alte, und da sie sah, daß alles getan war, lobte sie ihn wegen seines Fleißes und versprach ihm, daß er es gut dafür haben sollte.

Am andern Tage sprach die Alte wieder zu Goldfeder. »Heute, mein Sohn, geh hin und mache ein Beil scharf, dann sollst du Holz hauen!« Er aber wußte wieder nicht, wie er ein Beil scharf machen sollte, ging darum wieder zu Goldmariken, um sich Rat zu holen. Goldmariken sagte: »Nimm einen Stein und streich das Beil nur zwei-, dreimal darauf her und hin, dann wird es wohl scharf sein.« Goldfeder strich das Beil auf einem Stein zwei-, dreimal her und hin, und in einem Augenblicke hatte er es scharf. Bald darauf sagte die Alte: »Nun geh in den Wald und hau mir Holz!« Er ging, aber er konnte gar nichts abkriegen. Endlich kam Goldmariken und brachte ihm Frühstück. »Ach«, sagte er, »du mußt mir doch wieder helfen, denn ich verstehe das Holzhauen nicht!«

»Ja«, sagte sie, »ich soll dir immer helfen, und du hilfst mir nie!«

»Oh, süßes Goldmariken«, antwortete Goldfeder, »glaube mir, ich will dich auch immer liebhaben und nie verlassen, solange nur noch ein Tropfen warmes Blut in mir ist. Hilf mir nur auch diesmal aus der Not!«

»Nun denn«, sagte sie, »so kehre nur das Beil um und schlage an den Baum!« Er tat es, und da lag in einem Augenblick das Holz umgehauen.

Mittags, als die Mutter kam, wunderte sie sich, daß er so fleißig gewesen sei, lobte ihn und versprach ihm, daß er es auch ferner gut haben sollte. Als Goldfeder nun abends nach Hause kam, legte er sich auf sein Bette und dachte viel an seine Eltern, aber mehr noch an Goldmariken.

Am andern Morgen sprach die Alte: »Du kannst wohl ein Paar Harken zurechtmachen, denn heute sollt ihr das Heu kehren und eintragen.«

»Mutter«, sagten die Töchter, »wie sollen wir das Heu eintragen? Das geht doch wohl nicht an.«

»Ja«, sagte sie, »das soll geschehen, und ihr müßt es tun!« Da ging Goldfeder hin, und nachdem Goldmariken ihm geholfen, waren die Harken fertig. Als nun die beiden Töchter mit Goldfeder hinaus auf die Wiese gingen und auch Goldmariken kam, sagte Goldfeder leise zu ihr: »Wie sollen wir nun das Heu eintragen?«

»Nimm du nur«, sprach sie, »wie ich es mache, einen Stock auf den Nacken; dann wird das Heu schon einkommen.« Als nun die beiden Töchter mit einer Tracht Heu vorausgingen, so nahmen Goldmariken und Goldfeder ihre Stöcke auf den Nacken, und alles Heu kam hinter ihnen her, und bald hatten sie es da zusammen, wo es liegen sollte. Da kam die Alte und lobte Goldfeder und die anderen, daß sie alle so fleißig gewesen waren.

Nun sollte er am Tage darauf das Holz nach Hause tragen. Als er aber hinging, konnte er gar wenig fortbringen und war gleich müde; da klagte er es wieder Goldmariken.

Die aber sprach: »Mache es nur so wie beim Heu«, und als Goldfeder das tat, war gleich alles Holz zu Hause. Nun sprach die Alte: »Mache jetzt auch ein Paar Spaten zurecht, denn morgen sollst du Lehm graben, und mache auch Formen zu Mauersteinen, denn du sollst mir Lehmsteine streichen.« Goldmariken mußte ihm wieder helfen, da waren Spaten und Formen bald fertig, und als er nun Lehm graben sollte und nichts herausbringen konnte, kam Goldmariken und sagte ihm, er solle nur tüchtig mit dem Spaten stoßen, dann würde Lehm genug herausfliegen.

Als Goldfeder nun mit der Arbeit fertig war, da kam die älteste Tochter und lobte ihn gar sehr. Aber Goldmariken sprach: »Ihr lobt mir ihn allzuviel, ich habe doch auch mitgearbeitet.«

Aber die Tochter meinte, Goldfeder verdiente noch viel mehr Lob.

»Das bedeutet nichts Gutes für mich«, sagte Goldmariken zu Goldfeder, als die Tochter nachher weggegangen war, »daß sie dich so sehr lobte«, aber Goldfeder antwortete: »Ich will dir ganz gewiß treu bleiben, liebes Goldmariken, solange ich lebe.« Als jetzt die Alte kam, sagte sie, er solle Lehmsteine streichen. Goldfeder tat das, und als sie trocken waren, sollte er sie nach Hause schaffen, aber sie waren ihm viel zu schwer.

Da ging er wieder zu Goldmariken, sich Rat zu holen. »Du bist doch recht ein Dummerjan«, sagte sie, »ich hab' es dir ja so oft gesagt, du solltest nur einen Stock auf den Nacken nehmen, dann würde alles wohl nachkommen.« Goldfeder nahm einen Stock auf den Nacken, und alle Steine folgten ihm. Nun sprach die Alte: »Verstehst du auch einen Ofen zu bauen?«

»Nein«, sagte er, »aber ich will mir Mühe geben.« Goldfeder machte sich ans Werk, konnte aber weder Lehm zurechtmachen noch die Steine legen; er ging also wieder zu Goldmariken, daß sie ihm aus der Not hülfe.

»Oh, du verstehst auch nichts«, antwortete sie, »nimm einen Stock und schlage in den Lehm, dann wird er wohl was taugen, und beim Mauern kannst du ja nur ein bißchen auf einen Stein pinken, dann wird der Ofen wohl fertig!«

Während der Arbeit kam nun die Alte, um nachzusehen, und als er fragte, ob sie zufrieden sei, bejahte sie es. Aber als er fertig war, kam Goldmariken zu ihm und sprach: »Wir müssen uns nun bald reisefertig machen, denn ich habe die Alte sagen hören, daß wir ihr zu klug würden, und wenn der Ofen fertig sei, sollten wir darin gebraten werden. Darum sage ich dir, Goldfeder, wenn dir dein Leben lieb ist, so verlasse mich nicht, denn du allein vermagst nichts gegen sie. Morgen will sie dich ruhen lassen, um dich übermorgen zu braten, darum sei auf deiner Hut.«

Goldfeder wurde ganz bange; es kam aber so, wie Goldmariken gesagt hatte. »Morgen«, sagte die Alte zu ihm, »kannst du ausruhen.« Aber ganz frühe, da es eben Tag wurde, stand Goldmariken auf und weckte Goldfeder. Sie machten sich schnell reisefertig, und als sie davongehen wollten, spuckte Goldmariken ihre Kammertür zweimal an auf beiden Seiten und sprach: »Wenn die Alte mich zum ersten Male ruft, dann antwortest du: ›Ich komme‹, und ruft sie zum zweiten Mal, so antwortest du: ›Ich komme gleich‹.«

Morgens schrie die Alte nach Goldmariken; da antwortete die Tür aus der Kammer: »Ich komme!« Als sie aber zum zweiten Male rief, antwortete die Tür aus der Küche: »Ich komme gleich!« Aber niemand kam.

Da stand die Alte endlich auf, sah in der Kammer und in der Küche nach; da waren Goldmariken und Goldfeder fort. Nun weckte sie schnell ihre beiden Töchter und sprach: »Steht auf, Goldfeder und Goldmariken sind fort, und ihr müßt ihnen nach. Geh du zuerst«, sprach sie zu der jüngsten, »am Abhange vor dem blauen Berge steht ein Rosenbusch mit einer verdorrten Rose, die mußt du auf jeden Fall abpflücken und mir bringen.« Die Tochter ging und eilte den Flüchtlingen nach. Die waren schon eine gute Strecke gegangen, endlich aber sprach Goldmariken zu Goldfeder: »Tritt mir auf den linken Fuß und sieh mir über die rechte Schulter, ob jemand kommt.« Da sprach Goldfeder: »Die jüngste Tochter der Alten kommt uns nachgelaufen!«

»So will ich mich zu einem Rosenbusch und dich zu einer verdorrten Rose machen«, sagte Goldmariken, »aber laß dich ja nicht abbrechen und stich tüchtig; denn bricht sie dich ab, so sind wir beide verloren!«

Als nun das Mädchen an den Busch kam, wollte sie die Rose abpflücken, aber die stach so sehr, daß sie davon absehen mußte. Da ging sie wieder nach Hause, aber von ihrer Mutter bekam sie viel Ausschelte, daß sie so dumm gewesen wäre. Dann sprach die Mutter zu der ältesten Tochter: »Nun geh du aus, und wenn du über den blauen Berg kommst, so steht da eine weiße Kirche, darin steht ein Prediger auf der Kanzel, den fasse bei der Hand an und bring ihn mit!«

Goldmariken und Goldfeder waren unterdes weitergegangen. Bald aber sprach Mariken wieder: »Tritt mir auf den linken Fuß und sieh mir über die rechte Schulter, ob uns auch jemand nachkommt!«

»Ja«, sagte Goldfeder, »die älteste Tochter kommt!«

»So will ich«, sprach Goldmariken, »mich in eine Kirche und dich in einen Prediger verwandeln, aber laß dich ja nicht anfassen, denn sonst sind wir verloren!« Nun kam die älteste Tochter und ging in die Kirche, aber zu der Kanzel konnte sie nicht kommen und mußte so wieder nach Hause. Nun aber ward die Alte schrecklich böse und lief gleich selbst fort. Da sprach Goldmariken wieder zu Goldfeder: »Tritt mir auf den linken Fuß und sieh mir über meine rechte Schulter, ob uns auch jemand nachkommt!«

»Ja«, sagte Goldfeder, »nun kommt die Alte selbst!«

»So will ich mich zu einem Teiche und dich zu einer Ente machen. Aber ich sage dir, Goldfeder, laß dich nicht an das Ufer locken, daß sie dich fassen kann, ihre goldenen Ringe aber, die sie hinwerfen wird, dich zu fangen, die nimm, wenn du sie ohne Gefahr kriegen kannst!«

Nun kam die Alte zum Teiche und lockte die Ente, die immer darauf herumschwamm. Sie warf ihre goldnen Ringe einen nach dem andern hinein, aber die Ente ließ sich nicht dadurch verführen, bis die alte Hexe zuletzt keinen Ring mehr hatte; da wurde sie so böse, daß sie den Teich austrinken wollte, und da legte sie sich nieder und trank so lange, bis sie zerplatzte. Nun nahmen Goldmariken und Goldfeder ihre wahre Gestalt wieder an und schwuren einander ewige Treue und daß sie sich nie verlassen wollten; von der Alten aber hatten sie nun nichts mehr zu fürchten.

Nach langer Wanderung kamen sie endlich in die Stadt, wo Goldfeders Vater wohnte und König war. Als sie nun vor das Schloß kamen und Goldfeder hineinwollte, sagte Goldmariken zu ihm: »Höre, Goldfeder, ich bitte dich nur um eins, damit du mich nicht, wenn du in deines Vaters Haus kommst, vergißt und mich nicht hier draußen auf dem breiten Stein stehen läßt: Hüte dich davor, daß dir jemand einen Kuß gibt; dann hat's keine Not, daß du mich so bald vergißt.«

Goldfeder versprach das und gedachte der Warnung, als er ins Haus kam, und wie Vater und Mutter ihm entgegeneilten und ihn begrüßen wollten, küßte er sie nicht. Als er aber in die Stube trat, war da seine alte Braut, die hieß Menne. Sobald sie ihn sah, sprang sie voll Freuden auf ihn zu und hatte ihn geküßt, ehe er sich's versah. Da war ihm in einem Augenblicke sein liebes Goldmariken aus dem Sinne.

Das stand lange draußen auf dem breiten Stein und wartete, daß er sie holen sollte; als aber niemand kam, da weinte sie erst lange Zeit; und als sie sich ausgeweint hatte, ging sie fort, mietete ein kleines hübsches

Haus, dem Schlosse gegenüber, und gab sich für eine Näherin aus. Da wohnte sie von nun an ganz allein, nur ein paar Tauben waren stets zur Gesellschaft bei ihr in der Stube, und auf dem Grasplatz hinterm Hause hielt sie sich ein kleines Kalb, das fütterte sie tagtäglich und hatte ihre Freude daran, es großzuziehen. Weil sie aber so geschickt im Nähen war, so bekam sie bald Arbeit vollauf. Kein Mädchen in der ganzen Stadt, sagte man, wüßte es feiner und zierlicher zu machen als Goldmariken.

Nun hatten die jungen Herren vom Schlosse und in der Stadt es aber auch bald herausgebracht, was Goldmariken für ein hübsches Mädchen sei, und sie wären gern mit ihr genauer bekannt geworden. Aber Goldmariken ließ sich nicht stören und sah gar nicht auf von der Arbeit, wenn sie immer vor ihrem Fenster auf und nieder gingen. Da waren nun drei Brüder unter den Hofleuten auf dem Schlosse, die waren vor allen andern in Goldmariken verliebt.

Sie baten endlich ihre Mutter um etwas feine Leinwand, Goldmariken mache so niedliche Arbeiten, sie wollten sich von ihr Kragen nähen lassen. Der älteste ging zuerst hin, sagte Goldmariken guten Tag und setzte sich nieder und sprach mit ihr. »Morgen abend könnt Ihr Eure Kragen holen«, sagte Goldmariken. Als er nun am andern Abend wiederkam, um die Kragen zu holen, da bat sie ihn, noch ein wenig zu bleiben; und so blieb er auch bis zur Bettzeit.

Da wollte er wieder fort. Goldmariken aber sagte: »Ihr könnt auch gerne diese Nacht bei mir bleiben.« Damit war der junge Mann ganz zufrieden. Als Goldmariken aber zu Bette wollte, hieß sie ihn hingehen und die Haustür zuschließen, und als er das Schloß anfaßte, rief sie:

»Mann an Schloß und Schloß an Mann,
Daß ich geruhig schlafen kann.«

Da saß er an der Tür fest und mußte die ganze Nacht da stehenbleiben. Morgens aber, als Goldmariken aufgestanden war, fiel es ihr ein, daß er noch da stehe, und sie sagte:

»Mann vom Schloß und Schloß vom Mann,
Daß er hereinkomme und sich für ruhigen Schlaf bedank'.«

Da kam er herein, dankte für den ruhigen Schlaf, nahm seine Kragen, mit denen er sehr zufrieden war, und ging. Zu Hause aber sagte er nichts. Danach sprach der zweite Bruder: »Heut abend muß ich hin.«

Abends ging der nun zu Goldmariken und sagte: »Ich möchte gerne Kragen genäht haben, wie mein Bruder sie bekommen hat.«

»Das kann geschehen«, sagte Goldmariken, »sitzt nur ein wenig nieder und verweilt Euch.« Der Abend ging nun so hin, Goldmariken nähte, und sie sprachen miteinander; aber um die Bettzeit wollte er fortgehen. Da sagte sie auch zu ihm, daß er diese Nacht gerne bei ihr bleiben könnte. Als sie aber zu Bette wollte, sprach sie: »Ich habe ganz vergessen, die Gartentür zuzumachen; wollt Ihr nicht so gut sein und es für mich tun?«

»Recht gern«, sagte der junge Mann und lief schnell hin. Als er aber den Ring an der Tür angefaßt hatte, rief sie:

> »Mann an Ring und Ring an Mann,
> Daß ich geruhig schlafen kann.«

Da konnte er nicht loskommen und mußte die ganze Nacht da stehenbleiben, bis morgens Goldmariken aufstand und sagte:

> »Mann vom Ring und Ring vom Mann,
> Daß er hereinkomme und sich für ruhigen Schlaf bedank'.«

Dann ließ der Ring los, und er kam herein und bedankte sich für ruhigen Schlaf.

Als er nun mit seinen Kragen nach Hause kam, fragte ihn sein ältester Bruder gleich: »Wo hast du diese Nacht gestanden?«

»Was«, antwortete er, »ich habe geschlafen.«

»Das ist nicht wahr«, sagte der Älteste, »sage mir, wo du gestanden hast, so sage ich dir, wo ich gestanden habe.« Da sagte er: »Ich habe an der Gartentür gestanden.«

»Und ich bei der Haustür«, sagte der andere; nun aber machten sie es untereinander ab, ihrem jüngsten Bruder nichts davon zu sagen, damit er auch angeführt würde.

Der jüngste Bruder ging nun an diesem Abend hin. »Guten Abend, Goldmariken«, sprach er, »willst du mir nicht ein paar Kragen nähen, wie meine Brüder sie bekommen haben, aber womöglich noch hübscher?«

»Herzlich gern«, antwortete Goldmariken, »setze dich nur ein wenig nieder und warte.« Als nun der Abend zu Ende war, bat sie ihn auch, diese Nacht bei ihr zu bleiben. Das wollte er gar gerne tun. Aber als Goldmariken zu Bette wollte, so sprach sie wieder: »Ach, mein Kalb ist noch nicht gefüttert, es geht auf dem Hofe, tu mir den Gefallen!«

»Mit Freuden«, sagte er und lief hinaus. Als er aber das Tau anfaßte, sprach sie:

>»Mann an Tau und Tau an Mann,
>Daß ich geruhig schlafen kann.«

Da lief das Kalb mit ihm über Stock und Block, durch dick und dünn, die ganze Nacht hindurch. Am andern Morgen erinnerte Goldmariken sich, daß der junge Mann noch mit dem Kalb herumliefe, und sagte:

>»Mann vom Tau und Tau vom Mann,
>Daß er hereinkomme und sich für ruhigen Schlaf bedank'.«

Nun kam er herein, dankte für ruhigen Schlaf und freute sich sehr über seine Kragen, die noch viel schöner waren als die seiner Brüder. Als er nach Hause kam und seine Brüder ihn fragten, gestand er nicht, daß er die ganze Nacht mit dem Kalbe herumgelaufen wäre.

Während dieser Zeit war es soweit gekommen, daß Goldfeder mit Menne Hochzeit geben sollte. Als nun der Wagen mit dem Brautpaar vom Schloß herunterkam und bei Goldmarikens Fenster vorbeifahren wollte, da wünschte sie, daß er sogleich vor ihrer Tür in einen tiefen Morast versinken sollte. Der Wagen blieb stecken, und Pferde und Men-

schen konnten ihn nicht von der Stelle bringen. Da ward der alte König
sehr verdrießlich und befahl, es sollten mehr Pferde vorgespannt werden
und mehr Menschen anfassen; aber es half alles nichts.

Unter den Hofleuten, die den Bräutigam zur Kirche begleiten sollten,
waren nun auch die drei Brüder. Da sprach der älteste von ihnen zu dem
König: »Herr König, hier in dem kleinen Hause wohnt ein Mädchen, die
kann wünschen, was sie will; gewiß hat sie den Wagen hier festgewünscht!«

»Woher weißt du das denn, daß sie das kann?« sagte der alte König. Er
antwortete: »Sie hat mich einmal an die Tür gewünscht, und da habe ich
eine ganze Nacht daran stehen müssen!«

»Ja«, sprach der zweite Bruder, »aber wenn sie einen festgewünscht
hat, so wünscht sie ihn auch wieder los.«

»Und woher weißt du das?« fragte der König. »Ich habe einmal eine
ganze Nacht an ihrer Gartentür stehen müssen, aber am Morgen hat sie
mich wieder freigemacht.« Da wollte der alte König schon zu Goldmariken hineinschicken, aber der jüngste Bruder sprach: »Herr König, das
Mädchen hat auch ein Kalb, das hat Kräfte für zehn Pferde; laßt den
Bräutigam nur hineingehen und sie bitten, es uns zu leihen; so wird der
Wagen schon loskommen.«

»Ja«, sagte der Bräutigam, »das will ich schon tun«, stieg aus dem Wagen und ging zu Goldmariken und bat sie ganz freundlich, ihm ihr Kalb
zu leihen; denn er hätte gehört, es hätte so viele Kräfte. Da antwortete
sie: »Das Kalb könnt Ihr gerne nehmen, aber Ihr müßt mir versprechen,
daß ich noch mit zur Hochzeit geladen werde und meine beiden Tauben
auch.« Der Bräutigam versprach ihr das, und als nun das Kalb vorgespannt wurde, zog es den Wagen ganz leicht heraus.

Als die beiden jungen Leute nun nach der Trauung nach Hause kamen
und viele Gäste sich versammelt hatten, da kam auch Goldmariken mit
ihren beiden Tauben. Sie wurde freundlich empfangen und in den Saal
geführt; ihre Tauben aber blieben immer bei ihr und saßen ihr auf beiden
Schultern. Nun ging es zu Tische, und köstliche Gerichte wurden aufgetragen. Man setzte auch Goldmariken davon vor, aber sie aß keinen Bissen und saß ganz stumm und traurig. Da wunderten sich die Leute darüber, daß das schöne Mädchen so betrübt sei und nichts von den Speisen
anrührte. Als man sie darum fragte, da antworteten die Tauben:

»Täubchen, Täubchen mag nicht essen,
Goldfeder hat Goldmariken auf dem Stein vergessen.«

Das hörte der Bräutigam, und er befahl den Dienern, ihr noch einmal, und zwar noch köstlichere Speisen vorzusetzen; aber Goldmariken rührte nichts an, und die Tauben sagten:

»Täubchen, Täubchen mag nicht essen,
Goldfeder hat Goldmariken auf dem Stein vergessen.«

Da wurde der Bräutigam ganz nachdenklich, sah Goldmariken einmal recht genau an und erkannte sie. Dann sprach er zu seiner Braut: »Liebe Braut, du kannst doch eine Frage beantworten. Ich habe einen Schrank, dazu habe ich zwei Schlüssel, einen alten, den ich einmal verloren, nun aber wiedergefunden habe, und einen neuen, den ich für den alten, als er verloren war, anschaffte. Sage mir nun, welchen ich zuerst nehmen und gebrauchen soll, den alten oder den neuen?«

Da antwortete sie: »Den alten mußt du erst brauchen!«

»Nun«, sagte er, »so hast du dein eigen Urteil gesprochen, denn dies ist mein liebes Goldmariken, mit der ich Freud und Leid bei der alten Hexe im Walde geteilt habe, die mir allzeit half und mich gerettet hat und der ich ewige Treue geschworen.«

Da mußte Menne von Goldfeder abstehen, und alle Leute, ihre und seine Eltern sagten, daß keine es auch mehr verdient hätte, seine Frau zu werden, als Goldmariken. So gaben sie denn Hochzeit und lebten viele, viele Jahre glücklich.

10. Gut, daß ich geschwiegen habe

Früher, irgendwann einmal, lebte im Jakutenlande eine ziemlich wohlhabende Familie. Mann und Frau, die beiden hatten drei Töchter. Diese Mädchen waren alle drei recht dümmlich und hatten alle drei eine schlechte, undeutliche Aussprache. Für alle drei war nun die Zeit herangekommen, einen Mann zu nehmen. All die Nachbarn kannten sie, keiner hielt um sie an. Ihr Vater und ihre Mutter wünschten sehr, daß ihre Töchter sich verheirateten.

Einmal aber hörten sie, daß ein junger hübscher Mann aus einer ziemlich entfernten Familie auf Brautschau daherkomme. Als sie das hörte, freute sich die Mutter sehr, schärfte aber ihren Töchtern strengstens ein: »Man sagt, heute kommt jemand auf Brautschau, der eine von euch aussuchen will. Wenn er kommt, dann schweigt fein stille! Wenn ihr doch sprecht, wird er nicht heiraten und fortgehen«, sagte sie.

»Na gut, wir werden nichts sagen«, sprachen die Mädchen.

Nach einiger Zeit kam der Freier daher. Er sprach mit der Hausfrau über dies und jenes. Die Hausfrau machte sich daran, zu kochen und Essen zuzubereiten. Die Mädchen saßen schweigend in einer Reihe auf der Schlafbank.

Die Mutter brachte Sahne in einem Eimer aus Birkenrinde, tat einen Quirl hinein und sagte zu ihrer ältesten Tochter, als sie ihn hinstellte: »Quirle das, schlage Butter!« Das Mädchen nahm den Quirl, und während es dasaß und quirlte, kam ein Welpe, den sie großzogen, herbeigelaufen und machte sich daran, den Rand des Mörsers mit der Sahne abzulecken. Da schrie die älteste Tochter, die dasaß und quirlte, auf: »Geh fort! Diese Hund wi die Sahne ecken!«

Da sagte die mittlere Tochter: »Mächen, hat ie Mutter ir nich gesagt, u solls still sein?«

Die jüngste Tochter sagte: »Ut, daß ich nicht esprochen habe, ich bin ein utes Kind.«

Als der Freier diese Worte hörte, kombinierte er: »Diese Mädchen können wohl alle drei nicht gut sprechen. Aus dem, was die mittlere Tochter gesagt hat, wird wohl klar: Die Mutter hat ihnen befohlen, nicht zu sprechen, wenn die Leute zuhören. Danach haben sie sich auch gerichtet. Außer daß sie schlecht sprechen, sind sie überdies noch dumm. Wenn sie klug wären, dann hätten die beiden jüngeren Töchter, die sich schämten, geschwiegen. Bloß weg! Ich heirate die nicht.« So überlegte er sich, und dann machte er sich davon.

11. Die Rabe

Es war einmal eine Königin, die hatte ein Töchterchen, das war noch klein und mußte noch auf dem Arm getragen werden. Zu einer Zeit war das Kind unartig, und die Mutter mochte sagen, was sie wollte, es hielt nicht Ruhe. Da ward sie ungeduldig, und weil die Raben so um das Schloß herumflogen, öffnete sie das Fenster und sagte: »Ich wollte, du wärst eine Rabe und flögst fort, so hätt' ich Ruhe.«

Kaum hatte sie das Wort gesagt, so war das Kind in eine Rabe verwandelt und flog von ihrem Arm zum Fenster hinaus. Sie flog aber in einen dunkeln Wald und blieb lange Zeit darin, und die Eltern hörten nichts von ihr. Danach führte einmal einen Mann sein Weg in diesen Wald, der hörte die Rabe rufen und ging der Stimme nach; und als er näher kam, sprach die Rabe: »Ich bin eine Königstochter von Geburt und bin verwünscht worden, du aber kannst mich erlösen.«

»Was soll ich tun?« fragte er. Sie sagte: »Geh weiter in den Wald, und du wirst ein Haus finden, darin sitzt eine alte Frau, die wird dir Essen und Trinken reichen, aber du darfst nichts nehmen: Wenn du etwas issest oder trinkst, so verfällst du in einen Schlaf und kannst mich nicht erlösen. Im Garten hinter dem Haus ist eine große Lohhucke, darauf sollst du stehen und mich erwarten. Drei Tage lang komm ich jeden Mittag um zwei Uhr zu dir in einem Wagen, der ist erst mit vier weißen Hengsten bespannt, dann mit vier roten und zuletzt mit vier schwarzen, wenn du aber nicht wach bist, sondern schläfst, so werde ich nicht erlöst.« Der

Mann versprach, alles zu tun, was sie verlangt hatte, die Rabe aber sagte: »Ach, ich weiß es schon, du wirst mich nicht erlösen, du nimmst etwas von der Frau.« Da versprach der Mann noch einmal, er wollte gewiß nichts anrühren, weder von dem Essen noch von dem Trinken. Wie er aber in das Haus kam, trat die alte Frau zu ihm und sagte: »Armer Mann, was seid Ihr abgemattet, kommt und erquickt Euch, esset und trinkt.«

»Nein«, sagte der Mann, »ich will nicht essen und nicht trinken.« Sie ließ ihm aber keine Ruhe und sprach: »Wenn Ihr dann nicht essen wollt, so tut einen Zug aus dem Glas, einmal ist keinmal.« Da ließ er sich überreden und trank. Nachmittags gegen zwei Uhr ging er hinaus in den Garten auf die Lohhucke und wollte auf die Rabe warten. Wie er da stand, ward er auf einmal so müde und konnte es nicht überwinden und legte sich ein wenig nieder; doch wollte er nicht einschlafen.

Aber kaum hatte er sich hingestreckt, so fielen ihm die Augen von selber zu, und er schlief ein und schlief so fest, daß ihn nichts auf der Welt hätte erwecken können. Um zwei Uhr kam die Rabe mit vier weißen Hengsten gefahren, aber sie war schon in voller Trauer und sprach: »Ich weiß, daß er schläft.« Und als sie in den Garten kam, lag er auch da auf der Lohhucke und schlief. Sie stieg aus dem Wagen, ging zu ihm und schüttelte ihn und rief ihn an, aber er erwachte nicht.

Am andern Tag zur Mittagszeit kam die alte Frau wieder und brachte ihm Essen und Trinken, aber er wollte es nicht annehmen. Doch sie ließ ihm keine Ruhe und redete ihm so lange zu, bis er wieder einen Zug aus dem Glase tat. Gegen zwei Uhr ging er in den Garten auf die Lohhucke und wollte auf die Rabe warten, da empfand er auf einmal so große Müdigkeit, daß seine Glieder ihn nicht mehr hielten: Er konnte sich nicht helfen, mußte sich legen und fiel in tiefen Schlaf. Als die Rabe daherfuhr mit vier braunen Hengsten, war sie schon in voller Trauer und sagte: »Ich weiß, daß er schläft.« Sie ging zu ihm hin, aber er lag da im Schlaf und war nicht zu erwecken.

Am andern Tag sagte die alte Frau, was das wäre, er äße und tränke nichts, ob er sterben wollte. Er antwortete: »Ich will und darf nicht essen und nicht trinken.« Sie stellte aber die Schüssel mit Essen und das Glas mit Wein vor ihm hin, und als der Geruch davon zu ihm aufstieg, so konnte er nicht widerstehen und tat einen starken Zug. Als die Zeit kam, ging er hinaus in den Garten auf die Lohhucke und wartete auf die Königstochter; da ward er noch müder als die Tage vorher, legte sich nieder und schlief so fest, als wär er ein Stein.

Um zwei Uhr kam die Rabe und hatte vier schwarze Hengste, und die Kutsche und alles war schwarz. Sie war aber schon in voller Trauer und sprach: »Ich weiß, daß er schläft und mich nicht erlösen kann.« Als sie zu ihm kam, lag er da und schlief fest. Sie rüttelte ihn und rief ihn, aber sie konnte ihn nicht aufwecken. Da legte sie ein Brot neben ihn hin, dann ein Stück Fleisch, zum dritten eine Flasche Wein, und er konnte von allem so viel nehmen, wie er wollte, es ward nicht weniger. Danach nahm sie einen goldenen Ring von ihrem Finger, ihr Name war eingegraben, und steckte ihn an seinen Finger. Zuletzt legte sie einen Brief hin, darin stand, was sie ihm gegeben hatte und daß es nie all würde, und es stand auch darin: »Ich sehe wohl, daß du mich hier nicht erlösen kannst, willst du mich aber noch erlösen, so komm nach dem goldenen Schloß von Stromberg, es steht in deiner Macht, das weiß ich gewiß.«

Und wie sie ihm das alles gegeben hatte, setzte sie sich in ihren Wagen und fuhr in das goldene Schloß von Stromberg. Als der Mann aufwachte und sah, daß er geschlafen hatte, ward er von Herzen traurig und sprach: »Gewiß, nun ist sie vorbeigefahren, und ich habe sie nicht erlöst.« Da fielen ihm die Dinge in die Augen, die neben ihm lagen, und er las den Brief, darin geschrieben stand, wie es zugegangen war. Also machte er sich auf und ging fort und wollte nach dem goldenen Schloß von Stromberg, aber er wußte nicht, wo es lag.

Nun war er schon lange in der Welt herumgegangen, da kam er in einen dunkeln Wald und ging vierzehn Tage darin fort und konnte sich nicht herausfinden. Da ward es wieder Abend, und er war so müde, daß er sich an einen Busch legte und einschlief.

Am andern Tag ging er weiter, und abends, als er sich wieder an einen Busch legen wollte, hörte er ein Heulen und Jammern, daß er nicht einschlafen konnte. Und wie die Zeit kam, wo die Leute Lichter anstecken, sah er eins schimmern, machte sich auf und ging ihm nach; da kam er vor ein Haus, das schien so klein, denn es stand ein großer Riese davor. Da dachte er bei sich: »Gehst du hinein und der Riese erblickt dich, so ist es leicht um dein Leben geschehen.« Endlich wagte er es und trat heran. Als der Riese ihn sah, sprach er: »Es ist gut, daß du kommst, ich habe lange nichts gegessen: ich will dich gleich zum Abendbrot verschlucken.«

»Laß das lieber sein«, sprach der Mann, »ich lasse mich nicht gerne verschlucken; verlangst du zu essen, so habe ich genug, um dich satt zu machen.«

»Wenn das wahr ist«, sagte der Riese, »so kannst du ruhig bleiben; ich wollte dich nur verzehren, weil ich nichts anderes habe.« Da gingen sie und setzten sich an den Tisch, und der Mann holte Brot, Wein und Fleisch, das nicht all ward. »Das gefällt mir wohl«, sprach der Riese und aß nach Herzenslust. Danach sprach der Mann zu ihm: »Kannst du mir nicht sagen, wo das goldene Schloß von Stromberg ist?« Der Riese sagte: »Ich will auf meiner Landkarte nachsehen, darauf sind alle Städte, Dörfer und Häuser zu finden.« Er holte die Landkarte, die er in der Stube hatte, und suchte das Schloß, aber es stand nicht darauf. »Es tut nichts«, sprach er, »ich habe oben im Schranke noch größere Landkarten; darauf wollen wir suchen«; aber es war auch vergeblich.

Der Mann wollte nun weitergehen; aber der Riese bat ihn, noch ein paar Tage zu warten, bis sein Bruder heimkäme, der wäre ausgegangen, Lebensmittel zu holen. Als der Bruder heimkam, fragten sie nach dem goldenen Schloß von Stromberg, er antwortete: »Wenn ich gegessen habe und satt bin, dann will ich auf der Karte suchen.« Er stieg dann mit ihnen auf seine Kammer, und sie suchten auf seiner Landkarte, konnten es aber nicht finden; da holte er noch andere alte Karten, und sie ließen nicht ab, bis sie endlich das goldene Schloß von Stromberg fanden, aber es war viele tausend Meilen weit weg.

»Wie werde ich nun dahinkommen?« fragte der Mann.

Der Riese sprach: »Zwei Stunden hab ich Zeit, da will ich dich bis in die Nähe tragen, dann aber muß ich wieder nach Haus und das Kind säugen, das wir haben.« Da trug der Riese den Mann bis etwa hundert Stunden vom Schloß entfernt und sagte: »Den übrigen Weg kannst du wohl allein gehen.«

Dann kehrte er um, der Mann aber ging vorwärts Tag und Nacht, bis er endlich zu dem goldenen Schloß von Stromberg kam. Es stand aber auf einem gläsernen Berge, und die verwünschte Jungfrau fuhr in ihrem Wagen um das Schloß herum und ging dann hinein.

Er freute sich, als er sie erblickte und wollte zu ihr hinaufsteigen, aber wie er es auch anfing, er rutschte an dem Glas immer wieder herunter. Und als er sah, daß er sie nicht erreichen konnte, ward er ganz betrübt und sprach zu sich selbst: »Ich will hier unten bleiben und auf sie warten.« Also baute er sich eine Hütte und saß darin ein ganzes Jahr und sah die Königstochter alle Tage oben fahren, konnte aber nicht zu ihr hinaufkommen.

Da sah er einmal aus seiner Hütte, wie drei Räuber sich schlugen, und rief ihnen zu: »Gott sei mit euch!« Sie hielten bei dem Ruf inne, als sie aber niemand sahen, fingen sie wieder an, sich zu schlagen, und das zwar ganz gefährlich.

Da rief er abermals: »Gott sei mit euch!« Sie hörten wieder auf, guck-

ten sich um, weil sie aber niemand sahen, fuhren sie auch wieder fort, sich zu schlagen. Da rief er zum drittenmal: »Gott sei mit euch!« und dachte: »Du mußt sehen, was die drei vorhaben«, ging hin und fragte, warum sie aufeinander losschlügen.

Da sagte der eine, er hätte einen Stock gefunden, wenn er damit wider eine Tür schlüge, so spränge sie auf; der andere sagte, er hätte einen Mantel gefunden, wenn er den umhinge, so wäre er unsichtbar; der dritte aber sprach, er hätte ein Pferd gefangen, damit könnte man überall hinreiten, auch den gläsernen Berg hinauf. Nun wüßten sie nicht, ob sie das in Gemeinschaft behalten oder ob sie sich trennen sollten.

Da sprach der Mann: »Die drei Sachen will ich euch eintauschen; Geld habe ich zwar nicht, aber andere Dinge, die mehr wert sind! Doch muß ich vorher eine Probe machen, damit ich sehe, ob ihr auch die Wahrheit gesagt habt.« Da ließen sie ihn aufs Pferd sitzen, hingen ihm den Mantel um und gaben ihm den Stock in die Hand, und wie er das alles hatte, konnten sie ihn nicht mehr sehen. Da gab er ihnen tüchtige Schläge und rief: »Nun, ihr Bärenhäuter, da habt ihr, was euch gebührt: seid ihr zufrieden?«

Dann ritt er den Glasberg hinauf, und als er oben vor das Schloß kam, war es verschlossen; da schlug er mit dem Stock an das Tor, und alsbald sprang es auf. Er trat ein und ging die Treppe hinauf bis oben in den Saal, da saß die Jungfrau und hatte einen goldenen Kelch mit Wein vor sich. Sie konnte ihn aber nicht sehen, weil er den Mantel umhatte. Und als er vor sie kam, zog er den Ring, den sie ihm gegeben hatte, vom Finger und warf ihn in den Kelch, daß es klang. Da rief sie: »Das ist mein Ring, so muß auch der Mann dasein, der mich erlösen wird.«

Sie suchten im ganzen Schloß und fanden ihn nicht, er war aber hinausgegangen, hatte sich aufs Pferd gesetzt und den Mantel abgeworfen. Wie sie nun vor das Tor kamen, sahen sie ihn und schrien vor Freude. Da stieg er ab und nahm die Königstochter in den Arm; sie aber küßte ihn und sagte: »Jetzt hast du mich erlöst, und morgen wollen wir unsere Hochzeit feiern.«

12. Armreich und Schmerzenreich

Es war einmal eine reiche Wirtin, der war der Mann schon gestorben, als sie noch ein kleines Mädchen bekam. Sie taufte es Marie. Nun hätte die Wirtin gerne wieder geheiratet, aber sie bekam keinen Mann; darum ließ sie kundtun, sie wolle auch einen Armen nehmen: Wenn schon kein Reicher kam, so sollte doch nur irgendeiner kommen. Bald darauf meldeten sich ein paar arme Männer. Aber wer immer kam, dem wäre schon das Mädchen lieber gewesen. So bekam die Mutter gar keinen Mann.

Nun hatte sie einen Gevatter, der war ein armer Schuster, und zu dem sagte sie: »Gevatter, bring mir meine Marie um. Führ sie in den Wald hinaus und bring mir ihre Arme und ihren Magen als Zeichen« und gab ihm gleich dreißigtausend Gulden. »Frau Gevatterin«, sagte er, »in drei Tagen komme ich sie holen.«

Und als die drei Tage um waren, kam er. Die Wirtin sagte ihrer Tochter, sie kann mit ihrem Göt spazierengehen, und das Mädchen zog sich an und ging mit ihm. Er führte sie aus der Stadt hinaus, und dann wanderten sie drei Stunden lang in einen tiefen Wald hinein.

Dort sagte der Mann: »Marie, du wirst es nicht wissen, warum du mit mir hast spazierengehen dürfen.«

Und wie sie »Nein« sagte, packte er sie und zog ein langes Messer aus dem Stiefelschacht. Sie fiel gleich auf ihre Knie und bat um Pardon.

Der Göt aber sagte: »Pardon kann ich dir nicht geben, ich muß deiner Mutter deine Arme und deinen Magen bringen.«

Sie weinte: »Ich will gerne meine Arme hergeben, aber laß mir doch mein Leben!« Sie streckte ihm auch gleich die Arme hin und er schnitt ihr die Hände bis zum Ellenbogen ab. Er hatte einen großen Hund mit, den erschoß er und schnitt ihm den Magen heraus. Dann nahm er die zwei Hände und brachte alles der Wirtin nach Hause. Die war damit zufrieden.

Die Marie kam im Wald zu einem Teich; da legte sie sich auf den Bauch und hielt ihre Armstümpfe in den Morast. Die ganze Nacht tat sie so, bis das Blut stockte. Am dritten Tag – sie war schon sehr hungrig – kam sie zu einem Holzbirnenbaum. Da mußte sie sich wieder auf den Bauch legen, um die herabgefallenen Holzbirnen essen zu können – sie hatte ja keine Hände. Und so tat sie den ganzen Sommer. Eines Tages kam sie zu einem Steinfelsen, der hatte ein Loch, in das sie gerade hineinschlupfen konnte. Da löste sie ihre Schürze ab, scharrte mit den Füßen das Laub zusammen und trug es mit ihren Armstümpfen, so gut es halt ging, in das Loch hinein. Und als eine Lagerstätte fertig war, sammelte sie sich Holzbirnen und Holzäpfel für den Winter.

Im Frühjahr gab der König im Wald eine Jagd, auf die er seine drei Leibjäger mitnahm. Die schickte er in verschiedene Richtungen und sagte: »Wir schießen aber heute nur Fasanen, kein anderes Wild. Wenn einer einen Doppelschuß macht, so laufen wir alle zusammen.«

Seine Hunde jagten gerade zu dem Felsen hin – dort blieben sie stehen und bellten unentwegt. Als der König hinkam, schaute er mit seinem Kopf so ein wenig in die Höhle hinein, er sah aber nicht mehr als ihren Kopf, weil sie im Laub ganz eingegraben war. »Wer bist denn du?« rief er hinein.

»Ich bin ein guter Geist«, sagte sie.

»So komm heraus!«

»O Herr, ich schäm' mich!« rief sie zurück.

»Ja, warum schämst du dich denn?« fragte er sie.

»Ich bin ja halb nackt!«

Da zog er seinen Jagdmantel aus und warf in ihr hinein. Sie hängte sich ihn um und kam heraus: Wie wunderschön war sie mit ihren goldgesträhnten Haaren! Und der König, der ledig war, sagte zu ihr: »Sei getrost, ich mache dich zu meiner Königin!« Er gab gleich mit seinem Doppelgewehr zwei Schüsse ab, und seine Leibjäger liefen daraufhin herbei. »Das Meinige«, sagte der König, »hab ich mir heute schon abgeschossen und bin damit recht zufrieden. Jeder von euch soll drei Finger in die Höhe recken und für sie schwören, daß sie eine Prinzessin ist. Der erste aber, der über sie spricht, der wird erschossen werden. Und jetzt gehen wir nach Hause.«

Da sie ja wenig gegessen hatte, war die Frau so matt, daß die Jäger sie abwechselnd tragen mußten. Vor der Stadt war ein großes, herrschaftliches Wirtshaus, da kehrten sie ein. Sie nahmen gleich im oberen Stockwerk ein schönes Zimmer, da speiste der König mit ihr; die Jäger nahmen ihre Mahlzeit herunten ein. Der König hatte für die Frau gute, kräftige Speisen angeschafft; sie begannen zu essen, aber sie konnte nichts hinunterbringen. Die Speisen waren ihr zu üppig. So ließ er eine Kuh melken und ihr die kuhwarme Milch bringen. Die trank sie, dann warf sie den Mantel weg, hinter sich auf den Stuhl. Da fing der König zu weinen an. »Aber«, sagte er, »wo hast du denn deine Hände?«

»Meine Hände hab ich verloren.«

»Das wird alles nichts ausmachen«, sagte er, »auch wenn du keine Hände mehr hast.« Er schickte gleich einen Diener zu einem Handschuhmacher, der kam und mußte gleich abmessen, wie lang ihre Oberarme waren und wie lang die Unterarme sein mußten. Und noch in der Nacht brachte er neue und schraubte sie ihr an. Da war ein Draht so angebracht, daß sie die fünf Finger bewegen konnte, wenn sie den Ellbogen beugte. So bemerkte kein Mensch, daß es unechte Hände waren.

Ein volles Jahr hielt der König sie in diesem Wirtshaus verborgen, da sie die Nahrung nicht gewohnt war. Und sobald sie alles essen konnte, schickte er ihr königliche Kleider; sie war kräftig und gesund geworden und war noch einmal so schön und noch einmal so dick, wie sie es im Wald gewesen war. Er ließ vier Schimmel anspannen und sie zu seiner Mutter, der Königin, hinfahren. »Mutter«, sagte er, »das wird meine Frau.«

»Bravo, mein Kind, die gefällt mir auch«, sagte die Königin. So wurde noch in derselben Woche Hochzeit gefeiert.

Sie waren schon ein volles Jahr verheiratet, da wurde dem König der Krieg erklärt. Die junge Königin aber sollte jeden Tag entbinden. Da sagte er zu ihr: »Du, meine liebe Frau, ich habe zwei Siegel machen lassen, Königssiegel. Ohne dieses Siegel darfst du keinen Brief übernehmen

und lesen und werde ich keinen Brief übernehmen und lesen, so daß keine Falschheit entstehen kann.« Er verabschiedete sich von der jungen Königin, und die Mutter, die alte Königin, stand auch dabei. Zu ihr sagte er: »Paß gut auf sie auf, daß sie gesund bleibt.«

Er setzte sich auf seinen Schimmel und ritt fort auf das Schlachtfeld. Nach drei Wochen kam schon der erste Brief. Nach der Entbindung hatte die Dienerschaft acht Tage lang in ihrem Zimmer bedient und ihr dabei den Stempel gestohlen, mit dem sie den Brief hätte siegeln sollen. Den gaben sie der alten Königin. So hatte den ersten Brief, den der König bekam, nicht die junge Königin geschrieben, da war schon die Falschheit der alten drin. Da stand: »Lieber Mann, ich habe zwei Hunde geboren.« Sie hatte aber zwei Prinzen bekommen. Er las den Brief und zerriß ihn gleich, während seine Generäle um ihn herumstanden. Dann schrieb er noch auf dem Pferd einen Brief zurück: »Auch wenn du zwei Hunde geboren hast, so bleibst du doch meine Frau.« Dieser Brief kam nach Hause zur alten Königin, und die verbrannte ihn gleich im Feuer. Dafür schrieb sie einen anderen Brief: »Ermordet mir dieses Luder und tut mir ihren Magen in einen Glaskasten hinein.«

Schon waren drei Wochen vorbeigegangen, und die Kinder waren noch immer ungetauft. »Du, Marie«, sagte die alte Königin, »vor der Taufe mußt du mit deinen Kindern noch eine Spazierfahrt machen.« Die Marie ließ anspannen, da waren außer dem Kutscher noch sechs Leibjäger da: drei ritten vorne und drei hinten. Sie setzte sich mit ihren zwei Prinzen in die Kutsche, und sie fuhren fort. Sie fuhren in den Wald und wie sie tief drinnen waren, sagten die Leibwächter, sie soll aus dem Wagen steigen. Da erschrak sie sehr. »Königin«, sagten sie, »Sie müssen ermordet werden.« Sie fiel nieder auf ihre Knie: »Bei Gott, früher einmal war ich so unglücklich und jetzt wieder. Liebe Diener, wenn ihr schon mich nicht verschont, so verschont doch meine zwei Kinder!« Da kam ein Reh dahergesprungen, das schossen sie und schnitten ihm den Magen heraus. Dann saßen sie auf und ritten in die Burg zurück. Zur alten Königin sagten sie: »Da ist der Magen der jungen Königin.« Sie war zufrieden und belohnte sie reichlich. Den Magen ließ sie einbalsamieren, dann tat sie ihn in einen gläsernen Kasten als Wahrzeichen für den heimkehrenden König, daß seine Frau tot sei.

Im Wald draußen kniete die junge Königin nieder und dankte Gott, daß er ihr mit ihren zwei Kindern das Leben geschenkt hatte. Dann überfiel sie die Nacht, und sie legten sich aufs Laub nieder. Drei Tage irrte sie im Wald herum. Sie war schon hungrig und durstig – da hörte sie ein Wasser rinnen. Als sie dort war, legte sie die beiden Kinder ins Gras, kniete nieder und bat Gott um eine Taufe. Dann nahm sie ein Kind in den linken Arm und ging zum fließenden Wasser. Mit der rechten Hand griff sie ins Wasser und sprach: »Ich taufe dich im Namen Gottes, des Vaters, des Sohnes und des Heiligen Geistes. Du sollst heißen: Schmerzenreich.« Da fiel ihr die künstliche Hand weg und fiel ins Wasser, und sie hatte ihre gute Hand wieder.

Sie legte das Kind weg und nahm das andere auf den guten Arm. Mit der anderen Hand griff sie wieder ins Wasser hinein und sprach: »Ich taufe dich im Namen Gottes, des Vaters, des Sohnes und des Heiligen Geistes, du sollst heißen: Armreich.«

Nun fiel ihr auch diese Hand weg und schwamm fort, und sie hatte auch auf dieser Seite ihre gute Hand wieder. Jetzt erst trank sie selber und stillte ihren Durst. Dann kam die Nacht, und sie legte sich mit ihren Kindern wieder ins Laub. Am nächsten Tag baute sie im dicksten Gestrüpp aus Zweigen eine Hütte und machte sich drinnen ein Bett und ein Sofa; das legte sie mit Moos und darunter mit Laub aus. Wie sie fertig war, war sie halt wieder hungrig und durstig, sie hatte ja seit langem nichts gegessen. Da kam nach einer Weile eine Hirschkuh mit einem großen Euter, die legte sich vor der Hütte nieder. Die Königin ging hin und schmeichelte ihr, um zu sehen, ob sie wohl stillhalten würde. Und als das Tier ganz ruhig blieb, machte sie aus großen Blättern ein Stanitzel und molk es voll. Dann tranken sie sich satt. Und so lebten sie sieben volle Jahre.

Unterdessen kam der König aus dem Feld nach Hause. Als erstes fragte er nach seiner Frau. Die alte Königin zeigte ihm gleich den Glaskasten mit dem Magen drin und ließ ihn den falschen Brief lesen, den sie selbst geschrieben hatte. »Aber den habe ich nicht geschrieben«, sagte er, »ich habe geschrieben, daß sie meine Frau bleibt, auch wenn sie zwei Hunde geboren hat.«

Am nächsten Tag nahm er seine drei Leibjäger und ritt fort. Sie hatten Lebensmittel für drei Tage auf die Rosse gepackt. Am dritten Tag kamen sie in den Wald und ritten den ganzen Tag bis zum Abend. Da kamen sie zur Hütte der Königin: »Wer bist denn du?« fragte er sie. »Ich bin ein armes Jägersweib.«

»Können wir bei dir übernachten?«

»O ja«, antwortete sie.

Er legte sich ins Bett, und die drei Leibjäger setzten sich aufs Sofa. Sie nahm ihre beiden Kinder auf den Schoß und setzte sich daneben hin. Und mitten in der Nacht – der Mond leuchtete gerade in die Hütte herein – fiel dem König die Hand aus dem Bett, als er sie ausstreckte. Da sagte die Königin: »Schmerzenreich, tu deinem Vater die Hand ins Bett hinein.«

»Aber, Mutter«, antwortete das Kind, »dieser schöne Mann wird doch nicht mein Vater sein!« Und sie: »Wenn ich dir es sage, so ist er dein Vater.« Da nahm Schmerzenreich ganz ruhig den Arm des Königs und legte ihn aufs Bett zurück. Nach einer Weile fiel ihm der andere Arm aus dem Bett. »Armreich«, sagte die Mutter, »leg deinem Vater die Hand hinein ins Bett.« Der sagte weiter nichts und legte sie ihm hinein. Die drei Jäger schliefen aber nicht und hatten das alles gehört.

Am Morgen standen sie auf und ritten fort. Einem jeden Kind schenkte der König sieben Dukaten. Nachdem sie schon zwei Stunden geritten waren, sagte einer von den Leibjägern zum anderen: »Wir haben ja heute bei der Königin geschlafen. Das müssen wir dem König doch sagen!« Sie gaben ihren Pferden die Sporen und ritten ihm nach. Als sie ihn eingeholt hatten, schrien sie alle drei: »Halt, Eure Majestät!« Der König hielt an: »Was wollt ihr denn, Kinder?«

»Eure Majestät, wir dienen nun schon 24 Jahre und haben Euch nie belogen: Es ist nicht wahr, daß die Königin umgebracht worden ist! Wir haben heute bei ihr übernachtet!« Da schrie der König: »Kehrt um, meine Kinder, wir reiten zu ihr!« Als sie zurückkamen, kniete sie nieder und bat um Pardon; sie fürchtete, sie würden sie töten. »Pardon genug, wenn du Königin bist!« sagte er. »Steig herauf auf mein Pferd!« Und die Leibjäger hoben sie gleich hinauf zu ihm. Er hängte ihr seinen Mantel um, weil sie ja in diesen sieben Jahren nur Gewänder aus Blättern getragen hatten. Erst am Morgen kamen sie in die Burg. Seine Mutter schaute beim Fenster herunter, und als sie im Hof waren, rief er hinauf zu ihr: »Komm herunter!«

»Da schau her«, sagte er, »die größte Freude hast du meinem Herzen geraubt. Statt zwei Hunden sind das zwei gute Prinzen, und die sind mir lieber als mein Königreich!«

Er ließ sechs Mann antreten, die mußten seine Mutter erschießen und ganz hinten im Garten eingraben.

Nun stand er mit seiner Frau zusammen und sah, daß sie zwei gute Hände hatte. »Du«, sagte er, »sosehr ich dich geliebt habe, so sehr hasse ich dich jetzt. Früher hast du keine Arme gehabt, und jetzt hast du zwei gesunde. Ist das von Gott oder ist das Zauberei?«

»Gott habe ich gebeten, und er hat mich erhört. Wie ich meine Kinder getauft habe, ist mir eine Hand um die andere weggeflossen.«

»Und«, sagte er, »woher kommst du denn, aus was für einer Familie?«

»Ich bin eine Wirtstochter, und meine Mutter hat meinetwegen keinen Mann bekommen. Da hat sie ihrem Gevatter befohlen, mir meine Arme abzuhacken.« Da ritt er mit seinen Soldaten hin und ließ sie fangen und erschießen wie seine eigene Mutter.

13. Vom Zornbraten

Es war einmal ein Ritter, der hatte neben vielem Geld und Gut ein böses Weib, das wußte er nimmer zu bemeistern, und war schier auf Erden kein ärger Weib zu finden. Er aber war ehrenhaft und sanften Mutes. Beide hatten eine einzige Tochter, und die erzog die Mutter also in ihren eignen bösen Sitten und nach ihrem Schlag, daß sie arg und karg, mückisch und tückisch wurde. Gleichwohl hatte Gott das Maidlein zu einer schönen Jungfrau gebildet, daß wer sie schaute, dem deuchte sie ein Bild voll minniglicher Güte, wer aber näher mit ihr bekannt wurde, der nahm bald ihre Argheit wahr und mied sie gänzlich. Nun war die Jungfrau achtzehn Jahre alt und hätte gern einen Mann genommen, aber keiner kam, der ihrer begehrt hätte.

Das bekümmerte den Vater mächtiglich, und eines Tages sprach er zu ihr: »Tochter, deiner Mutter Sitten und ihr übler Rat machen, daß du ohne Mann bleibest, oder aber, so einer dich nimmt, der nicht Lust hat wie ich, böse Weibertücken geduldig zu tragen, so wirst du öfter geschlagen als das Jahr Tage zählt, und wird dich noch baß gereuen, daß du so in allen Stücken deiner Mutter gefolgt bist und gefolgt hast.«

Das hörte die Tochter des frommen Ritters sehr ungern und sprach zorniglich: »Ei, Herr Vater! Ihr könnt viel reden, ehe mir Eurer Worte auch nur eins gefällt! Ihr habt meiner Mutter auch immer viel zuviel gute Lehren gegeben, die sie Euch nicht danket. Wißt Ihr was? Tut, was Euch gut dünket, und lasset mich gewähren. Denn wenn auch schon morgen ein Freier käme, der mein begehrte, so wollte ich doch allezeit in der Ehe das längere Messer tragen.«

»O meine Tochter!« antwortete der Rittersmann, »das dünkt mich

nicht gut, daß du solche Gedanken hast. Du solltest doch darauf denken,
besser zu sein wie deine arge Mutter, sonst könnte es wohl kommen, daß
du einen Mann bekämest, der so biderb und fromm ist, daß er dich be-
zwingt und du hernach mit Scham, mit Schimpf und Schande nachgeben
mußt.«

»Ei, ja wohl!« antwortete die Tochter. »Eh' der Markt aus ist, gibt
es noch mehr selben Kofents zu kaufen!« und solche häßliche Spott-
reden mehr, die sie dem Vater gab, so daß er zornig ausrief: »O du böse
Kriemhild! So du deinem Vater nicht folgen willst, so soll dir dein
Rücken satt von Schlägen werden! Wer immer dein begehre, er sei Ritter

oder sei Knecht, der soll dich haben und soll dich ziehen nach seinem Willen!«

»Oder ich ihn nach dem meinen!« erwiderte trotzig die Tochter und andere Reden mehr, bis dieser Wortwechsel endete.

Nun saß etwa drei Meilen weit von der Burg dieses guten Ritters ein anderer Rittersmann, der war reich an Geld und Gut und hatte Freiersgedanken, war auch hübsch vom Angesicht und höflich von Sitten, der vernahm auf Fragen und Sagen, wie schön und wie häßlich zugleich jenes Nachbarn Tochter sei, und dachte: »Ich wag' es frei und wende ihr Gemüt zur Tugend und mache sie gut; wo nicht, so will ich sie doch um ihrer Schöne wohl oder übel nehmen.« Ritt darauf mit seinen Gefreunden zum Vater der Maid und bat ihn um seine Tochter. Dieser Rittersmann offenbarte dem jungen Werber, wie seine Tochter gesittet sei, und jener sprach: »Ich hab es wohl vernommen, aber gebt Ihr mir sie nur zum Weibe! Will Gott, daß wir nur ein Jahr miteinander leben, so sollt Ihr sehen, wie gut sie wird!« Darauf antwortete der künftige Schwäher: »Gott soll Euch behüten vor ihrem Übermut! Hütet Euch, denn wenn sie auf ihrer Mutter Spur kommt, so lebt Ihr bei ihr, wie lang sie lebe, nimmer einen guten Tag.« Der Freier beharrte aber bei seinem Entschluß, und es ward ein Übereinkommen getroffen und eine Eheberedung, daß der junge Ritter, sobald er wiederkäme, die Maid mit sich nehmen und heimführen solle.

Die Mutter wußte von dieser Verhandlung weder viel noch wenig, sondern gar nicht, daß die Tochter einem Mann verlobt war, und als sie's nun erfuhr, ward sie überaus zornig, rief die Tochter und sprach: »Tochter, wisse, daß mein Fluch dich trifft, wenn du nicht deinem Manne so widerstehst wie deinem Vater ich mit Krieg und harter Rede allezeit und an jedem Ort. Höre, was ich dir ansage: Ich war ein kleines Mägdelein, als ich zu deinem Vater kam, viel geringer als du, denn du bist vollgewachsen. Drei Wochen lang schlug mich alle Tage dein Vater, daß ich krank wurde, und gab mir Wasser zur Labe, und doch hab ich meinen Streit gewonnen und mein Recht bis da immer behauptet!«

»Mutter!« antwortete das feine Töchterlein, »ich sage Euch, und sollt ich tausend Jahre leben, so mache ich meinen Mann zum Affen.«

Inzwischen kam nun der Tag der Heimführung. Da kam der Ritter heran auf einem schönen Roß von hohem Preis, führte auch mit sich ein schlankes Windspiel und trug auf der Hand einen wohlgetanen Falken, nahm die Maid in Empfang ohne weiteres und setzte sie hinter sich auf

sein Roß, entsandte seine Diener alle, daß ihrer keiner mit den zweien ritt, und nahm gleich Urlaub vom Vater seiner Braut. Der sprach zum Abschied ein bewegliches Wort: »Gottes Güte sei mit dir, o Tochter! Er gebe dir Ruhe im Glück und ein friedlicheres Herz, als ich an meiner Frau erfunden habe!«

Kaum war diese Rede gesprochen, so schlug die Mutter einen Lärmen auf und schrie der Tochter nach: »Vernimm auch mein Wort! Du sollst alle deine Lebetage deinem Mann untertan sein, so wie ich dich gelehret habe!«, und die Tochter rief zurück: »Wohl, meine Mutter, so soll es geschehen nach deiner Lehre.«

So ritten nun die beiden ganz allein miteinander hin, aber der Ritter vermied die Straße, um der Braut Argheit willen, und ritt einen unbequemen, steilen und engen Seitenweg, wohl einer Meile lang, doch ritt er rasch, daß er in kurzer Zeit eine halbe Meile zurücklegte auf dem rauhen, ungebahnten Steinpfad. Da kamen sie an einen umbuschten Werder, und der Falke begann nach seiner Art mit den Flügeln zu schlagen und von der Hand zu begehren, weil er auf Reiher stoßen wollte. Sprach der Ritter: »Mit deinem Federschlagen laß es gut sein, oder ich reiße dir den Kopf ab.« Bald darauf sah der Falke eine Krähe fliegen, der wollte er nach; da sprach wiederum der Ritter: »Du bist betrogen, wenn du nach Ungemach strebst und nicht gern in Ruhe dich hältst, und so will ich dir gleich dein Recht tun. Stirb, da du nicht meinen Willen halten willst!« Und er erwürgte den Falken wie ein Huhn.

Die Maid erschrak ob dieser Rede und der tödlichen Tat und begann den Ritter zu fürchten. Nun wurde der Pfad immer enger, steiniger und dorniger, und dem Windspiel schmerzten die Füße, und es vermochte nicht mehr, sich wie vor an des Pferdes Seite zu halten. Der Ritter, der es an einem Riemen führte, mußte es immer nachziehen, das war dem Ritter ungelegen, und er schalt das Windspiel: »Du böser Hofwart, hab acht, es kommt dir zum Unheil, daß du mir den Arm so zerziehst!« Der arme Hund vermochte aber nicht zu folgen, und da zog der Ritter sein Schwert und hieb ihn tot.

Die Maid unterdrückte einen Schrei des Unwillens, aber das Herz in der Brust erschrak ihr, es ward ihr weh zumute, und sie dachte: »Herr Gott, welch ein Wüterich ist dieser Mann! Brachte mich denn der Teufel zu ihm!« Der Ritter aber behielt das Schwert blank in der Hand und begann nun mit seinem Roß zu schelten: »Was schnaubst du? Warum gehst du nicht Paß oder Trab? Du willst wohl nur auf ebnem Plan gehen? Du mußt sterben!« Da nun das arme Roß nicht Paß traben konnte, welcher Gang ihm nie gelehrt worden war, so sprach der Ritter: »Frau, steiget ab!« Sie sprach: »Ich tue, was Ihr mich heißt.« Darauf stieg der Ritter auch ab und hieb dem Pferd das Haupt vom Rumpfe, sprechend: »Wärest du nach meinem Sinn gegangen, so wäre dir nicht der Tod geworden. Frau, dies ist geschehen, wie Ihr seht. Mir war das Pferd gar unlieb geworden, wie auch Windspiel und Falke. Nun aber ist mir ein ungewohnt und beschwerlich Ding, zu Fuße zu gehn, und ich habe des keine Übung. Ich werde nun Euch reiten!«, und damit begann er, ihr Riemen und Bande anzulegen, und auch den Sattel wollte er ihr aufschnallen. Sie sprach: »Herr, ich trüge schon genug an Euch, lasset den Sattel und die Seile, viel herzlieber Herre mein, ich trage Euch ja sanfter und besser ohne ihn.«

»Ei, Frau, wie stände mir das an, daß ich Euch ritte ohne Sattel und Zeug?« fragte der Ritter heftig. »Ihr habt böse Sitte, daß Ihr gegen meinen Willen zu reden Euch erkühnet!« Und da ließ sie sich gefallen, daß er zur Stund sie sattelte und aufzäumte wie ein Roß und ihr Zaum und Gebiß in den Mund legte und gab ihr die Steigbügel in die Hände, die stramm zu halten, saß dann auf und ritt sie so eine kleine Weile, etwa dreier Speerlängen weit, bis ihr die Ohnmacht zuging von der schweren Last.

Da stieg der Ritter von ihr ab und sprach: »Frau, schnappt Ihr nach Luft?«

»O nein, Herr!« antwortete sie.

Weiter sprach er: »Das ist ein schönes Feld, da könnt Ihr nun im Zelt (Schritt) gehen.« Sie sprach, indem sie auf Händen und Füßen weiter-kroch: »Ich will es gern tun. Auf meines Vaters Hofe laufen viele Pferde, denen hab ich Zeitgang abgelernt.«

»So wollt Ihr alles tun, was ich will?« fragte der Ritter, und sie gegen-redete: »Und wenn ich tausend Jahre leben sollte, so wollte ich tun, was Euch lieb ist!« Da hieß er sie aufstehn und nahm sie schön an der Hand und führte sie sittsamlich heim in sein Schloß, wo seine Freunde versam-melt waren, die grüßten sie ehrfurchtsvoll und geleiteten sie in ihr Zim-mer. Das geschah mit großen Freuden, und die Frau war das allerliebste Weib, ehrbar und wohlgezogen, ohne List und Trug, treu, ruhig, mild, keine Tugend fehlte ihr. Ihre Gäste empfing sie freundlich und fröhlich, und ohne Haß und Unwillen erfüllte sie, wie ein biederes Weib tun soll, die Wünsche ihres Eheherrn.

Als nun sechs Wochen vergangen waren, fuhren der jungen Frau Vater und Mutter zu ihrer Tochter hin, zu sehn, wie es ihr ergehe und wie sie sich gehabe. Bald genug erfuhr die Mutter, was geschehen war und wie ihre Tochter ihrem Manne gehorsamte, als sie diese zornig schalt und ihr zurief: »O über dich unseliges Weib! Was ich sehen und hören muß, läßt mich zweifeln, daß du mein Kind bist. Was? Du lässest deinen Mann dei-nen Meister sein?« Und dabei schlug die böse Mutter die Tochter ins Gesicht und wo sie sonst hinkam und fiel ihr in die Haare und raufte sie, schlug und schalt und trieb einen schrecklichen Unfug. Die junge Frau weinte und schrie: »Seid Ihr hergekommen zu schelten, so wartet doch, bis Ihr des Ursach findet! Ich habe den allerbesten Mann, und er ist gut und bieder, wer aber seinen Willen nicht tut, dem geht er in seinem Zorn gleich ans Leben. Darum, Mutter, habt weisen Sinn und hütet Euch, Arges wider ihn zu sprechen, denn er ist so zornmütig, daß er alles, was seinem Willen entgegen ist, im Zorn richtet und vernichtet.«

»Hoho! Morgen ist auch noch ein Tag!« höhnte die Mutter. »Wie schlimm dein Mann sei, das macht mir den geringsten Kummer! Nicht ein Haar stark acht ich seiner! Du alberne Trine! Dir muß der Teufel durchs Hirn fahren, daß du wagst, mir, deiner Mutter, mit deinem Mann zu dräuen!«

»Mutter, ich dräue Euch ja nicht!« verteidigte die Tochter sich. »Ich sage Euch ja nur die Wahrheit. Ich darf Euch doch wohl raten, meinen Mann baß zu grüßen, denn wolltet Ihr ihm tun wie meinem Vater, so zerbleut er Euch den Rücken, und obschon Ihr nicht viel Haares mehr habt, ist's dessen noch genug, daß er's Euch ausreißt!«

»Das wäre ein Hauptwerk!« erwiderte böse die Mutter. »Ich fürcht ihn nicht, und wenn er so groß wie ein Berg wäre; nicht mehr und nicht weniger fürcht ich ihn wie deinen Vater! Was hat der ausgerichtet mit mir nun die zwanzig Jahre? Noch heute geb ich ihm um kein Haar breit nach!«

Während dieser Schalkrede der ältern Frau standen der Schwäher und der Tochtermann an einer heimlichen Stelle, wo sie jedes Wort hörten, und der Alte sprach leise zu seinem Schwiegersohn: »Ich bin inniglich froh, daß Ihr meiner Tochter starren Sinn bezwungen, und gern hinterlasse ich Euch und ihr mein Hab und Gut, wenn ich dann fahre.« Der Schwiegersohn bedankte sich für die freundliche Gesinnung des Schwähers, der dann wieder zu ihm sprach: »Ratet mir doch, wie ich Eurer Schwieger tue, die mir allezeit widerstrebt und mir mein Leben so bitterlich vergällt! Wär es nur zu machen, daß sie etwa ein Jahr vor ihrem Tode wenigstens von ihrer Härte ließe, so hätte ich die sonderste Freude und all mein Leid ein Ende!« Darauf verhieß der Schwiegersohn, die Schwiegermutter gutzumachen auf seine Weise, wenn der Schwiegervater ihm das nicht wehren wolle. Der sprach: »Ich will Euch nichts verwehren, siedet oder bratet sie, so will ich noch Holz dazu tragen.«

Der Ritter nahm alsbald heimlich vier flinke starke Knechte, vermaß sich großen Zorns und ging nach der Kemnate, wo noch die Alte saß und immerfort auf ihn und ihre Tochter schalt. Als sie ihn kommen sah, grüßte sie ihn spöttisch: »Seid Gott willkommen, Herr Engelhart!«

»Schönsten Dank, Frau Schlechthart!« klang sein Gegengruß, und dabei trat er fest an sie heran und sprach: »Frau, laßt Eure Unart, das bitt ich Euch, gegen Euern und meinen Herrn. Er sollte Euch ungezählte Schläge auf Euern Rücken mit einer eichenen Elle zumessen, bis Euch so weh würde, daß Ihr ein gut Weib würdet.«

»Ei!« sprach sie: »Ich höre wohl, daß Ihr viele so erschlagen habt, lieber Herr Guguguk! Ich habe aber doch bisher noch Haut und Haar

behalten, hoff' es auch noch länger zu tragen! Was hab ich aber Euch getan?«

»Ihr scheltet täglich meinen Herrn, Euern Mann, und verleidet ihm sein eignes Haus!« antwortete der junge Ritter. Sie war aber gleich mit der Gegenrede zur Hand: »In meinem Hause heiße ich Kratzmaus! Ich kann darin sein Meister sein wie mein eigner, und es soll ihm Gott, solang ich lebe, nun keinen einzigen guten Tag mehr geben!«

»Und gibt Gott mir Glück«, sprach der Schwiegersohn, »so acht ich, daß Ihr noch, ehe wir voneinandergehen, Eure bösen Ränke und Schwänke laßt.«

»Daß es Euch nur nicht mißglücke!« rief sie, »sonst habt Ihr, so mir der große Gott von Schafhausen, nur Schande und Spott davon!«

»Ich weiß, was Euch so irr und wirr und böse macht«, nahm der Ritter wieder das Wort. »Ihr habt zwei Zornbraten hier an jeder Hüfte, davon kommt's, daß Ihr so üble Sitte habt, wenn Euch die jemand ausschnitte, das wär vortrefflich gut, denn Ihr würdet fröhlicher als jemals eine Frau, und für Euern Mann wär's nicht minder gut.«

»Ach! Ich freue mich, daß Ihr so ein guter Arzt seid, lehrt doch Eure Kunst meiner Tochter!« war ihre Antwort. »Habt Ihr auch Bertram feil und Nieswurz? Ihr mischt wohl Beifuß zum Tranke?«

»He! Euer Spott ist groß!« rief der Ritter, »aber er wird Euch gleich versalzen werden. Sobald wir Eure Zornnieren und Zornbraten haben, so werdet Ihr besser und frommer als ein Kind werden!«

»Genug mit Eurem Klaffen, Klaffer!« schalt die Frau. Da griffen aber die Knechte auf des Ritters Wink sie an, warfen sie nieder, und der Tochtermann wetzte ein großes scharfes Messer, das setzte er ihr an ihre Hüfte und schnitt ihr durch Gewand und Hemde eine lange tiefe Wunde, daß ihr Hohnlachen ihr ganz verging. Dann sprach er, indem er ein Stück Fleisch in ein Gefäß warf: »Seht, Frau, Ihr seid manches Jahr ein schlimmes Weib gewesen, daran waren Eure Zornbraten schuld, die kann ich Euch nicht länger lassen.« Sie aber lag traurig und schreiend: »Das wußt ich an mir selbst nicht, aber ich weiß, welcher Teufel Ihr mich beraten habt!«

»Ja, Ihr habt noch einen Zornbraten«, sprach der Ritter, »an Euerm andern Bein, der muß noch heraus!«

»Ach«, klagte sie fast weinend: »Der ist ganz klein, der schadet mir nicht zuviel! Helfe mir Gott! Der, den Ihr schon ausgeschnitten habt, der war an allem Schaden schuld. Ich bin alles Zornes ledig und will still sein, laßt nur den andern ungeschnitten.«

Da sprach die Tochter heiter zu ihrem Gatten: »Bedenket wohl, was Ihr tut. Ich fürchte, wenn auch der andere Zornbraten nicht herfürkömmt, so ist die große Arbeit an dem einen verloren, und am Ende bekommt der andere Zornbraten Junge, so Ihr den nicht auch ausschneidet.«

»Nein, nein, liebe Tochter!« rief die Mutter, »sprich ihm doch zu, daß er mich unversehrt lasse, ich will ja gut sein!«

»Frau Mutter«, antwortete die junge Frau: »Ihr gabt mir den Rat, wider meinen Mann zu streiten, ihm nicht untertan zu sein; darum und daß sie meinem Vater so übel mitgespielt schneidet nur ihren Zornbraten aus!« Und da griff der Ritter zum andern an, jene aber schrie: »Nein, nein! Es ist mehr als genug! Tochter, denke, daß ich dich unterm Herzen getragen, und gewinne mir Frieden von deinem Manne! Ich will beschwören, daß ich gütevoll leben will, und der milde und gerechte Gott behüte mich vor Zorn. Den großen Zorn hat mir der Ritter schon genommen, und der kleine ist keines Eies wert zu achten!«

»Wohl«, sprach der Ritter, »begehrt sie Friedens, so lasse ich ab von ihr, doch gelobe sie zur Hand, daß, wenn sie den Zorn nicht meidet, sie sich aber will schneiden lassen.« Hierauf ward sie aufgehoben und ihre Wunde verbunden.

Und die Frau warf allen Krieg und Hader unter die Füße, wurde ein gut sittig Weib, ließ ab von ihrer bösen Heftigkeit, und als der andere Tag kam, nahm sie Urlaub mit ihrem Mann von dem Schwiegersohn, und er wünschte ihr, daß Gott sie bewahren möge vor allem Übel.

Wenn sie nun nach der Hand dennoch noch manchmal etwa ein Wörtlein oder mehr zu ihrem Manne sprach, das ihm leid und unlieb war, so durfte er nur sagen: »Ich kann mir nicht helfen, ich muß nach unserm Tochtermann senden«, so wurde sie rot vor Furcht und sprach: »Es ist nicht not darum, sein Kommen wäre mir nicht zum Heile. Ich habe ja Mut und Sinn zu tun, was Euch lieb ist, und rate auch allen Frauen, daß sie ihren Männern das entbieten, was ich jetzt dem meinen, so sie nämlich in Frieden bestehen wollen.«

Damit hat diese Mär ein Ende und kann davon eine beliebige Nutzanwendung jeder Mann und jede Frau sich selbst machen. Der alte Dichter aber, der diese Mär erzählt, gibt noch folgenden Rat:

> Wenn wer ein übel Weib hat,
> Der tu sich ihr'r in Zeit ab,
> Empfehl sie dem Ritter,
> Und leg sie auf ein'n Schlitten,
> Und kauf ihr ein Bästchen,
> Und henk sie an ein Ästchen.
> Und henk dabei
> Zwei Wölf oder drei.
> Wer sah dann ein'n Galgen
> Mit böseren Balgen?
> Es sei denn, daß wer den Teufel fing,
> Und ihn auch dazwischen hing.

14. Die zwölf Brüder und die Schwester

Eine Mutter hatte zwölf Söhne, und sie wurde zum dreizehnten Male schwanger. Da gingen die Brüder ins Gebirge und sagten zu ihrer Mutter: »Wenn du eine Tochter zur Welt bringst, hänge Flachs auf, und alle zwölf werden wir nach Hause zurückkommen. Wenn du aber einen Sohn zur Welt bringst, dann hänge einen Stoffetzen auf, und keiner von uns wird mehr nach Hause zurückkommen.«

Und sie brachte eine Tochter zur Welt, und vor lauter Freude vergaß man alles und hing einen Stoffetzen auf. Die Söhne aber wollten nicht mehr nach Hause kommen.

Als die Kleine herangewachsen war, ging sie in die Schule. Die Mutter aber grüßte sie immer mit den Worten: »Sei willkommen, deinetwegen habe ich zwölf verloren.«

Das verdroß sie, und sie bat die Lehrerin, ihr zu sagen, was die Worte der Mutter wohl bedeuteten: »Sei willkommen, deinetwegen habe ich zwölf verloren.«

Die Lehrerin sagte ihr, daß ihre Mutter zwölf Söhne gehabt hätte und daß diese ins Gebirge geflohen seien. Da ging sie nicht mehr zu ihrer Mutter zurück, sondern ins Gebirge, um die Brüder zu suchen. Und sie ging durch das ganze Gebirge, und auf einmal fand sie ein Haus. Darin waren zwölf Betten, zwölf Teller, zwölf Löffel, zwölf Gabeln. Und sie dachte: »Hier könnten meine Brüder sein.« Sie fand etwas zu essen, aß ganz schnell und versteckte sich dann.

Am nächsten Tag gingen die Brüder zur Arbeit, sie aber machte im Hause sauber, machte die Betten, kochte für sie das Essen und versteckte sich dann in einer Kiste.

Die Brüder kommen nach Hause, wundern sich und sagen: »Jemand hat unser Haus betreten.«

So ging das einige Tage. Eines Tages sagten sie: »Einer von uns soll hierbleiben und aufpassen, wer hierherkommt.«

Und einer blieb zurück und wartet, wartet und wartet, aber niemand kommt; da geht er ein Weilchen vor die Tür und paßt vor der Tür auf; sie aber kommt ganz schnell aus der Kiste hervor, macht schnell alles für sie zurecht und geht wieder in die Kiste zurück.

Die Brüder kommen zurück und fragen: »Hast du etwas gesehen?«

»Nein. Und ich bin nicht weiter als bis vor die Tür gegangen.«

Da sagte der zweite: »Du kannst das nicht; jetzt werde ich hierbleiben.«

Und so blieb der zweite zurück. Auch er wartete und wartete – umsonst.

Da ging auch er etwas hinaus. Und wieder kam sie schnell heraus, machte alles zurecht und ging wieder in die Kiste zurück.

Die Brüder kommen zurück und fragen: »Hast du etwas gesehen?«

»Nein.«

Da sagt ein anderer: »Ihr könnt das nicht; ich werde ihn erwischen!«

Und so blieb der dritte zurück. Er wartete und wartete – nichts geschah. Da tat er so, als sei ihm langweilig geworden, und er setzt sich ans Bett, stützt den Kopf auf die Hand und tut so, als sei er eingeschlafen.

Sie aber kommt langsam aus der Kiste hervor und macht alles ganz schnell zurecht. Er aber schläft weiter, um sie nicht zu erschrecken. Und sie kehrt wieder in die Kiste zurück.

Da kamen die Brüder zurück und fragten: »Hast du etwas gesehen?«

»Ja, ein wunderschönes Mädchen; es ist in der Kiste.«

»Kommt«, sagen sie, »wir wollen sie fragen, wer sie ist« – und sie öffnen die Kiste und sagen zu ihr: »Fürchte dich nicht, wir werden dir nichts tun, sag uns nur, wer du bist.«

Und sie antwortete ihnen: »Ich habe zwölf Brüder gehabt; und als die Mutter mit mir schwanger ging, zogen sie ins Gebirge und sagten zur

Mama, wenn sie eine Tochter zur Welt bringe, solle sie Flachs aufhängen, wenn sie aber einen Sohn zur Welt bringe, so solle sie einen Stoffetzen aufhängen. Als ich geboren wurde, hing man vor lauter Freude einen Stoffetzen auf – und so kehrten meine Brüder nie mehr nach Hause zurück. Meine Mutter aber grüßte mich immer mit den Worten: ›Sei willkommen, deinetwegen habe ich zwölf verloren.‹ Da ging ich davon, um meine Brüder zu suchen.«

Als die Brüder das hörten, fingen sie an zu weinen: »Du bist unsere Schwester, und wir sind deine Brüder.«

Sie blieb bei ihnen und lebte mit ihnen zusammen; und die Brüder kleideten sie schön und steckten ihr viele Ringe an die Hände.

Dort in der Nähe aber lebte eine alte Hexe, die ab und zu etwas für sie tat und ihnen diente. Diese haßte das Mädchen, und eines Tages kam sie zu ihr, umschmeichelte sie und steckte ihr eine Blume in den Busen. Da fiel sie tot um.

Die Brüder kommen nach Hause und finden sie tot. Sie umarmen und küssen sie, und einer zieht ihr die Blume heraus; da springt sie auf und ist wieder lebendig.

Dann warnen und ermahnen sie sie, nichts mehr von der Alten anzunehmen, nichts, gar nichts.

Am nächsten Tag kommt die Hexe wieder und bringt ihr einen Apfel. Aber sie will ihn auf keinen Fall annehmen. Die Alte aber ißt davon und sagt: »Sieh, ich esse davon, und mir geschieht nichts; komm, wenn ich das kann, dann kannst du das auch.«

Da beißt sie von dem Apfel ab und fällt sofort tot um.

Als die Brüder kommen, finden sie sie wie tot. Ein Bruder fand den Bissen in ihrer Kehle und sagte: »Was steckt da in ihrer Kehle?«

Der Apfel sprang heraus, und sie wurde wieder lebendig. Da ermahnten sie die Brüder nochmals, nichts mehr von ihr anzunehmen.

Am nächsten Tag kommt die Hexe wieder, bringt einen Ring und will ihn ihr geben; aber sie will ihn auf keinen Fall annehmen. Da steckt ihn ihr die Hexe mit Gewalt an den Finger, und sie fällt tot um.

Da kommen die Brüder und finden sie tot. Die Brüder suchen und suchen, können aber nichts finden. An den Ring dachten sie gar nicht, denn sie hatte ja die Hände voller Ringe. Was sollen sie nur mit ihr machen? Sie schmieden eine goldene Truhe, schließen sie in diese Truhe ein und lassen sie darin über's Meer schwimmen; und die Truhe schwamm und schwamm bis nahe an ein Ufer heran.

Dort war der König gerade mit seinem Diener auf der Jagd, und der sagt: »Seht diese schöne goldene Truhe; kommt, wir wollen sie holen.«

Und der König sagt: »Ja, bring sie her!«

Und er brachte die Truhe ans Ufer, zog sie aus dem Wasser und öffnete sie: und sieh, darin schläft ein schönes Mädchen.

Und der König sagt: »Oh, wie schön sie ist!«

Und der andere sagt: »Und seht die schönen Ringe an ihrer Hand!« Da zog er ihr die Ringe vom Finger. Und sofort sprang sie auf und war wieder lebendig.

Der König führte sie nach Hause und heiratete sie. Sie wurde schwanger und sollte gebären.

Davon erfuhr die alte Hexe. Sie ging zum König, damit er sie zur Dienerin nehme. Und der König nahm sie auch.

Als sie geboren hat, steckt ihr die Hexe eine Stecknadel in den Hals, und sie verwandelt sich in einen Vogel. Die alte Hexe aber legt sich in ihr Bett.

Da kam der König und sagte: »Ach, meine liebe Frau, warum bist du so alt und häßlich geworden?«

»Ich habe ein Kind zur Welt gebracht und werde wieder so sein, wie ich war; aber jetzt kann ich es noch nicht.«

Der König war verzweifelt, ging jeden Tag in den Garten, setzte sich unter einen Orangenbaum und grübelte. Und jeden Tag kam ein schönes Vögelchen zu ihm und sang: tschiwuri, wiwuri, und sang die ganze Zeit, so schön es konnte.

Der König versuchte, es zu fangen, weil es so schön war und er es liebgewonnen hatte. Und eines Tages fing er es und liebkoste es: »Mein schönes Vögelchen!«

So liebkoste er es die ganze Zeit, und wie er es so liebkoste, kam ihm die Stecknadel in die Finger, und er sagte: »Ach, mein armes, liebes Tierchen, wer hat dir das nur angetan?«

Und er zieht die Stecknadel heraus. Da steht vor ihm wieder seine Frau, und er fragt sie: »Wie kommst du hierher; wie ist das möglich?«

Sie aber erzählt ihm, was die Alte gemacht hat und daß sie sich in ihr Bett gelegt habe.

Da wird der König zornig, geht nach Hause, nimmt die Hexe, wirft sie in ein Schwefelfaß und verbrennt sie.

15. Die Schwester mit den neun Brüdern

Neun Brüder hatten nur eine einzige Schwester, und sie wurden alle Söldner. Als der Älteste zu den Söldnern ging, kaufte er seiner Schwester einen goldenen Ring. Aber die Schwester war da noch klein und wußte nichts von dem Ring. Als sie aber groß war, da fand sie in ihrer Truhe den Ring und fragte ihre Mutter: »Wer hat diesen Ring gekauft und ihn hier reingelegt?« Da sagte ihr die Mutter: »Du hattest neun Brüder, und der älteste Bruder hat dir diesen Ring gekauft.« Darauf bat sie ihre Mutter, daß sie ihr erlaube, ihre Brüder zu besuchen.

Da erlaubte es ihr die Mutter auch und spannte ihr ein kleines Wägelchen und ein kleines Pferdchen an, und da fuhr sie. Wie sie so auf der Straße fuhr, traf sie ein Häschen, und das Häschen bat: »Onutè, Schwesterchen, nimm mich ein Stückchen mit.« Da ließ sie es hinauf und sagte: »Hock dich am Wagenende hin!«

Wie sie jetzt beide fuhren, da kamen sie ans Meer. In diesem Meer badeten Laumen nahe am Ufer. Onutè hatte sich aber sehr schön angezogen und trug auch den goldenen Ring.

Als die Laumen sie nun mit dem Häschen daherfahren sahen, da riefen sie sie: »Onutè, komm her zu uns im Wasser spielen und baden. Bei uns fließt ein Fluß von Milch und am Ufer roter Wein.« Aber das Häschen warnte sie und sagte: »Onutè, Schwesterchen, geh nicht zu ihnen. Im Fluß fließt Blut und am Ufer Tränen.« Da wurde die Laume ganz wütend, sprang aus dem Wasser und riß dem Häschen die beiden Hinterbeine aus. Darauf fuhren sie wieder ein Stück, da rief sie eine andere Laume wieder so: »Onutè, Schwesterchen, komm her zu uns im Wasser spielen und baden. Bei uns fließt ein Fluß von Milch und am Ufer roter Wein.« Das Häschen warnte sie wieder und sprach wie beim ersten Mal. Da sprang auch diese Laume wieder aus dem Wasser, riß das Häschen in Stücke und warf es von dem Wägelchen.

Nun fuhr das Mädchen allein wieder ein gutes Stück am Wasser entlang. Da rief sie wiederum eine andere Laume, und sie ging zu ihr baden und legte alle ihre Kleider ab, nur jenen Ring behielt sie am Finger. Dann sagte diese Laume zu ihr: »Onutè, Schwesterchen, ich werde dich in eine Laus und mich in einen Floh verwandeln, und wer von uns beiden als erste aus dem Wasser krabbelt, die soll sich mit den schönen Kleidern kleiden, wer von uns aber hinterdrein kommt, die soll den Schleimpelz anziehen.« Die Laume sprang als erste raus und zog sich die schönen

Kleider an, Onutè aber kam hinterhergekrabbelt und mußte sich den Schleimpelz anziehen. Den goldenen Ring hatte sie aber an ihrer Hand, und die Laume sah ihn nicht.

Doch nun fuhr die Laume mit ihr zusammen und während sie ein gutes Stück fuhren, weinte Onutè bitterlich. Die Laume fragte sie: »Wohin fährst du?« Sie sagte: »Ich fahre zu meinen Brüdern zu Besuch.«

Darauf kamen beide an einen großen, großen Hof, und die Laume ging in den Hof rein und fragte: »Gibt es hier neun Fenster, gibt es hier neun Tische, gibt es hier neun Töpfe, gibt es hier neun Schüsseln und neun Löffel?« Und zum Schluß fragte sie: »Gibt es hier neun Brüder?« Da sagte die Wirtin: »Hier gibt es weder neun Fenster, noch neun Tische, noch neun Töpfe, noch neun Schüsseln, noch neun Löffel, und auch neun Brüder nicht.«

Da fuhren sie beide weiter bis zu einem anderen Hof, und die Laume ging wieder rein und fragte genauso wie das erste Mal. Und hier waren die neun Brüder, und der älteste Bruder stand am Fenster und hörte sie so sprechen.

Da ging er gleich die anderen Brüder rufen und sagte: »Das wird sicher unsere Schwester sein.« Da begrüßten sie sie ehrenvoll, ließen sie hinter dem Tisch Platz nehmen und bewirteten sie reichlich. Dann fragte der älteste Bruder: »Wer ist das, der dort in deinem Wägelchen sitzt?« Darauf die Laume: »Als ich an der Küste entlangfuhr, da stieg eine Laume ein, und ich habe sie ein Stück mitgenommen.« Die Brüder sagten: »Soll sie aufs Feld die Pferde hüten gehen.« Und sie mußte hüten gehen.

Als sie die Pferde hütete, da wollte das Pferd des ältesten Bruder nicht fressen, es blieb stehen und fertig, es frißt nicht. Da sang sie solches Lied: »Ei, mein Pferdchen, Schwarzbraunchen, Was frißt du nicht das grüne Gras?, Was trinkst du nicht das reißende Wasser im Bach?«

Da begann das Pferd zu sprechen und sagte: »Warum sollt ich fressen grünes Gras, Warum sollt ich trinken reißendes Wasser im Bach? Jene Laume, das Hexelein, trinkt mit deinen Brüdern Wein, und du, der Brüder Schwesterlein, mußt die Rößlein hüten.«

Der älteste Bruder war draußen und hörte sie da dieses Lied singen. Da kam er auf das Feld und sagte: »Laumenhexe, komm her und lause mir den Kopf!« Sie kam aber herbei und weinte ganz bitterlich. Während sie seinen Kopf laust, sah der Bruder jenen Ring an ihrer Hand und fragte sie: »Woher hast du diesen Ring bekommen?« Da sagte sie ihm: »Ich hatte neun Brüder, und als ich noch klein war, da kaufte mir mein ältester Bruder diesen Ring. Als ich groß war, sehnte ich mich danach, meine Brüder zu besuchen, und als ich am Meer entlangfuhr, luden mich die Laumen zum Baden ein, und ich ging hin. Da verwandelte mich eine Laume in eine Laus, sich selbst aber in einen Floh und sagte: »Wer von uns beiden zuerst aus dem Wasser rauskommt, der wird die schönen Kleider anziehen.« Die Laume sprang als erste raus und zog sie an. Jetzt bewirten meine Brüder sie, und ich muß die Pferde hüten.«

Vor Mitleid fiel der Bruder gleich neben ihr in Ohnmacht, und als er wieder zu Besinnung gekommen war, führte er sie in das Haus. Sie mußte sich schön waschen, dann kaufte er ihr ein neues Kleid, und sie zog sich schön an. Darauf sagte der älteste Bruder seinen anderen Brüdern, daß die Laume ihre Schwester betrogen hat. Da sprachen sie: »Was für ein Leid sollen wir jetzt der Laume antun?« Da nahmen sie ein Pferd, beschmierten es mit Pech, stellten es vor die Tür und sprachen: »Laumenhexe, komm heraus aus dem Haus!« Da sagte die Laume:»Ach, Herr, ich kann nicht heraus! Ein Pferd steht vor der Tür!«

Sie sagten: »Schlag das Pferd mit der Hand, dann wird es zur Seite gehen.« Sie schlägt, da blieb die Hand an dem Pech kleben. Sie sagten: »Stoß mit dem Fuß!« Sie stieß mit dem Fuß, und der Fuß klebte fest.

Wieder sagten sie: »Schlag mit der anderen Hand!« Sie schlug, und auch die andere Hand klebte fest. Sie sagten wieder: »Stoß mit dem anderen Fuß! Dann wird es ganz wegspringen.« Da stieß sie, aber auch der andere Fuß blieb kleben.

»Schlag mit der Stirn, dann springt es ganz fort!« Als sie das tat, klebte auch die Stirn fest. Zum Schluß mußte sie auch noch mit dem Bauch stoßen, da klebte auch ihr Bauch fest. Und jetzt war sie ganz und gar festgeklebt.

Da nahmen die Brüder eine gute Gerte, schlugen auf das Pferd ein und sprachen: » Lauf, Pferdchen, lauf, Schwarzbraunchen, durch Wüstenei und Schluchten! Kommst du zurück, wasch im Meer dich ab!«

16. Großmütterchen Immergrün

Es war einmal eine kranke Mutter, die hatte Herzweh nach Erdbeeren und schickte deshalb ihre beiden Kinder ins Holz, daß sie ihr welche suchten. Als das Körbchen voll war (keins aber hatte eine gegessen, so lieb hatten sie die Mutter), da kam ein altes Mütterchen daher, das war ganz grün angezogen und sprach zu ihnen: »Ich bin hungrig und kann mich nicht mehr bücken, so alt bin ich; schenkt mir ein paar Erdbeeren.«

Und sie erbarmten sich der alten Frau und schütteten ihr das Körbchen in den Schoß. Als sie hierauf forteilten, um andere zu pflücken, rief das Mütterchen sie zurück, nahm sie bei der Hand und sagte: »Nehmt die Erdbeeren nur wieder, ich finde doch schon welche; und weil ihr ein so gutes Herz habt, schenke ich dir eine weiße und dir eine blaue Blume. Nehmt sie wohl in acht, bringt ihnen alle Morgen frisches Wasser und zankt nicht miteinander!«

Sie dankten und eilten nach Hause. Als die Mutter die erste Erdbeere an die Lippen brachte, da war sie gesund, und das hatte Großmütterchen Immergrün getan; und als die Kinder die Geschichte erzählten, da dankte sie der holden Frau und freute sich der Kinder, und sooft diese die Blumen ansahen, die immer frisch und lieblich waren, gedachten sie an das Wort: »Zankt nicht miteinander!«

Eines Abends jedoch entzweiten sie sich und gingen friedlos zu Bette; und als sie am Morgen die Blumen tränken wollten, siehe! da waren diese kohlrabenschwarz. Da erschraken sie, nahmen sie traurig in die Hand und weinten viele, viele Tränen auf die Blumen; und siehe! die weiße wurde wieder weiß, die blaue wieder blau. Seit dem Tage haben sie immer Frieden miteinander gehalten, und die Mutter hat sie gesegnet im Leben und im Tode, und sind also die Blumen ein großer Schatz für sie geworden, und haben sie Großmütterchen Immergrün lieb gehabt bis an ihren Tod.

17. Die Feen

Es war einmal eine Witwe, die hatte zwei Töchter. Die älteste war ihr so ähnlich im Charakter und im Aussehen, daß, wer sie sah, die Mutter selbst zu sehen glaubte. Beide waren so unangenehm und hochmütig, daß kein Auskommen mit ihnen war. Die jüngste dagegen glich in ihrer

Sanftmut und Treuherzigkeit ganz ihrem Vater und war noch dazu eines der schönsten Mädchen, das man je gesehen hatte. Da man natürlich seinesgleichen liebt, war die Mutter hingerissen von ihrer ältesten Tochter und hegte zugleich eine furchtbare Abneigung gegen die jüngste. Diese mußte in der Küche essen und unablässig arbeiten.

Unter anderm mußte das arme Kind zweimal am Tage, mehr als eine halbe Meile vom Haus entfernt, Wasser schöpfen gehen und einen großen Krug voll heimtragen. Eines Tages, als die Kleine an dem Brunnen war, kam eine arme Frau auf sie zu und bat sie um einen Schluck Wasser.

»Aber gewiß, Mütterchen«, sagte die schöne Jungfrau, und nachdem sie ihren Krug ausgespült hatte, schöpfte sie Wasser aus der klarsten Stelle des Brunnens, reichte der Frau den Krug und hielt ihn, damit diese bequemer trinken könne. Als die gute Alte getrunken hatte, sprach sie: »Du bist so schön, so gut und so treuherzig, daß ich nicht umhin kann, dir ein Geschenk zu machen«; denn es war eine Fee, welche die Gestalt einer armen Frau aus dem Dorf angenommen hatte, um zu sehen, wie weit die Treuherzigkeit dieses jungen Mädchens gehe.

»Ich verleihe dir die Gabe«, fuhr die Fee fort, »daß bei jedem Wort, das du sprichst, eine Blume oder ein Edelstein aus deinem Mund falle.«

Als das schöne Mädchen nach Hause kam, fuhr die Mutter es hart an, weil es so spät vom Brunnen zurückkehre.

»Verzeiht, liebe Mutter«, sagte das arme Mädchen, »daß ich so lange ausgeblieben bin.« Und als es diese Worte sprach, fielen zwei Rosen, zwei Perlen und zwei große Diamanten aus seinem Munde.

»Was sehe ich da!« rief die Mutter ganz erstaunt. »Ich glaube gar, da fallen Perlen und Diamanten aus ihrem Munde. Wie kommt denn das, liebe Tochter?« (Es war zum ersten Mal, daß sie das Mädchen »liebe Tochter« nannte.)

Die arme Kleine erzählte ihr in aller Einfalt, was sich ereignet hatte; zugleich fiel eine Unmenge Diamanten aus ihrem Munde.

»Wahrhaftig«, sagte die Mutter; »ich schicke meine Älteste auch dorthin. Sieh, Fränzchen, was aus dem Munde deiner Schwester kommt, wenn sie spricht. Würdest du dich freuen, die gleiche Gabe zu besitzen? Du brauchst nur an die Quelle zu gehen und Wasser zu schöpfen, und sobald eine arme Frau dich um einen Trunk bittet, ihr recht höflich das Wasser zu reichen.«

»Das würde schön aussehen«, erwiderte das brutale Mädchen, »wenn ich zum Brunnen ginge.«

»Ich will aber, daß du hingehst«, fuhr die Mutter fort, »und zwar auf der Stelle.«

So ging sie also, aber hörte nicht auf zu murren. Sie nahm den schönsten Silberkrug, den sie im Hause fand. Kaum war sie an der Quelle angelangt, als aus dem Wald eine herrlich gekleidete Dame trat, die sie um einen Trunk bat. Es war die gleiche Fee, die ihrer Schwester erschienen war; sie hatte aber Kleidung und Aussehen einer Prinzessin angenommen, um zu erfahren, wie weit die niedrige Gesinnung dieses Mädchens eigentlich gehe.

»Bin ich hierhergekommen, um Euch zu trinken zu geben?« sprach dieses brutale und hochmütige Mädchen. »Ausgerechnet dazu hätte ich einen Silberkrug mitgebracht, um der feinen Dame Wasser zu reichen? Ich denke, Ihr solltet direkt aus der Quelle trinken, wenn es Euch gelüstet.«

»Du bist nicht gerade höflich«, erwiderte die Fee ohne Zorn. »Nun, da du so ungefällig bist, soll dir bei jedem Wort, das du sprichst, eine Schlange oder eine Kröte aus dem Munde fallen.«

Kaum sah ihre Mutter sie kommen, da rief sie: »Nun, liebe Tochter?«

»Nun, liebe Mutter?« erwiderte das brutale Mädchen und gab zwei Vipern und zwei Kröten von sich.

»O Himmel«, rief die Mutter, »was sehe ich da? Daran ist nur deine Schwester schuld: Sie soll es mir büßen!« Und sofort lief sie hin, um sie zu schlagen. Die Arme ergriff die Flucht und rettete sich in den nahen Wald. Dort begegnete sie dem Königssohn, der gerade von der Jagd zurückkehrte, und da er ihre Schönheit sah, fragte er, was sie so allein im Walde mache und warum sie weine.

»Ach, Herr! Es ist meine Mutter, die mich aus dem Hause gejagt hat.«

Der Königssohn, der aus ihrem Munde fünf oder sechs Perlen und ebenso viele Diamanten fallen sah, bat sie, ihm zu sagen, wie sie dazu käme. So erzählte sie ihm das ganze Abenteuer. Der Königssohn erglühte in Liebe zu ihr, und da er fand, daß eine solche Gabe mehr wert sei als alles, was man einer andern in die Ehe mitgeben könne, führte er sie in den Palast des Königs, seines Vaters, und dort heiratete er sie.

Ihre Schwester aber machte sich schließlich so verhaßt, daß ihre eigene Mutter sie aus dem Hause jagte, und da niemand die Unglückliche aufnehmen wollte, fand sie irgendwo im Walde den Tod.

18. Das Beil

Es war einmal eine Frau, die hatte eine Tochter. Die Tochter sollte heiraten, und am Abend vor der Hochzeit gaben die Eltern für den Bräutigam ein Essen. Als sie nun schon bei Tisch saßen, fiel ihnen ein, daß sie keinen Wein hatten. Die Mutter schickte die Tochter in den Weinkeller, den sie der Tochter in dem Haus, wo sie als Ehefrau wohnen sollte, vermacht hatten. Die Tochter stand auf, um den Wein zu holen.

Sie ging in den Keller, öffnete den Hahn des Fasses und stellte einen Krug darunter. Dann stieg sie nach oben in die Wohnung, in der sie vom nächsten Tag ab wohnen sollte. Sie bestimmte die einzelnen Zimmer, und in dem, das sie für sich bestimmt hatte, sah sie an der Decke ein Beil hängen.

Da dachte das Mädchen: »Ich verheirate mich nun, und dann bekomme ich ein Kind; aber da hängt dieses Beil, das fällt dem Kind auf den Kopf und wird es töten.« Und wie sie dies so dachte, verging die Zeit. Die Eltern und der Bräutigam, die allmählich des Wartens überdrüssig wurden, sagten: »Unsere Tochter bleibt ja lange aus. Wir müssen nachsehen, was sie macht.«

Die Mutter ging geradewegs in den Keller und sah, wie der Krug voll war und der Wein schon auf den Boden floß. Doch anstatt den Hahn zuzumachen, ließ sie ihn offen und suchte ihre Tochter. Sie lief nun durch alle Räume und fand sie schließlich in dem einen Zimmer, wie sie das Beil betrachtete.

»Was machst du denn hier, Tochter? Wir alle warten ungeduldig bei Tisch auf dich, und du erscheinst nicht!«

»Hör mal, Mutter, morgen verheirate ich mich, dann bekomme ich ein Kind, und da hängt nun dies Beil, das fällt dem Kind auf den Kopf und tötet es.«

»Ja, das ist wahr, Tocher, da hast du recht!«

Und so standen sie lange Zeit, bis auch dem Vater das Warten zu lange wurde und er zum Bräutigam sagte: »Jetzt will ich mal hingehen und nachsehen.«

Er ging geradeswegs in den Keller und sah, wie der Wein auf den Boden floß und der Hahn geöffnet war. Aber anstatt ihn zuzumachen, ging er auch fort und suchte Frau und Tochter. Nachdem er durch alle Räume gelaufen war, traf er sie in dem Zimmer, wo sie beide das Beil betrachteten.

»Was soll denn das, Frau? Alle warten wir, und der Wein fließt auf den Boden.«

»Hör mal, Mann, unsere Tochter verheiratet sich morgen; dann bekommt sie ein Kind; aber hier hängt nun dies Beil, das fällt dem Kind auf den Kopf und tötet es.«

Der Mann betrachtete nun auch das Beil an der Decke, und so standen sie lange Zeit, bis dem Bräutigam das Warten zu lange wurde, und er auch in den Keller ging. Als er dort hinkam, sah er den Wein herauslaufen und alles überschwemmen. Er ging an das Faß, machte den Hahn zu und suchte nun die anderen. Er fand sie in dem Zimmer, und sobald er eintrat, sprach der Vater der Braut zu ihm: »Hör mal, Schwiegersohn, wir dachten gerade darüber nach, daß sich morgen unsere Tochter verheiratet; dann bekommt sie ein Kind, und dann fällt das Beil, das da oben hängt, dem Kind auf den Kopf und tötet es. Dies ist meiner Tochter eingefallen. Sie ist immer so klug!«

»Das ist sie«, antwortete der Bräutigam, »aber behaltet sie nur; ich will mir eine andere suchen, und wenn ich keine klügere finde, heirate ich sie doch noch.«

Die Eltern und die Braut wurden sehr traurig darüber, und der Bräutigam ging fort. Auf seiner Reise sah er eine Alte mit einer Kerze in der Nase.

»Hallo«, sagte er, »warum hast du denn die Kerze in der Nase?«

»Ja, ich geh jeden Tag fort, und wenn ich abends nach Hause komme, mag ich nicht immer die Kerze suchen, die ich nie finden kann; deshalb trage ich sie nun in der Nase, dann hab' ich sie abends immer zur Hand, wenn ich nach Hause komme.«

»Das laß nun gut sein, liebe Alte, ich will es dir in Ordnung bringen. Wenn du jetzt nach Hause kommst, steck die Kerze an einen Nagel hinter der Tür. Dann findest du sie immer wieder.«

Die Alte war sehr froh darüber, denn so etwas war ihr noch nie eingefallen.

Der junge Bursche zog nun seines Weges weiter. Da sah er mehrere Männer, die warfen in großen Mengen Eier gegen eine Erdmauer. Er wunderte sich darüber und fragte sie, warum sie dies täten. Sie antworteten, sie wollten die Mauer umwerfen und würfen nun schon acht Tage Eier dagegen, ohne daß sie umfiele.

»Aber seid doch nicht dumm! Besorgt euch eine Hacke, dann fällt die Mauer in einem Augenblick.« Dies taten sie; sie holten eine Hacke, und in einem Nu war die Mauer dem Erdboden gleich.

Da waren die Männer sehr froh, und der junge Bursche wanderte weiter. Unterwegs sah er eine Alte mit einem Korb gehen. Als die Sonne auf sie schien, öffnete sie den Korb, und danach schüttete sie den Inhalt in eine Kiste. Da er nicht wußte, was das zu bedeuten habe, fragte er sie danach. Die Alte antwortete ihm, sie speichere Sonne für den Winter auf, weil ihre Wohnung im Winter sehr kalt sei.

»Komm her, Alte«, sagte er, »ich bringe es schon in Ordnung, denn so hat es keinen Zweck. Ich will es einrichten, daß du das ganze Jahr über Sonne hast.«

Er stieg auf das Dach und deckte die Ziegel ab, und die Alte war sehr froh, denn nun hatte sie das Haus voller Sonne.

Und der junge Bursche wanderte weiter. Unterwegs sah er einen Mann und mehrere Frauen, die vergruben eine Menge Sardinen. Er ging auf sie zu und fragte sie, was sie machten.

»Ja, nun, hier gibt es im Winter keine Fische«, sagten sie, »und wir machen dies, damit wir dann welche haben.«

Da sagte der junge Bursche zu ihnen, es sei besser, einen Korb mit Salz zu holen und die Fische darin aufzubewahren, denn auf diese Art würden sie nicht verderben. Das taten sie dann auch und waren ihm für seinen guten Rat sehr dankbar.

Der junge Bursche ging weiter. Nach einiger Zeit sah er viele Leute um eine Kirche herumstehen. Er fragte sie, was diese Ansammlung zu bedeuten habe; man antwortete ihm, es sei ein Mädchen da, die solle verheiratet werden, aber da sie größer als die Tür sei, müsse man entweder der Braut den Kopf oder dem Pferd die Beine abschlagen.

»Das ist nicht nötig«, sagte er, »es genügt, daß die Braut sich tief duckt, um durch die Tür zu kommen.«

Das Mädchen tat dies, und in dem Augenblick gab er dem Pferd einen Schlag auf den Rücken, so daß die Braut ohne Schwierigkeit in die Kirche kam. Da waren alle sehr froh, dankten ihm für seinen guten Rat, und er sah zu, wie die Braut verheiratet wurde.

Dann kehrte er nach Haus zurück, und da dachte er, daß die Braut, die er im Stich gelassen hatte, doch gar nicht so dumm sei wie all die Leute, die er unterwegs getroffen hatte. Und er ging zu ihrem Vater, bat ihn um Verzeihung und heiratete sie. Wegen des Beils, sagte er, solle sie sich keine Sorgen machen, denn er wolle es von der Decke herunterholen, damit es dem Kind nicht auf den Kopf falle.

19. Die sieben Raben

Wie in der Welt gar viele wunderliche Dinge geschehen, so trug sich's auch einmal zu, daß eine arme Frau sieben Knäblein auf einmal gebar; und diese lebten alle und gediehen alle. Nach etlichen Jahren bekam sie auch noch ein Töchterchen. Ihr Mann war gar fleißig und tüchtig in seiner Arbeit, deshalb ihn auch die Leute, welche Handarbeiter bedurften, gerne in Dienst nahmen, wodurch er nicht nur seine zahlreiche Familie auf ehrliche Weise ernähren konnte, sondern soviel erwarb, daß auch noch bei genauer Einrichtung seine brave Hausfrau einen Notpfennig zurücklegen konnte. Doch dieser treue Vater starb in seinen besten Jahren, und die arme Witwe geriet bald in Not, denn sie konnte nicht soviel erschaffen, um ihre acht Kinder zu ernähren und zu kleiden. Dazu wurden die sieben Knaben immer größer und brauchten immer mehr und wurden aber auch zur größten Betrübnis ihrer Mutter immer unartiger, ja sie wurden sogar wild und böse. Die arme Frau vermochte kaum zu ertragen, was sie alles bekümmerte und drückte. Sie wollte doch ihre Kinder gut und fromm erziehen, und ihre Strenge und Milde fruchtete nichts, der Knaben Herzen waren und blieben verstockt. Darum sprach sie eines Tages, als ihre Geduld ganz zu Ende war: »Oh, ihr bösen Rabenjungen, ich wollte, ihr wäret sieben schwarze Raben und flöget fort, daß ich euch nimmer wiedersähe.« Und alsbald wurden die sieben Knaben zu Rabenvögeln, fuhren zum Fenster hinaus und verschwanden.

Nun lebte die Mutter mit ihrem einzigen Töchterlein recht stille und zufrieden, sie verdienten sich mehr noch, als sie brauchten. Und die Tochter wurde ein hübsches, gutes und sittsames Mädchen. Doch nach etlichen Jahren bekamen beide, Mutter und Tochter, gar herzliche Sehnsucht nach den sieben Brüdern und sprachen oft von ihnen und weinten: Wenn doch die Brüder wiederkämen und brave Bursche[n] wären, wie könnten wir durch unsere Arbeit uns so gut stehen und untereinander so viele Freude haben. Und weil die Sehnsucht nach ihren Brüdern im Herzen des Mägdleins immer heftiger wurde, sprach sie einst zur Mutter: »Liebe Mutter, laß mich fortwandern und die Brüder aufsuchen, daß ich sie umlenke von ihrem bösen Wesen und sie dir zuführe zur Ehre und Freude deines Alters.« Die Mutter antwortete: »Du gute Tochter, ich kann und will dich nicht abhalten, die fromme Tat zu vollführen, wandre fort, und Gott geleite dich!« Gab ihr darauf ein kleines goldnes

Ringelein, das sie schon als kleines Kind am Finger getragen, wie die Brüder in Raben verwandelt wurden.

Da machte sich das Mädchen sogleich auf und wanderte fort, gar weit, weit fort und fand lange keine Spur von ihren Brüdern; aber einmal kam sie an einen sehr hohen Berg, auf dessen Höhe ein kleines Häuschen stand, da hatte sie sich drunten niedergesetzt, um auszuruhen, und blickte sinnend immer hinauf nach dem Häuschen. Dasselbe kam ihr bald vor wie ein Vogelnest, denn es sah grau aus, als ob es von Steinchen und Kot zusammengefügt wäre, bald kam es ihr vor wie eine menschliche Wohnung. Sie dachte: »Ob nicht da droben deine Brüder wohnen?« Und als sie endlich sieben schwarze Raben aus dem Häuschen fliegen sah, bestätigte sich ihre Vermutung noch mehr. Sie machte sich freudig auf, um den Berg zu ersteigen; doch der Weg, der hinaufführte, war mit so seltsamen spiegelglatten Steinen gepflastert, daß sie allemal, wenn sie mit großer Mühe eine Strecke hinan war, ausglitt und wieder herunterfiel. Da wurde sie betrübt und wußte nicht, wie sie nur hinaufkommen könnte. Da sah sie eine schöne weiße Gans und dachte: »Wenn ich nur deine Flügel hätte, so wollte ich bald droben sein.« Dann dachte sie wieder: »Kann ich mir denn ihre Flügel nicht abschneiden? Ei, dann wäre mir ja geholfen!« Und sie fing rasch die schöne Gans, schnitt ihr die Flügel ab und auch die Beine und nähte sich dieselben an. Und siehe, wie sie das Fliegen probierte, ging es so schön, so leicht und gut, und wenn sie müde war vom Fliegen, lief sie ein wenig mit den Gänsefüßen und glitt nicht einmal wieder aus. So kam sie schnell und gut an das lang ersehnte Ziel.

Droben ging sie hinein in das Häuschen, doch war es sehr klein; drinnen standen sieben winzig kleine Tischchen, sieben Stühlchen, sieben Bettchen, und in der Stube waren auch sieben Fensterchen, und in dem Ofen standen sieben Schüsselchen, darauf lagen gebratene Vögelchen und gesottene Vogeleier. Die gute Schwester war von der weiten Reise müde geworden und freute sich nun, einmal ordentlich ausruhen zu können; auch fühlte sie Hunger. Da nahm sie die sieben Schüsselchen aus dem Ofen und aß von einem jeden ein wenig und setzte sich auf jedes Stühlchen ein wenig und legte sich in jedes Bettchen ein wenig, und in dem letzten Bettchen schlief sie ein und blieb darinnen liegen, bis die sieben Brüder zurückkamen.

Diese flogen durch die sieben Fenster herein in die Stube, nahmen ihre Schüsseln aus dem Ofen und wollten essen, merkten aber, daß schon da-

von gegessen war. Nun wollten sie sich schlafen legen und fanden ihre Bettchen verrückt, und einer der Brüder tat einen lauten Schrei und sprach: »Oh, was liegt für ein Mägdlein in meinem Bett!« Die andern Brüder liefen schnell herbei und sahen erstaunt das schlafende Mädchen liegen. Da sprach einer um den andern: »Wenn es doch unser Schwesterchen wäre!«, und wieder rief einer um den andern voll Freude: »Ja, das ist unser Schwesterchen, ja, das ist es. Solche Haare hatte es, und solch ein Mündlein hatte es, und solch ein Ringlein trug es damals an seinem größten Finger, wie es jetzt am kleinsten eins trägt!« Und sie jauchzten alle, und küßten das Schwesterchen alle; aber dieses schlief so fest, daß es lange nicht erwachte.

Endlich schlug das Mädchen die Äuglein auf und sah die sieben schwarzen Brüder um ihr Bett sitzen. Da sagte sie: »Oh, seid herzlich gegrüßt, meine lieben Brüder, Gott sei gedankt, daß ich euch endlich gefunden habe; ich habe euretwegen eine lange, mühevolle Reise gemacht, um euch wieder aus eurer Verbannung zurückzuholen, wenn ihr nämlich einen bessern Sinn in euern Herzen gefaßt habt, daß ihr eure gute Mutter nie mehr ärgern wollet, daß ihr fleißig mit uns arbeitet und die Ehre und Freude eurer alten Mutter werden wollet.« Während dieser Rede hatten die Brüder bitterlich geweint und sprachen nun: »Ja, herzige Schwester, wir wollen gut sein und nie wieder die Mutter beleidigen, ach, als Raben haben wir ein elendigliches Leben, und ehe wir uns dieses Häuschen erbaut, sind wir oft vor Hunger und Elend bald umgekommen. Dazu kam die Reue, die uns Tag und Nacht folterte: denn wir mußten die Leichname von den armen gerichteten Sündern fressen und wurden dadurch stets an des Sünders schauerliches Ende erinnert.«

Die Schwester weinte Freudentränen, daß ihre Brüder sich bekehrt hatten und so voll frommen Sinnes sprachen. »Oh!« rief sie aus, »nun ist alles gut, wenn ihr nach Hause kommt und die Mutter vernimmt, daß ihr besser worden seid, wird sie euch herzlich verzeihen und euch wieder zu Menschen machen.«

Als nun die Brüder mit dem Schwesterchen heimreisen wollten, sprachen sie erst, indem sie ein hölzernes Kästchen öffneten: »Liebe Schwester, nimm hier diese schönen goldenen Ringe und blitzenden Steinchen, die wir draußen so nach und nach fanden, in dein Schürzchen und trage es mit nach Hause, denn dadurch können wir als Menschen reich werden. Als Raben trugen wir sie nur um des schönen Glanzes willen zusammen.«

Das Schwesterchen tat so, wie die Brüder wollten, und hatte selbst Freude an dem schönen Schmuck. Auf der Heimreise trugen die Rabenbrüder einer um den andern das Schwesterchen auf ihren Flügeln, bis sie an die Wohnung ihrer Mutter kamen; da flogen sie zum Fenster hinein und baten ihre Mutter um Verzeihung und gelobten, fortan stets gute Kinder zu sein. Auch die Schwester half bitten und flehen, und die Mutter war voll Freude und Liebe und verzieh ihren sieben Söhnen. Da wurden sie wieder Menschen und gar schöne blühende Jünglinge, einer so groß und so anmutvoll wie der andre. Dankend herzten und küßten sie die gute Mutter und die liebevolle Schwester. Und bald darauf nahmen alle sieben Brüder sich junge sittsame Frauen, bauten sich ein großes schönes Haus, denn sie hatten für ihre Kleinodien sehr viel Geld bekommen. Und des neuen Hauses erste Weihe war der Brüder siebenfache Hochzeit.

Dann nahm auch die Schwester einen braven Mann, mußte aber auf der Brüder Flehen und Bitten bei ihnen wohnen bleiben.

So hatte die gute Mutter noch viele Freude an ihren Kindern und wurde von denselben bis in ihr spätes Alter liebevoll gepflegt und kindlich verehrt.

Von Stiefmüttern und ihren Kindern

20. Wanjuschka und Annuschka

Es waren einmal ein alter Mann und eine alte Frau. Als die Alte starb, stemmte sie die Füße gegen die Wand, und als man sie begraben wollte, stand sie aus dem Sarge auf und kroch auf den Glockenturm, um zu läuten. Aber man kümmerte sich nicht viel darum und verscharrte sie zu derselbigen Stunde in die Erde.

Dem Alten blieben zwei kleine Kinder: Wanjuschka, der Sohn, und Annuschka, die Tochter. Hernach aber heiratete er nochmals und hatte von der zweiten Frau drei Söhne und drei Töchter. Die Stiefmutter liebte ihre Stiefkinder gar nicht. Die eigenen Mädchen durften im Frühling weben, was sie im Winter gesponnen hatten, aber der Stieftochter erlaubte sie nicht, im Frühling zu weben, sondern schickte sie auf das Feld, die Herde zu hüten. Wanjuschka und Annuschka hüteten die Herde auf dem Felde, weinten und jammerten und gedachten ihrer Mutter. Die Stiefmutter aber pflegte Annuschka eine Hure zu nennen: »Geh, du Hure, kannst auf dem Felde weben!« Annuschka nahm fünf Gespinste mit auf das Feld, hängte sie an einen Ast und fing bitterlich an zu weinen. In ihrer Herde aber war ein Stier, den lockte sie heran:

>»Stierchen, Stierchen,
>Komm und web das Tuch zu End,
>Leg es in den Korb behend!«

Das Stierchen kommt gelaufen, webt und spinnt, legt es in den Korb geschwind. Und als es Abend wurde, trieb Annuschka die Herde nach Hause und brachte auch das gewebte bunte Tuch mit heim. Die Stiefmutter fragte sie: »Wo hast du soviel schönes Tuch zusammengewebt?«

»Im dunklen Walde, unter der Birke.«

Die Stiefmutter aber hatte einen Verdacht auf sie und schalt ihre eigenen Töchter: »Ach, ihr Dirnen, ach, ihr Huren, seht ihr, wie eure Stiefschwester ohne Webstuhl webt, ihr aber versteht nicht einmal auf ihm zu weben!« Und sie schlug und prügelte sie.

Die Stiefmutter begleitete am nächsten Tag Annuschka mit der Herde und gab ihr ein großes Knäuel Gespinst und einen Strang Zwirnsfaden mit. »Da hast du; das Gespinst soll gewebt sein, mit den Fäden genäht sein!« Die Stieftochter nahm alles mit sich, weinte aber vor sich hin. Sie trieb die Herde ins Feld, ließ sie in den Wald und auf die weite Steppe; dann hängte sie das Gespinst an einen Ast, wickelte das Garn auf und setzte sich unter einen Strauch; sie heulte mit jämmerlicher Stimme, und aus den Augen strömten ihr die Tränen. Dann rief sie:

> »Stierchen, Stierchen,
> Komm und web das Tuch zu End,
> Leg es in den Korb behend!«

Der Stier rennt aus der Herde, es dröhnt und zittert unter ihm die Erde; er webt das Tuch, näht es und legt es in einen Haufen unter den Busch. Die Stiefmutter aber sah von weitem zu: »Ach, das ist ihre Weberei! Der hilft ihr also …!«

Sie ging heim, und Annuschka trieb ihre Herde nach Hause und schleppte alles Gewebte und Genähte mit. »Hier, Mütterchen!« sagte sie, »ich hab alles getan, was Ihr mir befohlen habt.« Die Stiefmutter nahm es natürlich und sperrte es in ihren Kasten, aber zu dem Alten sprach sie: »Schlachte den schwarzen Stier, Alter, damit er mir aus den Augen kommt.«

Der Mann erwiderte: »Der Stier gehört doch nicht uns, Alte: Ich hab ihn Annuschka und Wanjuschka geschenkt.«

»Ich kann aber nicht leben, wenn du ihn nicht auf der Stelle schlachtest.« Der Alte nahm ein Messer und schlachtete den schwarzen Stier, zog die Haut ab und legte das Fleisch in ein Faß. Annuschka, das Töchterchen, stand dabei und sagte zu ihrem Vater: »Liebes Väterchen, gib mir vom Stierchen wenigstens die Gedärme!«

»Nimm sie dir!« sagte der Alte. Annuschka nahm die Eingeweide, ging hinaus auf die Straße und vergrub sie an der Ecke unter ihrem Stübchen; aber bald darauf wuchs aus diesen Gedärmen ein riesengroßer Apfelbaum empor, der viele Äpfel trug. Da der Alte in gutem Wohlstand lebte und sein Hof an der großen Straße lag, kamen oft allerlei Leute bei ihm zusammen; aber keinem, der einen Apfel haben wollte, gelang es, einen abzureißen. Wer dem Baum nur nahe kam, den schlug er mit den Ästen. Nur Annuschka, die Schöne, konnte zu ihm herantreten, und wenn sie's tat, so neigte sich der Baum zur Erde und ließ Annuschka den Apfel pflücken.

Einige Zeit darauf reiste ein junger Gutsherr vorbei, machte auf jenem Hofe halt, um sich auszuruhen und die Pferde zu füttern. Er wollte gern einen Apfel essen, aber Annuschka war zu der Zeit gerade nicht im Hause. Da schickte er den Alten und sagte: »Geh, Großväterchen, bring mir einen Apfel.«

Der Alte ging hin, um den Apfel zu holen, aber es gelang ihm nicht. Er schickte nun die älteste von den Töchtern der zweiten Frau, aber vergeblich; er schickte die zweite, sie wurde von den Zweigen ganz zerschlagen; er schickte die dritte, aber auch die erreichte nichts. Da kam Annuschka herbei, und der Vater sagte zu ihr: »Annuschka, der Herr will einen Apfel essen, geh und pflück ihn.« Annuschka trat zum Baum, er neigte sich, hielt still und rührte sich nicht. Sie pflückte ein paar Äpfel und ging ins Haus. Der Gutsherr aber sah ihr von weitem zu und staunte über diese Dinge. Und da er unverheiratet war, sagte er zu den Alten: »Onkel und Tantchen! Ist das eure leibliche Tochter oder nicht?«

»Mir ist sie Stieftochter«, antwortete die Alte, »aber dem Vater ist sie die leibliche Tochter.«

»Gebt sie mir zur Frau!« Die Stiefmutter mochte sie ja gar nicht, darum gab sie die Tochter sofort her. Nun, und bei den Herren braucht nicht erst Bier gebraut und Schnaps gebrannt zu werden: Gleich ging es zur Hochzeit, und sie wurden auf der Stelle getraut. Und als die Popen sie getraut hatten, begann der Hochzeitsschmaus. Sie tranken und vergnügten sich eine ganze Woche ohne Aufhören in Annuschkas Vaterhaus, und als es dann Zeit war, machte sich der Gutsherr bereit heimzufahren. Die Alte dachte bei sich: »Jetzt will ich sie geleiten, und dann geh ich selbst in den Garten Äpfel pflücken.«

Der Gutsherr ließ zwei Pferde vor den Wagen spannen, man setzte sich hinein und fuhr davon, aber auch Brüderchen Wanjuschka wurde mitgenommen. Kaum waren sie aus dem Hofe hinausgefahren, als der Apfelbaum ihnen auf den Fersen folgte und jene das Nachsehen hatten. Der Gutsherr kehrte heim, legte einen riesengroßen Garten an und pflegte mit Annuschka dort spazierenzugehen.

In seiner Nachbarschaft aber lebte die Baba-Jaga. Sie hatte zwei sehr schöne Töchter, und eine von ihnen hatte der Gutsherr früher zur Frau nehmen wollen. Diese Mädchen nun liebten die neue Herrin nicht, kamen jeden Tag zu ihr, um herauszubekommen, wie sie Wanjuschka verderben und Annuschka aus der Welt schaffen könnten; die Baba-Jaga aber wollte ihre Tochter dem Herrn zur Frau geben. Einmal heizten sie das Bad, und die Baba-Jaga tat Ziegenfett in einen Topf und stellte ihn in die Badstube. Der Gutsherr und die Herrin kamen und badeten, die Frau vergaß jedoch ihren Ring im Bade. Und als sie heimgekommen war, sagte sie: »Brüderchen Wanjuschka, lauf einmal in die Badstube hinüber, dort hab ich mein Ringlein vergessen. Aber nascht nicht vom Ziegenfett!« Wanjuschka ging hin und überlegte bei sich: »Warum hat meine Schwester mir verboten, vom Ziegenfett zu naschen? Ach, ich will's doch tun!« Er schleckte davon und ward ein Ziegenbock. Den Ring steckte er sich aufs Horn, lief nach Hause, sprang und meckerte wie eine Ziege: »Meck, meck, Schwesterchen Annuschka, hier hast du das Ringlein!« Annuschka lief hinaus und weinte bitterlich: »Ach, Dummkopf! Ich hab dir doch verboten, vom Ziegenfett zu naschen, warum hast du mir nicht gehorcht?!« Und sie fütterte das Böckchen.

Die beiden schönen Töchter der Baba-Jaga kamen zu Annuschka, der Herrin, und sagten: »Komm, Annuschka, wir wollen im Flüßchen baden!« Sie gingen hin, und kaum hatten sie ihre Hemden abgeworfen, als die Baba-Jaga Annuschka packte, ins Wasser tauchte und ihr einen Stein um den Hals band. Da saß sie nun lebendig am Boden und konnte nicht vom Stein loskommen. Der Gutsherr aber wartete und wartete, doch Annuschka kam nicht, saß noch immer im Wasser. So verging Tag um Tag, Woche um Woche. Sie saß lebendig im Wasser, der schwere Stein zog sie zu Boden, und grimmige Schlangen sogen an ihrem Herzen. Da bedachte sich der Herr, bedachte sich lange und beschloß zu heiraten; und er nahm die Tochter der Baba-Jaga zur Frau. Die junge Herrin sagte zu ihm: »Herr, schlachte den Ziegenbock! Ich will Ziegenbraten essen.«

»Wozu soll ich ihn schlachten, dummes Weib? Mag er doch leben.«

»Nein, schlacht ihn!« Da entschloß sich der Herr, ihn zu schlachten. Und als er sich auf ein Stühlchen setzte, um das Messer zu schleifen, kam das Böckchen heran und sprach: »Ach, Herr, mein Herr! Erlaube mir zum Flüßchen zu gehn, frisches Wasser zu trinken, mein Gedärm zu spülen!« Der Herr ließ es gehn. Das Böckchen kam an das Ufer, ließ sich nieder und jammerte:

> »Annuschka, mein Schwesterchen,
> Komm hervor, schau heraus!
> Mich Böckchen wollen sie schlachten!
> Sie wetzen scharfe Messer,
> Sie hitzen Satanskessel!«

Annuschka antwortete:

> »Ach, Wanjuschka, mein Brüderchen!
> Wie gerne schaute ich hinaus!
> Der schwere Stein zieht mich zum Grund,
> Die grimme Schlange saugt mein Herz!«

Dann tauchte sie bis zum Halse empor und schaute hinaus. Das Böckchen lief heim, dem Herrn aber tat es leid, und an diesem Tage schlachtete er es nicht.

Am nächsten Morgen jedoch wiederholte die Frau: »Schlachte das Ziegenböckchen!« Und der Herr begann sein Messer zu schleifen. Das Böckchen kam zu ihm heran und sagte: »Ach, Herr, mein Herr! Erlaube mir, zum Flüßchen zu gehn, frisches Wasser zu trinken, mein Gedärm zu spülen!« Der Herr ließ es gehn. Das Böckchen kam zum Flüßchen gelaufen, der Gutsherr aber nahm einen Strick mit sich, ging nach und dachte bei sich: »Wohin mag das Böckchen wohl gelaufen sein?« Das Böckchen fiel am Ufer nieder und jammerte:

> »Annuschka, mein Schwesterchen,
> Komm hervor, schau heraus!
> Mich Böckchen wollen sie schlachten!
> Sie wetzen scharfe Messer,
> Sie hitzen Satanskessel!«

Annuschka antwortete:

> »Ach, Wanjuschka, mein Brüderchen!
> Wie gerne schaute ich hinaus!
> Der schwere Stein zieht mich zum Grund,
> Die grimme Schlange saugt mein Herz!«

Dann tauchte sie bis zum Gürtel hervor und schaute hinaus. Der Herr aber warf den Strick über sie und zog sie samt dem Stein heraus. Er hob Annuschka auf und führte sie in sein hohes Gemach; aber seine zweite Frau und die Schwiegermutter stellte er auf das Tor, erschoß sie mit einem Zaubergewehr und warf ihr Fleisch den Hunden vor, mit Annuschka aber lebt er noch heute.

21. Die Prinzessin mit der Nadel im Kopfe

Es war einmal ein König, der aus erster Ehe eine Tochter hatte, und dieser vermählte sich mit einer verwitweten Königin, die ebenfalls eine Tochter mit in die neue Ehe brachte. Die Tochter des Königs war wunderschön, voll Liebreiz und Anmut; sie wurde viel umschwärmt, und ein Freier folgte dem anderen. Um die Tochter der Königin jedoch kümmerte sich keiner der jungen Prinzen, denn sie war überaus häßlich und auch böse.

Die Königin war darüber wütend und hatte nur den einen Gedanken, die Tochter des Königs zu beseitigen.

Als sie nun einmal mit ihr in einem dichten Walde spazierenfuhr, nahm die Königin ihr Taschentuch und ließ es auf die Erde fallen, dann befahl sie dem Kutscher zu halten und verlangte von der Tochter des Königs, daß sie es ihr aufheben möge. Sobald diese jedoch aus der Karosse ausgestiegen war, hieß die Königin den Kutscher so rasch wie möglich weiterfahren, so daß die Königstochter weit zurückblieb und nicht mehr folgen konnte. Laut begann sie zu rufen und zu schreien, aber niemand hörte sie, und der Wagen mit der Königin war längst entschwunden.

So ging sie durch den Wald immer weiter und weiter, bis sie endlich nach einem langen Marsch das Ende des Waldes erreichte. Dort stand ein Haus, und daneben war ein Stall und ein großer Schober. Sie grub sich nun im Heu ein Loch, kroch da hinein und schlief bald vor Übermüdung ein. Als sie gut ausgeschlafen in der Früh erwachte, erblickte sie zu ihrem Entsetzen vor dem Schober zwölf Räuber und ein altes Weib, welches eben mit einem Eimer Wasser holen wollte. Als ihr die Räuber gerade den Rücken kehrten, verließ sie schnell ihr Versteck und lief in das Haus hinein, wo im Ofen schon Feuer war und das Essen darauf kochte. Sie nahm aus jedem Topf ein bißchen heraus und aß es rasch; als sie sich gestärkt hatte und draußen niemand zu sehen war, lief sie wieder in ihr Versteck. Das alte Weib kam bald nach Hause zurück; sie merkte wohl, daß etwas aus jedem Topf fehlte, aber sie sagte nichts.

Am nächsten Tag zogen die Räuber wieder in den Wald, und das alte Weib ging fort, um Wasser zu holen. Wieder lief die Prinzessin rasch in das Haus hinein, aß abermals aus jedem Topf zwei Löffel voll und versteckte sich im Heu. Die Alte kam heim, hob die Deckel von den Töpfen und bemerkte, daß abermals etwas fehlte. Sie dachte aber, daß sich das Essen wohl so verkocht haben müßte.

Nachdem nichts geschehen war, wagte es die Prinzessin noch ein drittesmal, sich auf diese Weise Nahrung zu verschaffen. Diesmal aber erzählte die Alte den Räubern, was sich schon dreimal ereignet hatte. Der älteste von ihnen befahl, am nächsten Tag Asche um das Haus zu streuen; vier der Räuber sollten sich hinter den Ecken des Hauses verstecken und aufpassen. Als die Alte nach Wasser ging, kroch die Prinzessin wieder aus dem Haus hervor und wurde so von den Männern sofort gefaßt.

Nun berieten sie sich, was sie mit dem Mädchen anfangen sollten. Der eine meinte, daß man ihr eiserne Nägel unter die Fingernägel treiben möge, der andere wollte, daß man ihr bei lebendigem Leibe die Haut abziehen solle, der älteste aber beschloß, daß man sie am Leben lassen möge, um so eine Nachfolgerin für die Alte zu haben, die ja bald sterben würde. Dieser Vorschlag gefiel den Räubern sehr gut, und alle waren damit einverstanden. Die Alte starb auch wirklich einige Wochen darauf, und so wurde die Prinzessin Wirtschafterin bei den Räubern. Wenn die Räuber weggingen, blieb anfangs immer einer von ihnen zurück, um auf die Prinzessin aufzupassen, damit sie ihnen nicht davonliefe.

Die Königin aber, die des Königs Tochter so schändlich im Walde verlassen hatte, erzählte dem König, daß die Prinzessin von einem wilden Tier überfallen und aufgefressen worden sei. Dann begab sie sich zu einem großen Zauberer, der alles wußte, um von ihm zu erfahren, ob die Prinzessin noch am Leben wäre. Der Zauberer sandte sofort einen seiner dienstbaren Geister auf Kundschaft aus, der auch alsbald heimkehrte und die Nachricht brachte, daß die Prinzessin lebe und sich bei Räubern aufhielte. Nun wollte die Königin noch von dem Zauberer wissen, wie sie die Prinzessin vernichten könnte. Dieser gab ihr folgenden Rat:

»Deine eigene Tochter möge sich, als Bettlerin verkleidet, zu den Räubern begeben und diesen Wunderring, den ich dir, o Königin, hiermit übergebe, der Prinzessin an den Finger stecken.«

Die Königin befolgte genau die Anordnungen des Zauberers und schickte ihre Tochter auf den Weg.

Da die Räuber mit der Zeit sicher geworden waren, daß ihre junge Wirtschafterin gar nicht die Absicht hatte davonzulaufen, ließen sie diese auch öfters ganz allein zu Hause zurück. Gerade an einem solchen Tage war es, als die Tochter der Königin, als Bettlerin verkleidet, zu dem Hause der Räuber kam und dort die gesuchte Stiefschwester allein antraf. Diese erkannte sie natürlich in ihrer Verkleidung nicht, und als die

Bettlerin sie um ein Stück Brot bat, reichte sie es ihr freundlich und voll Mitleid; doch in dem Augenblick erfaßte die Bettlerin die gebende Hand und steckte ihr den mitgebrachten Ring an den Finger. Kaum aber war der Ring auf dem Finger, als die Prinzessin umfiel und bewußtlos auf dem Boden liegenblieb. So fanden sie die Räuber, als sie nach Hause zurückkamen. Sie hoben das Mädchen auf, legten es auf ihr Bett und überlegten, wie sie es am raschesten aus ihrer tiefen Ohnmacht erwecken könnten. Als sie es genau ansahen, entdeckte einer von ihnen den Ring am Finger, den sie vorher noch nie gesehen hatten. Sie zogen den Ring vom Finger, und in diesem Augenblick öffnete das Mädchen die Augen, stand auf, frisch und gesund wie vorher, so als ob nichts gewesen wäre. Von den Räubern befragt, was geschehen war, erzählte sie von dem Besuch der Bettlerin. Der kluge Älteste warnte sie nun dringend, in Zukunft nie wieder einen fremden Menschen einzulassen, es könnte gefährlich sein oder ihr sogar den Tod bringen.

Es vergingen einige Wochen, bis die Königin abermals bei dem Zauberer erschien, um sich zu erkundigen, was mit ihrer Stieftochter geschehen wäre und ob sie sie endlich für immer los wäre. Jedoch der Zauberer mußte ihr berichten, daß die Prinzessin von den Räubern gerettet worden sei und weiterlebe. Verzweifelt fragte nun die Königin, ob er denn kein besseres Mittel wisse, das zuverlässig und endgültig helfen würde.

Darauf meinte der Zauberer, er hätte noch eine Nadel, die, in den Kopf des Opfers gesteckt, ihre Wirkung stets erfüllte. Diese spitzig kleine Nadel gab er nun der Königin mit dem Auftrage, daß ihre Tochter damit nochmals zu den Räubern gehen und sie der Prinzessin irgendwie in den Kopf stecken müsse. Die Wirkung wäre dann sicher. Also ging die Tochter der Königin abermals in den Wald zum Hause der Räuber. Als sie dort ankam, erblickte sie sofort ihre Stiefschwester mit einer Arbeit vor dem Hause beschäftigt; eben hatte sie sich gebückt, um etwas aufzuheben; diesen Moment benützte das böse Mädchen, um der Prinzessin, ohne daß diese sie bemerkte, die Nadel in den Kopf zu stoßen und rasch davonzulaufen.

Als die Räuber nach Hause kamen, lag die Prinzessin tot am Boden. Jetzt suchten sie wieder ganz genau nach der Ursache, aber sie konnten nichts finden. Zwar konnten sie es nicht glauben, daß sie wirklich tot sei, denn sie sah so frisch und gesund aus, als ob sie lebte, aber sie rührte sich nicht mehr. Nun dachten sie, daß sie eine Heilige wäre. Sie bestellten einen Sarg aus Glas, legten sie behutsam hinein und hoben sie auf eine hohe Kiefer hinauf und befestigten dort den Sarg. Auf die Räuber machte dieses Erlebnis einen solchen Eindruck, daß sie sich bekehrten und als Mönche in ein Kloster eintraten.

Einige Zeit darauf jagte in dem Wald ein junger Prinz. Als er nach einigen Stunden schon müde war, setzte er sich unter eine Kiefer, um auszuruhen. Wie er so dasaß, fiel ihm ein Tropfen von dem Baum auf seine Hand. Er sah sich um, schaute auf die Kiefer hinauf und erblickte oben den Sarg, der auf dem Baume befestigt war. Sofort rief er seine Diener herbei und befahl ihnen, den Sarg von dem Baum herunterzunehmen. Voll Bewunderung betrachtete er dieses wunderschöne Mädchen im Glassarg. Er konnte sich an seiner Schönheit nicht sattsehen, und so befahl er seinen Dienern, den Sarg in sein Schloß zu tragen.

Tagelang schloß er sich nun in seinem Zimmer, in dem der Sarg mit dem wundervollen Mädchen stand, ein und betrachtete ihre reinen, schönen Züge. Seine Mutter, die sehr neugierig war und gerne gewußt hätte, was er so lange in seinem verschlossenen Zimmer mache, beobachtete ihn einmal durch das Schlüsselloch und sah ihren Sohn verzückt und unbeweglich vor dem Sarge stehen. Sie gestand ihm ihre Neugierde, und er erzählte ihr die ganze Geschichte und zeigte ihr auch das Mädchen. Die Mutter war aber der Meinung, daß man es nicht weiter hier zu Hause behalten könne, sondern es endlich begraben müsse.

Vor dem Begräbnis wusch man das schöne Mädchen und kleidete es um; als man es aber zu kämmen begann, fand man in ihrem Haar die kleine vergiftete Nadel. Kaum war diese entfernt, öffnete die Totgeglaubte ihre großen, schönen Augen, sah verwundert um sich und stand auf.

Nun konnte sie auch ihre Geschichte erzählen, und bald schloß sie der überglückliche Prinz als Braut in seine Arme. Kurz darauf wurde Hochzeit gefeiert, und das junge Paar konnte nun einer glücklichen Zukunft entgegengehen.

22. Ferla

Eine Frau hatte zwei Mädel, die eine war ihre richtige und die andere bloß ihre Stieftochter. Die richtige Tochter Ferla mochte nicht gern viel tun, aber die Stieftochter war ein sehr fleißiges Mädel. Aber bei alledem machte sie ihrer Mutter nichts recht; die zankte sie den ganzen Tag aus, und damit die Ferla doch auch was zu tun hatte, half sie der Mutter im Schimpfen. Durch die viele Zankerei geriet die Frau so sehr in Wut, daß sie ihre Stieftochter gar um die Ecke bringen wollte. Gut dem Dinge!

Wenn sie in die Stadt wollten, da mußten sie erst durch einen großen Wald, und in dem Wald wohnte ein Groomanndla, von dem es hieß, daß es schon viele Leute umgebracht hätte. Da wird doch richtig unsere Stiefmutter eines Abends, als es schon beinahe finster war, ihre Stieftochter in die Stadt nach Spillen (Spulen) schicken! Und das Mädel ging ohne alle Widerworte. Als sie nun im Wald zu dem Häusel kam, wo's Groomanndla wohnte, da saß es vor der Tür und fragte: »Madla, wi giehst de denn itzde bei dam spata Obende noch hie?«

»Ich gieh ei de Stadt«, sagte das Mädel, »und hull fer meine Mutter Spillen.«

»Na, do kumm ock rei; ich ha gude Spillen!« sagte das Groomanndla.

Das Mädel wollte zwar nicht recht, aber es fürchtete sich halt gar zu sehr vor dem Groomanndla, und da ging's halt mit ihm in die Stube 'nein. Da setzte es das Groomanndla an einen Tisch und holte einen Teller, und dann ging's an den Ofentopf, und da – da bracht's einen gekochten Katzenkopf raus, und den setzt's dem Mädel auf dem Teller vor und meinte: »Du werscht gewieß recht hingrig sein; so iß dich satt. Ich renne einstweilen dreimal ims Haus rim. Wenn ich wiederkumme, mußt de mit dem Kotzakuppe fertig sein, suste dreh ich der a Hols im.« Und damit war das Groomanndla auch schon zur Stube 'naus.

Das Mädel hatte zwar einen ganz gehörigen Hunger, aber vor so einem alten Katzenkopf graute sich's doch. Aber da es ans Folgen gewöhnt war, da pitzelte es sich ein kleines Stückel los und fing an, es zu kauen. Da kam ein Mäusel aus einer Ecke raus und kroch dem Mädel um die Füße rum, und da gab ihm das Mädel ein Stückel Katzenkopf, und da es dem Mäusel schmeckte, aßen halt das Mäusel und das Mädel ein Stückel Katzenkopf ums andere, und so dauerte es nicht lange, da war der häßliche Katzenkopf weg. Gleich darauf kam auch das Groomanndla wieder in die Stube und fragte: »Nu, bist de fertig?«

»Ju«, sagte das Mädel, »'s hoot gutt geschmackt.« Da rief das Groomanndla dreimal: »Kotzakupp, kumm avier! Kotzakupp, kumm avier! Kotzakupp, kumm avier!« Aber der Katzenkopf kam nicht.

Da ging das Groomanndla wieder zum Ofentopf und brachte nun einen Hundekopf und sagte: »Do der da Kotzakupp a su gutt geschmackt hoot, do will ich der noch a Gerichtla viersetzen. Ich gieh einstweilen dreimal ims Haus, und wenn de mer etwa meine Kust verachst, do dreh ich der a Hols im!« Und da ging's fort. Da flennte das Mädel, daß es so einen alten Hundekopf essen sollte; aber so sauer es ihm wurde, schnitt es ihm doch ein Stückchen los und verschluckte es. Da sprang eine großmächtige Ratte an dem Mädel in die Höhe. Wenn's nicht gar so sehr erschrocken wäre, da hätt's »Feuer« geschrien; aber es kriegte keinen Ton raus.

Um die abscheuliche Ratte loszuwerden, schmiß es ihr ein Stück Hundeschnuppe hin – das verschlang die Ratte ratzeputz. Und da aß halt das Mädel ein Pitzel Hundekopf, und dann gab sie wieder der Ratte ein Stück, und eh sie sich's versah, da war halt richtig der ganze Hundekopf aufgegessen. Wie nu's Groomanndla kam, fragte es gleich wieder: »Nu, wie hoots geschmackt?«

»Gutt«, sagte das Mädel, »aber itzde bien ich sott.« Da rief's Groomanndla wieder dreimal: »Hundekopp, kumm avier! Hundekopp, kumm avier! Hundekopp, kumm avier!« Und als der Hundekupp nicht kam, da sah das Groomanndla 's Mädel mit ein paar Augen an, die waren so groß wie der Raper-Radla, und sagte: »Na, du host uff heemtezu noch a gruß Sticke, do mußt du noch wos genissen!« Und da holte es aus dem Ofentopf einen Pferdekopf raus und legte ihn dem Mädel auf den Teller und sagte: »Wenn de den wersdt verspachtelt hon, do wersdt de de Spillen kriegen. Ich gieh einstweilen dreimal ims Haus rim. Wenn de aber nich fertig bist, wenn ich wiederkumme, do dreh ich dir a Hols im!« Und weg war's.

»O jekersch!« dachte's Mädel. »Mit dam stinkiga Farekuppe wersdt de doch dei Lebtag nich fertig.« Aber doch fing's an, mit der Gabel dran rumzuspisseln. Da klopft's ans Fenster; das war ein kohlpechschwarzer Rabe. Da machte's Mädel's Fenster auf, und nun aßen sie alle beide von dem Pferdekopf, und im Handumdrehen war nichts mehr von ihm übrig. Kaum war der Rabe wieder fortgeflogen, und kaum hatte's Mädel's Fenster wieder zugemacht, da war auch schon 's Groomanndla in der Stube und fragte: »Nu, wie weit best de?«

»Ich bien fertig«, sagte 's Mädel und zeigte ihm den leeren Teller. Da rief's Groomanndla: »Farekupp, kumm avier! Farekupp, kumm avier! Farekupp, kumm avier!« Und da der Pferdekopf nicht kam, da freute sich 's Groomaandla und sagte: »Weil de mich nicht beloin host, do sullst de nu de Spillen hon, und an Heffa Flachs derzu, und ich will der beedes sugar schenkn.« 's Mädel bedankte sich sehr schön und flog, wiewohl es stockpechfinster war, wie ein Reh durch den Wald heim.

Na, die Augen, die die Stiefmutter machte, als sie ihre Tochter wiedersah und noch dazu die schönen Spillen und den Flachs dazu. Aber die Hauptgeschichte sollte erst noch kommen.

Als sie zu spulen anfing, da drehten sich die Spillen halb von alleine, und ein so schönes Garn hatten sie überhaupt noch nicht gesehen, und dabei nahm der Flachs gar nicht einmal ab. Alle Leute, die das Garn sahen, die handelten erst nicht lange und waren froh, daß sie ein so schönes Garn zu kaufen kriegten. Da mußte die Stieftochter ganz genau erzählen, was sie gesehen hatte und wie es ihr ergangen wäre, denn die Frau dachte, daß ihre richtige Tochter noch ein viel größeres Glück machen würde; und wie sie alles richtig ausgefragt hatte, da verzählte sie's ihrer Tochter Ferla, was das Groomanndla gemacht hätte, und dann schickte sie ihre Tochter auch nach Spillen.

Die ging aber schon mittags weg, und als sie zu dem Groomanndla-Haus kam, da lag das Groomanndla auf einer Bank in der Sonne und schnarchte. Aber die Ferla fackelte nicht lange; sie kriegte 's Groomanndla am Arm, weckte es auf und sagte: »Ich mechte gerne Spillen honn!«

»Nu, do kumm ock rei«, meinte's Groomanndla, »ich war der deine Spillen schunt gan!«

Da freute sich das dumme Ding und ging recht gefügig mit. Und als sie in die Stube kam und sah den Tisch gedeckt, da setzte sie sich gleich von selber hin und sagte: »Ich ha Hunger!«

»Gutt«, sagte 's Groomanndla, »du sollst och wos zu assen hon!« Und da bracht's auch schon einen Katzenkopf und sagte: »Do ieß dich sott; wenn ich wiederkumme und du host a Katzekuppe nich uffgegassen, so dreh ich der a Hols im!« Kaum war 's Groomanndla aus der Stube, da schmiß das dumme Mädel den Katzenkopf unters Sofa und lachte sich eins.

Als das Groomanndla dreimal ums Haus rum war, da kam 's wieder in die Stube und fragte: »Bist de fertig?«

»Schunt lange!« sagte die Ferla. »Na, mer wer'n ja sahn«, sagte 's Groomanndla, und da rief 's: »Kotzakupp, kumm avier! Kotzakupp, kumm avier! Kotzakupp, kumm avier!« Und da kam richtig der Katzenkopf unter dem Sofa hervorgekullert. »Na«, sagte 's Groomanndla, »itzde host de mich beloin; nun will ich sahn, ebbs de dersch zum zweten Male ooch rausnahm'n werscht.«

Und da brachte es aus dem Ofentopf einen Hundekopf und sagte wieder: »Wenn ich dreimal ims Haus geloof'n bien und du host vu dam Hundekoppe noch wos ibrig geloon, do dreh ich der a Hols im!«

»'s is gutt«, sagte Ferla. Als aber 's Groomanndla kaum fort war, da steckte sie den Hundekopf in Groomanndlas sein Bette. Als das Groomanndla nun wieder reinkam, da fragt 's: »Na, host de a Hundekupp verdrickt?«

»Hie host de a leern Taller«, sagte die Ferla. Aber da rief 's Groomanndla dreimal: »Hundekupp, kumm avier! Hundekupp, kumm avier! Hundekupp, kumm avier!« Und da hob sich die Zudecke von Groomanndlas seinem Bett in die Höhe, und der Hundekopf hopste in die Diele. »Na«, meinte das Groomanndla, »zum zweten Male host de mich oo beloin; nu hitt dich vorm dritten!« Und da holte es den Pferdekopf und sagte: »Nu is meine Geduld zu Ende; wenn de mich itzde wieder beliegst, do is dei Laab a Gras!«

»Nee«, dachte die Ferla, »su'n aala Faarekupp ißt de freilich nich!« Und da steckte sie den Pferdekopf in einen Kommodenschub und quetschte ihn feste zu. Als nun 's Groomanndla wiederkam und fragte: »Nu, bist de miet 'm Faarekuppe fertig?« Da sagte sie bloß: »Nu freilich!« Aber das Groomanndla rief halt wieder: »Faarekupp, kumm avier! Faarekupp, kumm avier! Faarekupp, kumm avier!« Und da gaffte wirklich der Kommodenschub auf, und der Pferdekopf purzelte raus. Da wurde 's Groomanndla rasnig vor Wut und brüllte, daß das ganze Haus zitterte: »Weils de und du host mich dreimal beloin, do kimmst de laabig nich meh aus mei'm Hause raus!« Und da macht 's einen alten großen Kasten, in dem schon viele Totengerippe drinlagen, auf, packte die Ferla an ihren Looda, schmiß sie 'nein in den Kasten und machte den Deckel feste zu, daß sie erstickte.

Als es Abend wurde, da paßte die Mutter immer, was ihr die Ferla Schönes mitbringen würde; aber es wurde fünfe – die Ferla kam nicht; es wurde sechse – die Ferla kam nicht; es wurde sieben – und wie halt die Ferla noch nicht kam, da wurde der Mutter himmelangst, und da wollt' sie der Ferla entgegengehen.

Aber da mußte sie immer weiter laufen, bis sie zum Groomanndla-Hause selber kam. Da stand 's Groomanndla ganz gemütlich in der Türe und rauchte eine Pfeife. »Host du meine Tochter Ferla nich gesehn?« fragte die Mutter. »Die ha ich geferlt«, sagte 's Groomanndla. »Kumm ock rei, ich wer dich och ferln!« Und da hatte es auch schon die Frau bei ihrer Schiprine und zog sie bis zu dem Kasten, wo die Ferla drinne lag.

Als nun die Mutter ihre Tochter mit umgedrehtem Halse tot drin liegen sah, da jammerte und flennte sie, daß es einen Stein erbarmt hätte. Aber 's Groomanndla kannte kein Erbarmen. Es schmiß die Frau auch in den Kasten 'nein und schlug den Deckel zu, daß sie nicht mehr raus konnte.

Der Stieftochter aber ging's gut bis an ihr Lebensende.

23. Die bestrafte Hexe

Es ist einmal eine rechte alte Hexe gewesen, die hatte zwei Töchter, eine rechte Tochter und eine Stieftocher, und die Stieftochter war schön und gut, die rechte Tochter aber boshaft und häßlich. Da kam ein junger Jäger, nahm die Stieftochter zur Frau, weil sie ihm gut gefiel, und zog mit ihr in sein Haus, das im Walde lag. Die alte Hexe stellte sich dazu ganz freundlich; in ihrem Herzen wußte sie sich aber vor Ärger und Bosheit nicht zu lassen, darum, daß der Jäger ihre eigene Tochter nicht genommen hatte, sondern die Stieftochter, die sie gar nicht leiden konnte.

Über eine Zeit kriegte die Jägersfrau einen kleinen Jungen und mußte zu Bett liegen. Da wurde die Stiefmutter geholt, daß sie das Kind wüsche und anzöge, auch die Suppe kochte und sonst zur Hand wäre, wenn die kranke Frau ihrer bedürfen sollte. Der Jäger aber hatte zur Erheiterung und Kurzweil seiner Frau allerlei Vögel in die Stube gebracht, die sangen, und ein Spiel hatte er gemacht von allerlei Glocken, die klangen.

Dicht an dem Haus lag ein großer Teich, auf dem viele Enten schwammen. Nun stand eines Tages die Stiefmutter am offenen Fenster und sah auf den Teich hinaus, und weil des Jägers Frau schon wieder auf Besserung war und zuweilen aufstehen konnte, rief ihr die Hexe zu: »Steh doch auf, mein Kind, und sieh einmal die vielen Enten, die da auf dem Teiche schwimmen.« Ohne an Arges zu denken, stand die Frau auf und lehnte sich aus dem Fenster, und indem, so gab ihr das boshafte Weib einen heftigen Stoß, daß sie hinab in den Teich stürzte, und verwünschte sie in eine Ente; da schwamm sie nun mit den anderen Enten auf dem Teiche herum. Ihr Kind aber fing an zu weinen, und ihren Mann befiel zu derselben Stunde eine große Traurigkeit und wußte doch nicht warum; die Vögel sangen nicht, die Glocken klangen nicht. Da nahm die Hexe ihre eigene Tochter, legte sie in der Frauen Bett und band ihr ein Tuch um den Kopf, als ob sie krank wäre, so daß sie der Mann nicht erkennen konnte, als er kam, seine Frau zu besuchen.

Als es nun Abend ward und die Magd allein in der Küche war, kam auf dem Teich her eine Ente angeschwommen, die schnatterte vor dem Gossensteine, wie Enten tun: »Niep, Niep! Natt, Natt!« und dann fing sie ordentlich an zu sprechen:

> »Weint mein liebes Kind auch noch?
> Weint mein lieber Mann auch noch?
> Singen meine Vögel auch noch?
> Klingen meine Glocken auch noch?«

Da antwortete die Magd:

>>Eure Glocken klingen nicht,
Eure Vöglein singen nicht,
Euer Mann und Kind, die weinen.<<

Darauf ist die Ente wieder weggeschwommen.

Den zweiten Abend kam sie wieder, steckte den Kopf durch das Gossenloch und schnatterte ganz betrübt: >>Niep, Niep! Natt, Natt!<< und dann fing sie an zu sprechen:

>>Weint mein liebes Kind auch noch?
Weint mein lieber Mann auch noch?
Singen meine Vögel auch noch?
Klingen meine Glocken auch noch?<<

Und die Magd antwortete:

>>Eure Glocken klingen nicht,
Eure Vöglein singen nicht,
Euer Mann und Kind, die weinen.<<

Darauf sprach die Ente: >>Nun komme ich noch ein einziges Mal; dann fasse mich und haue mir den Kopf ab, so bin ich erlöst<<, und schwamm fort. Das alles erzählte die Magd ihrem Herrn, der sagte: >>Wenn die arme Ente so erlöst werden kann, so mußt du es tun.<< Als nun die Ente den dritten Abend wieder den Kopf durch das Gossenloch steckte, faßte die Magd ein Beil und hieb ihn ab; in demselben Augenblicke, da das Blut floß, wich der Zauber; die Frau war erlöst und ging zu ihrem Manne; der freute sich, daß er seine liebe Frau wiederhatte, denn sie erzählte ihm, wie das alles so gekommen und welcher großen Gefahr sie entgangen war.

Der Jäger, der nun wußte, was die Stiefmutter für ein böses Weib war, ließ sich nichts merken, sondern sann, wie er sich am besten an ihr rächen könnte. Auf den andern Abend lud er eine große Gesellschaft; doch mußte seine Frau noch zurückbleiben. Wie sie nun alle zu Tische saßen, stand der Jäger auf und fragte, was sie wohl meinten, daß der Mutter geschehen müßte, die ihre Tochter in ein unvernünftiges Tier verwünscht hätte. Da sprang die Stiefmutter auf von ihrem Stuhle und war ganz verblendet und schrie: >>Die verdient, daß sie in ein durchgenageltes Faß gesteckt und darin so lange gewälzt wird, bis sie tot ist.<<

»Du hast dir selbst dein Urteil gesprochen, du Hexe!« rief der Jäger und ließ seine Frau herein in die Stube treten. Wie das die Hexe sah, daß sie verraten war, ward sie kreideweiß vor Schreck und stürzte der Länge nach auf den Boden hin. Da wurde sie in ein Faß gesteckt, welches mit eisernen Nägeln durchschlagen war; das wurde auf den höchsten Berg gebracht und da hinabgerollt. So hat die Hexe ihren verdienten Lohn erhalten.

24. Die Prinzessin von Beirut

Beirut war schon vor vielen Jahren so, wie wir es heute kennen; es besaß immer zwei Gesichter: das Gesicht hoher Kunst und Wissenschaft, aber auch das Gesicht des oberflächlichen Vergnügens und des Leichtsinns. Die Dichter haben diese Stadt besungen als Sitz der Gelehrten, Schriftsteller und Künstler, als eine Stadt, die ihren Bewohnern die höchsten geistigen Güter bietet, aber auch als eine Falle für unschuldige Seelen, als Marktplatz für Vergnügen und Zeitvertreib, als Versteck für verbotene Spiele, dank seiner leichten Luft, seiner blühenden Gärten, seiner Bäder, Fontänen und Paläste. Diese bezaubernde Stadt verzaubert den Menschen. Sie formt seinen Geist oder verdreht ihm den Kopf, sie hebt ihn empor oder läßt ihn in den Abgrund der Verderbtheit fallen.

Diese zwei Gesichter hat Beirut bis jetzt behalten: Es ist die Stadt der geistigen Quellen für Gelehrte und Wissenschaftler, und es ist gleichzeitig die Stadt des Gottes Baal. Doch es ist das erste Gesicht dieser Stadt, das Lams, die Tochter des Emirs von Beirut, angezogen hat. Dieses Mädchen, das noch keine 17 Jahre alt war, begeisterte sich für Wissenschaften und die schöne Literatur: Lesen und Lernen bedeutete ihr mehr als die Spiele der Freundinnen.

Der Emir von Beirut liebte seine Tochter über alles, denn er hatte keine anderen Kinder, und seine Frau war bei der Geburt von Lams gestorben. Damals hatten sich alle Liebe und Fürsorge des Vaters auf seine einzige Tochter übertragen. Er ließ ihr die beste Erziehung geben, holte für sie die bekanntesten Gelehrten und Wissenschaftler an den Hof und hatte beschlossen, sich nicht wieder zu verheiraten, bis Lams erwachsen und selbständig war. Erst wenn sie dieses Alter erreicht hatte, wollte er nach einer Lebensgefährtin für den Rest seines Lebens Ausschau halten. Vielleicht würde seine zweite Frau ihm noch einen Sohn schenken, der sein Emirat erben sollte.

Als Lams 17 Jahre alt war, begann der Emir ein Mädchen mit gutem Charakter zu suchen, die bereit war, mit ihm und seiner Tochter zusammenzuleben; die ihn wie auch Lams liebte, damit die Harmonie in ihrer Familie nicht gestört würde und sie glücklich miteinander leben könnten.

Ein reicher Scheich in Beirut hatte eine Tochter, die Salwa hieß. Sie ahnte, was für eine Frau der Emir von Beirut suchte, und um ihm zu gefallen und Prinzessin von Beirut zu werden, freundete sie sich mit Lams an und tat so, als wäre ihre Freundschaft zu der Tochter des Emirs aufrichtig und treu und ohne Absicht und Hintergedanken.

Als der Emir einmal das Zimmer seiner Tochter betrat, um sie zu sehen, traf er Salwa bei ihr an und hielt sie für gute Freunde. Er betrachtete sie aufmerksam und stellte fest, daß Salwa errötete. Er deutete es als Schüchternheit, und diese Eigenschaft, ihre Schönheit und die Freundschaft mit seiner Tochter ließen ihn glauben, die richtige Frau gefunden zu haben. Er ging zu ihrem Vater und hielt um ihre Hand an, und nach einigen Tagen wurde die Hochzeit königlich gefeiert.

Salwa hatte ihr Ziel erreicht! Die fette Beute war in ihre Falle gegangen! Sie liebte Lams nicht aufrichtig, sondern hatte die Freundschaft vorgetäuscht, um den Emir auf sich aufmerksam zu machen. Nachdem sie seine Frau geworden war, interessierte Lams sie nicht mehr, aber vorerst zeigte sie ihr gegenüber noch eine gespielte Freundlichkeit.

Zwei Jahre waren nach der Hochzeit vergangen, und Gott hatte ihnen keinen Erben geschenkt, denn Salwa war unfruchtbar. Der Emir war darüber sehr traurig, und sein einziger Trost war seine Tochter Lams. Seine Zuneigung zu ihr wurde immer größer, und er nannte sie zärtlich »habibati« (meine Geliebte). Salwa fühlte sich dadurch zurückgesetzt, und die Eifersucht auf Lams und der Ehrgeiz spritzten ihr Gift ins Herz; von nun an sah sie in Lams eine Rivalin, die sie beseitigen mußte. Sie suchte nach einem Mittel, um sie zu vernichten, und ihre Seele wurde dunkel und böse. Das Verbrecherische, das in ihr bisher geschlummert hatte, erwachte; Haß loderte in ihrem Herzen, und sie nahm sich vor, Lams mitleidlos zu beseitigen. Sie konnte sie jedoch nicht offen verfolgen aus Furcht vor dem Emir, von dem sie wußte, daß er eher zu seiner Tochter als zu ihr hielt. Da kam ihr ein teuflischer Gedanke: Sie mußte Lams ihrem Vater so hassenswert machen, daß er sie selber aus dem Schloß wegschicken würde.

Sie wußte, daß ihr Mann eine große Herde Schafe, Ziegen und Kühe hatte, die ein Hirt am Ufer des Flusses ›Beirut‹ weidete. Als eines Tages der Emir auf der Jagd war und Lams in der Stadt, schickte sie einen ihr treu ergebenen Diener zum Hirten ans Ufer und ließ ihm sagen: »Lams befiehlt dir im Namen ihres Vaters, allen Tieren der Herde die Vorderfüße abzuschneiden und sie noch heute ins Schloß zu schicken, da der Emir daraus ein Mahl zubereiten lassen will, das er liebt.«

Der Hirt konnte dem Befehl der Tochter seines Herrn nicht zuwiderhandeln, vor allem, da sie im Namen des Emirs darum bat, und so führte er blutenden Herzens den Befehl aus und schickte alle Vorderfüße zum Schloß. Salwa nahm sie in Empfang und stapelte sie schadenfroh am Eingang des Schlosses auf.

Doch der Emir kam nicht auf direktem Wege ins Schloß; er ritt auf dem Heimweg am Fluß Beirut vorbei, um einen Blick auf seine Herde zu werfen. Wie groß war sein Entsetzen, als er alle Tiere hinken sah, und als er näher kam, erkannte er, daß die Vorderfüße der Tiere noch bluteten. Er schrie den Hirten an: »Wer hat die Unverfrorenheit besessen und diese Tiere so verstümmelt?«

Der Hirt berichtete dem Emir von dem Befehl seiner Tochter Lams, den sie ihm in seinen Namen übersandt habe. Er schwieg und gab seinem Pferd die Sporen, um schnell ins Schloß zu kommen. Sein Gesicht war finster und sein Gemüt zornig; er wollte so schnell wie möglich Lams sehen und sie fragen, was sie sich bei diesem widerlichen Befehl gedacht habe.

Nachdem ihr Diener den Befehl ausgeführt hatte, hatte Salwa überlegt, was sie noch tun könne, damit der Emir seine Beherrschung verlor und seine Tochter auf der Stelle töte. Sie wußte, daß er sein Reitpferd, eine weiße Stute, über alles liebte. Es kam ihr in den Sinn, auch ihr die Vorderbeine abschneiden zu lassen, so daß es keine Hoffnung mehr gab für eine Versöhnung und alle Zuneigung des Emirs zu seiner Tochter zerbrochen war.

Sie rief den Marschall und befahl ihm, die Beine der Stute abzuschneiden. Der Marschall weigerte sich, doch Salwa drohte ihm und sagte: »Mach, was ich dir befehle, und den Rest laß meine Sorge sein. Wehe dir, wenn du jemandem sagst, daß ich dir das befohlen habe. Sag vielmehr, daß Lams dir den Befehl gab!«

Der Marschall zitterte vor Angst, aber er war gezwungen, den Befehl seiner Herrin auszuführen. Er schnitt schweren Herzens die Vorderbeine der weißen Stute ab und brachte sie Salwa, die sie zu den Vorderfüßen der Herde legen ließ. Sie blieb daneben stehen und wartete auf die Rückkehr ihres Gemahls.

Kurz darauf ritt der Emir durch das Tor des Schloßgartens. Salwa empfing ihn und stellte sich empört. Sie sagte mit Spott und Entrüstung in ihrer Stimme: »Ich habe dem Koch befohlen, dir das Mahl zuzubereiten, das du dir aus diesen abgeschnittenen Füßen gewünscht hast.«

»Wo ist Lams?« rief der Emir zornig. »Warum hat sie diese Abscheulichkeit getan?«

Salwa lächelte teuflisch und antwortete: »Deine ›habibat‹ hat noch mehr getan; sie ließ sogar die Vorderbeine deiner Lieblingsstute abschneiden. Hier liegen sie.«

Beim Anblick der Beine seines Reitpferdes verlor der Emir den Verstand. Er war so empört, daß er nicht mehr klar denken konnte und die Absicht aufgab, Lams zu fragen. Er wollte sie nicht mehr sehen, und in diesem Zustand der Wut ließ er den Henker rufen und befahl ihm, Lams die Hände abzuschneiden und sie nicht vor sein Gesicht zu lassen, sondern sie aus dem Schloß zu entfernen. Salwa freute sich über diesen Befehl; sie war am Ziel ihrer bösen Wünsche.

Lams war in der Stadt gewesen, um einige Einkäufe zu machen. Sie hatte keine Ahnung, welch teuflische Intrige ihre Stiefmutter gegen sie gesponnen hatte. Sie kehrte ins Schloß zurück, strahlend vor Glück und Schönheit, und kaum hatten ihre Füße die Schwelle des Schlosses betreten, da hielt sie der Henker an und berichtete ihr von dem Befehl ihres Vaters. Sie war wie von Sinnen und wollte unbedingt ihren Vater sehen, aber der Henker durfte es nicht zulassen. Von weitem hörte sie Salwa schadenfroh lachen, und sie begriff in dem Augenblick, daß diese Frau ihren Untergang suchte und daß alle Freundschaft zu ihr geheuchelt war. Sie bat den Henker, ihr zu berichten, warum ihr Vater einen so herzlosen Befehl gegen sie ausgesprochen hatte, und der Henker zeigte auf die Vorderfüße der Herde und die Vorderbeine der Lieblingsstute ihres Vaters und sagte: »Wie konntest du die Tiere deines Vaters auch so verstümmeln lassen?«

Lams stieß einen Schrei der Empörung aus gegen diese falsche Beschuldigung. Doch das erneute schadenfrohe Gelächter von Salwa bestätigte ihr nur, daß diese Frau ihr eine Falle gestellt hatte und daß alle Erklärung und Unschuldsbeteuerung unnütz sei, da ihr Vater sie nicht mehr anhören wollte. Er haßte sie nun und ließ sie furchtbar bestrafen; er vertrieb sie aus dem Haus ihrer Mutter und ließ ihr die Hände abschneiden. Sie wollte nicht mehr um Aussprache mit ihm bitten und lieferte sich verzweifelt dem Henker aus. Dieser schnitt ihr die Hände bis zu den Handgelenken ab und schickte sie fort.

Sie irrte ziellos durch die Straßen Beiruts; ihre Handstümpfe bluteten und ihr Herz noch mehr. Stundenlang irrte sie durch die Stadt; die Tränen liefen ihr die Wangen hinunter, die blaß und welk waren vor Schmerz und Traurigkeit. Ihre Füße trugen sie zum Fluß Beirut. Sie setzte sich neben das Wasser und kühlte im Flußwasser das Feuer ihrer Schmerzen. Die Nacht war dunkel und der Himmel ohne Mond, und Lams konnte keinen Weg mehr finden. So zog sie vor, am Ufer des Flusses zu bleiben, bis die Morgendämmerung aufstieg. Das Blut floß immer noch von ihren Händen, und sie bohrte ihre Handstümpfe in den feuchten Sand am Ufer, um das Fließen des Blutes zu verhindern, und sie überlegte, was sie nun machen sollte. Es kam ihr in den Sinn, ins Gebirge zu gehen; vielleicht konnte sie dort eine Grotte finden, in der sie unter dem Schutze Gottes leben konnte. Ihr Vertrauen in Gottes Hilfe erfüllte ihr Herz mit Kraft und Geduld, und sie wischte sich an ihrer Schulter die Tränen aus den Augen. Sie bat Gott, den Barmherzigen, inständig, Mitleid mit ihr zu haben und ihr Leben zu beschützen.

Als die Morgendämmerung lächelte, kam auch ein Lächeln in ihr blasses Gesicht. Sie nahm die Hände aus dem Sand und sah, daß sie aufgehört hatten, zu bluten. Sie ging auf das Gebirge zu, durch Täler und Wälder, und fürchtete nicht das Echo der wilden Tiere, die in den Wäldern des Libanon zu Hause waren. Sie wanderte unermüdlich und nahm keine Rücksicht auf Ort und Zeit, bis sie zur Grotte Afqa kam, die sie von einem Ausflug mit ihrem Vater kannte. Sie ging in das Innere der Grotte, trank von der Quelle und nagte an dem Moos, wenn sie Hunger hatte.

Die Sonne ging unter, und Dunkelheit umfing die Welt; in diesem Moment trat eine Gazelle in die Grotte und zitterte, als sie Lams wahrnahm. Lams redete ihr freundlich zu, und die Gazelle verlor allmählich ihre Angst. Sie näherte sich ihr und schmiegte sich an sie, und so fand Lams einen freundlichen Nachtgefährten. Sie sah, daß die Brüste der Gazelle voll Milch waren und trank davon. Die Gazelle ließ sie gewähren, und von nun an tränkte sie sie jeden Tag; frühmorgens ging sie hinaus in die Wälder, und abends kam sie zu Lams zurück, tränkte sie, und beide schliefen in der Grotte.

An einem hellen Frühlingstag ritt der junge Emir von Tripoli mit den

Großen seines Hofes zur Jagd. In den Wäldern des Libanon suchten sie ihre Jagdbeute. Der Emir trennte sich von den anderen und ritt auf einsamen kleinen Pfaden. Da erblickte er eine schöne Gazelle. Er lenkte sein Pferd in ihre Richtung, um sie zu jagen. Das Tier hörte die Schritte des Pferdes und floh ängstlich. Der Prinz richtete seinen Pfeil auf die Gazelle, um im günstigen Augenblick auf sie zu zielen. Doch sie galoppierte so schnell davon, daß er sie nicht erreichen konnte, aber er folgte ihr und ließ sie nicht aus den Augen, bis er vor der Grotte Afqa stand. Er sah die Gazelle in die Grotte flüchten, stieg vom Pferd und folgte ihr mit gespanntem Bogen.

Die plötzliche Dunkelheit der Höhle blendete seine Augen im ersten Moment, und er blieb stehen; er schloß seine Augen einen Moment, um sich an die Dunkelheit zu gewöhnen, und als er sie wieder öffnete, bot sich ihm ein ergreifendes Bild: Die Gazelle saß zitternd in den Armen eines jungen Mädchens, deren Schönheit die Dunkelheit der Grotte erhellte wie der Mond das Firmament; das Mädchen beruhigte die Gazelle mit süßen Worten.

Der Prinz war ergriffen von dieser Szene und glaubte an eine Erscheinung. Aber das Mädchen sprach ihn an, und das überzeugte ihn davon, daß das Bild kein Traumbild war. Lams fragte ihn: »Warum willst du meine Gazelle töten, o Jüngling?«

Der Emir antwortete: »Bist du ein Geist oder ein Mensch, schönes Fräulein?«

»Ich bin ein Mensch wie du«, antwortete sie. Er näherte sich ihr, und sein Erstaunen wurde noch größer, als er sah, daß ihre beiden Hände abgeschnitten waren. »Wer bist du, meine Schwester«, fragte er, »und warum bist du allein in dieser wilden Grotte mit einer Gazelle als Begleiterin?«

Darauf sprach sie: »Diese Grotte, mein junger Herr, ist freundlicher als die bewohnten Schlösser, und diese Gazelle ist meinem Herzen lieber als die Gesellschaft der Menschen.«

Da entgegnete der Prinz: »Aus deinen Worten hört man, daß die Menschen dir Böses getan haben und dich zum Opfer ihrer Grausamkeit machten. Willst du mir nicht deine Geschichte erzählen, schönes Fräulein?«

»Interessiert es dich denn, den glücklichen Jüngling, die Geschichte eines unglücklichen Mädchens kennenzulernen?« fragte sie ihn, und als er bejahte, begann sie: »Also gut, setz dich; ich werde dir eine seltsame Geschichte erzählen, die nicht ihresgleichen kennt.«

Der junge Emir setzte sich auf den Felsen neben Lams, und sie erzählte ihm ihre Geschichte, und in seinem Gesicht spiegelten sich die Traurigkeit und die Entrüstung, die er um so mehr empfand, je weiter sie in ihrer Geschichte fortschritt. Als sie ihm erzählte, wie ihre Hände abgeschnitten wurden, da fühlte der Prinz, daß sein Herz fast zersprang, und er konnte seine Tränen nicht zurückhalten. Mitleid und Zuneigung erfüllten sein Herz, und er beschloß, sie mitzunehmen auf sein Schloß, damit sie dort ein angenehmes Leben führen könne und für alles entschädigt würde, was sie an Schmerz, Kränkung und Einsamkeit erlitten hatte.

Die Tripolitaner, mit denen er zur Jagd aufgebrochen war, hatten ihren jungen Emir überall gesucht, bis sie schließlich sein Pferd vor der Grotte gefunden hatten. Sie traten dort ein und sahen dasselbe ungewöhnliche Bild, das zuvor ihr Prinz erblickt hatte, und ihr Erstaunen war nicht geringer.

Der Emir hatte sich dem Mädchen gerade vorgestellt und fuhr fort: »Es schmerzt mich, Prinzessin, daß dir soviel Unglück zugestoßen ist, während du nur Liebe und Achtung verdienst. Ich möchte, daß du dein Unglück vergißt, und nehme dich darum mit auf mein Schloß in Tripoli. Du wirst dort angenehm leben bei meiner Mutter, die dich wie ihre Tochter lieben und verwöhnen wird.«

Lams' Augen füllten sich mit Tränen der Rührung und Dankbarkeit, und sie blieb sprachlos, als ob die Freude ihrer Zunge lähmte. Der Emir von Tripoli hob Lams auf sein Pferd, und sein Gefolge und die Gazelle folgten ihm in sein Schloß.

Als sie in das prachtvolle Schloß kamen, ging der Emir mit Lams in die hinteren Frauengemächer; dort rief er seine Mutter, stellte ihr Lams vor und sagte zu ihr: »Ich vertraue dir, meine Mutter, dieses Mädchen an. Wenn du sie nährst, nährst du mich; wenn du sie hungern läßt, läßt du mich hungern; wenn du sie kleidest, kleidest du mich; wenn du sie liebst, liebst du mich!«

Das Herz der Mutter wurde glücklich beim Anblick von Lams, und ihre abgeschnittenen Hände flößten ihr großes Mitleid ein. Sie behandelte sie, wie eine liebende Mutter ihr einziges Kind behandelt.

An einem schönen Frühlingsmorgen drang ein betörender Orangenblütenduft aus den Gärten und verbreitete sich über ganz Tripoli. Die Vögel zwitscherten in den blühenden Zweigen, und die Mutter des Emirs saß auf dem Balkon des Schlosses und atmete den Duft der Natur in vollen Zügen. Sie wartete auf ihren Sohn und Lams, um mit ihnen zusammen auf der Terrasse zu frühstücken – wie sie es gewohnt waren. Der Emir trat dieses Mal vor Lams auf die Terrasse und setzte sich neben seine Mutter. Sie sah ihn lächelnd an und entdeckte in seinen Augen einen Glanz, der ihr zeigte, daß er ihr etwas Freudiges mitzuteilen habe. Sie fragte ihn mit einem Blick und einer Kopfbewegung, was los sei, und er sagte zu ihr: »Meine Mutter, es ist für mich Zeit zu heiraten.«

Auf dem Gesicht der Mutter erschien reine Freude über diese Worte, und sie erwiderte ihm: »Das ist der Augenblick meiner größten Freude!«

Sie hatte schon seit geraumer Zeit die große Zuneigung ihres Sohnes zu Lams bemerkt, und in ihrer Weisheit wußte sie seit einiger Zeit, daß er sie heiraten würde, aber sie wollte ihn ein wenig necken und fragte mit gespielter Unwissenheit: »Deine Onkel väterlicherseits haben sieben Töchter, und deine Onkel mütterlicherseits haben ebenfalls sieben Töchter. Wer ist die Auserwählte in deinen Augen, damit ich ihre Zustimmung und die ihrer Eltern einhole?«

Er antwortete: »Nein, meine Mutter, ich habe nicht unter den Töchtern meiner Onkel meine Lebensgefährtin ausgewählt. Es ist Lams, die ich heiraten will und keine andere.«

Die Mutter hatte Lams sehr liebgewonnen und freute sich über diese Entscheidung ihres Sohnes. Da trat Lams auf die Terrasse. Die Mutter des Prinzen nahm die Arme von Lams und legte sie in die Hände ihres Sohnes. Man ließ überall die freudige Nachricht ausrufen, und vierzig Tage und Nächte wurde im Palast des Emirs von Tripoli Hochzeit gefeiert.

Einige Monate nach der Hochzeit des Emirs mit Lams brach ein Krieg aus zwischen dem Emir von Beirut und dem Emir von Palästina, und der Vater von Lams bat ihren Gemahl um Hilfe, er möge mit ihm gegen die Palästinenser aufbrechen. Den Emir von Beirut hatte eine lange Freundschaft mit dem verstorbenen Vater des Emirs von Tripoli verbunden, und er ahnte nicht, daß der junge Prinz seit einigen Monaten sein Schwiegersohn war.

Der Emir von Tripoli sammelte seine Soldaten, und an ihrer Spitze ritt er aus, um dem Emir von Beirut gegen die Bewohner Palästinas zu helfen, und er ließ seine Gemahlin Lams traurigen Herzens zurück, vor allem, weil sie schwanger war. Er empfahl sie um so mehr seiner Mutter und bat diese, ihm nach der Niederkunft einen Boten an die Front zu schicken, der ihm Nachricht bringe, ob sie einem Sohn oder einer Tochter das Leben geschenkt habe.

Die Zeit verging, und Lams brachte Zwillinge zur Welt von beispiel-
loser Schönheit: Jeder der beiden Jungen hatte auf einer Kopfseite goldenes, auf der anderen silbernes Haar. Die Großmutter war überglücklich über die Geburt ihrer beiden Enkel und schrieb ihrem Sohn
sogleich eine Nachricht und schickte damit einen zuverlässigen Boten
zur Front.

Der Bote ritt durch das Gebirge bis Beirut, und da die Dämmerung
hereinbrach, ritt er zum Schloß des Emirs von Beirut, mit dem sein alter
Herrscher in enger Freundschaft verbunden war. Er wollte hier übernachten und am anderen Morgen in aller Frühe nach Palästina aufbrechen. Der Bote ritt also zum Schloß und stellte sich dem Pförtner vor. Er
wurde hereingelassen und der Herrin Salwa angekündigt. Diese befahl
ihren Dienern, ihn gut zu behandeln aus Ehrerbietung seinem Herrn gegenüber.

Der Bote hatte das Abendessen mit den Dienern eingenommen, und
danach baten sie ihn zu erzählen, was sich Erstaunliches und Neues in
Tripoli ereignet habe. Der Bote erzählte die Geschichte der Prinzessin
Lams; er berichtete, daß sie eine schöne und bewundernswerte Frau sei
und daß ihr Prinz sie in der Grotte Afqa in Begleitung einer Gazelle ge-
troffen habe. Er erzählte ihnen auch, daß sie in der Abwesenheit des
Prinzen Zwillinge zur Welt gebracht habe und er dem Prinzen die gute
Nachricht überbringe.

Salwa war nach dem Essen im Schloßgarten spazierengegangen und
hatte die Stimmen aus dem offenen Fenster der Dienerwohnung gehört.
Im Schutze der Dunkelheit war sie näher getreten und hatte die Erzäh-
lung des Boten belauscht. Als sie erfuhr, daß Lams Glück und Frieden
gefunden hatte, klopfte ihr Herz vor Angst, Rache und Eifersucht. Sie
hatte Angst, daß der junge Emir aus Freude über die gute Nachricht der
Geburt seiner Söhne ihrem Mann die Geschichte von Lams erzählen
könnte; und er durfte auf keinen Fall erfahren, daß seine Tochter an der
Verstümmelung seiner Herde unschuldig war, sonst stünde ihr, der Ur-
heberin, Schlimmes bevor! Sie mußte Lams zugrunde richten! Und der
Bote mußte seinem Herrn eine beschämende Nachricht übermitteln, so
daß sein Stolz ihm Schweigen gebot.

Sie betrat das Zimmer der Diener und befragte den Boten nach seiner
Herrin, der Mutter des Emirs. Den Kellermeister forderte sie auf, dem
Boten aus Tripoli den besten Wein aufzutischen. Dann rief sie einen Die-
ner zu sich, dem sie vertrauen konnte, und befahl ihm, den Boten be-

trunken zu machen, ihm den Brief aus der Jackentasche zu nehmen und ihn ihr zu bringen.

Sie nahm die geschriebene Botschaft von ihrem Diener entgegen, überflog sie eilig und zerriß sie in Stücke. Dann schrieb sie einen anderen Brief, in dem sie den Emir von Tripoli davon benachrichtigte, daß seine Frau Lams zwei schreckliche Mißgeburten zur Welt gebracht habe. Sie übergab dem Diener den von ihr verfaßten Brief und befahl ihm, ihn an die Stelle des alten Briefes in seine Jacke zu stecken.

Am anderen Morgen erwachte der Bote und setzte seine Reise fort, ohne etwas von dem Tausch des Briefes bemerkt zu haben. Als er an der Front bei seinem Herrn ankam, übergab er ihm den Brief. Der Prinz las den Brief und war entsetzt und enttäuscht über das, was er berichtete, doch er wollte sich bei dem Boten nicht näher erkundigen, um die betrübliche Nachricht nicht zu verbreiten, die nur einen Ehrverlust bringen konnte. Darum schrieb er nur schnell eine Antwort an seine Mutter: »Behalte, was Lams geboren hat, bis zu meiner Rückkehr.«

Der Bote nahm den Brief entgegen und begab sich auf den Rückweg. Als er in Beirut ankam, wurde es allmählich dunkel, und er beschloß wiederum, im Schloß des Emirs von Beirut eine Rast einzulegen. Salwa wartete schon auf seine Rückkehr und ging so vor, wie sie es auf seinem Hinweg getan hatte: Sie änderte den Brief um und schrieb an die Mutter des jungen Emirs: »Töte Lams und ihre Kinder, ich möchte sie bei meiner Rückkehr nicht mehr vorfinden.«

Beim Morgengrauen erhob sich der Bote ahnungslos und ritt – so schnell er konnte – nach Tripoli. Dort angekommen, eilte er ins Schloß zu der Mutter des Prinzen und übergab ihr den Brief. Sie öffnete ihn freudig und war entsetzt über den Inhalt. »Ist mein Sohn verrückt geworden«, dachte sie. Es war ihr unbegreiflich, wie er in dieser Weise auf ihre frohe Botschaft antworten konnte, und sie war ratlos und wußte nicht, was sie machen sollte. Sie ging zu Lams und zeigte ihr, was ihr Mann geschrieben hatte.

Lams war erschrocken; sie weinte und bat ihre Schwiegermutter flehentlich, sie und ihre Kinder leben zu lassen. »Ich werde mit ihnen zur Grotte Afqa zurückkehren«, sagte sie, »und dort so leben, wie ich vor der Heirat dort gelebt habe.«

»Hast du dir im Ernst vorgestellt, daß ich diesen grausamen Befehl meines Sohnes ausführe und meine Schwiegertochter und Enkel töte?« sprach sie. »Bei Gott, mir hat das Leben gelacht an dem Tage, da Gott sie uns schenkte. Nein, mein Kind, du bleibst mit deinen Kindern hier im Schloß. Und wenn mein Sohn zurückkommt, werden wir sehen, was es mit dieser Nachricht auf sich hat. Alles wird sich aufklären.«

Aber Lams weigerte sich, im Schloß zu bleiben, und sagte zu ihrer Schwiegermutter: »Ich ziehe es vor zu gehen, als mich dem Zorn meines Mannes auszusetzen. Ich möchte nicht die Ursache für Unfrieden in diesem Haus sein, das mich wie eine Tochter aufgenommen hat.«

Vergeblich versuchte die Mutter, Lams von ihrer Entscheidung abzubringen, und sie mußte sich schließlich fügen. Lams nahm einen Kamelsattel mit zwei Satteltaschen, in die sie die Kinder setzte, und hängte ihn sich um den Hals. Die Mutter brachte ihnen reichlich Reiseproviant und umarmte sie und die Kinder. Sie segnete sie und sagte: »Gott möge dich und deine Kinder schützen. Sei sicher, daß deine Abwesenheit von hier nicht lange dauern wird. Bald kommst du mit deinen Kindern zurück, und wir werden das Geheimnis dieses Briefes kennen.«

Lams lief am Ufer des Meeres entlang, und die Gazelle begleitete sie. Tagsüber versteckten sie sich in einer Höhle, und nachts liefen sie bis zum anderen Morgen unter dem klaren Sternenhimmel. So waren sie bis zum ›Nahr Ibrahim‹ gekommen. Sie wußte, daß dieser Fluß, den die Alten ›Adonisfluß‹ nannten, vom Quellenwasser der Grotte Afqa gespeist wurde, und so lief sie den Fluß entlang, um zu ihrer vertrauten Zufluchtsstätte zu gelangen. Sie stieg die hohen und unbewohnten Felsen hinauf, deren steinige Pfade gefährlich sind, und sie kam nur mit großer Anstrengung und Mühe voran. Wenn sie ausrutschen würde, konnte sie sich nicht auf ihren Händen abstützen und aufrichten, sondern würde mit ihren beiden Söhnen hier umkommen. Doch endlich erreichten sie ihre Grotte, inmitten der schönsten libanesischen Landschaft.

Lams trat mit letzter Kraftanstrengung in die Grotte ein; sie war sehr müde und durstig. So näherte sie sich der Wasserquelle, kniete nieder und wollte von dem frischen Wasser trinken; aber kaum hatte sie sich etwas gebeugt, da fiel ein Kind aus der Satteltasche in eine Wassermulde; ohne Hände war sie unfähig, es zu retten. Verzweifelt streckte sie ihre Handstümpfe zum Himmel aus und schrie und betete um Hilfe: »Herr, hab Erbarmen mit meiner Schwäche und rette mein Kind!«

Gott erhörte sie, und seine Gnade erreichte sie: Als sie die Arme herunterließ, sah sie zu ihrem größten Erstaunen und Glück, daß ihre Hände wieder angewachsen waren und daß ihr Sohn auf der Oberfläche des angesammelten Wasser schwamm. Sie holte ihn behutsam heraus und sang beide Kinder in den Schlaf, nachdem sie sie auf Moos gebettet hatte. Dann kniete sie nieder und betete ein tiefempfundenes Dankgebet.

Nach dreijährigem Krieg kehrte der junge Emir von Tripoli von der Front zurück in sein Schloß. Kaum war er an der Schwelle der Tür, da fragte er seine Mutter: »Wo ist Lams, und wo sind die zwei Mißgeburten?«

Die Mutter war sprachlos. Da sie Genaueres wissen wollte, fragte sie nach einer Weile: »Was willst du damit sagen?«

Der Emir erwiderte erstaunt: »Hast du selbst mir nicht geschrieben, daß Lams zwei Mißgeburten zur Welt gebracht hat?«

Die Mutter schlug sich das Gesicht und rief: »Das ist ein widerwärtiger Betrug!«

»Das ist Betrug?«

Dann fuhr sie fort: »Habe ich dir nicht geschrieben, daß sie Zwillinge zur Welt gebracht hat, so schön wie die zwei Hälften des Mondes mit goldenen und silbernen Haaren!«

Der Sohn nahm den Brief aus seiner Tasche, den er an der Front erhalten hatte, und reichte ihn seiner Mutter. Sie überflog ihn und schrie: »Das ist nicht mein Brief! Das ist ein gefälschter Brief!«

Sie lief in ihr Zimmer und brachte ihrem Sohn den unverständlichen Brief, den sie erhalten hatte. Er überflog ihn und rief entsetzt: »Auch dieser Brief ist gefälscht! Ich schrieb dir, Lams und was sie zur Welt gebracht hat, gut zu pflegen bis zu meiner Rückkehr«, und er fragte angstvoll: »Wo ist Lams, wo sind die Kinder?«

Die Mutter erzählte ihm, daß sie Lams im Palast halten wollte, aber daß sie darauf bestanden habe wegzugehen, um keinen Unfrieden zu stiften. Sie erzählte, wie sie sich die Satteltaschen mit den Kindern um den Hals befestigt hatte und mit der Gazelle als Begleiterin das Schloß verlassen habe. Der Emir atmete erleichtert auf. Er ließ den Boten kommen, der die beiden Briefe überbracht hatte, und befahl ihm: »Erzähle mir die Wahrheit und verbirg nichts, so hast du nichts zu befürchten!«

Der Bote erzählte alles, was sich auf seiner Reise zugetragen hatte, und wie er auf dem Hin- und Rückweg die Nacht im Schloß des Emirs von Beirut verbracht habe. Er berichtete, daß die Prinzessin Salwa ihn gut behandelt und ihm den besten Wein vorgesetzt habe, und er verschwieg auch nicht, daß er ziemlich betrunken gewesen sei.

Da wußte der Emir, daß Salwa, die Stiefmutter von Lams, die zwei Briefe gefälscht hatte und daß sie Lams noch immer nach dem Leben trachtete. Er sagte zu seiner Mutter: »Bereite mir Reiseproviant vor! Ich will am frühen Morgen aufbrechen und nach Lams und den Kindern suchen. Wenn ich sie finde, komme ich mit ihnen zurück! Wenn ich sie nicht finde, seht ihr auch mich nie wieder!«

Am frühen Morgen verließ der Emir das Schloß und wollte von niemandem begleitet werden. Er stülpte die Berge um und suchte überall mit größter Aufmerksamkeit nach Lams, in den Tälern und Bergen, in den Wäldern und Grotten. Doch nirgends fand er eine Spur von ihr. Er hatte nicht geglaubt, daß sie bis zu ihrer Grotte zurückgegangen sein könnte wegen der großen Entfernung zwischen Tripoli und Afqa, und weil Lams wissen mußte, daß ihr Mann sie dort zuerst suchen würde. Zuletzt entschied er sich, auch dort zu suchen; vielleicht war sie in ihren alten Zufluchtsort zurückgekehrt.

Als er sich der Grotte näherte, sah er zwei wunderschöne Knaben mit einer Gazelle spielen. Er hielt an und bewunderte die Schönheit der Kinder, und sein Herz war von Liebe zu ihnen erfüllt: Sicher waren das seine Kinder – sie hatten das gleiche Alter –, und die Gazelle war Lams' Begleiterin. Er sprach die Kinder an, aber als diese ihn bemerkten, liefen sie fluchtartig in die Grotte. Der Prinz folgte ihnen zu Fuß. Als er am Eingang war, kam ihm eine sehr schöne Frau entgegen, und sein Herz schlug heftig. Das war Lams von Gesicht und Gestalt, aber diese Frau hatte zwei Hände, und Lams hatte keine Hände mehr. Er war sehr traurig, denn er hatte geglaubt, seine Frau und Kinder wiederzufinden, und sah sich getäuscht. Er brach auf, ohne ein Wort gesprochen zu haben. Lams, die ihren Mann wiedererkannt hatte, blieb still. Sie hatte ihre Gefühle und Blicke beherrscht und so getan, als ob sie ihn nicht kenne.

Nachdem der Emir sich einige Schritte von der Grotte entfernt hatte, sah er, wie ein Kind ihm folgte und rief: »Lieber Herr, komm in die Grotte, um dich auszuruhen.«

Der Emir blieb stehen und betrachtete das Kind; etwas in seinem Herzen fühlte sich zu ihm hingezogen und trieb ihn, in die Grotte einzutreten.

Lams hatte das eine Kind ihrem Mann nachgeschickt, um ihn einzuladen, und dem anderen Kind hatte sie gesagt, es solle sie um eine Geschichte bitten. Der junge Emir kam in die Grotte, und Lams lud ihn ein, Platz zu nehmen – und in ihrer Stimme erkannte er die Stimme seiner Frau. Lams tat, als ob sie ihn nicht kenne, und fragte ihn: »Woher kommst du und warum bist du traurig, junger Herr?«

Er antwortete: »Ich habe eine seltsame, traurige Geschichte erlebt.«
»Willst du sie mir nicht erzählen?« fragte sie.

»Gut«, entgegnete er, »ich werde dir etwas erzählen, was du nie gehört noch geahnt hast«, und er erzählte die Geschichte seiner Frau.

Lams hörte aufmerksam zu und zeigte Mitleid und Erstaunen, so als wäre ihr diese Geschichte fremd. Als er seine Geschichte beendet hatte, schaute sie ihn mit einem liebevollen Blick an und sprach: »Deine Geschichte, o Prinz, ist sehr traurig. Doch Gott der Allmächtige wird dich mit deiner Frau und deinen Kindern wieder vereinen!«

Da nahm das Kind, dem sie vorher Bescheid gesagt hatte, ihre Hand und bat sie, nun ihre Geschichte zu erzählen. Sie antwortete: »Später, wenn du und dein Bruder erwachsen seid, werde ich sie euch erzählen.« Aber der Emir, der dem Kleinen zu seiner Geschichte verhelfen wollte, bat sie: »Bei Allah, liebe Frau, erzähl mir deine Geschichte, wie ich dir die meine erzählt habe.«

Sie begann: »Meine Geschichte, o Prinz, ist noch trauriger als die deine. Da du sie aber kennenlernen willst, höre!«

Lams erzählte ihre Geschichte, und der Prinz entdeckte darin die Geschichte seiner Frau. Mehrere Male wollte er sie unterbrechen und rufen: »Du bist Lams, meine Frau!«, aber dann sah er ihre Hände und beherrschte sich. Als Lams schließlich von der Gnade Gottes und dem Geschenk ihrer Hände erzählte, nahm er ihre Hände in die seinen, küßte sie und sagte: »Lams, meine Frau!« Das Erstaunen der Kinder war grenzenlos! Wie oft hatten sie mit ihrer Mutter darum gebetet, ihren Vater zurückkommen zu lassen! Das war er also. Sie liefen auf ihn zu, sprangen an ihm hoch und riefen: »Papa, Papa!«

Der Emir nahm sie in seine Arme, drückte sie an sein Herz und wurde nicht satt, sie zu küssen. Er wußte nicht, wie er die Traurigkeit und Entbehrung, die sie kennengelernt hatten, wiedergutmachen sollte. Er hob seine Frau und seine Kinder auf das Pferd und ritt mit ihnen in seine Stadt. Sie ritten am Meer entlang, da wo Lams vor drei Jahren sich mit ihren Kindern versteckt hatte.

Der Emir hatte einen Boten nach Tripoli vorausgeschickt, der seiner Mutter die Ankunft ihres Sohnes mit Lams und den Kindern meldete. Freudigen Herzens gab die Mutter den Tripolitanern die gute Nachricht weiter. Die Bewohner schmückten die Stadt mit Blumen und Spruchbändern und empfingen den Emir, seine Frau und ihre Kinder mit frohen Gesängen, und sie feierten die ganze Nacht.

Einige Tage nach ihrer Rückkehr schlug der Prinz seiner Frau vor: »Laß uns deinem Vater einen Besuch machen!« Lams zögerte zuerst, aber da ihr Mann es wünschte, war sie mit ihm einverstanden.

Der Emir von Beirut bereitete dem Prinzen von Tripoli und seiner Frau einen festlichen Empfang und begleitete sie dann in einen Pavillon seines Schlosses, den er für sie hatte vorbereiten und schmücken lassen. Der Emir hatte seine Tochter nicht erkennen können, denn er war in der Zwischenzeit erblindet. Salwa aber hatte sie wiedererkannt und gesehen, daß all ihr Tun erfolglos gewesen war. Sie sah die Hände von Lams und war sprachlos; sie sah ihre zwei außergewöhnlich schönen Söhne und das Glück der Eheleute. Das war zuviel für sie! Sie ließ sich krank melden, um nicht mit ihnen an der Festtafel zu sitzen, und sie nahm sich vor, in ihrem Zimmer zu bleiben, solange der Emir von Tripoli und seine Familie Gäste des Hauses waren.

Als sie ohne Salwa an der Festtafel saßen und nach dem Mahl zusammen plauderten, bat der Emir von Tripoli seine Frau, ihre Geschichte zu erzählen. Als sie berichtete, wie ihr Vater trotz seiner großen Liebe zu ihr, ihr eines Tages im Zorn die Hände abschneiden ließ, ohne daß sie ihm ihre Unschuld bekunden konnte, wurde das Gesicht des Emirs dunkelrot; er erkannte, daß die Frau, die sprach, seine zärtlich geliebte Tochter war, und als sie ihre Geschichte beendete, nahm er sie in seine Arme und sprach: »Meine liebe Lams, verzeih einem Vater, dem der Kummer und die Reue schon das Herz zerfressen haben!«

Er drückte sie an sein Herz und weinte vor Ergriffenheit. Dann rannte er wutentbrannt hinaus, rief seinen Henker und befahl ihm, Salwa zu köpfen und ihren Körper den Hunden vorzuwerfen. Lams war traurig darüber, denn sie hatte ein gutes Herz und liebte die Rache nicht. Sie konnte gerade noch verhindern, daß Salwas Körper den Hunden vorgeworfen wurde, und befahl den Dienern, sie zu begraben.

Da der Emir von Beirut keinen Sohn hatte, um sein Emirat zu erben, beschloß er, einen Sohn seiner Tochter zu seinem Nachfolger zu ernennen; er rief ihn beim Namen und übergab ihm sein Emirat. Der andere Sohn wurde von seinem Vater gerufen und zum Nachfolger in Tripoli ernannt.

Lams lebte manche Zeit bei ihrem Vater und ihrem Sohn in Beirut und die übrige Zeit bei ihrem Gemahl und dem anderen Sohn in Tripoli, und ihr Leben wurde schließlich heiter und glücklich.

25. Mandoko

Eines Tages ging Mandoko mit ihren Freundinnen zum Fröschefangen. Als sie zurückkamen, entdeckte Mandoko, daß sie den Kalebassenlöffel am Bach liegengelassen hatte, mit dem sie nach den Fröschen gegraben hatten. Er fehlte nun am Abend, als der Hirsebrei vom Feuer genommen werden sollte. »Mandoko«, rief die Stiefmutter.

»Ja?«

»Gib mir den Kalebassenlöffel!«

»Ach, Mutter«, sprach darauf Mandoko, »ich hole den von meiner Großmutter, das ist näher, und ich bin schneller wieder zurück.« Die Mutter bestand aber darauf: »Ich will keinen anderen als meinen eigenen Breilöffel.« Mandoko schlug daraufhin vor: »Laß mich einen von meiner Schwester holen!« Die Mutter aber wurde ärgerlich und sagte: »Wenn du damit zum Fröschefangen gegangen bist und dort am Bach den Löffel vergessen hast, dann mußt du auch diesen wieder heimbringen und dir nicht einen anderen borgen gehen!« Sie gab ihr eine Ohrfeige und sagte zornig: »Du gehst jetzt sofort und bringst mir meinen Löffel wieder!«

Daraufhin machte sich das Mädchen auf den langen Weg zum Bach. Als sie am Ufer anlangte, stieg sie schnell in den Bach und fand auch gleich den Löffel wieder. Als sie sich wieder auf den Rückweg machen wollte, hörte sie plötzlich die Stimme des Löwen: »Wozu bist du denn hierhergekommen, Mandoko?«

Das Mädchen antwortete ihm: »Ich bin hierhergekommen ... nun, als wir zum Fröschefangen da waren, meine Freundinnen und ich, da vergaß ich den Kalebassenlöffel hier am Bach. Zu Hause schimpfte mich dann meine Stiefmutter aus und befahl mir, ihn wiederzuholen; sie brauchte ihn dringend, um den Hirsebrei vom Feuer wegzuziehen. Deshalb also bin ich gekommen, ich, das Waisenkind.«

»Du willst also den Löffel nach Hause tragen?«

»Ja, richtig, den will ich mitnehmen.« Darauf forderte der Löwe sie auf: »Wenn du den Kalebassenlöffel nimmst, warum trägst du dann nicht mich?«

Erstaunt fragt sie: »Ja, aber könnte ich dich denn schleppen?«

»Aber natürlich«, erwiderte darauf der Löwe, »Gott hat dich zur Waise gemacht, da kannst du doch einen Speicher oder einen Felsblock hochheben; wie solltest du da mich nicht tragen können, zumindest so lange ich dich nicht verschlinge?« Mandoko stimmt nun wohl oder übel zu. Sie stemmt ihn hoch und macht sich mit ihm auf den Rückweg.

Als sie ankommen, sagt sie zum Löwen: »Wir sind also jetzt vor dem Dorf angelangt, nicht wahr?« Der Löwe brummt zustimmend. »Dann steig doch bitte jetzt ab!« Doch der Löwe spricht: »Ich will nicht absteigen.«

»Ja, was soll ich denn dann mit dir anfangen? Ist es nicht besser, du verschlingst mich gleich hier, statt daß wir auf den Platz zu den Leuten gehen!« Der Löwe aber sagt: »Bring mich zu dir nach Hause!« Darauf nimmt sie ihn mit nach Hause. Im Hof fängt sie an, nach ihrer Mutter zu rufen. Mit einem Lied in der Kenga-Sprache meldete sie ihr ihre Rückkehr:

> »Koyum, Koyum la wodi tara,
> kasi nangi nangi la, Mandoko,
> Mandoko yingi ba yingi nata,
> way wodi almi goni cepere,
> alumtu gun cepere gun cepere,
> dere dere gun cepere mising ga!«

Und sie beschließt ihr Lied mit den Worten:

> »Ich kehre mit einer schweren Last zurück,
> mit etwas ungeheuer Schwerem kehre ich heim –
> korditsch.«

Die Stiefmutter aber ist unzufrieden und schimpft: »Nun habe ich dich zum Bach geschickt, daß du mir den Löffel wiederbringst! Der Brei brennt ja schon an, wir müssen ihn doch vom Feuer nehmen. Aber was bringst du statt dessen? Einen Löwen! Habe ich dich dafür hingeschickt? Geh sofort wieder hin und bring mir den Löffel!«

Mandoko geht aber nun zu ihrem Onkel. Sie singt ihm ein Lied vor – mit dem gleichen Leid –, darauf sagt ihr Onkel: »Meine liebe Tochter, die Frau deines Vaters hat dir übel mitgespielt. Wenn ich allein wäre, müßten wir nun, du und ich, zusammen sterben. Ich habe aber für sieben Kinder zu sorgen, die alle dem gleichen Schicksal ausgeliefert wären wie du, wenn ich nicht mehr wäre. Gott wird dich segnen, mein Kind! Ich habe eine Lanze, vor der sich alle Welt fürchtet. Wenn mein Gott dir schließlich seinen Beistand spendet, dann wird es den Löwen am Bein treffen, und er wird zu Boden stürzen.«

Darauf geht sie weiter und sucht nun ihren Onkel, den Bruder ihrer (wirklichen) Mutter auf. Auch ihm singt sie mit dem gleichen Lied ihr Leid vor. Als sie geendet hat, sagt er zu ihr: »Wie, Mandoko, hat man dich dem Löwen zum Opfer gebracht?« Darauf erklärte sie ihm, wie alles gekommen ist: »Wir waren beim Fröschefangen am Bach, da habe ich den Kalebassenlöffel vergessen. Darauf hat mich die Stiefmutter gezwungen, zurückzulaufen und den Löffel zu holen. Ich ging also wieder hin, als ich aber zum Bach kam, befahl mir der Löwe, ihn aufzuheben und mitzunehmen; da bin ich nun mit ihm.« Darauf sagt ihr Onkel: »Ich sehe, meine Tochter, in welch schwieriger Lage du bist. Sieh hier mein Gewehr, meine Lanze und mein Messer! Ich kann dir nicht beistehen, geh weiter, Gott wird schon für dich sorgen!«

Darauf ging das Mädchen zum Bruder ihrer Großmutter und sang auch ihm ihre leidvolle Geschichte – mit dem gleichen Lied – vor. Er aber konnte auch nichts für sie tun: »Ich bin alt und kann nichts mehr sehen und auch nicht mehr gut hören. Wohl habe ich verstanden, daß deine Stiefmutter nicht gut zu dir war ... Doch geh jetzt, meine Tochter, und wisse: Der, der dich da gefangen hat (und auf deinem Rücken sitzt), wird, wenn er dich auffrißt, eines Tages denselben Tod erleiden wie du.«

Wenig getröstet, schied sie von ihrem Großonkel. Da sprach der Löwe zu ihr: »Führe uns zu dem Mann, den du liebst!«

Nun machte sie sich auf den Weg zu dem Mann, den sie liebte. Auch ihm trug sie ihre Geschichte – mit dem gleichen Lied – vor. Er aber sprach: »Wahrhaftig, ich war oft zu dir gekommen, und ich habe dich wirklich geliebt, aber du hast mich ja zurückgewiesen. Jetzt aber plötzlich bringst du mir, den du ja gar nicht liebst, einen Löwen mit und erwartest, daß ich dich heirate! Nun soll ich vielleicht auch noch den Brautpreis für den Löwen zahlen, den du in die Ehe mitbringst? Nein, meine Liebe, geh nur weiter!«

Darauf ging sie fort. Nun sagte der Löwe: »Mandoko!«

»Ja?«

»Ich möchte, daß du mich zu dem Mann bringst, den du am wenigsten magst.« Das Mädchen aber war am Ende mit ihren Kräften: »Jetzt kann ich nicht mehr, ich habe keine Kraft mehr, so friß mich doch gleich auf! Ich geh nicht mehr weiter, meine Seite schmerzt mich, meine Arme kann ich kaum mehr bewegen, und meine Beine sind wie Blei, ich kann sie nicht mehr heben. Mach doch kurzen Prozeß und friß mich auf!«

Der Löwe aber erwiderte: »Nein, nein, laß mich nur absteigen, damit du dich ausruhen kannst!« Nachdem sie etwas gerastet hatte, forderte er sie auf, ihn wieder hochzunehmen. Sie hob ihn also wieder auf und fragte dann: »Wohin soll ich dich denn nun bringen? Wäre es nicht am besten, ich brächte dich dorthin zu den großen Felsblöcken: Da könnte ich mich darunter setzen, und es gäbe für mich keinen Ausweg, ich würde mich gegen den Stein lehnen, du könntest mich mit Leichtigkeit zermalmen und dann auffressen. So wäre ich dann endlich frei.«

Doch der Löwe wollte davon nichts wissen: »Führe mich zu dem Mann, den du am wenigsten magst.«

Sie willigte ein und machte sich mit ihm auf den Weg. Am Ziel angekommen, sang sie dem Mann – mit dem gleichen Lied – die Geschichte ihres Leidens vor. »Das ist doch Mandoko, nicht wahr?« Sie nickte. »Wieso aber bist du hierhergekommen und hast einen Löwen mitgebracht?«

»Ich war auf dem Feld.«

»Sing doch noch einmal!« Da sang sie ihr Lied noch einmal.

Der Mann sprach darauf: »Ich bin auch ein Waisenkind, laß uns deshalb miteinander gehen!« Und er fügte hinzu: »Wie kommt es denn? Du wolltest doch nie etwas von mir wissen! Nun aber, da du dir etwas eingehandelt hast, kann ich dir auch nicht helfen. Geh nur dorthin, wo die großen Felsblöcke liegen, und laß ihn absteigen! Sobald er auf dem Boden ist, wird er dich auffressen, und ich werde es von weitem beobachten. Danach werde ich zu deinen Eltern gehen und ihnen davon berichten, wie und woher dein Tod gekommen ist. Ich selbst will nichts damit zu tun haben. Es wäre alles gut geworden, hättest du mich geliebt; da du mich aber nicht liebst, mußte es so kommen.«

Das Mädchen aber sagte: »Ich werde jetzt hingehen und mich von ihm auffressen lassen. Sag ihnen nichts davon, denn sie haben alle nichts für mich getan, jeder von ihnen hat nur immer die gleichen kläglichen Dinge gesagt.«

Der Mann machte sich darüber lustig und lachte; auch der Löwe brummte belustigt vor sich hin. Dann brachen sie auf und gingen weiter, nunmehr zu dritt. Der Mann nahm sich Tunjur-Schuhe aus Eisen mit, dazu ein Wurfmesser und einen Spieß, dessen Klinge eine Fliege entzweischneiden würde, wenn sie sich darauf setzt. Nun fragte Mandoko wieder den Löwen: »Willst du mich nicht jetzt auffressen?«

»Nein, noch nicht.« Nach einem weiteren Stück Weges: »Und jetzt, willst du mich immer noch nicht auffressen?«

»Nein, hier noch nicht.« Schließlich langten sie bei den Gräben von Goyi an, da setzte sich der Mann nieder. »Soll ich dich hier absetzen?« fragte Mandoko den Löwen.

»Ja, laß mich hier runter!« Sie setzte ihn behutsam zu Boden.

»Du hast mich also hier abgesetzt?« versicherte sich der Löwe.

»Ja, ja«, sprach das Mädchen.

»Dann schiebe mich ein wenig weiter, damit ich mich hinsetzen kann!« sagte der Löwe nun zu dem Mann.

Dieser war schon einige Zeit lang hinter den beiden gewesen, als Mandoko den Löwen zu Boden ließ. Der Löwe wollte sich nun über das Mädchen hermachen, doch der Mann war schneller und hatte sich zwischen die beiden geschoben. Er rief nun dem Mädchen zu: »Geh du weg!« Doch Mandoko wollte nicht weichen: »Nein, nein, nein, ich will nicht weggehen.«

»Auf der Stelle gehst du!« Sie war aber dazu nicht bereit, sondern sagte nur: »Wir wollen uns gemeinsam hinsetzen!«

Darauf ließ er sich nieder; doch er ließ nicht locker: »Geh weg, laß mich das allein machen!« Er zog sie weg und stieß sie beiseite; sie kam aber zurück und setzte sich wieder an den alten Ort. Nun ging der Löwe etwas auf Distanz und hob ein fürchterliches Gebrüll an.

Der Mann rief Mandoko zu: »Mach dich schnell davon!« Er packte sie und stieß sie ungestüm hinter den großen Felsen. Nun kam auch schon der Löwe angerast – burdu, burdu, burdu –, um sich auf das Mädchen zu stürzen. Doch in diesem Augenblick hob der Mann die Hacke und schlug sie dem Löwen mit aller Gewalt gegen die Schläfe. Er stürzte zu Boden, fing sich aber schnell wieder und wollte nun auf den Mann los. Dieser aber stieß ihm blitzschnell seine Lanze in die Seite; da brach der Löwe zusammen. Der Mann aber packte die Hacke und schlug ihn damit endgültig tot. Mit den Eisenschuhen trat er ihm gegen die Gliedmaßen und brach sie ihm entzwei.

Mandoko hatte geduldig im Versteck hinter dem großen Felsblock ausgeharrt. Der Mann machte sich nun daran, den Löwen in Stücke zu zerschneiden. Mit Kleinholz, das er in großer Menge vom Feld aufsammelte, wollte er ihn dann verbrennen. Sie wollte aber nicht, daß er ihn verbrannte: »Laß es sein, er gehört Gott, es wäre eine Sünde. Verbrenn' ihn nicht, die Vögel werden ihn auffressen, so wie er Menschen fressen wollte. Als verkohltes Häufchen würde er dagegen niemandem von Nutzen sein.«

Darauf erwiderte der Mann: »Da hast du auch recht«, und fügte gleich die Frage an: »Wie sind denn nun deine weiteren Pläne?«

»Meine Pläne?« fragte das Mädchen. »Ja, deine Pläne?« wollte der Mann wissen. »Da du ihn getötet hast, versteht es sich, daß wir nun zu dir gehen.«

»Wieso versteht es sich, daß wir zu mir gehen? – Komm laß uns ihm die Glieder abschneiden! – Nun, da du eine Waise bist, sollten wir tatsächlich am besten zu mir nach Hause gehen.«

Um Mitternacht kamen sie am Hause ihrer Stiefmutter vorbei. Da fing sie wieder zu singen an. Die Stiefmutter kam heraus, und als sie geendet hatte, sagte sie (in der Meinung, daß das Mädchen mit dem Löwen zurückgekehrt sei): »Wozu schleppst du denn den Löwen immer noch herum? Geh doch hin und laß dich endlich auffressen!« Das Mädchen wollte schon weitergehen, da sagte der Mann: »Wir machen so nicht weiter, du stehst ja doch überall vor verschlossenen Türen; bei deiner Großmutter wird es ja nicht anders sein. Reich mir mal den Korb her!« Sie gab ihm den Korb, und er zog daraus die abgeschnittenen Gliedmaßen des Löwen hervor; darauf drehte er sich aus der Rinde des Johannisbrotbaumes eine Schnur und band damit die Pfoten des Löwen an den Hauseingang. Dann sagte er zu ihr: »Nun komm!« Sie gingen jetzt zu ihm nach Hause. Als Waise hatte er alles in seinem Haus, Wasser und was sonst noch alles. Sie hatten also alles, was sie zum Leben brauchten.

Die Leute im Dorf aber, als sie am Morgen vor die Tür traten, suchten vergeblich nach ihnen. Dabei kamen sie auch an den Ort, wo der Löwe das Mädchen hatte auffressen wollen. Es fand sich da aber keine Spur, die darauf hingewiesen hätte, daß der Löwe das Mädchen getötet, sondern nur Anzeichen dafür, daß man den Löwen getötet hatte. Sie suchten alle Ecken und Winkel ab, doch ohne eine Spur zu finden. Was sie schließlich aber fanden, das waren die eisernen Tunjur-Stiefel. Darauf ließ man die Trommeln schlagen und ausrufen: »Morgen geht niemand aufs Feld! Wir müssen alle zu Hause bleiben!« Die Leute blieben also zu Hause.

Am nächsten Morgen versammelten sich alle, und es wurde der Löwenkopf aufgespießt und vor der Menge aufgestellt. Dann sprach der Vater des Mädchens: »Die Geschichte mit meiner Tochter ist ja allgemein bekannt, ohne Zweifel hat ihr ihre Stiefmutter übel mitgespielt, doch auch wir alle anderen haben sie im Stich gelassen. Wem unter euch ist es nun aber gelungen, das da zu vollbringen?« Dabei zeigte er auf den aufgespießten Kopf des Löwen. All die jungen Männer schrien: »Ich war es, ich, ich …«, keiner wollte dem anderen nachstehen. Nun erhob sich der Bruder des Mädchens, löste das Band, mit dem die Eisenschuhe zusammengebunden waren, und stellte sie vor die Menge hin. Jeder, der es gewesen sein wollte, probierte sie an, doch keinem paßten sie. Nun blieben nur noch die beiden Brüder – einer davon der Mann, der Mandoko gerettet hatte – übrig: »Kommt doch ihr auch und versucht es!« Einige der Leute aber fanden es unwürdig und ärgerlich, daß man solchen simplen Tröpfen das Töten eines Löwen zutraute, wo es offenbar die Besten nicht gewesen waren. Der eine der beiden Brüder sagte zum anderen: »Geh du zuerst, du bist ja der Jüngere!«

»Nein, du als der Ältere sollst sie zuerst anprobieren!« Doch der Ältere lehnte auch ab. Es ging lange so hin und her – man wollte sich schon entfernen –, bis schließlich noch wieder ein anderer sich dazwischen schob und die Schuhe anprobierte. Sie paßten ihm gerade mal so, daher sprach er: »Es ist doch klar: ich habe ihn getötet.« Das ärgerte nun doch den jüngeren Bruder, und er sprach zu seinem älteren Bruder: »Wie denn? Soll dieser nun unsere Tunjur-Stiefel sich aneignen?« Er ging nun selbst hin, probierte sie an, und sie paßten ihm auch nur gerade mal so eben – lellellellek. Darauf sprach er zu seinem älteren Bruder: »Wenn du nicht endlich gehst und sie anprobierst, dann nehme ich sie eben!«

Der ältere Bruder ging nun endlich hin, zog die Schuhe an – sie paßten ihm wie angegossen – und schritt davon. Der jüngere Bruder sprach zu den Leuten und zum Rivalen (den das Mädchen ursprünglich am meisten geliebt hatte): »Ihr alle habt das Mädchen im Stich gelassen! Dir, den das Mädchen so sehr geliebt hatte, haben die Schuhe wohl einigermaßen gepaßt, jedoch nicht wirklich. Jetzt haben wir drei Waisenkinder die Schuhe an uns genommen. Wenn wieder ein Löwe kommt, dann trifft er nicht mehr nur auf einen, sondern auf drei Waisen.« Von da ab führten die beiden Brüder mit der Frau ihr Leben gemeinsam.

26. Die böse Stiefmutter

Meine Großmutter hat mir erzählt, es wäre mal eine kleine hübsche Dirne gewesen, die hat eine Stiefmutter und auch eine Stiefschwester gehabt. Die Stiefmutter ließ ihre rechte Tochter immer in schönen Kleidern gehen und tat ihr alles zu Willen; sie brauchte auch gar nicht zu arbeiten; aber die Stieftochter mußte den ganzen lieben Tag draußen am Brunnen sitzen und Garn winden, daß ihr der Faden zuletzt die Finger ordentlich blutig schnitt. Davon hatte sie aber wenig Dank, mußte immer in lumpigem Zeuge gehen, und ihre Stiefmutter sagte ihr nichts als böse Worte. So saß sie auch mal wieder und wand und wand, und die Hände wurden ihr zuletzt so lahm von allem Wickeln, daß ihr unversehens der dicke Knäuel in den Brunnen sprang. Da kriegte sie große Angst, denn die böse Stiefmutter hätte sie gewiß geschlagen, wenn sie den Knäuel nicht wiederbrachte. Darum stieg sie in den Brunnen hinab; der war wohl tief, aber ganz zerfallen und kein Wasser mehr drin.

Wie das Mädchen nun unten auf den Boden kam, so war da eine ordentlich kleine Tür, die machte sie auf und ging hindurch; da war alles frei und schön. Dicht neben der Pforte lag auf einem Blocke ein großes scharfes Beil und Holz dabei, das rief: »Hau mich entzwei, hau mich entzwei!« Da nahm das Kind das Beil und hackte das Holz. Als es das getan, ging es weiter und kam zu einem Backofen, drinnen rief das Brot: »Zieh mich raus, zieh mich raus.« Da zog des Kind das Brot aus dem Ofen, und als es nun weiterging, begegnete ihm eine Kuh, die rief: »Melk mich, melk mich!« Das tat das Mädchen und ging weiter. Nicht lange, so begegnete ihm eine Ziege, die rief: »Melk mich, melk mich!«

Als das Mädchen die auch gemelkt hatte, ging es weiter und kam zuletzt an ein Haus, davor saß eine alte Frau und spann und hatte einen Hund und zwei Katzen bei sich. »Du mußt nun bei mir bleiben«, sprach die Alte zu dem Kinde, »und sollst es gut haben, wenn du alle Tage meinen Hund und meine beiden Katzen ordentlich flöhen willst; und dann habe ich da drei Stuben; zwei davon mußt du jeden Morgen hübsch ausfegen, aber in die dritte darfst du beileibe nicht gehen, sonst geht's dir schlecht.«

Da ist denn das Mädchen bei der alten Frau geblieben, hat den Katzen und dem Hunde alle Tage ordentlich den Pelz besehen und auch die beiden Stuben gefegt; aber in die dritte Stube ist es nicht hineingegangen.

Als nun der Sonntag herankam, zog die alte Frau ihr Sonntagskleid an und sagte zu dem Kinde: »Ich will jetzt zur Kirche, darum geh mir derweilen nicht weg, sondern achte gehörig auf das Haus.« Damit ist sie fort in die Kirche gegangen. Das Mädchen aber, während es so ganz allein im Hause war, überkam eine große Neugierde zu wissen, was die alte Frau wohl in dem dritten Zimmer haben möchte; es ließ ihr auch nicht eher Ruhe, bis sie das Zimmer aufgeschlossen hatte. O Leute! Was

Frau Holle

Und in seiner Herzens-
angst sprang es in den
Brunnen hinein, um
die Spule zu holen.

war da für vieles Geld! Ein Sack stand neben dem andern; hier Kupfergeld, hier Silbergeld, da nichts als lauter Gold. Da raffte das Mädchen schnell einen kleinen Sack voll Gold in seine Schürze, sprang aus dem Hause und fort.

Zuerst begegnete ihm die Ziege, der rief es zu: »Verrate mich nicht!«

»Ich verrate dich nicht«, sagte die Ziege, »aber lauf, was du kannst.« Da kam es zu der Kuh und rief wieder: »Verrate mich nicht!«

»Ich verrate dich nicht«, sagte die Kuh, »aber lauf, was du kannst!« Da lief das Mädchen weiter, so schnell es nur konnte.

Mittlerweile war aber auch die alte Frau aus der Kirche wieder nach Hause gekommen; als sie sah, daß die dritte Stube offen und das Mädchen fort war, sprang sie schnell hinaus und hinterher. Zuerst kam sie zu der Ziege und fragte: »Ist hier nicht eben eine kleine Dirne vorbeigelaufen?«

»Ne!« sagte die Ziege, »ich habe hier keine Dirne gesehen.« Da lief die Alte weiter zu der Kuh und fragte wieder: »Ist hier nicht eben eine kleine Dirne vorbeigelaufen?«

»Nein!« sagte die Kuh, »ich habe keine Dirne laufen sehen.« Da ist die alte Frau wieder umgekehrt, denn sie hat gemeint, das Mädchen müßte wohl einen andern Weg gelaufen sein.

Das Mädchen ist aber glücklich durch den Brunnen wieder heraufgekommen, ist zu seiner Stiefmutter und seiner Stiefschwester gelaufen und hat ihnen das viele Gold gezeigt und gesagt: »Seht! Das habe ich alles von einer alten Frau gekriegt, die da unten im Brunnen wohnt.« Wie das die Stiefschwester hörte, trieb sie der Neid, daß sie auch alsbald in den Brunnen hinabstieg, die alte Frau zu suchen, von welcher ihre Schwester das Gold hatte. Sie fand unten auch die kleine Tür, und als sie hindurchging, lag da der Klotz mit dem großen Beil und Holz daneben, das rief: »Hau mich entzwei, hau mich entzwei!«

»Ich will dir was flöten!« sagte das Mädchen, denn es war ganz schrecklich faul und mochte keine Arbeit tun. Als es eine Strecke weitergegangen war, kam es zu einem Backofen, darinnen rief das Brot: »Zieh mich raus, zieh mich raus!«

»Ich will dir was flöten!« sagte das Mädchen und ging weiter. Mit dem, so begegnete ihr eine Kuh, die rief: »Melk mich, melk mich!«

»Ich will dir was flöten!« sagte das Mädchen, und als es nun weiterging, kam es zu einer Ziege, die rief auch: »Melk mich, melk mich!«

»Ich will dir was flöten!« sagte das Mädchen und ging ihres Weges.

Zuletzt kam sie auch an das Haus, wo die Alte saß und spann. »Du mußt nun bei mir bleiben«, sprach die Alte, »und sollst es gut haben. Aber jeden Tag mußt du meinen Hund und meine beiden Katzen ordentlich flöhen. Und dann habe ich drei Stuben, davon mußt du zwei jeden Morgen hübsch ausfegen, aber die dritte darfst du ja nicht aufmachen, sonst geht es dir schlecht.« Da ist denn das Mädchen bei der alten Frau geblieben.

Den nächsten Sonntag morgen, als es Zeit war, in die Kirche zu gehen, zog sich die Frau hübsch an, nahm ihr Gesangbuch und sagte, als sie wegging: »Ich will jetzt mal in die Kirche; darum so achte mir ordentlich auf das Haus, bis ich wiederkomme.« Damit ist sie fortgegangen. »Jetzt ist's Zeit!« dachte das Mädchen; »nun sollst du doch mal zusehen, was in der dritten Stube ist!« Und als es die aufmachte, stand da ein Goldsack neben dem andern. Schnell raffte es sich die Schürze voll Goldstücke und lief fort aus dem Hause.

Mittlerweile war aber auch die alte Frau aus der Kirche zurückgekommen. Als sie sah, daß die dritte Stube offen und das Mädchen fort war, sprang sie schnell hinaus und hinterher. Zuerst kam sie zu der Ziege und fragte: »Ist hier nicht eben eine kleine Dirne vorbeigelaufen?«

»Jawohl!« sagte die Ziege, »da ist sie hingelaufen.« Dann kam die Frau zu der Kuh und fragte wieder: »Ist hier nicht eben eine kleine Dirne vorbeigelaufen?«

»Jawohl!« sagte die Kuh, »dort hinten läuft sie noch.« Da hat sich die alte Frau getummelt, was sie nur konnte, und gerade, als das Mädchen durch die Brunnentüre entspringen wollte, faßte es die Alte bei den Haaren, nahm das große Beil, was da lag, und hackte ihm damit den Kopf ab.

27. Das weiße Hündchen

Eine Stiefmutter behandelte ihre Stieftochter schlecht. Die Stieftochter führte zwar alles, was man sie tun hieß, haargenau aus, konnte es aber der Stiefmutter niemals recht machen.

Eines Tages sollte die Stieftochter Wasser vom Brunnen holen, ohne daß der Eimer dabei naß wurde. Da weinte sie und war ratlos, wie sie diese Aufgabe erfüllen sollte. Da kam, wie aus der Erde gezaubert, ein weißes Hündchen gelaufen und sagte: »Wenn du mich zum Mann

nimmst, so will ich dir für das Wasser sorgen.« Das Mädchen versprach
es. Das Hündchen tat sofort, wie es versprochen hatte, dann verschwand
es.

Nach einiger Zeit hielt ein anderer Bräutigam um die Hand des
Mädchens an. Sie wollte ihm zwar nicht folgen, aber die Stiefmutter be-
schwor sie eindringlich, ihn zu nehmen. Nichts zu machen. Der Vor-
abend der Hochzeit kam heran. Der Bräutigam fuhr vor, und alle eilten
ihm entgegen, auch das weiße Hündchen erschien vor dem Haus. Alle
übrigen begaben sich ins Haus, das Hündchen jedoch ließ man draußen.
Da auf einmal fing es an zu singen:

> »Laß mich ein, du liebes Mädchen,
> Mich, dein kleines Männelein,
> Weißt du noch, was jenes Tages,
> Du am Brunnen mir versprachst?«

Alle lachten über das Hündchen, und aus Spaß ließ man es auch ein. Das
Hündchen lief in die Stube, sah den Bräutigam neben der Braut sitzen
und sang sogleich aufs neue:

> »Liebes Mädchen, nimm mich zu dir,
> Mich, dein kleines Männelein,
> Weißt du noch, was jenes Tages,
> Du am Brunnen mir versprachst?«

Der Bräutigam dachte: »Ein komisches Hündchen! Nun wird man es
ihm schon erlauben müssen, mag es sich zu uns setzen, wenn es doch
darum so bittet.«

Das Hündchen ließ sich zu den Füßen der Braut nieder und verhielt
sich mäuschenstill. Am nächsten Morgen begann die Verlobungsfeier, da
sang das Hündchen wieder:

> »Mädchen, nimm mich zum Verlobten,
> Mich, dein kleines Männelein ...«

Der Bräutigam machte zwar ein erstauntes Gesicht, sagte aber noch
nichts. Nach der Verlobung ging es ans Frühstück, da sang das Hündchen abermals:

> »Führ zum Tisch mich, liebes Mädchen,
> Mich, dein kleines Männelein ...«

Die Braut gab dem Hündchen ihr Teil, da wurde es ruhig. Nach dem Frühstück setzten sich alle in die Wagen und wollten in die Kirche fahren. Da sang das Hündchen wieder:

> »Mädchen, nimm mich in den Wagen,
> Mich, dein kleines Männelein …«

Der Bräutigam erlaubte seiner Braut, das Hündchen auch zu sich in die Kutsche zu nehmen, und so fuhren sie allesamt zur Kirche. Als sie dort angelangt waren, begann der Pastor mit der Traufeier. Auf einmal sang das Hündchen mit lauter Stimme:

> »Mädchen, laß dich mit mir trauen,
> Mich, dein kleines Männelein …«

Der Pastor fragte die Braut: »Was hast du denn versprochen? Sag mir alles, eher kann ich dich nicht trauen.«

Das Mädchen gestand nun alles von Anfang bis Ende. Die Stiefmutter stampfte vor Wut mit den Füßen, doch da war nichts zu machen. Weder wollte der Pastor jetzt das Paar trauen, noch konnte sie im Augenblick der Stieftochter zu Leibe gehen. Der Bräutigam aber war ein verständiger Mann, er sagte: »Warum hast du, liebes Mädchen, mir nicht gleich alles erzählt? Woher sollte ich davon wissen?«

»Ich hätte es dir auch gern gesagt, aber ich fürchtete mich vor der Stiefmutter.«

Als die Stiefmutter das hörte, rannte sie in ihrem Zorn zur Kirche hinaus, und das Hündchen lief hinterdrein. Die Stiefmutter wollte es packen, aber in demselben Augenblick kam eine prächtige Kutsche mit acht Pferden angefahren. Ein Diener sprang vom Bock, öffnete den Schlag und bat das weiße Hündchen einzusteigen. Das Hündchen stieg in die Kutsche und verwandelte sich in einen stattlichen Prinzen. Dann wurde die Stieftochter ihm angetraut, und er führte sie mit sich in sein goldenes Schloß. Den ersten Bräutigam aber erhob er für sein gutes Herz, weil er das Hündchen eingelassen und ihm erlaubt hatte, sich zu Füßen der Braut niederzulassen und es in die Kutsche genommen hatte, zu seinem obersten Ratgeber.

28. Die Tochter und die Stieftochter

Eine Mutter hatte zwei Töchter, eine Stieftochter und eine leibliche Tochter. Die Stieftochter war fleißig und gehorsam, die leibliche Tochter dagegen faul und verwöhnt.

Einmal befahl die Stiefmutter der Stieftochter, Werg zu spinnen. Die Stieftochter spann so lange, bis ihre Finger und das Gesponnene blutig waren. Die Stiefmutter wurde darüber sehr böse und schickte sie zum Brunnen, die Spindel zu waschen.

Als sie sich nun über den Brunnen bückte, fiel die Spindel in den Brunnen. Da sie sich vor den Schelten der Stiefmutter fürchtete, sprang sie der Spindel in den Brunnen nach. Sie ertrank aber nicht in dem Brunnen, sondern gelangte in die unterirdische Welt. Dort unten kam sie zu einem Apfelbaum, der bat, sie möchte seine Äpfel abschütteln, und zu einem Backofen, der sie anflehte, die Brote herauszuziehen.

Nachdem sie das alles freudig verrichtet hatte, kam sie zu einem alten Mütterchen. Dort blieb sie drei Tage und half ihr, die Betten zu schütteln und zu klopfen. Nach drei Tagen bekam die Stieftochter ihre Spindel zurück, und vom Goldregen ganz vergoldet, kam sie wieder heim.

Zu Hause war die Stiefmutter wütend vor Neid und schickte nun auch ihre eigene Tochter in die unterirdische Welt, damit ihr auch ein solches Glück widerfahre wie der Waise. Die eigene Tochter warf die Spindel in den Brunnen und sprang ihr dann selbst nach. Sie achtete nicht auf die Bitten des Apfelbaumes und des Backofens, sondern eilte geradewegs zu dem Mütterchen, bei dem sie wie die Waise drei Tage blieb.

Nachdem sie drei Tage dort geschlafen hatte, verlangte sie ihre Spindel und bekam sie auch zurück. Als die leibliche Tochter zum Tor hinausging, regnete es Pech, und sie wurde ganz schwarz. Nun war die Mutter ganz unglücklich. Sie ließ neun Zauberinnen kommen, kaufte neun Fuhren Seife und heizte neun Tage lang die Badestube. Neun Tage lang wuschen die neun Zauberinnen die leibliche Tochter der Stiefmutter, aber sie bekamen sie nicht sauber.

Eines Tages fuhr an diesem Haus ein Prinz vorbei, erblickte die Stieftochter und heiratete sie.

29. Der Lohn der Stieftochter und der Haustochter

Es war einmal eine Mutter, die hatte eine eigene Tochter und eine Stieftochter. Die Mutter der Stieftochter war gestorben, das Waisenkind aber wurde von Mutter und Tochter gehaßt und sehr geplagt.

Einmal schickte die Stiefmutter das Waisenmädchen aus, am Brunnenrande zu spinnen. Beim Spinnen fiel aber des Mädchens Spinnrocken in den Brunnen. Das Mädchen sprang ihm nach, aber sie fand den Spinnrocken nicht. Sie ging deshalb weiter, ihn zu suchen.

Eine Kuh kam dem Waisenmädchen entgegen, einen Melkkübel an ihren Hörnern, und sprach: »Schönes Mädchen, schönes Mädchen, melk mich! Die Hälfte der Milch gieß auf die Erde, die andre in den Melkkübel an meinen Hörnern!« Das Waisenmädchen melkte die Kuh, goß die halbe Milch auf die Erde und die andere Hälfte in den Melkkübel an den Hörnern der Kuh. Dann ging sie weiter.

Ein Widder kam ihr entgegen mit einer Schere an den Hörnern, der sprach: »Schönes Mädchen, schönes Mädchen! Scher mich! Die Hälfte der Wolle wirf auf die Erde, die andre Hälfte bind mir an den Hals!« Das Mädchen schor den Widder, warf die halbe Wolle auf die Erde und hängte die andere Hälfte dem Widder an den Hals. Dann ging sie weiter.

Ein Apfelbaum stand am Wege, der sprach: »Schönes Mädchen, schönes Mädchen! Schüttle mich! Es ist mir zu schwer, mich unter der Last der Äpfel zu beugen! Was auf die Erde fällt, das soll liegenbleiben; was dir auf den Kopf fällt, das nimm du dir!« Das Waisenmädchen schüttelte die Äpfel. Was ihr auf den Kopf fiel, das nahm sie sich, was auf die Erde fiel, blieb liegen. Sie ging weiter.

Ein Ofen voll heißer Brote stand am Wege. Die Brote sprachen: »Schönes Mädchen, schönes Mädchen! Nimm uns aus dem Ofen heraus, wir haben es hier zu warm!« Das Waisenmädchen nahm die Brote ohne Schaufel heraus und ging wieder weiter.

Eine Badstube stand am Wege. Darin lebte ein alter Mann. Der Alte sprach: »Schönes Mädchen, schönes Mädchen! Bade mich, es ist mir zu schwer, so schmutzig zu sein!«

Das Waisenmädchen fragte: »Womit soll ich den Ofen heizen?«

Der Alte antwortete: »Sammle Holzpflöcke und Krähenmist und heiz damit.«

Das Waisenmädchen holte aus dem Walde Reisig und heizte den Ofen recht heiß. Dann fragte sie: »Wo soll ich das Badewasser hernehmen?«

Der Alte antwortete: »Unter der Korndarre steht eine weiße Stute. Laß sie in den Zuber pissen!«

Das Waisenmädchen suchte aber einen Brunnen auf und holte daraus Wasser. Dann fragte sie: »Wo soll ich einen Badepinsel hernehmen?«

Der Alte antwortete: »Unter der Korndarre steht eine weiße Stute. Schneid ihr den Schwanz ab und mach daraus einen Badepinsel!«

Das Waisenmädchen ging aber in den Wald und machte einen Badepinsel aus Birkenreisern. Dann fragte sie den alten Mann: »Wo soll ich Seife hernehmen?«

Der Alte antwortete: »Nimm einen Badestubenstein und scheure mich damit!« Das Waisenmädchen holte aus dem Dorfe Seife und bepinselte und wusch dann den alten Mann.

Nach dem Bade sagte der Alte: »Dank dir, gutes Kind, daß du mich gebadet hast! Jetzt bist du auch deines Lohnes wert. Hier, da hast du eine Schachtel, worin sich dein Lohn befindet. Zu Hause ruf deine Familie zusammen und mach dann die Schachtel auf!« Der Alte führte das Waisenmädchen auf die Oberfläche der Erde zurück. Es kehrte heim und rief die Familie zusammen und öffnete die Schachtel. In der Schachtel befanden sich eine Menge Gold und Edelsteine. Die Haustochter war auf das Glück des Waisenmädchens neidisch und ging ebenfalls an den Rand des Brunnens spinnen.

Sie warf absichtlich ihren Spinnrocken in den Brunnen hinein und sprang selber nach. Den Spinnrocken fand sie wieder, ging aber dennoch weiter. Eine Kuh kam der Haustochter entgegen, einen Melkkübel an ihren Hörnern.

Sie sprach: »Schönes Mädchen, schönes Mädchen, melk mich! Die eine Hälfte der Milch gieß auf die Erde, die andre in den Melkkübel an meinen Hörnern!« Die Haustochter aber antwortete: »Ich habe keine Zeit! Ich gehe, Gold und Edelsteine zu holen!«

Sie ging weiter.

Ein Widder kam ihr entgegen mit einer Schere an den Hörnern, der sprach: »Schönes Mädchen, schönes Mädchen, scher mich! Die Hälfte der Wolle leg auf die Erde, die andere Hälfte bind mir an den Hals!« Die Haustochter antwortete: »Ich habe keine Zeit! Ich gehe, Gold und Edelsteine zu holen!« Sie ging weiter. Ein Apfelbaum stand am Wege, der sprach: »Schönes Mädchen, schönes Mädchen, schüttle mich! Es ist mir schwer, mich unter der Last der Äpfel zu beugen! Was auf die Erde fällt, das soll liegenbleiben; was dir auf den Kopf fällt, das nimm du dir!« Die

Haustochter antwortete: »Ich habe keine Zeit! Ich gehe, Gold und Edelsteine zu holen!« Sie ging immer weiter.

Ein Ofen mit heißen Broten stand am Wege. Die Brote sprachen: »Schönes Mädchen, schönes Mädchen, nimm uns aus dem Ofen heraus, wir haben es hier zu warm!« Die Haustochter antwortete: »Ich habe keine Zeit! Ich gehe, Gold und Edelsteine zu holen!« Sie ging wieder weiter.

Eine Badestube stand am Wege. Darin lebte ein alter Mann. Der sprach: »Schönes Mädchen, schönes Mädchen, bade mich, es ist mir zu schwer, so schmutzig zu sein!« Die Haustochter sagte: »Hier ist kein Reisig noch sonst etwas, womit soll ich denn den Ofen heizen?«

Der Alte antwortete: »Sammle Holzpflöcke und Krähenmist und heiz damit!«

Die Haustochter sammelte Holzpflöcke und Krähenmist und heizte damit den Ofen. Dann fragte sie: »Wo soll ich das Badewasser hernehmen?«

Der Alte antwortete: »Unter der Korndarre steht eine weiße Stute. Laß sie in den Zuber pissen!«

Die Haustochter machte es so. Dann fragte sie: »Wo soll ich einen Badepinsel hernehmen?«

Der Alte antwortete: »Unter der Korndarre steht eine weiße Stute. Schneid ihr den Schwanz ab und mach daraus einen Badepinsel!«

Die Haustochter schnitt dem Pferde wirklich den Schwanz ab. Dann fragte sie wieder: »Wo soll ich Seife hernehmen?«

Der Alte antwortete: »Nimm einen Badestubenstein und scheure mich damit!« Die Haustochter quästete den alten Mann mit dem Stutenschwanz und scheuerte ihn mit dem Badestubenstein.

Darauf sagte der Alte: »Danke dir, gutes Kind, daß du mich gebadet hast! Jetzt bist du auch deines Lohnes wert. Hier, da hast du eine Schachtel, worin sich dein Lohn befindet. Zu Hause ruf deine Familie zusammen und mach dann die Schachtel auf!« Der Alte führte die Haustochter auf die Oberfläche der Erde zurück.

Die Haustochter kehrte heim und rief ihre ganze Familie zusammen. Dann machte sie die Schachtel auf. Die Schachtel aber war voll feuriger Kohlen. Und die Kohlen füllten das ganze Haus an und töteten die Haustochter und ihre Familie. Das Waisenmädchen blieb jedoch am Leben, denn man hatte sie überhaupt nicht zum Öffnen der Schachtel gerufen.

30. Die Stiefmutter

Einem Manne starb seine Frau. Zwei Kinder blieben übrig. Die Kinder waren noch klein, und deshalb nahm der Mann sich eine zweite Frau. Die ging aber mit den Kindern sehr hart um und gab ihnen mehr Prügel als Essen. Das Weib bekam schließlich auch selbst ein paar Kinder, und das machte das Leben der Waisen noch schlechter. Besonders schlimm ging es dem jüngeren Kinde, denn es konnte noch nicht arbeiten; deshalb war die schlechte Stiefmutter immer auf dieses Kind böse. Sie dachte immer nach, wie sie diese Brotesser kleinkriegen könne.

Eines Tages war der Mann im Walde mit Holzfällen beschäftigt. Um diese Zeit kam der Teufel und half der Frau einen Rat finden. Der Frau kam ein schrecklicher Gedanke in den Sinn. Sie nahm das jüngere Kind, schlachtete es, schnitt es in Stücke und kochte es.

Am Abend kam der Mann nach Hause. Die Frau gab dem Manne das Fleisch des Kindes zu essen. Der Mann aß es und lobte: »Wo hast du solch ein schönes, knuspriges Fleisch hergenommen?« Die Frau antwortete: »Ich habe ein kleines Ferkel geschlachtet.« Der Mann aß sich satt, ohne auch nur zu ahnen, daß er seines eigenen Kindes Fleisch esse. Das ältere Kind wußte es wohl, wagte aber nicht, es dem Vater zu sagen, weil es die Drohungen der Stiefmutter fürchtete.

Als das Essen zu Ende war, fragte der Mann nach dem Kinde. Die Frau antwortete: »Wer weiß, wo es wieder steckt?« und ging dann mit dem größten Eifer, das Kind zu suchen. Nach dem Essen sammelte das ältere Kind die Knochen des jüngeren vom Tisch zusammen, umband sie mit einem Faden und vergrub sie unter einer Weide, die hinter dem Hause wuchs.

Nach einiger Zeit begann an der Weide eine Harfe zu wachsen, und schließlich hörte man auch eine traurige Stimme, die aus der Harfe die Worte sang: »Die Mutter hat mich umgebracht, der Vater hat mich gegessen, die Schwester sammelte meine Knochen, sie umwand sie mit blauem Faden und umflocht sie mit rotem Band.« Diesen Gesang hörte der Vater des Kindes am häufigsten.

Endlich fing man an, unter der Weide zu suchen, und fand die Kinderknochen. Nun kam es heraus, daß das Kind ermordet war, und die Mörderin erhielt natürlich ihre Strafe.

31. Maria, die böse Stiefmutter und die sieben Räuber

Es war einmal ein Mann, dessen Frau gestorben war. Er hatte nur ein kleines Mädchen, das hieß Maria. Maria ging in die Schule zu einer Frau, bei der sie Nähen und Sticken lernte. Wenn sie nun am Abend nach Hause ging, sagte ihr die Frau immer: »Grüß auch deinen Vater schön von mir.« Und weil sie ihn so freundlich grüßen ließ, so dachte der Mann: »Das wäre eine Frau für mich«, und schließlich heiratete er sie auch. Doch als sie verheiratet waren, verhielt sich die Frau recht unfreundlich zu der armen Maria, denn so sind Stiefmütter von jeher gewesen, und sie konnte sie zuletzt gar nicht mehr leiden. Und so sagte sie zu ihrem Mann: »Das Mädchen ißt uns so viel Brot, wir müssen sie loswerden.« Aber der Mann antwortete: »Töten will ich mein Kind nicht!« Da sprach die Frau: »Nimm sie morgen mit aufs Feld und laß sie dort allein stehen, daß sie den Weg nach Hause nicht mehr findet.«

Den anderen Tag rief der Mann seine Tochter und sagte zu ihr: »Wir wollen über Land gehen und unser Essen einnehmen.« Da griff er sich einen großen Laib Brot, und sie machten sich auf den Weg. Maria aber war schlau und hatte sich die Taschen mit Kleie gefüllt. Wie sie nun hinter dem Vater herging, warf sie von Zeit zu Zeit ein Häufchen Kleie auf den Weg. Als sie viele Stunden weit gegangen waren, kamen sie an einen steilen Abhang. Da ließ der Mann einen Laib Brot hinunterfallen und rief: »Ach, Maria, das Brot ist hinuntergefallen!«

»Vater«, sprach Maria, »ich will hinuntersteigen und es holen.« Da ging sie den Abhang hinunter und holte das Brot. Als sie aber wieder heraufkam, sah sie ihren Vater nicht mehr. Nun war sie allein. Da fing sie an zu weinen, denn sie war weit weg von zu Hause an einem ganz fremden Ort. Als sie aber an die Kleiehäufchen dachte, faßte sie wieder Mut, und indem sie immer der Kleie nachging, kam sie endlich spät in der Nacht wieder nach Hause. »Ach, Vater«, sprach sie, »warum habt Ihr mich allein gelassen?« Der Vater tröstete sie und sprach so lange, bis er sie beruhigt hatte. Die Stiefmutter aber war sehr zornig, daß Maria den Weg zurück gefunden hatte, und nach einiger Zeit sagte sie wieder zu ihrem Mann, er sollte Maria über Land führen und sie dann im Wald allein lassen.

Den nächsten Morgen rief der Vater wieder seine Tochter, und sie machten sich auf den Weg. Der Vater trug wieder einen Laib Brot, Maria aber hatte vergessen, Kleie mitzunehmen. Als sie nun im Wald waren, an einem noch tieferen und steileren Abhang, ließ der Vater wieder das Brot

fallen, und Maria mußte hinuntersteigen und es holen. Als sie wieder heraufkam, war der Vater fortgegangen, und sie war allein. Da fing sie bitterlich an zu weinen und lief lange umher, aber sie geriet nur noch tiefer in den dunklen Wald.

Es wurde Abend, da sah sie auf einmal ein Licht von ferne schimmern, und als sie darauf zuging, kam sie an ein Häuschen, darin war ein Tisch gedeckt, und es standen sieben Betten darin. Menschen konnte sie nicht erblicken. Das Haus gehörte sieben Räubern. Da versteckte sich Maria hinter einem Backtrog, und bald kamen die Räuber nach Haus. Sie aßen und tranken, dann legten sie sich zu Bett.

Am nächsten Morgen zogen sie aus, ließen aber den jüngsten Bruder da, damit er das Essen kochen und das Haus saubermachen sollte. Als sie fort waren, begab sich der jüngste Bruder auf den Weg, um Einkäufe zu erledigen. Da kam Maria hinter dem Backtrog hervor und räumte das ganze Haus auf. Zuletzt setzte sie den Kessel aufs Feuer, um die Bohnen zu kochen. Dann versteckte sie sich wieder hinter dem Backtrog.

Als der jüngste Räuber wieder zu Hause anlangte, kam er aus dem Staunen nicht mehr heraus: Alles war so sauber und aufgeräumt, und als seine Brüder eintrafen, erzählte er, was ihm begegnet war. Die waren auch alle sehr verwundert und konnten sich gar nicht erklären, wie das zugegangen war.

Den nächsten Tag nun blieb der zweite Bruder zurück. Er tat so, als ob er einkaufen ginge, kam aber gleich zurück und sah Maria, die wieder hinter dem Backtrog hervorgekommen war, um das Haus in Ordnung zu bringen. Maria erschrak sehr, als sie so unverhofft den Räuber erblickte. »Ach«, bat sie, »tötet mich nicht, um Gottes willen!«

»Wer bist du denn?« fragte der Räuber.

Da erzählte sie ihm von ihrer bösen Stiefmutter und wie ihr Vater sie im Wald verlassen und wie sie seit zwei Tagen hinter dem Backtrog sich versteckt gehalten habe.

»Du mußt keine Angst vor uns haben«, sagte der Räuber. »Bleib bei uns, sei unsere Schwester und koche und nähe und wasche für uns.«

Als die anderen Brüder nach Hause kamen, waren sie es zufrieden, und so blieb denn Maria bei den sieben Räubern, führte ihnen den Haushalt und war immer still und fleißig.

Eines Tages, als sie am Fenster saß und nähte, kam eine arme Frau vorbei und bat um ein Almosen. »Ach«, sprach Maria, »ich habe nicht viel, denn ich bin selbst ein armes, unglückliches Mädchen, aber was ich habe, will ich euch gern geben.«

»Warum bist du denn so unglücklich?« fragte das Bettelweib.

Da erzählte ihr Maria, wie sie von Hause fort und dahin gekommen sei. Die arme Frau ging hin und erzählte der bösen Stiefmutter, daß Maria noch am Leben sei. Als die Stiefmutter das hörte, regte sie sich gewaltig auf und gab der Bettlerin einen Ring, den sollte sie der armen Maria bringen. Der Ring aber war ein Zauberring.

Nach acht Tagen kam also die arme Frau erneut zu Maria, um sich ein Almosen zu holen, und als Maria ihr etwas gab, sprach sie: »Sieh, mein Kind, da habe ich einen schönen Ring, den will ich dir schenken, weil du so gut zu mir gewesen bist.« Arglos nahm Maria den Ring entgegen und steckte ihn sich auf den Finger. Aber das hätte sie nicht tun sollen: Tot, wie leblos, fiel sie zu Boden.

Als die Räuber nach Hause kamen, waren sie sehr betrübt und vergossen viele Tränen um sie. Dann machten sie einen schönen Sarg, legten Maria hinein, nachdem sie ihr die schönsten Schmucksachen angelegt hatten, gaben auch noch viel Gold dazu und setzten den Sarg auf einen mit Ochsen bespannten Karren. Damit fuhren sie in die Stadt.

Als sie an das Königsschloß kamen, sahen sie, daß die Tür zum Stall weit offen stand. Da trieben sie die Ochsen an, daß sie den Karren zum Stall fuhren. Darüber wurden jedoch die Pferde unruhig und fingen an, sich aufzubäumen und Lärm zu machen. Als der König den Lärm vernahm, schickte er hinunter und ließ seinen Stallmeister fragen, was dort los sei. Der Stallmeister antwortete, ein Karren sei in den Stall gekommen und niemand dabei und auf dem Karren liege ein schöner Sarg. Da befahl der König, man sollte den Sarg in sein Zimmer bringen, und ließ ihn dort aufmachen. Als er das schöne tote Mädchen erblickte, fing er an zu weinen und konnte sich von dem Anblick gar nicht losreißen. Da ließ er vier große Wachskerzen bringen, diese an die vier Ecken des Sarges stellen und anzünden. Dann schickte er alle Leute aus dem Zimmer, verriegelte die Tür, fiel neben dem Sarg auf die Knie und vergoß heiße Tränen.

Als es Zeit zum Essen war, schickte seine Mutter zu ihm, er sollte kommen. Aber er antwortete noch nicht einmal, sondern weinte nur noch um so heftiger. Da kam die alte Königin selbst und klopfte an die Tür und bat ihn, doch aufzumachen, er aber antwortete nicht. Da schaute sie durch das Schlüsselloch, und als sie sah, daß ihr Sohn neben einer Leiche kniete, ließ sie die Tür aufbrechen.

Aber als sie das schöne Mädchen dann selbst erblickte, wurde sie davon ganz gerührt, beugte sich über Maria und nahm deren Hand. Wie sie nun den schönen Ring bemerkte, dachte sie, es wäre doch schade, den mit begraben zu lassen, und streifte ihn ab. Da wurde Maria mit einem Male wieder lebendig, und der junge König war überglücklich und sprach zu seiner Mutter: »Dieses Mädchen soll meine Frau werden!« Da antwortete die alte Königin: »Ja, so soll es sein!« und umarmte Maria.

Da wurde Maria die Frau des Königs und Königin, und sie lebten herrlich und in Freuden bis an ihr glückliches Ende.

32. Stirnmöndlein

Es war einmal vor vielen Jahren ein Mann, der hatte eine Frau und eine Tochter. Der Vater schickte seine Tochter in die Schule. Eines Tages putzte die Lehrerin, die die Kinder aus Ehrfurcht Tante Bîbî nannten, für alle anderen Kinder Puppen; nur sie allein bekam keine. Das Mädchen ging hin zu Tante Bîbî und bat sie, ihr doch auch so eine Puppe zu schenken. Tante Bîbî sagte: »Wenn du deine Mutter tötest, damit ich mich mit deinem Vater verheiraten kann, will ich dir sogar zehn Puppen herausputzen.«

»Wie soll ich es aber anstellen, meine Mutter zu töten?« fragte das Mädchen. »Nimm eine Schale«, erwiderte die Lehrerin, »und gehe damit hin zu deiner Mutter und sage: ›Tante Bîbî läßt dich grüßen, du möchtest ihr ein wenig Essig ablassen, damit sie sich ein Gericht Salat anmachen und essen kann.‹ Wenn dann deine Mutter an das große Essigfaß herangeht, um etwa daraus zu schöpfen, kommst du von hinten und faßt sie bei den Beinen, stülpst sie in das Essigfaß und legst den Deckel wieder drauf.« Das Mädchen ging auf diesen Vorschlag ein, nahm eine Schale, ging nach Hause und bat seine Mutter um ein wenig Essig. Als die Mutter sich über das Faß bückte, um den Essig herauszuschöpfen, stürzte das Mädchen sie kopfüber in das Faß, legte den Deckel drauf und ging seiner Wege.

Am Abend, als der Vater nach Hause kam und fragte, wo denn die Mutter sei, sagte sie: »Sie ging heute hin, um Essig zu holen, und dabei ist sie ins Faß gefallen.« Ganz erschrocken ging der Mann an das Essigfaß heran. Als er den Deckel aufhob, sprang eine gelbe Kuh aus dem Fasse heraus. Der unglückliche Mann band die Kuh in einem Winkel des Hofes fest und weinte lange seiner Frau nach, die er verloren hatte.

Einen Monat nach dieser Begebenheit sagte Tante Bîbî zu dem Mädchen: »Streue Salz auf deinen Kopf. Wenn dann dein Vater heute abend nach Hause kommt, hältst du deinen Kopf über das Feuer und sorgst dafür, daß die Salzkörner ins Feuer fallen und knistern. Dann sagst du: ›Lieber Vater, sieh nur, wie ich voller Läuse bin. Nimm dir doch eine Frau, die mich pflegen kann.‹ Wenn er dann fragt, wen er sich denn zur Frau nehmen soll, sagst du: ›Tante Bîbî ist eine liebe arme Frau, verheirate dich doch mit ihr.‹ Und wenn ich erst einmal in das Haus deines Vaters gekommen bin, will ich dir zehn oder zwanzig Puppen feinmachen.« Darüber war das Mädchen recht vergnügt. Sie tat, wie die Lehrerin ihr geboten hatte, und so wurde Tante Bîbî die Frau ihres Vaters.

Als aber Tante Bîbî erst das Ziel ihrer Wünsche erreicht hatte, behandelte sie bald das kleine Mädchen schlecht. Jeden Tag gab sie ihm ein Büschel Baumwolle und befahl ihm, die Kuh auf die Weide zu führen draußen auf das freie Feld, und dort sollte es aus der Baumwolle Bindfaden spinnen und am Abend nach Hause bringen. Tante Bîbî hatte aus ihrer ersten Ehe eine Tochter, die genauso alt war wie die Tochter ihres Mannes. Aber während ihre eigene Tochter immer neue und reine Kleider trug, mußte die Tochter ihres Mannes in alten Sachen gehen. Das Mädchen ging nun jeden Tag mit der Baumwolle und der Kuh, die in

Wirklichkeit ihre Mutter war, aufs freie Feld hinaus, und dort saß es und weinte über sein Unglück und über die törichte Tat, die es begangen hatte. Die Kuh leckte das Kind mit der Zunge im Gesicht und leckte ihm die Tränen von den Wangen. Dann verschluckte sie die Baumwolle und stieß sie dann wieder als fertiggesponnenen Bindfaden auf. Das war die Hilfe, die die unglückliche Mutter ihrem Kinde leisten konnte.

Aber eines Tages kam ein Wirbelwind und riß die Baumwolle mit sich fort. Das Mädchen lief hinter der Baumwolle her, doch der Wind führte sie immer weiter weg und warf sie in einen Brunnen. Das Mädchen kroch in den Brunnen hinab, um sie zu holen, aber da unten im Brunnen sah sie einen mächtigen großen Dîw sitzen. Sie grüßte ihn freundlich. Der Dîw sagte: »Wenn du mich nicht so hübsch gegrüßt hättest, würde ich mit dem ersten Mundvoll deinen Hinterkopf verzehrt haben. Was willst du hier?« Das Mädchen antwortete: »Der Wind hat meine Baumwolle in den Brunnen geworfen, und da bin ich hinter ihr hergelaufen.«

»Gut«, sagte der Dîw, »nimm nun den Besen da und fege die Stuben hier, dann will ich dir deine Baumwolle geben.« Das Mädchen nahm den Besen. Es sah, daß alle Zimmer voll von Edelsteinen in den verschiedensten Farben und voller Goldstücke waren; aber es fegte die Stuben sauber, ohne auch nur etwas anzurühren. Dann ging es zu dem Dîw zurück und sagte: »Gib mir meine Baumwolle und laß mich gehen, sonst kriege ich heute abend von meiner Stiefmutter Schläge.«

»Wart ein wenig«, sagte der Dîw, nahm einen Strick, stellte eine Schüssel zurecht und hielt das Mädchen darüber, aber er mochte es schütteln, soviel er wollte, es fiel nichts heraus. Dann stellte er es wieder auf die Erde und sagte: »Komm her und lause mich ein wenig.« Als er seinen Kopf in den Schoß des Mädchens legte, sah es, daß er voller Ungeziefer war, voller Kröten und Skorpione. »Hör einmal«, sagte der Dîw, »wer hat einen schöneren Kopf, ich oder deine Mutter?« Das Mädchen entgegnete: »Dein Kopf ist hübsch; ja, was soll ich von dem meiner Mutter sagen? Der ist voller Läuse und Nissen.«

»Jetzt lege ich mich hin und schlafe«, sagte der Dîw. »Das Wasser im Bache vor dir ist zuerst grün, dann kommt da ein rotes Wasser und dann ein schwarzes, und wenn endlich das weiße Wasser kommt, sollst du dein Gesicht darin waschen, und dann kannst du deine Baumwolle nehmen und gehen.«

Das Mädchen tat, wie ihm der Dîw gesagt hatte, und als sie ihr Gesicht in dem weißen Wasser gewaschen hatte, erschien ein Mond auf ihrer

Stirne und ein Stern auf ihrem Kinn. Sie nahm ihre Baumwolle und kletterte hinauf und gab der Kuh die Baumwolle zu essen, worauf die Baumwolle als Bindfaden wieder herauskam, und dann ging sie damit nach Hause. Die Stiefmutter kam ihr mit einem Strom von Schimpfworten entgegen und prügelte sie, weil sie so lange fortgeblieben war. Das Mädchen, das sich aus Furcht Stirne und Kinn mit einem Tuch verbunden hatte, sagte: »Der Wind blies mir die Baumwolle fort, und als ich hinterherlief, fiel ich und schlug mir die Stirn.«

»Daß du doch dein Bein gebrochen hättest!« erwiderte die Stiefmutter. »Marsch, und hol mir den Schaumlöffel!« Das Mädchen ging nach dem Schaumlöffel, aber es war so dunkel, daß sie die Hand vor den Augen nicht sehen konnte. Sie schob das Tuch ein wenig zur Seite, und sogleich wurde es in der Rumpelkammer so hell wie am lichten Tage.

Die Stiefmutter glaubte nicht anders, als daß Feuer im Hause ausgebrochen sei, und schrie: »Du Unhold, du hast das Haus in Brand gesteckt!« Damit griff sie wieder zum Stock und schlug das Mädchen, aber bei dieser Prügelei fiel das Tuch, das Stirn und Kinn des Mädchens verdeckte, vollends herab. Da gewahrte die Stiefmutter den Mond und den Stern und wäre beinahe vor lauter Neid in Ohnmacht gefallen, aber trotz allem fing sie gleich an, dem Mädchen zu schmeicheln. »Liebes Kind«, sagte sie, »wie hast du doch den Mond und den Stern in dein Gesicht bekommen? Erzähle und laß auch dein Schwesterchen hören.« Da erzählte das Mädchen die ganze Geschichte von der Baumwolle und dem Brunnen und dem Dîw.

Am nächsten Tag gab die Stiefmutter ihrer eigenen Tochter ein Büschel Baumwolle und ließ sie damit ins freie Feld hinausgehen. Der Wind nahm die Baumwolle und fegte sie in denselben Brunnen. Das Mädchen lief hinter der Baumwolle her und stieg in den Brunnen hinab. Als sie den Dîw gewahr wurde, sagte sie nicht einmal soviel wie guten Tag, sondern rief in barschem Tone: »Komm her mit der Baumwolle!«

Der Dîw sagte: »Fege zuerst die Zimmer, dann kannst du deine Baumwolle haben.«

Das Mädchen brummte mürrisch: »Meinst du vielleicht, ich wäre deine Dienstmagd!« Aber sie ging dennoch in die Stuben, um sie zu fegen. Da bemerkte sie alle die Edelsteine und Goldstücke und stahl so viel davon, als sie überhaupt konnte. Dann fuhr sie ein bißchen mit dem Besen hin und her und ging dann zu dem Dîw und sagte: »Nun habe ich gefegt.«

Aber der Dîw hielt auch sie über die Schüssel, und wie er sie schüttelte, fielen alle Goldstücke und Edelsteine heraus. »Komm nun her und lause mich«, sagte der Dîw und legte seinen Kopf in ihren Schoß, und dann fragte er: »Ist mein Kopf oder der deiner Mutter am schönsten?« Sie entgegnete: »Daß der Leichenwascher deinen Kopf hätte! Er ist ja voller Ungeziefer und Kröten. Da lob ich mir den Kopf meiner Mutter, denn er ist voller Wohlgeruch.«

»Ja, laß man gut sein«, sagte der Dîw dazu, »jetzt lege ich mich hin und schlafe. Der Bach da fließt mit weißem, rotem und grünem Wasser; wenn das schwarze Wasser kommt, dann wasche dein Gesicht darin, nimm deine Baumwolle und geh.« Sobald das Mädchen sein Gesicht in dem schwarzen Wasser gewaschen hatte, wuchs da eine große schwarze Warze auf ihrer Stirn und eine kleinere auf ihrem Kinn. Sie nahm ihre Baumwolle und ging heim.

Als sie ins Haus trat, rief ihre Mutter froh: »Komm, mein Kind, und laß mich den Mond auf deiner Stirne sehen.« Die Tochter zeigte ihr Gesicht. Da wurde die Mutter furchtbar böse und gab Stirnmöndlein eine ordentliche Tracht Prügel, indem sie sagte: »Du hast meiner Tochter falschen Bescheid gegeben, du bist schuld daran, daß sie nun so ein häßliches Aussehen bekommen hat. Wenn du jemals in deinem Leben das Tuch von deiner Stirn und deinem Kinn fortnimmst, werde ich deinen Vater verbrennen!«

Nun geschah es eines Tages zur Zeit des Sonnenuntergangs, daß Stirnmöndlein das eine oder andere auf dem flachen Dach des Hauses zu besorgen hatte. Als sie merkte, daß sie allein war, nahm sie das Tuch von ihrem Gesicht. Gerade in demselben Augenblick ging der Sohn des Königs auf dem Dach der Königsburg spazieren. Als er Stirnmöndlein sah, war er nicht länger Herr seines Herzens. Er ging sogleich zu seiner Mutter und sprach zu ihr: »In dem Hause dahinten befindet sich ein Mädchen, und das hat einen Mond auf der Stirn und einen Stern am Kinn. Die mußt du mir zur Frau verschaffen.« Die Mutter machte ihm alle möglichen Vorstellungen; es schicke sich nicht für einen Königssohn, ein Mädchen aus dem Volke zu heiraten. Aber ihre Ermahnungen machten nicht den geringsten Eindruck auf den Prinzen. Er sagte nur: »Entweder verschaffst du sie mir zur Frau oder ich töte mich.«

Da war nichts anderes zu machen, die Mutter des Prinzen mußte einige weibliche Zwischenhändler in Stirnmöndleins Haus schicken. »Wir sind gekommen«, sagten sie, »um ein junges Mädchen zu suchen, das so und so aussieht.«

Die Stiefmutter führte die Vermittlerinnen in die Stube. Stirnmöndlein hatte sie im Backofen eingeschlossen, und sie führte ihre eigene Tochter, nachdem sie ihre Warzen mit einem Tuch bedeckt hatte, zu den Vermittlerinnen herein und sagte: »Hier seht ihr meine Tochter Stirnmöndlein.«

Die Vermittlerinnen konnten weder Mond noch Stern entdecken. Eine von ihnen zog das Tuch vom Gesicht des Mädchens fort und sah – Gott steh mir bei! –, daß sie eine große schwarze Warze auf der Stirn und eine andere am Kinn hatte. Sie verwunderten sich alle sehr. »Das war doch ein seltsamer Mond und ein absonderlicher Stern«, dachten sie. »Der Königssohn muß ja eine Augenkrankheit bekommen haben.«

Auf einmal fing der Hahn, der auf dem Ofen stand, zu krähen an: »Kikerikiki! Stirnmöndlein sitzt im Ofen hie und Stirnwarz in der Stube.« Die Stiefmutter fuhr auf und schlug auf den Hahn los, aber als sie zurückkam, krähte der Hahn wieder und wiederholte seine Worte. Da gingen die Vermittlerinnen hin und schlossen den Ofen auf und guck, da drinnen im Ofen saß ein Mädchen, das leuchtete wie der Vollmond. Es hatte einen Mond auf der Stirn und einen Stern am Kinn. Sie zogen sie heraus und brachten dem Königssohn die Nachricht, daß sie die rechte gefunden hätten. Und der Königssohn ließ die Stadt eine ganze Woche lang zum Feste schmücken und heiratete das Mädchen.

33. Hänsel und Gretel

Es war einmal ein armer Holzhauer, der lebte mit seiner Frau und zwei Kindern in einer dürftigen Waldhütte. Die Kinder hießen Hänsel und Gretel, und wie sie so heranwuchsen, gebrach es immer mehr den armen Leuten an Brot. Auch wurde die Zeit immer schwerer und alle Nahrung teurer, das machte den beiden Eltern große Sorge. Eines Abends, als sie ihr hartes Lager gesucht hatten, seufzte der Mann: »Ach, Frau, wie wollen wir nur die Kinder durchbringen, da der Winter herankommt und wir für uns selbst nichts haben!« Und da erwiderte die Mutter: »Keinen andern Rat weiß ich, als daß du sie in den Wald führst, je eher, je lieber, gibst jedem noch ein Stücklein Brot, machst ihnen ein Feuer an, befiehlst sie dem lieben Gott und gehst hinweg.«

»O lieber Gott! Wie soll ich das vollbringen an meinen eigenen Kindern, Frau?« fragte der Holzhauer bekümmert. »Nun wohl, so laß es bleiben!« fuhr die Frau böse heraus: »So kannst du eine Totenlade für uns alle viere zimmern und die Kinder Hungers sterben sehen!«

Die zwei Kinder, welche der Hunger in ihrem Moosbettchen noch wach erhielt, hörten mit an, was die Mutter und der Vater miteinander sprachen, und das Schwesterlein begann zu weinen, Hänsel aber tröstete es und sprach: »Weine nicht, Gretel, ich helfe uns schon«; wartete, bis die Alten schliefen, wischte aus der Hütte, suchte im Mondschein weiße Steinchen, verbarg sie wohl und schlich wieder herein, worauf er und das Schwesterlein bald entschlummerten.

Am Morgen geschah nun, was die Eltern vorher besprochen. Die Mutter reichte jedem Kind ein Stück Brot und sagte: »Das ist für heute alles; haltet's zu Rate.« Gretel trug das Brot, Hänsel trug heimlich seine Steinchen, der Vater hatte seine Holzaxt im Arm, die Mutter schloß das Haus zu und folgte mit einem Wasserkruge nach. Hänsel machte sich hinter die Mutter, so daß er der letzte war auf dem Wege, guckte oft zurück nach dem Häuschen, und wie er es nicht sah, ließ er gleich ein weißes Steinchen fallen, und nach ein paar Schritten wieder eins, und so immer fort.

Nun waren alle mitten in dem tiefen Walde, und da machte der Vater ein Feuer an, wozu die Kinder des Reisigs viel herbeitrugen, und die

Mutter sagte zu den Kindern: »Ihr seid wohl müde, jetzt legt euch an das Feuer und schlaft, indes wir Holz fällen, nachher kommen wir wieder und holen euch ab.«

Die Kinder schlummerten ein wenig, und als sie erwachten, stand die Sonne hoch im Mittag, das Feuer war abgebrannt, und da Hänsel und Gretel Hunger hatten, verzehrten sie ihr Stücklein Brot. Wer nicht kam, das waren die Eltern. Und nachher sind die Kinder wieder eingeschlafen, bis es dunkel wurde, da waren sie noch immer allein, und Gretel fing an zu weinen und sich zu fürchten. Hänsel tröstete sie aber und sagte: »Fürchte dich nicht, Schwester, der liebe Gott ist ja bei uns, und bald geht der Mond auf, da gehen wir heim.«

Und wirklich ging bald darauf der Mond in voller Pracht auf und leuchtete den Kindern auf den Heimweg und beglänzte die silberweißen Kieselsteine. Hänsel faßte Gretel bei der Hand, und so gingen die Kinder miteinander fort ohne Furcht und ohne Unfall, und wie der frühe Morgen graute, da sahen sie des Vaters Dach durch die Büsche schimmern, kamen an das Waldhäuslein und klopften an. Wie die Mutter die Tür öffnete, erschrak sie ordentlich, als sie die Kinder sah, wußte nicht, ob sie schelten oder sich freuen sollte, der Vater aber freute sich, und so wurden die beiden Kinder wieder mit Gottwillkommen in das Häuslein eingelassen. Es währte aber gar nicht lang, so wurde die Sorge aufs neue laut, und jenes Gespräch und der Beschluß, die Kinder in den Wald zu führen und sie dort allein und in des Himmels Fürsorge zu lassen, wiederholten sich. Wieder hörten die Kinder das traurige Gespräch mit an,

bekümmerten Herzens, und der kluge Hänsel machte sich vom Lager auf, wollte wieder blanke Steine suchen, aber da war die Türe des Wald-häusleins fest verschlossen, denn die Mutter hatte es gemerkt und darum die Türe zugemacht. Doch tröstete Hänsel abermals das weinende Schwesterlein und sagte: »Weine nicht, lieb Gretel, der liebe Gott weiß alle Wege, wird uns schon den rechten führen.«

Am andern Morgen in der Frühe mußten alle aufstehen, wieder in den Wald zu wandern, und da empfingen die Kinder wieder Brot, noch klei-

nere Stücklein wie zuvor, und der Weg ging noch tiefer in den Wald hinein. Hänslein aber zerbröckelte heimlich sein Brot in der Tasche und
streute, statt jener Steine, Krümlein auf den Weg, meinte, danach sich
mit dem Schwesterchen wohl zurückzufinden. Und nun geschah alles
wie zuvor auch; ein großes Feuer wurde entzündet, und die Kinder
mußten wieder schlafen, und wie sie aufwachten, waren sie allein, und
die Eltern kamen nimmer wieder. Und der Mittag kam, und Gretel teilte
ihr Stückchen Brot mit Hänsel, weil der seines verstreut in lauter Bröse-
lein auf dem Weg, und dann schliefen sie wieder ein und erwachten
abends verlassen und einsam. Gretel weinte, Hänsel aber war gottge-
trost, meinte, den Weg durch die Brotbröselein wohl zu finden, wartete,
bis der Mond aufgegangen war, nahm dann die Gretel bei der Hand und
sprach zu ihr: »Komm, Schwester, nun gehen wir heim.«
    Aber wie Hänsel die Krümlein suchte, war ihrer keines mehr da, denn
die Waldvögelein hatten alle, alle aufgepickt und sie sich wohl

schmecken lassen. Und da wanderten die Kinder die ganze Nacht durch den Wald, kamen bald vom Wege ab, verirrten sich und waren sehr traurig. Endlich schliefen sie ein auf weichem Moos und erwachten hungrig, wie der Morgen graute, denn sie hatten keinen Bissen Brot mehr und mußten ihren Durst und Hunger nur mit den schönen Waldbeeren stillen, die da und dort standen. Und wie sie so im Walde herumirrten, ohne Weg und Steg zu finden, siehe, da kam ein schneeweißes Vöglein geflogen, das flog immer vor ihnen her, als wenn es den Kindern den Weg zeigen wollte, und sie gingen dem Vöglein fröhlich nach. Mit einem Male sahen sie ein kleines Häuschen, auf dessen Dach das Vöglein flog; es pickte darauf, und wie die Kinder ganz nahe daran waren, konnten sie sich nicht genug freuen und wundern, denn das Häuschen bestand aus Brot, davon waren die Wände, das Dach war mit Eierkuchen gedeckt, und die Fenster waren von durchsichtigen Kandiszuckertafeln. Das war den Kindern recht, sie aßen vom Häusleindach und von einer zerbrochenen Fensterscheibe. Da ließ sich plötzlich drinnen eine Stimme vernehmen, die rief:

>>Knusper, knusper, kneischen!
Wer knuspert mir am Häuschen?<<

Darauf antworteten die Kinder:

>>Der Wind, der Wind,
Das himmlische Kind!<<

und aßen weiter, denn sie waren sehr hungrig gewesen, und es schmeckte ihnen ganz vortrefflich.

Da ging die Tür des Häusleins auf, und trat ein steinaltes, krummge-bücktes, triefäugiges Mütterlein heraus von nicht geringer Häßlichkeit, Gesicht und Stirne voll Runzeln und inmitten eine große, große Nase. Hatte auch grasgrüne Augen. Die Kinder erschraken nicht wenig, die Alte aber tat ganz freundlich und sagte: »Ei, traute Kindlein, kommt doch herein ins Häuschen, kommt doch herein! Da gibt's noch viel bes-sern Kuchen!«

Die Kinder folgten der Alten gerne, und drinnen trug die Alte auch auf, daß es eine Lust war. Da gab es, Herz, was magst du, Biskuit und Marzipan, Zucker und Milch, Äpfel und Nüsse und köstlichen Kuchen. Und während die Kinder immerfort aßen und fröhlich waren, richtete die Alte zwei Bettchen zu von feinen Daunenkissen und lilienweißem

Linnen, da hinein brachte sie die Kinder zur Ruhe, die meinten, im Himmel zu sein, beteten einen frommen Abendsegen und entschliefen alsbald.

Es hatte aber mit der Alten ein gar schlimmes Bewenden. Sie war eine böse und garstige Hexe, welche die Kinder fraß, die sie durch ihr Brot- und Kuchenhäuslein anlockte, nachdem sie sie erst recht fett gefüttert.

Dies hatte sie auch mit Hänsel und Gretel im Sinne. In aller Frühe stand die Alte schon vor dem Bette der noch süß schlafenden Kinder, freute sich über ihren Fang, riß Hänsel aus dem Bette und trug ihn nach dem eng vergitterten Gänsestall, verstopfte ihm auch, damit er nicht schreie, den Mund. Dann weckte sie die arme Gretel mit Heftigkeit und schrie sie mit rauher Stimme an: »Steh auf, faule Dirne! Dein Bruder steckt im Stall, wir müssen ihm ein gutes Essen kochen, auf daß er fett wird und für mich einen guten Braten gibt!«

Da erschrak die Gretel zum Tode, weinte und schrie, half aber nichts, sie mußte gehorchen und aufstehn, Essen kochen helfen und durfte es selbst nach dem Stalle tragen und mit ihrem eingesperrten Bruder weinen. Sie selbst ward von der Hexe gar gering gehalten.

Das dauerte so eine Zeit, während welcher die Alte öfters nach dem Stalle schlich und Hänsel befahl, einen Finger durch das Gitter zu stecken, damit sie fühle, ob er fett werde. Hänsel aber steckte immer ein dürres Knöchelchen heraus, und sie verwunderte sich, daß der Junge trotz dem guten Essen so mager blieb. Endlich war sie das müde und

sprach zur Gretel: »Kurz und gut, heute wird er gebraten«, und machte ein mächtiges Feuer in den Backofen, der neben dem Häuschen stand, da schob sie hernach Brot hinein, damit sie Frischbackenes zum Braten habe. Das Gretel wußte seines Herzens keinen Rat, und endlich hieß ihm die alte Hexe sich auf die Schiebeschaufel zu setzen und in den Backofen zu lugen, die Alte wollte sie nur ein bissel in den Ofen schieben, damit die Gretel sehe, ob das Brot braun sei, eigentlich aber wollte sie das arme Mägdlein gleich zuerst darin braten.

Da kam aber das schneeweiße Vöglein geflogen und sang: »Hüt dich, hüt dich, sieh dich für!« Und da gingen der Gretel die Augen auf, daß sie der Alten böse List durchschaute und sagte: »Zeiget mir's zuvor, wie ich's machen muß, dann will ich's tun.« Gleich setzte sich die Alte auf das Ofenbrett, und die Gretel schob am Stiel und schob sie so weit in den Backofen, als der Stiel lang war, und dann, klapp, schlug sie das eiserne Türlein vor dem Ofen zu, schob den Riegel vor, und da der Ofen noch erstaunlich heiß war, mußte die alte Hexe drinnen brickeln und braten und elendiglich umkommen zum Lohn ihrer Übeltaten. Gretel aber lief zum Hänsel, ließ den aus dem Gänsestall, und der kam heraus und fiel vor Freude dem treuen Schwesterchen um den Hals, küßten sich und weinten vor Freude und dankten Gott.

Und da war das weiße Vöglein wieder da und auch viele, viele andre Waldvöglein, die flogen auf das Kuchendach des Häusleins, darauf war ein Nest, und daraus nahm jedes Vöglein ein buntes Steinchen oder eine Perle und trugen sie hin zu den Kindern, und Gretel hielt sein Schürzchen auf, daß es alle die vielen Steinchen fasse. Das schneeweiße Vöglein sang:

»Perlen und Edelstein,
Für die Brotbröselein.«

Da merkten die Kinder, daß die Vöglein dankbar dafür waren, daß Hänsel Brotkrumen auf den Weg gestreut hatte, und nun flog das weiße Vöglein wieder vor ihnen her, daß es ihnen den Weg aus dem Walde zeige. Bald kamen sie an ein mächtiges Wasser, da standen sie ratlos und konnten nicht weiter und nicht darüber. Plötzlich aber kam ein großer schöner Schwan geschwommen, dem riefen die Kinder zu: »O schöner Schwan, sei unser Kahn!« Und der Schwan neigte seinen Kopf und ruderte zum Ufer und trug die Kinder, eines nach dem andern, hinüber ans andre Ufer. Das weiße Vöglein aber war schon hinübergeflattert und flog immer vor den Kindern her, bis sie endlich aus dem Walde kamen, wieder an der Eltern kleines Haus.

Der alte Holzhauer und seine Frau saßen traurig und still in dem engen Stüblein und hatten großen Kummer um die Kinder, bereueten auch viele tausendmal, daß sie dieselben fortgelassen, und seufzten: »Ach, wenn doch der Hänsel und die Gretel nur noch ein allereinzigesmal wiederkämen, ach, da wollten wir sie nimmermehr wieder allein im Walde lassen« – da ging gerade die Türe auf, ohne daß erst angeklopft worden wäre, und Hänsel und Gretel traten leibhaftig herein! Das war eine Freude! Und als nun vollends erst die kostbaren Perlen und Edelsteine zum Vorschein kamen, welche die Kinder mitbrachten, da war Freude in allen Ecken, und alle Not und Sorge hatte fortan ein Ende.

34. Die drei Männlein im Walde

Es war ein Mann, dem starb seine Frau, und eine Frau, der starb ihr Mann; und der Mann hatte eine Tochter, und die Frau hatte auch eine Tochter. Die Mädchen waren miteinander bekannt und gingen zusammen spazieren und kamen hernach zu der Frau ins Haus. Da sprach sie zu des Mannes Tochter: »Hör, sage deinem Vater, ich wollt ihn heiraten, dann sollst du jeden Morgen dich in Milch waschen und Wein trinken, meine Tochter aber soll sich in Wasser waschen und Wasser trinken.«

Das Mädchen ging nach Haus und erzählte seinem Vater, was die Frau gesagt hatte.

Der Mann sprach: »Was soll ich tun? Das Heiraten ist eine Freude und ist auch eine Qual.« Endlich, weil er keinen Entschluß fassen konnte, zog er seinen Stiefel aus und sagte: »Nimm diesen Stiefel, der hat in der Sohle ein Loch, geh damit auf den Boden, häng ihn an den großen Nagel und gieß dann Wasser hinein. Hält er das Wasser, so will ich wieder eine Frau nehmen, läuft's aber durch, so will ich nicht.«

Das Mädchen tat, wie ihm geheißen war; aber das Wasser zog das Loch zusammen, und der Stiefel ward voll bis obenhin. Es verkündigte seinem Vater, wie's ausgefallen war. Da stieg er selbst hinauf, und als er sah, daß es seine Richtigkeit hatte, ging er zu der Witwe und freite sie, und die Hochzeit ward gehalten.

Am andern Morgen, als die beiden Mädchen sich aufmachten, da stand vor des Mannes Tochter Milch zum Waschen und Wein zum Trinken, vor der Frau Tochter aber stand Wasser zum Waschen und Wasser zum Trinken. Am zweiten Morgen stand Wasser zum Waschen und Wasser zum Trinken so gut vor des Mannes Tochter als vor der Frau Tochter. Und am dritten Morgen stand Wasser zum Waschen und Wasser zum Trinken vor des Mannes Tochter und Milch zum Waschen und Wein zum Trinken vor der Frau Tochter, und dabei blieb's. Die Frau ward ihrer Stieftochter spinnefeind und wußte nicht, wie sie es ihr von einem Tag zum andern schlimmer machen sollte. Auch war sie neidisch, weil ihre Stieftochter schön und lieblich war, ihre rechte Tochter aber häßlich und widerlich. Einmal im Winter, als es steinhart gefroren hatte und Berg und Tal vollgeschneit lag, machte die Frau ein Kleid von Papier, rief das Mädchen und sprach: »Da, zieh das Kleid an, geh hinaus in den Wald und hol mir ein Körbchen voll Erdbeeren; ich habe Verlangen danach.«

»Du lieber Gott«, sagte das Mädchen, »im Winter wachsen ja keine Erdbeeren, die Erde ist gefroren, und der Schnee hat auch alles zugedeckt. Und warum soll ich in dem Papierkleide gehen? Es ist draußen so kalt, daß einem der Atem friert: da weht ja der Wind hindurch, und die Dornen reißen mir's vom Leib.«

»Willst du mir noch widersprechen?« sagte die Stiefmutter. »Mach, daß du fortkommst, und laß dich nicht eher wieder sehen, als bis du das Körbchen voll Erdbeeren hast.« Dann gab sie ihm noch ein Stückchen hartes Brot und sprach: »Davon kannst du den Tag über essen«, und dachte: »Draußen wird's erfrieren und verhungern und mir nimmermehr wieder vor die Augen kommen.« Nun war das Mädchen gehorsam, tat das Papierkleid an und ging mit dem Körbchen hinaus.

Da war nichts als Schnee, die Weite und Breite, und war kein grünes Hälmchen zu merken. Als es in den Wald kam, sah es ein kleines Häuschen, daraus guckten drei kleine Haulemännerchen. Es wünschte ihnen die Tageszeit und klopfte bescheidenlich an die Tür. Sie riefen: »Herein«, und es trat in die Stube und setzte sich auf die Bank am Ofen, da wollte es sich wärmen und sein Frühstück essen. Die Haulemännerchen sprachen: »Gib uns auch etwas davon.«

»Gerne«, sprach es, teilte sein Stückchen Brot entzwei und gab ihnen die Hälfte. Sie fragten: »Was willst du zur Winterzeit in deinem dünnen Kleidchen hier im Wald?«

»Ach«, antwortete es, »ich soll ein Körbchen voll Erdbeeren suchen und darf nicht eher nach Hause kommen, als bis ich es mitbringe.« Als es sein Brot gegessen hatte, gaben sie ihm einen Besen und sprachen: »Kehre damit an der Hintertüre den Schnee weg.« Wie es aber draußen war, sprachen die drei Männerchen untereinander: »Was sollen wir ihm schenken, weil es so artig und gut ist und sein Brot mit uns geteilt hat?« Da sagte der erste: »Ich schenk ihm, daß es jeden Tag schöner wird.« Der zweite sprach: »Ich schenk ihm, daß Goldstücke ihm aus dem Mund fallen, sooft es ein Wort spricht.« Der dritte sprach: »Ich schenk ihm, daß ein König kommt und es zu seiner Gemahlin nimmt.«

171

Das Mädchen aber tat, wie die Haulemännerchen gesagt hatten, kehrte mit dem Besen den Schnee hinter dem kleinen Hause weg, und was glaubt ihr wohl, daß es gefunden hat? Lauter reife Erdbeeren, die ganz dunkelrot aus dem Schnee hervorkamen. Da raffte es in seiner Freude sein Körbchen voll, dankte den kleinen Männern, gab jedem die Hand und lief nach Haus und wollte der Stiefmutter das Verlangte bringen. Wie es eintrat und »Guten Abend« sagte, fiel ihm gleich ein Goldstück aus dem Mund. Darauf erzählte es, was ihm im Walde begegnet war, aber bei jedem Worte, das es sprach, fielen ihm die Goldstücke aus dem Mund, so daß bald die ganze Stube damit bedeckt ward. »Nun sehe einer den Übermut«, rief die Stiefschwester, »das Geld so hinzuwerfen«, aber heimlich war sie neidisch darüber und wollte auch hinaus in den Wald und Erdbeeren suchen.

Die Mutter: »Nein, mein liebes Töchterchen, es ist zu kalt, du könntest mir erfrieren.«

Weil sie ihr aber keine Ruhe ließ, gab sie endlich nach, nähte ihm einen prächtigen Pelzrock, den es anziehen mußte, und gab ihm Butterbrot und Kuchen mit auf den Weg. Das Mädchen ging in den Wald und gerade auf das kleine Häuschen zu. Die drei kleinen Haulemänner guckten wieder, aber es grüßte sie nicht, und ohne sich nach ihnen umzusehen und ohne sie zu grüßen, stolperte es in die Stube hinein, setzte sich an den Ofen und fing an, sein Butterbrot und seinen Kuchen zu essen. »Gib uns etwas davon«, riefen die Kleinen, aber es antwortete: »Es schickt mir selber nicht, wie kann ich andern noch davon abgeben?« Als es nun fertig war mit dem Essen, sprachen sie: »Da hast du einen Besen, kehr uns draußen vor der Hintertür rein.«

»Ei, kehrt euch selber«, antwortete es, »ich bin eure Magd nicht.« Wie es sah, daß sie ihm nichts schenken wollten, ging es zur Türe hinaus.

Da sprachen die kleinen Männer untereinander: »Was sollen wir ihm schenken, weil es so unartig ist und ein böses neidisches Herz hat, das niemand etwas gönnt?« Der erste sprach: »Ich schenk ihm, daß es jeden Tag häßlicher wird.« Der zweite sprach: »Ich schenk ihm, daß ihm bei jedem Wort, das es spricht, eine Kröte aus dem Munde springt.« Der dritte sprach: »Ich schenk ihm, daß es eines unglücklichen Todes stirbt.«

Das Mädchen suchte draußen nach Erdbeeren, als es aber keine fand, ging es verdrießlich nach Haus. Und wie es den Mund auftat und seiner Mutter erzählen wollte, was ihm im Walde begegnet war, da sprang ihm bei jedem Wort eine Kröte aus dem Mund, so daß alle einen Abscheu vor ihm bekamen. Nun ärgerte sich die Stiefmutter noch viel mehr und dachte nur darauf, wie sie der Tochter des Mannes alles Herzeleid antun wollte, deren Schönheit doch alle Tage größer ward. Endlich nahm sie einen Kessel, setzte ihn zum Feuer und sott Garn darin. Als es gesotten war, hing sie es dem armen Mädchen auf die Schulter und gab ihm eine Axt dazu, damit sollte es auf den gefrornen Fluß gehen, ein Eisloch hauen und das Garn schlittern. Es war gehorsam, ging hin und hackte ein Loch in das Eis, und als es mitten im Hacken war, kam ein prächtiger Wagen hergefahren, worin der König saß. Der Wagen hielt still, und der König fragte: »Mein Kind, wer bist du, und was machst du da?«

»Ich bin ein armes Mädchen und schlittere Garn.« Da fühlte der König Mitleiden, und als er sah, wie es so gar schön war, sprach er: »Willst du mit mir fahren?«

»Ach ja, von Herzen gern«, antwortete es, denn es war froh, daß es der Mutter und Schwester aus den Augen kommen sollte. Also stieg es in den Wagen und fuhr mit dem König fort, und als sie auf sein Schloß gekommen waren, ward die Hochzeit mit großer Pracht gefeiert, wie es die kleinen Männlein dem Mädchen geschenkt hatten. Über ein Jahr gebar die junge Königin einen Sohn, und als die Stiefmutter von dem großen Glücke gehört hatte, so kam sie mit ihrer Tochter in das Schloß und tat, als wollte sie einen Besuch machen.

Als aber der König einmal hinausgegangen und sonst niemand zugegen war, packte das böse Weib die Königin am Kopf, und ihre Tochter packte sie an den Füßen, hoben sie aus dem Bett und warfen sie zum Fenster hinaus in den vorbeifließenden Strom. Darauf legte sich ihre häßliche Tochter ins Bett, und die Alte deckte sie zu bis über den Kopf.

Als der König wieder zurückkam und mit seiner Frau sprechen wollte, rief die Alte: »Still, still, jetzt geht das nicht, sie liegt in starkem Schweiß, Ihr müßt sie heute ruhen lassen.« Der König dachte nichts Böses dabei und kam erst den andern Morgen wieder, und wie er mit seiner Frau sprach und sie ihm Antwort gab, sprang bei jedem Wort eine Kröte hervor, während sonst ein Goldstück herausgefallen war. Da fragte er, was das wäre, aber die Alte sprach, das hätte sie von dem starken Schweiß gekriegt und würde sich schon wieder verlieren.

In der Nacht aber sah der Küchenjunge, wie eine Ente durch die Gosse geschwommen kam, die sprach:

»König, was machst du?
Schläfst du oder wachst du?«

Und als er keine Antwort gab, sprach sie:

»Was machen meine Gäste?«

Da antwortete der Küchenjunge:

»Sie schlafen feste.«

Fragte sie weiter:

»Was macht mein Kindelein?«

Antwortete er:

»Es schläft in der Wiege fein.«

Da ging sie in der Königin Gestalt hinauf, gab ihm zu trinken, schüttelte ihm sein Bettchen, deckte es zu und schwamm als Ente wieder durch die Gosse fort. So kam sie zwei Nächte, in der dritten sprach sie zu dem Küchenjungen: »Geh und sage dem König, daß er sein Schwert nimmt und auf der Schwelle dreimal über mir schwingt.« Da lief der Küchenjunge und sagte es dem König, der kam mit seinem Schwert und schwang es dreimal über dem Geist; und beim drittenmal stand seine Gemahlin vor ihm, frisch, lebendig und gesund, wie sie vorher gewesen war.

Nun war der König in großer Freude, er hielt aber die Königin in einer Kammer verborgen bis auf den Sonntag, wo das Kind getauft werden sollte. Und als es getauft war, sprach er: »Was gehört einem Menschen, der den andern aus dem Bett trägt und ins Wasser wirft?«

»Nichts Besseres«, antwortete die Alte, »als daß man den Bösewicht in ein Faß steckt, das mit Nägeln ausgeschlagen ist, und den Berg hinab ins Wasser rollt.« Da sagte der König: »Du hast dein Urteil gesprochen«, ließ ein solches Faß holen und die Alte mit ihrer Tochter hineinstecken, dann ward der Boden zugehämmert und das Faß bergab gekullert, bis es in den Fluß rollte.

VON TIERMÜTTERN
UND DÄMONISCHEN MÜTTERN

35. Der Schakal und die Amsel

Auf dem Wipfel eines Baumes hatte eine Amsel ein Nest gebaut. Dort hatte sie drei Junge zur Welt gebracht. Eines Tages rief ein Schakal von unten ihr zu: »Nachbar Amsel, Nachbar Amsel! Entweder wirfst du mir eins von deinen Jungen herunter, oder ich werde dein Nest zerstören.«

Was sollte die arme Amsel machen! Sie küßte und koste weinend eins ihrer Jungen und warf es dann zum Schakal hinunter.

Am folgenden Tag kam der Schakal noch mal und wünschte wieder ein Junges. Aus Furcht gab ihm die Amsel noch eins ihrer Jungen.

Bei dem letzten, allein gebliebenen Jungen weinte sie. Als ein Rabe, der dort ein Nest gebaut hatte, bemerkte, daß die Amsel aus Schmerz über ihre Jungen litt, hatte er Mitleid mit ihr und sprach zu ihr: »Du Dumme, weshalb gibst du denn deine Jungen hin? Wenn er kommt, so sagt ihm: ›Du hast keine Sichel, um zu schneiden, und keine Axt, um zu fällen.‹ Schimpf ihn doch fort, den krätzigen Schakal der Berge.«

Am folgenden Tag kam der Schakal wieder. Als er das Junge wünschte, widersprach ihm die Amsel, wie sie der Rabe belehrt hatte: »Du hast keine Sichel, um zu schneiden, und keine Axt, um zu fällen. Scher dich fort, du räudiger Schakal der Berge!«

Als der Schakal diese Worte vernommen hatte, war er erstarrt und erzürnt und wußte, daß die Amsel diese Worte von dem Raben erfahren hatte. Am folgenden Tag machte er seinen Bauch ganz rot, indem er ihn an den Sträuchern rieb, und legte sich in die Sonne.

Da der Rabe ihn für einen Kadaver hielt, ging er zu ihm hin und pickte an ihm. Da packte der Schakal zu und faßte ihn. Dann sprach er zum Raben: »Du hast mich um mein Brot gebracht. Soll ich dich jetzt fressen oder in diesen furchtbaren Abgrund stürzen?«

Der Rabe erwiderte: »Gnade, wirf mich nicht in den Abgrund, und friß mich lieber!«

Als der Schakal ihn in den Abgrund geworfen hatte, um nicht zu tun, was der Rabe sich wünschte, flog der schlaue Vogel davon.

36. Die Eule und das Rebhuhn

Eines Tages hatten sich alle Vögel versammelt und kamen überein, ihre Kinder in die Schule zu schicken, damit sie lesen und schreiben lernten. Sie fanden auch einen Lehrer und stellten ihn an. Er eröffnete die Schule, und sie kamen mit ihren Kindern und ließen sie einschreiben.

Nach einigen Tagen kamen etliche Kinder in die Schule und konnten ihre Aufgaben nicht. Der Lehrer behielt sie über Mittag da, ohne daß sie etwas zu essen hatten. Unter den Kindern, die zur Strafe nachsitzen mußten, war auch das Kind der Eule.

Sobald die Eule sah, daß am Mittag die Kinder aus der Schule kamen und ihr Kind nicht dabei war, nahm sie ein wenig Brot und ging zur Schule, um es ihm zu bringen.

Als sie so ging, traf sie das Rebhuhn, dessen Kind auch nachsitzen mußte, ohne zu essen, und sie wollte ihm etwas Brot bringen. Da sagte das Rebhuhn zur Eule: »Dir alles Gute, Nachbarin; ich habe viel zu tun und bitte dich, nimm auch für mein Kind das Essen mit.«

»Das tu ich gern, Nachbarin«, sagt die Eule, »aber ich kenne dein Kind nicht.«

»Oh«, erwidert das Rebhuhn, »was das anbetrifft, so kannst du es leicht finden. Mein Kind ist das schönste Kind der ganzen Schule.«

Die Eule ging zur Schule. Sie bat den Lehrer um Erlaubnis, und er willigte ein, daß sie ihrem Kinde das Brot gab. Dann ersuchte sie den Lehrer darum, alle Kinder sehen zu dürfen. Sie besah sich alle gründlich, aber sie fand das Kind des Rebhuhns nicht. Sie kehrte um, traf das Rebhuhn und gab ihm das Brot zurück und sagte: »Was sollte ich tun! Ich habe eine Stunde lang nachgeschaut und hab dein Kind nicht gefunden, denn in der Schule war kein Kind schöner als meines.«

37. Die drei Pomeranzen

Es war einmal eine arme Frau, die hatte ein einziges Töchterlein, welches sie wie ihren Augapfel liebte. Obgleich das Mädchen erst neun Jahre alt war, so war es doch so verständig wie eine Erwachsene und gar sanft und fromm. Eines Tages waren Mutter und Tochter im Walde gewesen, um Holz zu klauben, und als sie heimkehrten, sahen sie bei einem Baume drei Feen, welche schon lange zu warten schienen und in gebieterischem

Tone zur Mutter sagten: »Heute über ein Jahr führe dein Kind zu uns hieher auf diese Stelle!« Voll Verzweiflung ging die Frau nach Hause. Wie viele Tränen weinte sie, und wie traurig war sie stets! Aber das Mädchen suchte sie immer zu trösten. »Gott wird mir helfen, liebe Mutter«, sagte es oft, »du wirst sehen, daß ich vielleicht bald wieder wohlbehalten und glücklich zu dir zurückkehre.«

Als das Jahr abgelaufen war, führte die Mutter – denn sie wagte nicht, ungehorsam zu sein – ihre Tochter schweren Herzens in den Wald. Dort warteten die drei Feen schon darauf, nahmen das Mädchen bei der Hand und entschwanden bald aus den Augen der Mutter, welche weinend nachschaute und tief betrübt nach Hause ging.

Die drei Feen aber führten das Mädchen in ihre Wohnung tief im Walde und legten ihm allerlei häusliche Dienste auf. Obwohl das Mädchen alles unverdrossen verrichtete, gelang es ihm doch nicht, sich die Gunst seiner strengen und unfreundlichen Gebieterinnen zu erwerben. Ja, es kam dahin, daß sie das Mädchen immer mehr haßten, und sie beschlossen, es in das sichere Verderben zu schicken.

»Höre, Kleine«, sagte eines Abends eine der drei Feen, »geh morgen in diesen und diesen Ort und in diesen und diesen Palast hin. Dort tritt ein und nimm der Alten, welche du dort findest, die drei Pomeranzen weg und bringe sie uns her. Wehe dir, wenn du unser Gebot nicht erfüllst!«

Das arme Mädchen versprach, es tun zu wollen; aber es ahnte wohl selbst, wie gefährlich dieses Unternehmen sein werde. Es weinte die ganze Nacht, dachte immer an seine liebe Mutter und betete inbrünstig, daß ihm das aufgetragene Werk gelingen möge.

Am frühesten Morgen machte es sich auf den Weg. Als es einige Stunden gegangen war, begegnete es einem alten Manne. »Wohin gehst du?« fragte er mitleidig, als er das Kind mit den verweinten Augen sah.

»Ach, wenn du es wüßtest!« erwiderte es und erzählte ihm treuherzig alles.

Dann sprach der Alte: »Nimm diese Dinge, geh hin und mache davon Gebrauch, sobald du es nötig hast.« Und er gab ihm Nägel, ein Fläschchen Öl, einen Korb mit Brot, einen Besen und ein Seil. Das Mädchen nahm es, dankte recht herzlich dafür und machte sich, obwohl es an diesen Dingen ziemlich schwer zu tragen hatte, doch mit gutem Troste und besserem Mute wieder auf den Weg.

Bald kam es an den ihm von den Feen bezeichneten Ort und stand vor dem beschriebenen Palast. Davor war ein tiefer Graben, und darüber führte eine Brücke, die war so alt und zerbrochen, daß man beim ersten Schritt darauf in die Tiefe stürzen mußte. Das Mädchen aber nahm die Nägel und befestigte damit ein Brett nach dem andern, so daß es bald hinüber war. Nun gelangte es zu einem großen Tor, das war mit Riegel und Ketten verschlossen, und die waren so eingerostet, daß auch ein Riese mit all seiner Kraft sie nicht hätte zurückschieben können. Da nahm das Mädchen das Ölfläschchen und bestrich Riegel, Ketten und Angeln mit Öl, worauf sie sich leicht wegschieben ließen und das Tor wie von selbst sich öffnete. Gleich hinter dem Tor lag ein Rudel Hunde, die stürzten wütend und bellend auf das Mädchen los, als wollten sie es zerreißen. Da griff dieses in den Korb und warf das Brot unter die Hunde, welche nun darauf losstürzten. Das Mädchen ließ sie fressen und ging weiter über einen Hof. Da war ein Weib, welches den Hof mit seinem Kleide kehrte; das Mädchen aber gab ihr den Besen. Ganz nahe war ein Brunnen, daran stand eine Frau und zog den schweren Wassereimer mit ihren Haarflechten aus der Tiefe herauf. Hurtig gab ihr das Mädchen das Seil.

Nun war das Mädchen an der Stiege. Vorsichtig und leise ging es hinauf und kam in ein großes Gemach. Da saß eine Alte halb wach und halb schlafend und spann. Auf einem Kasten aber lagen in einem goldenen Teller die drei Pomeranzen. Rasch ergriff sie das Mädchen und eilte hinweg. Allein die Alte hatte es doch gemerkt und humpelte ihr nach. Als das Mädchen am Brunnen war, rief die Alte der Frau, die dort Wasser schöpfte, zu: »Halt sie auf, sie hat mir die drei Pomeranzen gestohlen!«

Aber die Frau sagte: »Das tu ich nicht. Seit so vielen Jahren zog ich den Wassereimer mit meinen Haarflechten herauf, und nun hat mir das gute Kind ein Seil gegeben.«

Als das Mädchen zur Frau kam, welche den Hof kehrte, rief die Alte wieder: »Schlag sie zu Boden, sie hat mir die drei Pomeranzen gestohlen!«

Allein die Frau sagte: »Das tu ich nicht. Seit so viel Jahren kehrte ich den Hof mit meinem Kleide, und nun hat mir das gute Kind einen Besen gegeben.«

Das Mädchen war schon bei den Hunden, da schrie die Alte zornig: »Packt sie, Hunde, zerreißt sie, sie hat mir die drei Pomeranzen gestohlen!«

Allein die Hunde bellten nicht einmal, sondern sagten: »Das tun wir nicht. Seit so viel Jahren haben wir Hunger gelitten, und nun hat uns das gute Kind Brot gegeben.«

Schon war das Mädchen am Tore, da schrie die Alte noch stärker: »Schließ dich, Tor, zerquetsche sie, sie hat mir die drei Pomeranzen gestohlen!«

Aber das Tor rührte sich nicht, sondern sagte: »Das tu ich nicht. Seit so viel Jahren war ich rostig, und nun hat mich das gute Kind mit Öl bestrichen.«

Eben trat das Mädchen auf die Brücke, da schrie die Alte noch einmal im höchsten Zorn: »Falle, Brücke, wirf sie hinab, sie hat mir die drei Pomeranzen gestohlen!«

Die Brücke aber schwankte nicht einmal, sondern sagte: »Das tu ich nicht. Seit so viel Jahren war ich zerbrochen, und nun hat mich das gute Kind wieder gemacht!«

Nun konnte die Alte nicht mehr weiter, und das Mädchen war gerettet. Es dankte Gott und setzte freudig seinen Weg fort, bis es wieder zu den Feen kam. Diese waren nicht wenig erstaunt, das Mädchen wiederzusehen, noch erfreuter waren sie, als es ihnen die drei Pomeranzen überreichte. Nachdem es ihnen alles erzählt hatte, lobten sie es und fragten, was für eine Belohnung es wolle. Das Mädchen verlangte nichts anderes, als zu seiner Mutter zurückkehren zu dürfen. Die Feen gestatteten es ihm und überhäuften es überdies mit den reichsten und kostbarsten Geschenken.

Welch große Freude die Mutter hatte, ihre Tochter wiederzusehen, kann ich nicht beschreiben und will nur noch sagen, daß Mutter und Tochter fürderhin glücklich zusammenlebten und all die frühere Armut und Not für immer ein Ende hatte.

38. Die drei Königssöhne

Vor uralten Zeiten lebte im Morgenlande ein König, der hatte drei Söhne. Die zwei ältesten waren schon in ihrer Kindheit gar ausgelassen und mutwillig, aber klug. Der jüngere hingegen war folgsam und gut, aber nicht so klug als seine Brüder.

Als nun der älteste von den drei Königssöhnen sechzehn Jahre alt war, gab ihm sein Vater ein Pferd und ein Ritterkleid und ein Schwert und ließ ihn ausziehen, die Welt zu sehen und sich ritterlich zu erzeigen in fremden Landen. Und er ritt fort und ritt weit und breit umher und lebte ausschweifend und unordentlich und kam nimmer heim, vergaß seinen Vater und schickte nicht Nachricht von sich, wie es ihm ergangen sei.

Und der zweite von den Königssöhnen ward auch achtzehn Jahre alt, und sein Vater gab ihm auch ein Pferd, ein ritterliches Kleid und ein Schwert und ließ ihn ausreiten in die Welt, um fremde Lande zu sehen und sich ritterlich darin zu erweisen und nach seinem älteren Bruder zu forschen. Und er ritt fort und trieb's wie sein Bruder und kam nimmer heim und schickte nicht Nachricht, wie es ihm ergangen sei.

Da ward der alte König traurig und meinte, seine Söhne wären beide tot, und härmte sich ab und beklagte ihren Verlust.

Aber als der dritte Sohn auch achtzehn Jahre alt war, da ging er eines Tages zu seinem Vater und bat ihn, er möge doch ihm auch ein Pferd und ein Schwert geben und ihn reiten lassen in die Welt, wie seine Brüder getan hätten. Da weint' der alte König, umarmte seinen Sohn und sprach: »Willst du mich auch verlassen und mir verlorengehen, wie deine Brüder mir verloren sind? Nein, mein einzig Kind, du mußt eine Stütze sein in meinem Alter.« Und sein jüngster Sohn stand ab von seinen Bitten, obgleich er's ungern tat.

Es stand aber an etliche Tage, da hatte der alte König einen wunderbaren Traum: Er stand in seinem Garten, so war's ihm, da wüchsen zwei Ölbäume auf. Und sie waren im Anfange schön und schienen gesund. Aber bald fingen sie an zu trauern, und die Früchte fielen ab, und die Blätter wurden gelb, und die Zweige schienen dürr. Da wuchs schnell zwischen ihnen auf ein Palmenbaum und schoß hoch auf und beschattete die kranken Ölbäume und goß seinen Tau auf sie, und sie wurden wieder gesund und frisch. Da ließ der König morgens seine Traumdeuter und Weisen kommen, daß sie ihm den Traum auslegten.

Die Traumdeuter sagten: »Die zwei Ölbäume sind deine zwei ältesten Söhne, und der Palmbaum ist dein jüngster Sohn. Die zwei Ölbäume wurden bald dürr, so werden deine zwei ältesten Söhne bald zugrunde gehen. Aber den Palmenbaum, deinen jüngsten Sohn, mußt du ziehen lassen, daß er seinen Brüdern beistehe, sonst sind sie für dich verloren.«

Als der König das hörte, gab er seinem jüngsten Sohn ein Pferd und Schwert und ließ ihn mit Tränen von sich. Aber der jüngste Königssohn zog aus in die Welt und ritt weit umher, und ihm war es wohl im Freien, und er sah viel Land und Leute und erwies sich überall, wo er herbergte, als ein braver Rittersmann. Und kam so fort in ferne, ferne Länder.

Es geschah aber eines Abends, da kam er in einen dichten Wald und fand keinen Ausgang. Wie er so ritt, siehe, da standen zwei Männer am Wege. Und wie er sie fragt', wo der Weg hinginge aus dem Walde, da erkannt' er seine älteren Brüder und freute sich über sie. Sie aber fingen an zu schelten und sagten: »Können wir, die wir klüger sind, kaum durch die Welt uns schlagen, wie willst du durchkommen, der du einfältig bist?« Denn die ältern Königssöhne waren klüger für die Welt, dem jüngeren aber fehlte die Weltklugheit.

Jetzt ward es abends. Nur selten fiel am Abhange des Bergwaldes ein Strahl der scheidenden Sonne durch die Fichtenstämme. Da berieten die drei Königssöhne, welchen Weg sie einschlagen wollten, daß sie eine Herberge fänden. Und sie wendeten sich nach der Höhe des Berges, ob sie von oben nicht ein Haus oder nur ein freies Feld erblickten. Da kamen sie vorbei an einem Ameisenhaufen. Den wollten die ältesten Brüder zerwühlen, daß sie sehen könnten, wie die Tierlein ihre Eier herumschleppten. Aber der jüngste Bruder stieg von seinem Pferd und wehrte ihnen, daß sie's nicht taten. Und als sie vorbeigingen, da redete ihn der Ameisenkönig an und sprach: »Wer du auch sein magst, Fremdling, ich danke dir, daß du deinen Reisegefährten wehrtest und so großes Unglück von uns armen Tierlein abwendetest. Wenn ich dir nützen kann, so komm, und du sollst sehen, daß ich dir alles mit Freuden tue.«

Und sie gingen weiter und kamen an einen See, der war bedeckt mit einem ganzen Schwarm Enten. Da wollten die ältesten Brüder drüber her und sich einige erlegen, daß sie ein Abendessen hätten.

Da wehrte aber der jüngste Bruder ab und sagte: »Laßt die armen Tiere! Wir werden doch diesen Abend etwas zu essen haben.« Und sie ließen die Enten in Ruhe. Als sie aber vorbeigingen, schwamm der König der Enten herzu und dankte dem jüngsten Königssohn und sagte: »Wenn ich dir in etwas dienen kann, so soll's mit Freuden geschehen.«

Darauf gingen sie weiter und kamen an einen Eichbaum, darin die Bienen ihre Zellen hatten. Und es war so viel Honig drinnen, daß er am Stamm heruntertroff. Als die zwei ältesten Königssöhne das sahen, wollten sie Feuer in die Baumhöhle machen, daß die Bienen umkämen und daß sie den Honig fassen könnten. Da wehrte aber der jüngste wieder ab und sagte: »Laßt die armen Tierlein! Bringt sie nicht um des bißchen Honigs willen um!« Und sie wollten weiterziehen. Da flog die Bienenkönigin heraus, dankte ihm und sprach: »Kann ich dir mit etwas dienen, so befiehl nur! Ich will's mit Freuden tun.«

So gingen sie weiter und kamen in ein altes Schloß und wollten da herbergen. Das Schloß war aber ganz wundersam aufgebaut, und nichts Lebendiges war drin. Sie gingen ein durch das Tor, und der Jüngste führte sein Pferd in den Stall, da standen lauter steinerne Pferde. Sie gingen die Stufen hinauf. Da kamen sie in einen Vorplatz, der war mit Marmor geplattet, und hohe Säulen bildeten die drei Eingänge. Den einen bildeten silberne Säulen, den andern bildeten goldne Säulen, und den dritten Eingang bildeten diamantene Säulen.

Und sie gingen ein durch den ersten Eingang und kamen in eine Reihe Zimmer, darin alles, Wände und Gerätschaften, von getriebenem Silber war. Aber sie gingen durch alle Zimmer und fanden am Ende eine Türe, die verschlossen war durch drei Schlösser. Aber durch ein Lädlein konnte man hineinsehen in das Gemach. Und drinnen am Tische saß ein alt, eisgrau Männlein, dem der Bart ging bis an die Füße. Diesem riefen sie zu, aber es hörte nicht. Sie riefen ihn zum zweiten Mal, aber es hörte nicht. Und sie riefen ihn zum dritten Mal. Da stand er auf und kam heraus und empfing sie freundlich und bewirtete sie den Abend aufs allerbeste und wies ihnen weiche Betten mit seidenen Vorhängen zu Schlafstellen zu. Aber es sprach kein Wort und antwortete auf keine ihrer Fragen. Doch die drei Königssöhne hatten sich's wohl behagen lassen, daß sie in eine so gute Herberge gekommen waren.

Als sie am andern Morgen erwachten, lag jeder zwar in einem schönen Zimmer, aber alles war so verschlossen, daß keiner von ihnen herauskommen konnte. Und bei dem Ältesten stand das eisgraue Männlein mit dem langen Bart und winkte ihm, daß er ihm folge. Dieser folgte ihm, aber ganz ängstlich, und sie gingen ein durch den goldenen Eingang und kamen in einen großen geräumigen Saal, darin alles von getriebenem Gold gearbeitet war. Und der Alte wies mit seinem schwarzen Stab über die Türe. Da standen die Worte:

»Jeder Fremdling, der die Schwelle dieses Schlosses betritt, muß es versuchen, drei Arbeiten zu vollbringen. Wenn er diese glücklich ausführt, so ist sein Glück auf immer gegründet. Vollbringt er sie nicht, so mag er als Stein bis zur Stunde der Erlösung harren auf dem Flecken, wo ihn der letzte Strahl der Abendsonne bescheint.«

Als der älteste Königssohn diese Worte gelesen, begehrte er die erste der Arbeiten zu wissen und stand zwischen Furcht und Hoffnung, ob er sie wohl vollbringen könnte. Da berührte das Männlein mit seinem Stabe die Wand, und es sprang eine Tür auf, und der Königssohn sah ein Gemälde, das stellte die Gegend dar, wo der Ameisenkönig seinen jüngsten Bruder angeredet hatte. Und darunter standen die Worte:

»Dreitausend Perlen, der Hauptschmuck der Prinzessin Pyrola und ihrer zwei Schwestern, liegen hier im Moose zerstreut. Diese hast du zu sammeln, daß auch die letzte nicht fehlet!«

Aber der Königssohn erkannte die Gegend und eilte hinaus und sammelte eifrig. Aber der Mittag kam, und er hatte nicht hundert beisammen. Die Sonne ging unter, da hatte er noch nicht dreihundert gesammelt. Und der letzte Sonnenstrahl traf ihn, da sank er nieder und war Stein.

Den andern Morgen stand das graue Männlein beim zweiten Königssohn und winkte ihm mit seinem schwarzen Stabe, daß er ihm folge, und er folgte ihm. Und das Männlein zeigte ihm auch die Überschrift über der Türe im goldenen Saale und zeigte ihm auch das Gemälde.

Da eilte der Bruder auch hinaus und sammelte emsig und sammelte bis an den Abend. Aber er hatte keine dreihundert der kleinen Perlen beisammen, da ging die Sonne unter, und er sank nieder und war ein Stein wie sein Bruder.

Nun kam der dritte Morgen. Da stand das eisgraue Männlein bei dem jüngsten Königssohn und führte auch ihn in den Saal und ließ ihn die Schrift lesen über der Türe und zeigte ihm das Gemälde und winkte ihm hinauszugehen, weil er traurig dastand.

Da ging der dritte Königssohn hinaus und sah die kleinen Perlen so weit zerstreut und im Moose versteckt. Und als er das sah und merkte, daß es unmöglich sei, sie zu sammeln bis auf die letzte, da setzte er sich hin und weinte bitterlich und beklagte seinen armen Vater, der jetzt alle seine Kinder verloren habe.

Und wie er so weinte und wehklagte, da hörte er eine Stimme ihm rufen: »Warum weinst du, lieber Fremdling?« Da sah er auf und erblickte den Ameisenkönig und klagte dem seine Not. Der Ameisenkönig aber sprach: »Ist es weiter nichts? Oh, dann sei nur ruhig, dann soll dir bald geholfen sein!«

Als er dies gesagt, ging er in den Ameisenhaufen und kam bald mit mehr denn fünftausend Ameisen hervor, und alle sammelten an den Perlen und zählte sie dem Königssohn in den Hut. Und als er sie alle hatte bis auf die letzte, da sprach der Ameisenkönig: »Gehe hin, du hast sie alle! Und danke mir nur gar nicht, denn du hast noch mehr verdient als diesen kleinen Gefallen.«

Da lief der jüngste Königssohn hinein in das Schloß und brachte dem Männlein die Perlen. Und das eisgraue Männlein erstaunte darüber und führte ihn wieder in den goldenen Saal und berührte eine andre Wand. Diese tat sich wieder auf, und es stellte sich ein Gemälde dar, das den See bedeutete, worauf der Entenschwarm sich aufhielt, und darunter standen die Worte:

»In der Tiefe des Sees liegt der Schlüssel zu dem Schlafgemach der Prinzessin Pyrola und ihrer zwei ältern Schwestern. Du mußt ihn gefunden haben, ehe die Sonne niedergehet.«

Und der Königssohn erkannte den See und eilte hinaus und kleidete sich aus, um hineinzuwaten und den Schlüssel zu suchen. Doch wie er hineinsteigen wollte, da schwamm der König der Enten zu ihm her und fragte: »Was begehrst du, lieber Fremdling?« Da sagte der Königssohn, was er in dem See suchen wollte. Aber der Entenkönig antwortete: »Der See ist für dich zu tief. Laß mich für den verlorenen Schlüssel sorgen!«

Und er befahl allen Enten, unterzutauchen und den Schlüssel zu suchen. Und sie tauchten unter, und gleich brachte eine den verlorenen goldenen Schlüssel in ihrem Schnabel herzu, und der Entenkönig über-

reichte ihn dem Königssohn und sprach: »Nimm ihn hin und danke nicht! Du hast noch mehr um uns verdient als diesen kleinen Gefallen.« Er eilte sich aber und brachte den Schlüssel dem eisgrauen Männlein. Und kaum hatte es den Schlüssel in Händen, da bekam es seine Sprache wieder und dankte dem Königssohne mit Freudentränen und sprach: »Schon zweitausend Jahre muß ich hier lebendig, aber stumm sitzen in diesem Schlosse und auf Erlösung harren. Nun hast du, glücklicher Fremdling, nur noch ein Geschäft, aber das schwerste. Dann ist dein Glück gegründet.«

Da fragte der jüngste Königssohn, was das wäre. »Drei Töchter habe ich«, sprach das graue Männlein. »Ich bin der König von diesem verzauberten Schloß und Lande. Diese drei Töchter sind mir von ihrer eigenen Mutter, die eine böse Fee war, verzaubert und liegen nun seit zweitausend Jahren in einem totenähnlichen Schlafe. Die älteste, Rubina ge-

nannt, verzauberte sie durch ein Stück Zucker, die zweite, Briza genannt, durch einen Sirup, aber meine jüngste Tochter, Pyrola, durch einen Löffel voll Honig. Eine meiner Töchter sieht der andern völlig gleich, und alle scheinen von gleichem Alter. Aber Pyrola, meine jüngste Tochter, ist mir besonders lieb. Und gerade an ihr muß die Erlösung geschehen. An ihrem Hauche muß man erkennen, welche von den dreien den Honig gegessen, obgleich seitdem zweitausend Jahre verstrichen sind.«

Als er dieses gesagt, führte der unglückliche König den Königssohn heraus und schloß die dritte Säulenpforte auf. Da waren alle Zimmer mit edlen Steinen von allen Farben geziert, Wohlgerüche und sanfte Töne schwebten aus dem Hintergrund hervor, Kühlung wehte ihnen entgegen. Und in einer Bettstätte, die mit Laubwerk von grünen und farbigen Edelsteinen umgeben war, lagen in dem höchsten mittelsten Saale wie tote Marmorbilder Rubina, Briza und Pyrola, alle drei von zunehmender, aber gleicher Schönheit.

Die Pracht des Saales und die Schönheit der Prinzessinnen, die Musik und die Wohlgerüche betäubten ihn ganz, daß er nicht mehr wußte, was er tun sollte, bis ihn der König des Schlosses daran erinnerte und sprach: »Die Sonne steht im Mittag. Wenn sie niedergeht und du hast noch nicht erkannt, welche die jüngste ist, so trifft dich gleiches Schicksal wie deine Brüder, und ich muß wieder stumm sitzen wie vorher, bis sich wieder ein anderer Fremdling hierher verirrt. Erkennst du aber, ohne zu raten, meine Tochter Pyrola, so ist sie deine Gemahlin, und du erbst mein Reich.«

Der jüngste Königssohn aber eilte hinaus und jammerte und weinte, und der Wald hallte wider von seinen Klagen.

Und wie er so klagte und jammerte, hörte er eine Stimme ihm rufen und zu ihm sagen: »Was klagst du, lieber Fremdling?« Da sah er auf und erkannte die Bienenkönigin auf dem Baumstamme sitzen. »Ach«, sagte er, »wie kann ich das erkennen, welche von den drei Prinzessinnen vor zweitausend Jahren Honig gegessen hat?«

»Was?« fragte die Bienenkönigin, »ist es weiter nichts? Wie magst du darum auch so klagen? Ich will dir eine Biene mitgeben, die soll um alle herumfliegen. Aber die ist es, der sie auf den Lippen sitzt.«

Darauf ging die Königin hinein in die Höhle, und eine Biene flog heraus und setzte sich ihm auf die Schulter. Und er trug sie in den Saal zu den schlafenden Königstöchtern. Da flog sie zu allen und schwärmte herüber und hinüber und setzte sich endlich auf den Mund der mittelsten. Da sprach der Königssohn zu dem eisgrauen Könige: »Die mittelste ist Pyrola, deine jüngste Tochter!«

Und kaum hatte er das gesagt, da krachte und donnerte und blitzte es, als wollte die Erde zusammenstürzen, und alles war verändert: Das kleine graue Männlein stand da als ein würdevoller, majestätischer alter König. Die Prinzessinnen standen in blühender Schönheit da und umarmten ihren Vater, und die jüngste, Pyrola, kam herzu und dankte ihrem Erretter, dem jungen Königssohne.

Und der jüngste Königssohn umarmte sie und nannte sie seine Braut. Diener gingen aus und ein, im Schloßhofe war ein Pferdegetrappel. Sie gingen ans Fenster: Da war um sie nicht mehr die alte Wildnis. Eine prächtige Stadt stand da, und weiterhin sah man auch fruchtbare Felder und viele glückliche Fluren und Dörfer, und in den Straßen war ein Gewühl, und alles ging so ordentlich, als wäre da gar kein Wunder geschehen, als wäre alles beim alten. Niemand schien etwas davon zu wissen.

Auch in den Saal kamen einige Diener. Da ließ der König den Königssohn nehmen und seine Tochter Pyrola und ließ sie setzen in eine prächtige offene Kutsche, vor die er zwölf Schimmel spannen ließ. Und vierundzwanzig Männer, in Purpur und Gold gekleidet, ließ er vorausreiten mit Posaunen und ließ den Königssohn und seine Tochter Pyrola ausrufen als König und Königin des Landes. Darauf wurde ein köstliches Mahl gehalten, wobei es an nichts fehlte, was den Tag verherrlichen konnte.

Und wie sie so dasaßen in großem Jubel, ließen sich zwei fremde Ritter melden. Man ließ sie ein, und siehe da, es waren des jungen Königs Brüder. Und abermals wurde ein Fremdling gemeldet, und als er hervortrat, da sprangen die drei Königssöhne von ihren Sitzen und bewillkommneten ihn mit Freudengeschrei: Es war ihr Vater. Er hatte sich aufgemacht, seine verlorenen Söhne zu suchen, und war eben in dieser Stadt angekommen.

Drei Monate blieb der Vater der Königssöhne da, und solang' er da war, dauerten die Feste, wovon immer eins das andere an Pracht übertraf. Dann zog er mit seinen zwei ältesten Söhnen heim.

Sie sollen sich von ihren ehemaligen Fehlern gebessert und in des alten Königs Reich geteilt haben. Auch soll der älteste die Prinzessin Rubina, der zweite die Prinzessin Briza zur Gemahlin genommen, und beide sollen lange und glücklich regiert haben.

Der jüngste aber und Pyrola wurden noch über hundert Jahre alt und beglückten ihre Untertanen. Ein fremder König regierte nach ihm auf seinem Throne, und durch ihn wurden die Menschen wieder so verschlimmert, daß eine große Sintflut über das Land kam. Und seitdem ist jenes Land, das Land der Märchen, versunken, und nur noch diese Sage ist von ihm übriggeblieben.

39. Prezzemolina (Petersilchen)

Da waren einmal Mann und Frau. Und das Fenster von Mann und Frau ging auf den Garten der Feen hinaus. Diese Frau war schwanger. Eines schönen Tages geht sie zum Fenster und sieht eine Wiese mit der allerschönsten Petersilie. Sie paßt auf, bis die Feen weggegangen sind, nimmt die Strickleiter, steigt hinunter und macht sich dran, nach Herzenslust Petersilie zu essen. Sie ißt und ißt, dann steigt sie wieder die Leiter hinauf, schließt das Fenster, und weg ist sie! Jeden Tag machte sie diese Geschichte.

Eines Tages spazierten die Feen in den Garten: »Na, sag mal«, sagt die Schönste, »kommt's dir nicht so vor, wie wenn da Petersilie fehlte?« Sagen die anderen: »Und da fehlt vielleicht nicht wenig! Weißt du, was wir machen? Wir tun so, als ob wir alle fortgingen, und eine hält sich versteckt, denn da ist doch jemand, der zum Essen kommt.« Die Feen tun so, als ob sie alle weggingen, und die Frau klettert zum Essen hinunter.

Als sie wieder nach oben steigen will, kommt ihr die Fee hinterher: »Ah, du Luder«, sagt sie, »jetzt hab ich dich erwischt, was?«

»Habt Mitleid«, sagt die Frau, »ich bin schwanger, und da hatte ich dieses Gelüste …«

»Na gut«, sagt die Fee, »es sei dir verziehen. Aber hör zu, wenn du einen Jungen kriegst, dann sollst du ihm den Namen Prezzemolino geben; wenn du ein Mädchen hast, soll es Prezzemolina, Petersilchen, heißen, und wenn das Kind groß ist, dann wollen wir es haben: Es gehört uns, verstanden? Es gehört nicht mehr dir!«

Stellt euch diese Frau vor! Sie fängt bitterlich zu weinen an und sagt: »Ach, mein verflixter Rachen, der hat mich jetzt ganz schön was gekostet!« Der Mann tadelte sie ständig: »Ein Nimmersatt bist du! Jetzt hast du's!« Die Frau kriegt also eine Tochter und nennt sie Petersilchen, und als sie ein bißchen größer ist, schickt sie sie in die Schule. Immer wenn sie bei den Feen vorüberkam, sagten die zu ihr: »Mädchen, sag deiner Mamma, sie soll an das Ding denken.«

»Mamma«, sagt Petersilchen, »die Feen haben mir gesagt, Ihr sollt Euch an das Ding erinnern.« Eines Tages war die Frau ganz erledigt, da kommt das Mädchen und sagt zu ihr: »Die Feen lassen Euch ausrichten, Ihr sollt Euch an das Ding erinnern.« Sie antwortet: »Ja, sag ihnen doch, sie sollen es sich nehmen.«

Das Mädchen geht wieder zur Schule. Sagen die Feen: »Was hat dir die Mamma gestern abend gesagt?«

»Sie hat gesagt, Ihr könnt es nehmen, Ihr sollt das Ding nur nehmen.«

»Na, dann komm, du bist das Ding, das wir nehmen sollen!« Die heulte, ohne aufzuhören, dieses Mädchen, das könnt ihr mir glauben!

Lassen wir dieses Kind, und gehen wir zu der Mutter zurück. Die Stunden vergehen, und sie sieht das Kind nicht zurückkommen. Sie erinnert sich, daß sie gesagt hatte, sie sollten sich das Ding nehmen: »Oh, ich hab mich verraten! Jetzt können wir nicht mehr zurück.« Also, die Feen sagen zu dem Mädchen: »Weißt du, Petersilchen, siehst du da diese pechschwarze Kammer?«

Da bewahrten sie die Kohle auf, die Asche. »Wenn wir zurückkommen, dann muß sie ganz weiß sein wie Milch und ausgemalt mit allen Vögeln der Luft, sonst werden wir dich fressen.« Wie hätte das Mädchen das denn anstellen sollen? Die gehen weg, und das Mädchen fängt zu weinen an, heule, was du kannst, und sie schluchzt und schluchzt und war nicht zu beruhigen. Und jetzt klopft jemand; sie geht und schaut und denkt, das seien die Feen; sie macht auf und sieht Memè, und das war ein Vetter der Feen. »Was hast du, Petersilchen, daß du so weinst?«

»Na, da würdet Ihr auch ganz schön weinen«, sagt sie. »Seht Ihr die Kammer da? Wenn die zurückkommen, wenn die Mütterchen zurückkommen, dann muß sie statt so schwarz ganz weiß geworden sein und mit allen Vögeln der Luft bemalt, sonst fressen sie mich.«

»Wenn du mir einen Kuß gibst«, sagte Memè, »dann richte ich dir sofort diese Kammer her.« Sie sagt: »Lieber von den Feen verzehrt, als von einem Mann begehrt.«

Sagte Memè: »Das hast du wirklich gut gesagt! Also mach ich dir die Freude.« Er schlägt mit dem Zauberstäbchen, und die Kammer wird ganz weiß, voller Vögel, so wie es die Mütterchen gesagt hatten.

Dann geht Memè weg, und die Feen kommen zurück. Sagen sie: »Petersilchen, hast du das erledigt?«

»Ja, das hab ich, kommt und schaut.« Die gucken sich verdutzt an: »He, Petersilchen, das ist doch Memè gewesen.«

Ich weiß gar nichts von dem Wicht, auch meine liebe Mutter nicht.

Dann am Morgen: »Was machen wir jetzt?« Sagen sie, wir bekommen sie nicht zu fressen.

»Petersilchen!«

»Stehe zu Diensten.« Und da sagen sie zu ihr: »Morgen früh gehst du zur Fee Morgana und sagst ihr, sie soll dir die Schachtel vom Schön-Spielchen geben.«

»Jawohl, die Damen«, sagt sie. Am Morgen also macht es sich auf den Weg, das Mädchen. Und sie zieht los. Sie geht und geht und findet eine Frau. »Na, schönes Mädchen, wo gehst du hin?«, fragt sie. »Ich gehe zur Fee Morgana und hole die Schachtel vom Schön-Spielchen.«

»Tja, die wird dich wohl fressen, hörst du, arme Kleine?«

»Um so besser für mich«, sagt sie, »dann ist endlich Schluß.«

»Da nimm«, sagt die Frau, »diese beiden Schmalztöpfchen. Du wirst zwei Türen finden, die gegeneinander schlagen. Schmier sie beide ein, und du wirst sehen, daß sie dich durchgehen lassen.«

Jetzt kommt das Mädchen an diese Türen und schmiert sie beide von oben bis unten ein, und da lassen sie es durchgehen, siehst du wohl. Wie sie ein Stück gelaufen ist, da findet sie ein anderes Weiblein. Und die sagt wieder zu ihr: »Wohin gehst du, Mädchen?« Sagt sie: »Ich gehe zur Fee Morgana und hole die Schachtel vom Schön-Spielchen.«

»Ach, du Arme, die wird dich wohl fressen, hörst du?«

»Um so besser für mich, dann ist endlich Schluß.«

»Hier, nimm diese beiden Brote, du wirst zwei Hunde finden, die sich miteinander beißen. Wirf jedem ein Brot hin, dann lassen sie dich weiterziehen«, sagt sie. Und wirklich, Petersilchen findet diese beiden Hunde, sie wirft jedem ein Brot hin, und dann darf sie weitergehen.

Als sie wieder ein Stück Wegs gegangen ist, findet sie wieder ein Weiblein. Die sagt zu ihr: »Wohin gehst du?«

»Zur Fee Morgana, wegen der Schachtel vom Schön-Spielchen.«

»Armes Ding, die wird dich fressen, hörst du?«

»Um so besser für mich, dann ist endlich Schluß.«

»Du wirst einen Schuster finden, der reißt sich die Haare aus dem Bart zum Nähen und auch die Haare vom Kopf. Da nimm: das ist Zwirnsfaden und hier eine Ahle, alles, was er braucht. Gib ihm das, und er läßt dich durch.« Jetzt, da findet das Mädchen diesen Schuster. Als sie ihm das ganze Zeug gibt, da dankt er ihr und läßt sie durch.

Nach einem weiteren Stück Straße findet sie das gleiche Weiblein, und die sagt auch: »Paß auf, die frißt dich, hörst du?«

»Um so besser für mich, dann ist endlich Schluß.«

»Du wirst eine Bäckerin finden, die kehrt den Ofen mit den Händen: Die verbrennt sich ganz. Da nimm, das sind Lumpen, und hier Besen, alles, was sie braucht. Du wirst sehen, sie läßt dich durch. Und kurz darauf findest du einen Platz, und da steht ein ganz schöner Palast, und das ist der von der Fee Morgana. Du klopfst an, und die Schachtel vom Schön-Spielchen, die liegt da, wenn du zwei Treppen hinaufgestiegen bist. Wenn du geklopft hast, dann wird sie zu dir sagen: ›Wart nur, Mädchen, wart ein bißchen.‹ Aber du gehst einfach hinauf, nimmst dir die Schachtel, und fort mit dir.«

Das Mädchen findet wirklich diese Bäckerin. Als sie ihr das ganze Zeug gibt, bedankt sie sich und läßt sie weiterziehen. Sie klopft, sie steigt nach oben, sie nimmt die Schachtel und rennt weg. Als die Fee das Tor zuschlagen hört, schaut sie zum Fenster hinaus und sieht das Mädchen wegrennen. »He, Bäckerin, die den Ofen mit den Händen auskehrt, haltet sie mir fest, haltet sie mir!«

»Da wär' ich ja schön dumm! So viele Jahre habe ich geschuftet, und sie gibt mir Lumpen und Besen! Lauf nur weiter, meine Kleine, lauf, lauf!«

»He, Schusterchen, der du mit Barthaaren nähst und dir die Haare vom Kopfe reißt, haltet sie mir fest, haltet sie mir!«

»Ja, ausgerechnet ich, da wär' ich ja schön dumm! So viele Jahre habe ich geschuftet, und sie bringt mir alles, was ich brauche! Lauf, Kleine, lauf!«

»He, Hunde, die ihr so viel beißt, haltet sie mir, haltet sie mir!«

»Ja, da wären wir ja schön blöd! Sie hat jedem von uns ein Brot gegeben. Lauf, Kleine, lauf!«

»He, Türen, die ihr so viel schlagt, haltet sie mir, haltet sie mir!«

»Ja, da wären wir ja schön dumm! Sie hat uns von oben bis unten geschmiert! Lauf, Kleine, lauf!« Und sie lassen sie weiterrennen.

Wie sie nun frei ist, da sagt sie: »Was wird wohl in dieser Schachtel sein?« Sie kommt auf einen Platz, setzt sich nieder und macht die Schachtel auf. Da kommen Leute heraus, Leute, Leute und nochmals Leute; die kommen aus dieser Schachtel raus, und die einen singen, und die anderen machen Musik, alle miteinander. Stellt euch vor, wie verzweifelt das Mädchen war! Sie wollte alle in die Schachtel zurückbringen, und wenn sie einen gepackt hatte, dann sprangen zehn wieder weg. Da fängt sie an zu weinen, könnt ihr euch denken!

Jetzt kommt Memè. »Du Schlingel, siehst du, was du da angerichtet hast?«

»Ach, ich wollte doch nur gucken … »

»Tja«, sagt Memè, »jetzt ist da nichts mehr zu retten. Wenn du mir einen Kuß gibst, dann kann ich dir helfen.«

»Lieber von den Feen verzehrt
als von einem Mann begehrt!«

»Weißt du, das hast du wirklich gut gesagt! Also mach ich dir die Freude.« Er schlägt mit dem Zauberstäbchen, und die Schachtel wird wie zuvor: verschlossen, wie sie war. Petersilchen geht nach Hause und klopft. »Oh Gott«, sagen die, »da ist das Petersilchen. Hat dich denn die Fee Morgana nicht aufgefressen?« Sagt sie: »Einen wunderschönen guten Morgen!«, sagt das Mädchen. »Und hier ist die Schachtel.« Sagen die Mütterchen: »Was hat sie dir denn gesagt, die Fee Morgana?«

»Sie hat mir die Schachtel gegeben und mir gesagt: ›Na, dann lasse ich schön grüßen.‹«

»Aha«, sagen die Feen, »jetzt haben wir verstanden, wir sollen sie selber fressen. Wenn heute abend Memè kommt, werden wir ihm sagen, daß sie gefressen werden muß.«

Jetzt am Abend kommt Memè: »Hör mal zu«, sagen sie zu ihm, »die hat sie nicht gefressen, das Petersilchen, jetzt müssen wir sie selber fressen.«

»Ist ja schön«, sagt der, »ist ja schön!«

»Morgen, wenn sie ihre Sachen erledigt hat, dann lassen wir sie Feuer machen unter den großen Kesseln, den großen für die Wäsche. Und wenn die gut brodeln, dann schmeißen wir sie alle vier zum Kochen hinein.«

Und er sagt: »Schön, schön, ja, jawoll, das machen wir, das ist ja toll.«

Jetzt am Morgen, da gehen sie fort und sagen nichts, sie gehen weg wie gewöhnlich. Als sie fort sind, also weggegangen sind, da kommt Memè zum Petersilchen: »Hör mal«, sagt er, »heute um ein Uhr, da sagen sie dir, du sollst Feuer unter den Kesseln machen, den großen für die Wäsche. ›Und wenn die gut brodeln‹, werden sie zu dir sagen, ›dann ruf uns.‹ Und dann schmeißen sie dich zum Kochen hinein. Und also müssen wir aufpassen, ob wir nicht sie hineinschmeißen können.«

Jetzt geht Memè weg, und kurz darauf kommen die Feen zurück. »Hör mal zu, Petersilchen«, sagen sie, »wenn wir heute zu Mittag gegessen haben und du alle Sachen erledigt hast, dann richte die Kessel her, die für die Wäsche, wir wollen Wäsche waschen; und wenn sie gut brodeln, dann rufst du uns!«

Wie sie nun alle ihre Sachen erledigt hat, da macht sie alle diese Kessel zurecht. Sie sagen zu ihr: »Mach ein starkes Feuer.« Sie macht Feuer, sogar stärker, als sie ihr gesagt hatten, stellt euch vor! Memè klopft an: »Haha«, sagt er, »jetzt werden wir sie gleich fressen!«, und er reibt sich die Hände. »Hihi«, sagen sie, »das werden wir gleich haben!« Als jetzt das Wasser zu kochen anfängt, sagt Petersilchen zu ihnen: »Mütterchen, kommt doch gucken, das Wasser kocht schon.« Die Feen kommen zu den Kesseln hin und schauen, ob das Wasser kocht. Sagt er: »Jetzt los!« sagt er zu Petersilchen, der Memè. Er packt sich zwei und steckt sie hinein, sie nimmt sich die dritte und schmeißt sie rein, und brodel, brodel, brodel, und bis nicht alles gar war, hörten sie nicht auf: Sie kochten die ganze Zeit!

»Also, jetzt sind wir die Herrschaften, mein Kind, komm mit mir.« Er führt sie in den Keller hinunter, da gab es unendlich viele Lichter, und da war auch das der Fee Morgana, dick und groß, das war das dickste von allen. Die größte der Feen! Ihre Seele, das war ein Licht. Wenn sie ausgelöscht waren, dann waren sie alle tot, so war das. »Lösch du dort aus, und ich lösche auf dieser Seite.«

So löschten sie alle Lichter und hatten jetzt über alles die Herrschaft. Sie zogen zu dem Ort der Fee Morgana. Aus dem Schuster machten sie einen feinen Herrn, aus der Bäckerin ebenso, die Hunde nahmen sie in ihren Palast, und die Türen ließen sie da, wo sie waren, und ließen sie immer schmieren. »Und jetzt«, sagte Memè, »jetzt wirst du meine Braut, so soll es sein.«

Und sie lebten in Freuden, Frieden und Glück
und ließen für mich gar nichts zurück.

40. Ke-ao-mele-mele, das Mädchen von der goldenen Wolke

Vor langer, langer Zeit kamen die Vorfahren der Hawaiianer aus weit hinter dem Horizont liegenden Ländern, die Namen trugen wie ›Das Land des leuchtenden Himmels‹, ›Das fließende Land von Kane‹, ›Das weiße weite Land von Kahiki‹ oder ›Das Land Kuai-he-lani‹. Aus dem Land Kuai-he-lani kam das ›Mädchen von der goldenen Wolke‹. Sie wurde dazu bestimmt, auf der Insel Hawaii zu leben.

In jenem sagenumwobenen Land lebte Mo-o-inanea, die mächtige Drachenfrau, die die ersten Kinder der Götter umsorgte. Eines dieser Kinder war Hina, die später als die Mondgöttin bekannt wurde.

Die Drachenfrau Mo-o-inanea verheiratete Hina mit Ku, einem der niederen Götter.

Die beiden mächtigsten Götter der Hawaiianer, Kane und Kanaloa, entschieden, daß für das erstgeborene Kind von Hina ein Haus an einem der schönsten Orte oberhalb von Honolulu auf der Insel Oahu gebaut werden sollte.

Um diesen Platz herum, der Waolani, der himmlische Wald heißt, lebten die Eepas, ein Volk von Erdgeistern.

Als die Zeit der Geburt des ersten Kindes von Hina nahte, krochen Wolken und Nebel über das Land. Der Donner grollte, und Blitze zuckten, rotgefärbte Gebirgsströme flossen die Berge hinab, der Wind peitschte den Regen, daß die Bäume sich bogen, die Erde bebte, und riesige Wellen kamen von der See und rollten auf die Küste. Und dann wurde ein wunderschöner Knabe geboren. Alle Zeichen der Naturgewalten bezeugten die Geburt eines Häuptlings höchsten Ranges – eben eines Häuptlings aus der Familie der Götter.

Kane und Kanaloa sandten ihre Schwester Anuenue, was soviel wie Regenbogen heißt. Sie sollte den Sohn von Hina und Ku in ihre Obhut nehmen, ihn schützen und umsorgen. Gemeinsam wollten alle drei die Paten des Kindes sein.

Anuenue begab sich zu der Drachenfrau Mo-o-inanea und fragte sie, ob es richtig sei, wenn sie das Kind zu sich nähme. Die Drachenfrau gab ihre Zustimmung, doch sie verlangte, daß der Knabe, wenn er erwachsen sei, keine der Frauen von Hawaii-nui, das heißt den gesamten hawaiischen Inseln, zur Frau nehmen dürfe.

Anuenue sagte: »Ich sehe, es ist alles vorherbestimmt. Wer aber gibt ihm seinen richtigen Namen?«

Da antwortete die Drachenfrau: »Bringe das Kind zu deinen Brüdern, diese werden dem Kind einen Namen geben. Sie haben dich gesandt, und so tragen sie auch die Verantwortung für seinen Namen.«

Anuenue verabschiedete sich, und einen Lidschlag später stand sie vor der Tür des Hauses, in dem Ku wohnte.

Ku blickte nach draußen und sah den leuchtenden Schein eines Regenbogens, aber er sah weder Regen noch Wolken. Da rief er seine Frau Hina: »Hier ist etwas Ungewöhnliches! Du mußt es dir anschauen. Es gibt weder Regen noch Wolken oder Nebel, aber draußen vor unserer Tür steht ein Regenbogen.«

Während sie nach draußen traten, verwandelte sich Anuenue in eine wunderhübsche Frau und stand nun, nur umhüllt von den Farben des Regenbogens, vor ihnen.

Ku und Hina begannen vor unbeschreiblicher Angst zu zittern. Sie stammelten einen Willkommensgruß und baten das ungewöhnliche Mädchen in ihr Haus hinein. Ku fragte: »Von welchem Ort kommst du?«

Anuenue antwortete: »Ich komme vom großen Himmel. Ich bin die Botin meiner Brüder und komme, um euer Kind zu holen, damit diese es erziehen. Wenn das Kind erwachsen ist und seine Eltern sehen will, werden wir es zurückbringen. Wenn es aber uns liebt, so soll es bei uns leben.« Hina senkte den Kopf, und Ku begann in Wehklagen auszubrechen, dann dachten sie einen Augenblick angestrengt nach. Ku sagte: »Wenn Mo-o-inanea dich schickt, so soll sie das Kind bekommen. Dies kannst du ihr ausrichten.«

Anuenue antwortete darauf: »Ich komme geradewegs von ihr, und was ich dir sagte, ist ihre Entscheidung. Doch wenn ihr mich fortschickt, so kehre ich nicht noch einmal hierher zurück.«

Hina sprach zu Ku: »Wir müssen auf ihr Wort vertrauen und ihr das Kind geben. Es ist nicht gut, die Anweisungen von Mo-o-inanea zu mißachten.«

Anuenue nahm das Kind in ihre Arme und studierte die Weissagungen für seine Zukunft. Dann sagte sie: »Dieses Kind ist etwas Besonderes, es ist die Blüte auf dem höchsten Wipfel des Baumes.«

Sie bereitete alles vor, um das Kind mitzunehmen, und wünschte den Eltern ein Lebewohl. Dann wickelte sie das Kind in ihr Regenbogenkleid und trug es fort.

Ku und Hina gingen hinaus und beobachteten, wie die regenbogenfarbene Wolke am Himmel forttrieb.

Doch die Nabelschnur des Kindes war noch nicht durchtrennt worden.

Anuenue brach ein Teil dieser Schnur in Stücke und warf sie in den Ozean, wo sie sich in den Hee-makoko, einen blutroten Tintenfisch, verwandelte. Dies ist der überlieferte Ursprung dieser Art Tintenfisch.

Auf dem Weg nach Waolani ließ Anuenue viele Inseln hinter sich, bis sie schließlich zu dem Tempel kam, den die Erdgeister unter Kane und Kanaloa erbaut hatten. Die beiden segneten das Kind und schnitten einen weiteren Teil der Nabelschnur ab.

Kane und Kanaloa beratschlagten, welche Dienerinnen aus dem Volk der Erdgeister mit dem Knaben leben sollten, und entschieden, daß es nur häßliche Wesen sein durften, welche der Knabe als Heranwachsender nicht als Ehefrauen begehren würde. Und so versammelten sie die Lahmen, die Verkrüppelten und die Blinden aus dem Volk der Erdgeister. Es waren mehr als hundert, die in verschiedenen Häusern lebten und viele Aufgaben zu erfüllen hatten, und Anuenue war ihre Herrscherin.

Der Knabe erhielt den Namen Kahanai-a-ke-Akua, ›Der von den Göttern Adoptierte‹. Kane und Kanaloa gaben ihm ein sehr hohes Kapu. Niemand durfte sich vor ihn stellen, niemandes Schatten durfte auf ihn fallen.

Hina kam ein zweites Mal mit einem Kind nieder. Die Zeichen dieses Kindes erschienen am Himmel und waren auf ganz Oahu zu sehen. Diesesmal rief Kane seine Töchter Lanihuli und Nuuanu zu sich, die in der

Nähe der Siedlung von Waolani und Nuuanu lebten, um sie zu Hina zu senden.

Kane sagte: »Wir senden euch in das Land Kuai-he-lani, ein Land weit entfernt von Hawaii, um das Kind von Hina zu holen. Wenn die Eltern euch nach dem Zweck der Reise fragen, so sagt ihnen, ihr seid wegen des Kindes gekommen. Nennt unsere Namen und beruft euch auf die Drachenfrau Mo-o-inanea. Und nun seht, wie ihr in das ferne Land gelangen werdet.«

Sie blickten auf und sahen einen gewaltigen Vogel – Iwa. Er trug sie weit hinauf in den Himmel. Kurze Zeit später krächzte der Vogel zwei oder drei Male. Die Mädchen erschraken, doch als sie hinunterblickten, sahen sie unter sich das prächtig leuchtende Land von Kuai-he-lani.

Vor der Tür des Hauses von Ku setzte sie der Vogel ab. Ku und Hina hüteten gerade ein wunderhübsches Neugeborenes, ein Mädchen. Sie schauten auf und sahen die schönen Schwestern vor ihrer Tür stehen. Sie baten sie herein, erkundigten sich, woher die Mädchen kämen und was der Grund ihrer Reise sei.

Die Schwestern erzählten ihnen, die Götter Kane und Kanaloa hätten sie gesandt, da meldete sich draußen plötzlich eine neue Stimme. Mo-o-inanea stand vor dem Haus. Sie rief Ku und Hina und sagte ihnen, sie sollten das Kind in die Hände der Fremden geben. Diese würden das Kind zu Waka, einer mächtigen Priesterin, bringen, die es dann in den Ohia-Wald auf die Insel Hawaii trüge. Das Kind werde den Namen Pali-ula erhalten und ihm sei vorherbestimmt, später mit dem Knaben von Waolani verheiratet zu werden.

Und so wurden alle drei von dem Vogel Iwa über den weiten Himmel nach Waolani getragen, wo die Töchter Kane und Kanaloa die Botschaft von Mo-o-inanea überbrachten. Die Götter sandten den Vogel Iwa mit dem Kind weiter zu der Priesterin Waka nach Hawaii, die in der Gegend von Hilo und Puna lebte.

Sie war die Beschützerin aller Vögel in den Zweigen der Bäume und in den Blumen. Waka befahl den Vögeln, für Paliula ein Haus zu bauen, was schnell geschehen war. Den Vogel Iwa schickte sie nach Nuumea-lani, einem weit hinter Kuai-he-lani liegenden Land, wo die Drachenfrau Mo-o-inanea inzwischen wohnte.

Dort, so wußte Waka durch ihre magischen Kräfte, gab es zwei Bäume, die von einer großen Zahl von Dienern gut beschützt wurden. Der Name des einen Baumes war ›Makalei‹. Dies war der Baum der

Fische. Alle Sorten von Fisch würden zu ihm ziehen. Der Name des zweiten Baumes war ›Kalala-ika-wai‹. Dies war der Baum, der alle Arten von Speise wachsen ließ.

Waka bat Mo-o-inanea, ihr diese Bäume nach Hawaii zu senden.

Dies geschah, und Waka war darüber sehr erfreut. Sie behütete Paliula, und diese wuchs zu einer Schönheit heran, so schön wie der Mond von Mahea-lani, der Vollmond.

Der Baum der Fische, der alle Wassertiere der Umgebung bändigte, wurde an das Ufer eines Baches gepflanzt. Er verbreitete sich rasch an allen friedlichen Plätzen entlang der Flußufer bis hinunter zur Küste, und die Fische kamen überall dorthin, wo der Baum wuchs, und füllten das Wasser.

Auch der zweite Baum wurde gepflanzt und trug die fertige Nahrung für Paliula.

Das Mädchen Paliula war inzwischen herangewachsen, und Waka begab sich nach Waolani, um Kane, Kanaloa und deren Schwester Anuenue zu besuchen. Dort traf sie auch Kahanai-a-ke-Akua und erkannte in ihm den zukünftigen Ehemann von Paliula. Es gab keinen prächtigeren jungen Mann und kein hübscheres Mädchen als diese beiden. So entschieden ihre Beschützer, daß sie Mann und Frau werden sollten.

Waka kehrte auf die Insel Hawaii zurück, um alles für die Ankunft der beiden vorzubereiten. Sie baute eine neue Hütte, schöner und bequemer als die erste, und schmückte sie mit den gelben Federn des Mamo-Vogels. Den Ruheplatz aber schmückte sie mit den Farben des Regenbogens, die Anuenue ihr gesandt hatte.

Danach begab sich Waka erneut nach Waolani und sprach dort mit den Paten Kane, Kanaloa und Anuenue. Sie sagten zu ihr: »Kehre zurück; Anuenue wird Kahanai mit sich nehmen und dir später folgen. In der Nacht ihrer Ankunft werden über den Bergen oberhalb von Waolani und im Himmel über dem Tempel Blitze zucken, so wie überall auf allen Inseln Hawaiis. Später werden die Baumalleen um dein Haus zu tanzen und zu singen beginnen, und die Ohia-Bäume werden sich hin- und herwiegen und ihre schönsten Blüten abschütteln. Dann wirst du wissen, daß das Regenbogenmädchen und der Junge vor deinem Haus auf der Insel stehen.«

Waka kehrte zurück in ihr Haus im klingenden Wald oberhalb von Hilo. Dort traf sie ihre angenommene Tochter und erzählte ihr von der Ankunft ihres zukünftigen Ehemannes.

Bald schon kam die Dämmerung des rollenden Donners und der grellen Blitze. Die Menschen in der Gegend von Hilo waren voller Angst, denn Blitz und Donner waren einer der magischen Körper, die der Gott Kane annahm. Doch er war mit einem Wetterleuchten am Himmel wieder gegangen, bevor das Kind und der Regenbogen kamen.

Die obersten Götter hatten Kane befohlen, im Himmel an all jenen Plätzen zu wohnen, an denen sie ihn wünschten. So ging er überall dahin, wo die Götter ihn hinbefahlen, ohne jemals nach dem Warum zu fragen.

Donner und Blitz verschwanden über dem Ozean, während die Sonne jenseits der Inseln im Westen unterging.

Einige Zeit später begannen die Bäume sich zu wiegen, ihre Blätter tanzten und intonierten ein Lied. Die Blüten sandten einen Gruß, während sie sich hin- und herschwangen.

Kane befahl Anuenue, ihr angenommenes Kind zu den hawaiischen Inseln zu bringen.

Beim Abschied hörte sie, wie ihre Brüder die Namen von den Bäumen riefen, die mit ihr auf die Reise gehen sollten.

Die Baumgeister standen vor dem Regenbogenmädchen und dem jungen Mann, bereit, den ganzen Weg bis Hawaii zu tanzen. Sie waren rastlos und in unablässiger Bewegung. Und die Götter befahlen ihnen, gemeinsam zu singen und zu tanzen. Zwei der Baumgeister waren Frauen, Ohia und Lamakea.

Sie waren Kupuas, Zauberer, und konnten sich, ganz wie sie wollten, in Bäume oder tanzende Frauen verwandeln, die in ihren Windkörpern wunderschön aussahen.

Das Regenbogenmädchen nahm den Jungen in ihren Armen mit hinauf in den Himmel und begann die Reise gemeinsam mit den Baumgeistern. Sie kreuzten über die Inseln bis zu den Bergen von Hawaii und gingen hinunter, um nach Paliula zu suchen.

Die drei Baumgeister befahl sie um das Haus herum, sie sollten dort mit sanft rauschenden Stimmen singen und tanzen.

Waka hörte den Gesang der Baumgeister und öffnete die Tür, um Kahanai hereinzubitten. Als die schöne Paliula ihn sah, fing ihr Herz laut an zu klopfen, denn sie wußte, dies war der prächtige Jüngling, der ihr von Waka, der Prophetin, zum Ehemann bestimmt war. Waka rief die zwei zu Paliula gehörenden Bäume und trug ihnen auf, für Fisch und Essen zu sorgen.

Danach verließen Waka und das Regenbogenmädchen Anuenue ihre beiden Kinder in dem wunderschönen gelben Haus aus Federn.

Kaum waren die beiden jungen Menschen allein, sprachen sie über ihre Eltern und den Ort ihrer Geburt. Kahanai erzählte Paliula, er sei das Kind von Ku und Hina aus dem Land Kuai-he-lani, daß ihn aber Kane und seine Geschwister adoptiert hatten.

Paliula ging hinaus zu Waka und fragte sie nach ihren Eltern. So erfuhr sie, daß ihr zukünftiger Ehemann ihr erstgeborener Bruder war, den sie wegen ihres hohen Anteils göttlichen Blutes heiraten sollte. Ihre Nachkommen sollten die Häuptlinge aller Stämme sein. Diese Heirat war ein Gebot ihrer Eltern, der Ahnen und der Drachenfrau Mo-o-inanea.

Da ging sie in das Haus zurück und erzählte dem Bruder von ihrer Herkunft und dem Willen der Götter.

Nach zehn weiteren Tagen waren sie verheiratet und blieben für sehr lange Zeit zusammen.

Währenddessen lebten Ku und Hina gemeinsam im Land Kuai-he-lani. Eines Tages ließ Mo-o-inanea Hina zu sich kommen und eröffnete ihr, daß sie die Mutter eines Kindes werden würde, noch schöner und wunderbarer als es die ersten beiden waren. Dieses Kind würde an den höchsten Plätzen des Himmels leben und viele verschiedene Körper haben, so daß es in der Nacht genausogut zu sehen sein werde wie am Tag.

Mo-o-inanea begab sich nach Nuumea-lani und baute ein wundervolles Haus in Ke-alohi-lani, dem scheinenden Land; ein Haus, das sich bei Tage wie bei Nacht ständig verwandelte, wie die immerziehenden Wolken. Es war wirklich aus allen Arten von Wolken gebaut und innen mit Nebel gefüllt. Dann suchte sie eine Quelle mit blütentragendem Wasser und setzte sie vor das Haus, damit das kommende Kind immer ein Bad habe. Zum Schluß pflanzte sie die Samen der magischen Blumen Kanikawi und Kanikawa vor das Haus.

Nachdem sie nach Kaui-he-lani zurückkehrt war, fand sie Ku und Hina schlafend vor. Sie entnahm aus dem Hinterkopf von Hina das Kind, brachte es zu seinem neuen Heim und nannte es Ke-ao-melemele, das Mädchen von der goldenen Wolke, ein wundervolles hübsches Mädchen.

Es war keinem mit menschlichen Körper erlaubt, den Heimatort des Mädchens, Nuunea-lani, zu betreten, und auch die Baumgeister durften keinen Lärm in der Nähe des Kindes machen.

Als oberste Wächter für das Mädchen von der goldenen Wolke wurden die ao-apua, die winzig gepunkteten Wolken, bestimmt. Auch alle anderen Wolken wurden Diener des Kindes, die Morgenwolken, die Abendwolken, die Nachtwolken, die niedrig hängenden Wolken, die Spitzwolken, die Morgenblumenwolken, die Ruhewolken, die goldfarbenen Wolken, die Wolken im hohen Himmel, die Wolken im Auge der Sonne, die Wolken entlang des Horizonts.

Alle diese Wolken achteten auf das Wohlergehen des kleinen Mädchens, und Mo-o-inanea gab ihnen Anweisungen für ihre Dienste.

Die große magische Wolke des Ku setzte sie über die Tür des Wolkenhauses. Sie sollte die Botin zwischen allen Wolkenländern und den Eltern und Vorfahren des Mädchens sein.

Die Wolken aus dem Auge der Sonne waren ebenso magische Wolken, sie sollten alles, was unter ihnen geschah, beobachten, nah und fern.

Dann gab es noch die Herrscherin aller Wolken, die scharfgepunktet lebende Wolke. Sie war eine Zauberin und Astronomin, niemals müde, niemals erschöpft.

Als Mo-o-inanea das Kind aus dem Kopf von Hina herausnahm, waren Ku und Hina erwacht. Ku ging vor seine Hütte und sah in der Nähe des Hauses seltsam geformte Wolkenbilder, die aussahen wie Männer. Gemeinsam mit Hina betrachtete er, wie die Wolken zu leuchten begannen und im Licht der Morgendämmerung ihre Farbe veränderten, bis die Sonne erschien und ihr Licht über den Himmel verströmte. Drei volle Tage blieben die sich färbenden Wolken um sie herum. Dann erschien inmitten der Wolken ein unbekanntes Land der Himmel, umgeben von winzig gepunkteten Wolken. In der Nacht des Vollmondes ging der Schatten des Geistes dieses Landes hinauf zum Mond und ließ sich dort nieder. Das war die Alii-wahine-aka-malu, die Königin der Schatten, die heute auf dem Mond lebt.

Weder Ku noch Hina verstanden die Bedeutung der Zeichen und Schatten. Sie gingen zurück in ihre Hütte und fielen in einen tiefen Schlaf.

Mo-o-inanea sprach zu Hina in deren Träumen und erklärte ihr, daß diese Wolken das Zeichen für die Geburt ihrer Tochter aus dem Kopf heraus seien – eines Mädchens, das gewaltige Kenntnisse und ungewöhnliche Kräfte als Zauberin habe und ihre Eltern bis zum Ende ihrer Tage beschützen werde. Sie, Hina, müsse nun alle Künste der Zauberei erlernen.

Danach sandte Mo-o-inanea nochmals Ku-ke-ao-loa, die Botenwolke, zur Hütte von Ku. Die Wolke erschien in der Gestalt eines Mannes in der Tür.

Ku und Hina fragten ihn, wer er sei. Er antwortete: »Ich bin ein Bote, der zu euch gesandt wurde, um euch die Zaubereien und Hexenkünste des Wolkenlandes zu lehren. Ihr müßt diese Künste erlernen, damit ihr eure Wolkentochter erkennen könnt. Laßt uns sofort beginnen.«

So gingen alle hinaus und setzten sich auf einen Stein neben der Tür.

Der Wolkenbote schaute auf und rief den Namen von Mo-o-inanea. Seine Stimme schwebte bis nach Ke-alohi-lani, und Mo-o-inanea hörte ihn und rief alle Wolken mit ihrer Herrin, dem Wolkenmädchen, herbei:

> »Erscheine, oh Wolkenmädchen,
> Erscheine, oh du Wolke des Auges der Sonne,
> Erscheint, ihr wunderschönen Töchter der Himmel,
> Glanz im Auge der Sonne, erscheine!«

Ke-ao-mele-mele erschien und legte ihre leuchtend weißen Kapa-Umhänge an, die aussahen wie der Schnee auf dem Mauna Kea. Der Wolkenwächter riet Ku und Hina, genau in den Himmel zu sehen und die Bedeutung all dieser Wolkenformen zu lernen, die Diener der göttlichen Herrscherin seien – die Gewohnheiten ihres Zusammentreffens, ihrer Bewegung und Teilung, ihre Formen, ihre Anzahl, das Aufblitzen der Sterne zwischen ihnen, die Fixsterne und die treibenden Wolken, die ziehenden Sterne und die Richtung des Windes zwischen den verschiedenen Wolken. Er verschwand, nachdem er Ku und Hina die Geheimnisse des Wolkenlandes gelehrt hatte, und kehrte nach Ke-alohi-lani zurück.

Einige Zeit später wanderte Ku entlang der Grenzen ihres Landes. Er sah am Himmel eine Wolke mit einer wunderschönen Form, die ihm wie die Gestalt einer Frau erschien. Sie stand ruhig direkt über seinem Kopf. Hina erwachte und vermißte Ku, sie schaute vor die Hütte und sah ihn am Strand sitzen und die Wolken über sich beobachten. Sie ging zu ihm, und ihre Kräfte sagten ihr, daß es sein Schicksal sei, auf eine Reise zu gehen und die Frau seiner Visionen zu finden.

In jener Zeit lebte auf einer der anderen großen Inseln Hiilei, eine schöne Herrscherin. Ku und Hina begaben sich zu ihr. Ku heiratete Hiilei, und Hina fand einen Häuptling mit Namen Olopana, den sie zum Mann nahm. Ku und Hiilei wurde ein rothäutiger Sohn geboren mit dem Namen Kau-mai'-liuala, ›Die Dämmerungsruhe des Himmels‹. Die

Drachenfrau Mo-o-inanea brachte ihn nach Ke-alohi-lani, damit er mit dem Wolkenmädchen lebe. Olopana und Hina hatten eine Tochter, die sie Kau-lana-iki-pokii, ›die wundervolle Tochter des Sonnenunterganges‹, nannten. Diese erzogen Ku und Hiilei. Doch Hina rief die große Botenwolke und bat Mo-o-inanea darum, ihr den Sohn von Ku zu geben, was die Drachenfrau auch tat. Jetzt waren sie zwar alle getrennt voneinander, aber so kamen ihre Kinder, wie auch vorhergesagt, nach Hawaii.

Paliula und ihr Ehemann Kahanai lebten zu dieser Zeit oberhalb von Hilo. Doch Kahanai wurde rastlos und entschied sich, die anderen Teile des Landes anzusehen, und begann eine Reise über alle Inseln. Unterwegs auf seiner Reise traf er einen freundlichen jungen Mann mit dem Namen Waiola, ›das Lebenswasser‹.

Waiola hatte noch nie eine solch prächtige Erscheinung wie den Sohn der Götter gesehen. Er fiel vor ihm nieder und sagte: »Ich habe nie jemand Erhabeneren gesehen wie dich. Du mußt von den Himmeln kommen. Ich will dir die nächsten Jahre dienen.«

Da sprach der Herrscher: »Du sollst bis an das Ende meiner Tage mein engster Vertrauter sein.«

Sie wanderten hinunter nach Waiakea, einem kleinen Ort in der Nähe von Hilo, und schon von weitem sahen sie eine Gruppe von Mädchen, bekränzt mit Blüten und Blättern. Kahanai sandte Waiola, um mit ihnen zu reden und zu scherzen, ihm selbst war dies wegen seiner edlen Abstammung verboten. Eines der Mädchen bat ihren Bruder Kanuku, den Herrscher zu drängen, doch auch herunterzukommen, und sandte Kahanai eine Lei. Doch er ließ ihr ausrichten, er könne keines ihrer Geschenke annehmen, er müsse seine eigene Lei tragen. So rief er seine göttlichen Beschützer herbei, daß sie ihm Kränze banden, und sogleich wanden sich die wunderschönsten Regenbogen um seinen Hals und seine Schultern und fielen an seinem Körper zu Boden.

Erst dann ging er hinunter nach Waiakea. Der Herrscher erwählte auch den Boten Kanuku zu seinem Begleiter, und gemeinsam wanderten sie die Küste entlang bis Hamakua.

Kahanai schaute hinauf zum Berg Mauna Kea und erblickte Poliahu, die Herrscherin des Berges, die weit oberhalb der Bäume im Schneeland lebte. Sie stand hoch über den senkrechten Felswänden in Gestalt einer Zauberin, die sich als eine sehr schöne Frau in einem weißen Mantel offenbarte. Als sich Kahanai und seine Gefährten dem kalten Platz näher-

ten, auf dem sie saß, forderte sie ihn auf, sie zu ihrem Heim auf der In-
landseite des Berges zu begleiten. Kahanai bat seine Gefährten, mit ihm
zu dem Berghaus der Schönen vom Mauna Kea zu gehen.

Dort wurden sie gastfreundlich aufgenommen. Poliahu rief ihre
Schwestern Lilinoe und Ku-lau-a-koela, wunderschöne Mädchen, und
gab ihnen Muscheln mit lieblichen Klängen zu blasen. Die ganze Nacht
hindurch machten sie Musik und sangen die aufregenden Lieder der
großen Berge. Kahanai war von Poliahu so entzückt, daß er viele Monate mit ihr in den Bergen lebte.

Eines Morgens erwachte Kahanais Ehefrau Paliula in ihrem Haus
durch einen Traum. Sie hatte gesehen, wie Poliahu und Kahanai zusammenlebten. Sogleich rief sie Waka und fragte sie, ob der Traum wahr sei.
Waka schaute mit ihren magischen Kräften über die gesamte Insel und
sah die drei jungen Männer mit den drei Mädchen des Schneemantels
zusammenleben. Da befahl sie mit erboster und lauter Stimme dem
Herrscher, nach Hause zurückzukehren. Sie verwandelte sich in einen
gewaltigen Vogel und holte ihn so zurück.

Aber Poliahu folgte dem Flug des Vogels und traf sich weiter heimlich
mit Kahanai. Eines Tages entführte sie ihn zurück zum Mauna Kea und
bedeckte den gesamten Berg so dick mit Schnee, daß Waka ihr nicht
mehr folgen konnte.

Waka und die Vogelfreunde von Paliula konnten wegen der großen
Kälte die Bergspitze nicht erreichen. Da ging Waka nach Waolani und
berichtete der Patin Anuenue von ihren Sorgen.

Anuenue fürchtete, ihre Brüder Kane und Kanaloa könnten erfahren,
daß Kahanai seine Frau und Schwester verlassen hatte, und war in
großer Sorge. Sie bat Waka, mit ihr zur Drachenfrau Mo-o-inanea zu gehen, doch die Götter Kane und Kanaloa konnte man nicht täuschen. Sie
wußten, daß es Sorgen gab, und kamen herbei, um die beiden zu beraten.

Kane trug Waka auf zurückzukehren und Paliula zu beruhigen. Kahanai würde dafür bestraft werden, daß er sie verlassen hatte. Waka kehrte
zurück, mußte aber feststellen, daß Paliula fortgegangen war.

Paliula wanderte durch die Wälder, pflückte Lehua-Blumen und war
auf dem Weg hinauf zum Lua Pele, dem Vulkankrater, in dem die Göttin
des Feuers, Pele, lebte.

Unterwegs traf Paliula ein hübsches junges Mädchen, das sie bat, ihre
Gefährtin auf der Reise über die Insel zu sein. Sie wanderten durch die
Gegenden von Puna, Kau und Kona nach Waipio. Dort begegneten sie

einem gutaussehenden jungen Mann, der vor einem Abgrund stand, über welchen die Nebelwolken von Hiilawe fielen. Die Weggefährtin von Paliula verliebte sich in ihn und nahm diesen jungen Häuptling zum Ehemann. Durch ihre magische Kraft spürte die Rivalin Poliahu die Nähe Paliulas. Doch sie erzählte Kahanai, daß sie Paliula in ihren Visionen mit einem neuen Ehemann gesehen habe.

Schließlich kehrte Paliula zurück zu ihrem Haus, um dort lange Zeit zu ruhen. Aber Waka holte sie fort und brachte sie von Insel zu Insel, bis sie nach Oahu kamen. Am Strand sprang Paliula ans Ufer und machte sich auf den Weg hinauf zum Maona-Tal. Dort stürzte sie sich in die Wälder, erklomm die Bergrücken und Steilhänge und wanderte durch die wilden Ebenen, bis ihre Kleider zerrissen und in Fetzen hingen.

Kane und Kanaloa sahen sie auf der Bergseite der Insel sitzen. Sie sandten Diener, um sie zu sich zu holen, damit sie mit ihnen in Waolani leben konnte. Als sie zu dem Heim der Götter im Nuuanu-Tal kam, dachte sie sehnsüchtig an ihren Gatten und sang:

In Waolani ist mein Blütenkranz aus blutrotem Regen.
Der Blütenkranz des Nebelregens sammelt sich und vereinigt sich,
Vereinigt sich in meinen Gedanken mit Tränen.
Sehnsüchtig ist mein Körper nach Liebe.
Kostbar in den Augen des Liebenden.
Mein Bruder, der Erstgeborene,
Kehre zurück, kehre zurück, mein Bruder.

Nachdem Paliula dies gesungen hatte, verließ sie Waolani in Richtung Waianea. Auf ihrer Wanderung traf sie einen Häuptling mit Namen Kalena, bei dem sie eine Zeitlang wohnte.

Sie lebte dort mit den Menschen der kalten Winde und trug Leis aus Mokihana-Beeren und wohlriechenden Gräsern. Sie wurde von allen in der Familie geliebt. Eines Tages ging sie hinauf in die Berge zu einer großen Schlucht. Dort legte sie sich zum Schlafen nieder, aber eine süße Stimme flüsterte: »Du kannst nicht am Rande dieser Schlucht schlafen.« Viele Male wurde sie von dieser Stimme geweckt, so ging sie weiter auf die Bergrücken oberhalb von Waianea.

Es war die Stimme von Hii-lani-wai, der Frau, welche die Mädchen von Waianae im Hula-Tanz unterrichtete. Paliula wollte diejenige sehen, die eine solch angenehme Stimme hatte. Sie ging an der Steilküste entlang, bis sie zu einem Hula-Haus kam, aber die Hütte war verschlossen und dicht, so konnte sie nicht hineinsehen.

Sie setzte sich vor die Hütte. Schon bald öffnete Hii-lani-wai die Tür und bat sie hinein. Es war das erstemal, daß Paliula diese Art von Tanz erblickte. Die Lust am Tanzen ergriff ihre Seele, und sie vergaß ihren Ehemann, wurde Hii-lani-wais Freundin und lebte eine Zeitlang bei ihr.

Eines Tages wanderten sie durch den Wald, als der Gott Kane seine tanzenden Bäume zu ihnen schickte. Während sie durch den Wald gingen, hörten sie die Bäume wie menschliche Wesen singen und tanzen. Hii-lani-wai war entzückt von dem Tanz der Bäume, und Paliula erzählte ihr, sie hätte diese Bäume schon einmal tanzen gesehen. Die Bäume machten die beiden glücklich.

Sie gingen weiter, um einige Tage an der Küste zu verweilen. Paliula verlangte nach einem Boot, um zu der Insel Kauai überzusetzen. Die Menschen an der Küste warnten sie vor Untiefen und gefährlichen Wasserstrudeln, doch die Mädchen blieben hartnäckig und erhielten ein kleines Boot. Hii-lani-wai steuerte, während Paliula paddelte und das Boot ausschöpfte. Der Zorn des Meeres erhob sich nicht. Auf dem Weg fiel Paliula in einen tiefen Schlaf, doch das Boot überquerte auch ohne ihr Zutun geschwind die Meeresenge, und es war über und über bedeckt mit allen Farben des Regenbogens. Einige Frauen auf Kauai entdeckten sie und bedeuteten ihnen mit ihren Händen, am Ufer anzulegen.

Malu-aka, der ›Schatten des Friedens‹, war die schönste aller Frauen von Kauai. Sie war fröhlich und sehr gastfreundlich und brachte beide zu ihrer Hütte. Die Menschen strömten zusammen, um die beiden außergewöhnlichen Fremden zu sehen. Paliula erzählte Malu-aka ihre Geschichte und blieb eine Zeitlang bei den Mädchen aus Kauai. Bald begann sie mit Malu-aka eine Reise über die Insel und erlernte alle Tänze von Kauai. Paliula wurde auf der ganzen Insel berühmt für ihre wundervolle Anmut und Gewandtheit und ihre Tänze, die leichtfüßig waren wie der Wind, sie schien über dem Boden zu schweben. Ihre Lieder und der Klang ihres wirbelnden Tanzes wurden von den Winden in die Lüfte erhoben und durchdrangen die Träume des Wolkenmädchens. Ke-ao-mele-mele lebte zu dieser Zeit mit ihren Wolkenwächtern und der Drachenfrau in dem fernen Land Ke-alohi-lani. In ihren Träumen vernahm sie den Gesang der süßen Stimme und sah eine prächtige Frau tanzen, während die Winde in den Wäldern flüsterten. Fünf Nächte lang hörte sie dieselben Lieder und den Klang der Tänze, dann bat sie die Drachenfrau, ihr die Träume zu deuten. »Es ist die Stimme deiner Schwester Paliula, die auf den Steilküsten der Insel Kauai singt und tanzt. Ihr Bruder und Gatte hat sie verlassen, darum hat sie großen Kummer. Er lebt mit der Schneefrau Poliahu auf Hawaii.«

Als das Wolkenmädchen dies erfuhr, wollte sie zu ihrer Schwester, um mit ihr zusammenzuleben und sie zu trösten. Lange dachte die Drachenfrau Mo-o-inanea darüber nach, dann gab sie ihr einen Rat voller Weisheit. Sie riet ihr, den Gott Kane aufzusuchen, er würde ihr sagen, was zu tun sei.

Das Mädchen von der goldenen Wolke begann ihre Reise in Begleitung ihrer Wächterwolken und besuchte zunächst ihre Mutter Hina und deren Ehemann Olopana, dann ihren Vater Ku und dessen Frau Hiilei. Dort traf sie deren Sohn Kau-mai-liula, ›Die Dämmerungsruhe des Himmels‹. Dieser sah wunderschön aus, wie die tiefroten Blüten des Ohia-Baums im Schatten ihrer Blätter. Sie beschloß am Ende ihrer Reise nach Oahu zurückzukehren, um ihn zu heiraten.

Als sie die Insel mit ihren Begleitern verließ, flog sie wie ein Vogel über die Wellen des Ozeans. Schnell kam sie nach Kauai zu dem Platz, an dem ihre Schwester Paliula tanzte, und als Wolke hielt sie gemeinsam mit ihren Wolkenbegleitern Ausschau über das Land. Wie ein sanfter Schleier legte sich der Nebel mit den darüber liegenden Wolken über die Menschen. Und Paliula fühlte sich an ihre Heimatinsel erinnert und an die sie liebenden Menschen zu Hause.

Das Wolkenmädchen sah die Anmut des Tanzes und verstand die Liebe, die sich im Gesang ausdrückte. Sie flog von Kauai fort, überquerte den Kanal und kam nach Waolani auf Oahu. Dort ging sie zu Kane und Kanaloa hinauf und sagte zu ihnen, sie sei gekommen, um zu lernen, was sie an Gutem für ihre Schwester und deren Ehemann tun könne. Kane erlaubte ihr eine Reise nach Hawaii, um ihre Schwester und den Häuptling zu sehen, und so flog sie zur Insel und verwandelte sich in eine von der See kommende Wolke, die den Berg hinaufschwebte, bis sie die Schneefrau Poliahu und deren Schwestern fand. Poliahu sah den Berg hinunter und beobachtete, wie eine Frau den Berg erklomm, doch schon im nächsten Moment war die Frau verschwunden. Nur noch eine goldene Wolke ruhte auf dem Gipfel des Berges. Es war das Wolkenmädchen in ihrer Verwandlung. Sie beobachtete ihren Bruder und die Schneefrau volle zwanzig Tage, ohne sich von der Stelle zu bewegen, dann erst kehrte sie nach Oahu zurück.

Auf den Rat von Kane beschloß das Wolkenmädchen, den Hula-Tanz und die dazu gehörenden Gesänge zu lernen. Sie fand für das Tanzen einen schönen Platz am Fuße der Berge bei Waolani, den Kane mit einem gewaltigen Kukui-Baum bepflanzte, der ihr Schatten spendete.

Kane und seine Schwester begaben sich an diesen Ort und beobachteten das Wolkenmädchen. Bei ihr waren die Töchter vom Nuuanu-Tal. Kane sandte das Wolkenmädchen zu der Göttin des Tanzes, Kapo, die auf dem Vulkan Mauna Loa lebte. Sie war eine Schwester der Götter der magischen Pflanzen und kannte jeden Zauber. Das Wolkenmädchen nahm Geschenke mit sich, die sie der Hula-Göttin Kapo überreichte, und gewann so die Gunst der Göttin.

Kapo lehrte das Wolkenmädchen die Gesänge und die vielen Bewegungen der verschiedenen Hulas, bis diese sehr geschickt darin war. Dann flog das Wolkenmädchen über den Ozean nach Oahu und zeigte den Göttern die Anmut ihres Tanzes. Von dort zog sie weiter nach Kauai und tanzte in der Brandung, in den Wolken, über den Wäldern und in den Wirbelwinden. Jede Nacht wanderte sie zu einer der anderen Inseln, tanzte in den Wolken und über der See und kehrte dann nach Hause zurück. Zuletzt ging sie zum Mauna Kea, wo sie ihren Bruder Kahanai traf. Sie überredete ihn, die Schneefrau zu verlassen und nach Waolani zurückzukehren.

Paliula und ihre Freundinnen waren mit Waka nach Hause zurückgekehrt, wo sie neue Bewegungen für ihre Tänze in dem Klang der tanzenden Blätter fanden, in den Blumen und den Blättern der sanft schwingenden Zweige der Waldbäume und den vielen verschiedenen Winden.

Eines Tages erkannte Kahanai in den Sternen und Wolken beunruhigende Zeichen, die ihn zur Reise aufforderten. Er bat Kane um ein Kanu. Kane rief die Eepas, das Volk der Erdgeister, und das Zwergenvolk der Menehunes und trug ihnen auf, Kanus herzustellen, die Kahanai zu seinen Eltern zurückbringen sollten.

Die Boote wurden in den Wäldern von Waolani gebaut. Als die Menehunes das Kanu fertig hatten, brachten sie es hinunter zum Nuuanu Tal nach Puunui. Dort rasteten sie, und viele aus dem kleinen Volk halfen, das Kanu Schritt für Schritt zu der Quelle des Nuuanu-Baches zu bringen, der ihnen für den weiteren Weg zum Ozean Hilfe bot.

Die Menehunes überließen das Boot den Strömen des Wassers und kehrten nach Waolani zurück. Über die Zwergenmenschen wird gesagt: »Keine Aufgabe ist ihnen zu schwierig, es ist eine Arbeit aus einem

Guß.« Auf ihrem Heimweg hörten sie im Nuuanu-Tal das Rufen anderer Lebewesen, und sie eilten den Eepas entgegen, die auch ein Boot hinab bewegten. Als die Menehunes ihnen erzählten, daß der Häuptling bereits seine Reise mit einem Auslegerkanu begonnen habe, ließen die Erdgeister ihr Boot an dieser Stelle liegen, damit es langsam zerfalle. Es heißt, daß es dort noch viele Jahrhunderte überdauerte.

Kahanai und seine Freunde saßen in ihrem Boot, als ein starker Wind vom Nuuanu hinabfegte, die trockenen Blätter der Berge hinunterwehte und ins Meer trieb. Weiße Schaumkronen trugen das Boot in den Ozean hinaus. Doch Kahanai steuerte das Boot mit Hilfe seiner magischen Kräfte, und blitzschnell wurde das Boot von der Insel zu den Häusern von Ku und Hina getragen.

Ku und Hiilei sahen das Boot herannahen, denn die Zeichen seiner Ankunft waren im Himmel erkennbar. Ku ging zu den Reisenden und fragte sie, wessen Boot es sei und von welchem Ort es komme.

Kahanai antwortete: »Dieses Boot stammt aus Waolani, der Heimat der Götter Kane und Kanaloa und des Wolkenmädchens.«

Da fragte Ku: »Wessen Kind bist du?«

»Ich bin der Sohn von Ku und Hina«, antwortete Kahanai.

»Welche Kinder gehören noch zu deiner Familie?«

»Wir sind drei. Ich und zwei Schwestern, Paliula und Ke-ao-mele-mele. Ich bin von Ke-ao-mele-mele hierhergeschickt worden, um Kaumai-liula und Kau-lana-iki-pokii zu holen und mit ihnen nach Oahu zu fahren.«

Ku und sein Weib stimmten dem Auftrag für ihren Sohn Kaumai-liula zu. Als Kahanai ihn sah, wußte er, er hätte keinen besseren Mann finden können, der so schnell einwilligte, mit ihm nach Oahu zu gehen.

Ku rief nach den Booten. Wunderschöne rote Boote mit roten Segeln und roten Paddeln wurden gebracht – alles darin war rot. Vier gute Bootsleute wurden für jedes Boot ausgesucht, Männer die aus dem Land Ulu-nui kamen – dem Land des gelben und des schwarzen Ozeans des Kane – und den Befehl der Drachenfrau Mo-o-inanea erfüllten. Sie alle besaßen Zauberkräfte, denn sie waren Blutsverwandte von Kane und Kanaloa.

Die Tochter von Hina und Olopana, Kau-lana-iki-pokii, rief, sie wolle mit ihrem Bruder gehen. Also befahl die Drachenfrau ihrer Drachenfamilie, dem Mädchen ein Boot zu bauen, und übertrug einem der

Zauberdrachen die Aufgabe, mit ihr zu gehen und sie zu bewachen. Sie riefen die schönsten Muscheln des Meeres herbei, die ein Boot für das Mädchen und ihre Dienerschaft bildeten. Damit folgte es den Booten von Kahanai. Mit einem einzigen Schlag der Paddel hatten sie sich von dem Heim der Götter entfernt. Mit dem zweiten Paddelschlag durchbrachen sie die Grenzen des Ozeans, und der dritte Schlag führte sie direkt in den alten Hafen von Honolulu.

Als die Boote über die Wellen an den Strand glitten, hörten sie im Inland ein gewaltiges Rufen, es waren die Stimmen der Menehunes von Waolani. Zu ihrer Begrüßung ruhten Nebel und Regenbögen über Waolani, und die Menehunes sammelten sich in großer Zahl. Sie rannten hinunter zum Strand, um die Boote des jungen Häuptlings aus dem Wasser zu heben, und bildeten eine lange Schlange von Waolani bis zur See. Sie hoben die Boote empor und gaben sie ohne Mühe von Hand zu Hand weiter und jubelten dabei voller Freude. Während der Häuptling auf diese Weise bis Waolani hinaufgelangte, kam das Wolkenmädchen in ihrem Wolkenboot von Hawaii an.

Kane hatte den Menehunes aufgetragen, ihr ein Haus vorzubereiten. Dies geschah in der Zeit eines Lidschlags, und das Wolkenmädchen trat ein, um zu ruhen. Kurze Zeit später begann sie ihren Hula-Tanz.

Auch der Häuptling fand mit seinen Begleitern Hütten vor, die für sie vorbereitet waren.

Die nachfolgenden Muschelboote konnten in der mit Booten gefüllten Bucht nicht mehr anlanden. So wendeten sie und landeten an der östlichen Seite des Hafens an, wo das Meer sehr ruhig war. Dort schrumpften die Muschelboote, so daß Kau-lana und ihre Begleiterinnen die Boote in ihren Kleidern verstauen konnten. Als sie am Strand entlang gingen, versah die Drachenfrau das Mädchen mit den Zeichen einer hohen Herrscherin, indem sie über sie den roten Regen und den wachsenden Regenbogen legte. Und diesen Namen ›Blutiger Regen‹ bekam auch der Ort, an dem sie an Land ging.

Die Drachenfrau verwandelte ihre Erscheinung und brachte das Mädchen das Nuuanu-Tal hinauf bis zu Ke-ao-mele-mele, dem Wolkenmädchen, ohne daß Kane oder die anderen es bemerkten. Sie sahen den Hula des Wolkenmädchens. Schon bald fühlte diese, daß sich jemand außerhalb des Hauses befand. Als sie hinausblickte, sah sie ein Mädchen mit allen Zeichen einer Herrscherin über sich.

Da sagte das Wolkenmädchen:

»Bist Du es, oh Auge des Tages?
Du, des Blitzes leuchtendes Auge von Kahaiki,
Deren Kommen ich grüße.
Die starken Winde haben geblasen,
Zittern kommt in meine Brust,
Eine Fremde steht draußen,
Ein Mädchen, deren Zeichen die Nebel sind,
Eine Fremde und doch meine Schwester,
Die Blume der göttlichen Heimat,
Des wunderbaren Landes der untergehenden Sonne,
Wo sie in die tiefe blaue See hinuntergeht.
Du gehörst zum Weißen Ozean Kanes,
Du bist Kau-lana-iki-pokii,
Die Tochter des Sonnenuntergangs,
Die Frau, die im Nebel erscheint,
Im Donner und dem Leuchten des Blitzes
Bebend in dem über uns liegenden Himmel.
Leuchten erglüht zu deinen Füßen
Als Zeichen einer Herrscherin,
Der Frau hoch in den Himmeln,
Kau-lana-iki-pokii,
Trete ein, trete ein, hier bin ich.«

Die draußen Stehenden vernahmen das Rufen, und das Wolkenmädchen wußte, wer da kam. Sie traten ein und erkannten das Wolkenmädchen in all der Pracht ihrer hohen göttlichen Stellung. Sie küßten sich, und Kaulana erzählte, warum sie gekommen sei. Das Wolkenmädchen bat die Drachenfrau, sie allein zu lassen und auf dem Berg bei der zerfurchten Steilküste am Ende des Tales zu warten. Die Drachenfrau begab sich zu dem Steilhang und wurde die Wächterin dieses Ortes. Sie war der erste Drache auf der Insel, und sie bewachte alle mit ihrer magischen Kraft. Später dann kam auch die Drachenfrau Mo-o-inanea mit vielen anderen Drachenfrauen, um über die gesamten Inseln zu wachen. Das Wolkenmädchen lehrte ihre Schwester die verschiedenen Hulas, und bald waren sie ebenbürtig in ihrem Können.
Als die jungen Männer die Gesänge des Hula-Tanzes vernahmen, verspürten sie den Wunsch, sich die Tänzerinnen anzuschauen. Aber in der Stunde des Zwielichtes wurde der Ort Waolani wie von einem Erdbeben

geschüttelt, und Donner und Blitz kamen auf. Gemeinsam mit Anuenue gingen die jungen Männer zu dem Haus und sahen, wie die Mädchen tanzten, und wunderten sich, wie Kau-lana aus dem fernen Land hierhergekommen war.

Das Wolkenmädchen sagte den jungen Leuten die Zukunft voraus. Sie eröffnete Kau-lana, daß diese niemals heiraten würde, aber für alle Zeiten über magische Heilkräfte verfügen werde. Kahanai werde die Herrschaft über alle Priester und Zauberer haben und die Kenntnisse der Opferungen, und er werde der Vertraute der Heilgöttin werden. Sie sollten alle nach Waipio auf Hawaii gehen. Auch Kane, Kanaloa und Anuenue stimmten ihren Anweisungen zu.

Das Wolkenmädchen sandte Kau-lana nach Hawaii, um Paliula zu suchen und sie nach Waipio zu bringen, damit sie dort lebe und erneut mit Kahanai zusammenkomme. Und Kau-lana eilte in ihrem Muschelboot nach Hawaii. Sie rief: »Oh mein rotes Muschelboot aus dem tiefblauen und schwarzen Ozean, komme herauf zu mir!«

Das Muschelboot erschien auf den Wellen der Brandung und brachte das Mädchen rasch nach Hawaii. Dort fand sie Waka und Paliula und brachte sie nach Waipio, wo sie alle eine Zeitlang lebten. Dann kehrten sie nach Waolani zurück, um die Hochzeit des Wolkenmädchens und Kau-mai-liulas, der ›Dämmerungsruhe des Himmels‹, zu feiern.

Kane sandte Waka und Anuenue, um Ku und Hiilei, Hina und Olopana und die Drachenfrau Mo-o-inanea nach Oahu zu holen.

Die Drachenfrau baute große, seetüchtige Kanus für die beiden Familien; ihr Volk und sie selbst bestiegen ihre magischen Boote.

Zu ihrem Volk sprach die Drachenfrau, daß sie nie wieder zu ihren Inseln zurückkehren würden. Ihre Heimat seien künftig die Inseln Hawaiis. Bevor die Drachenfrau ihr Land verließ, verwandelte sie es und verbarg alle Plätze, an denen sie und ihre Familie gelebt hatten. Sie rief alle ihre Zauberdrachen zusammen und ging mit ihnen zu dem Platz, von dem die Götter ursprünglich gekommen waren. Dort verwandelte sie das alte Land so, daß nie wieder ein Mensch, ein Gott oder Geist auf ihm leben konnte. Dann erhob sie sich, um fortzugehen. Das Land wurde mit schweren dunklen Regenwolken bedeckt. Es verschwand und ist nun bekannt unter dem Namen ›Das verborgene Land des Kane‹. Kurze Zeit später landeten die Drachen auf der westlichen Seite von Oahu, bei Waialua, und dieser Platz wurde die Heimat der Drachen. So kamen die Drachen auf die hawaiischen Inseln.

Die beiden Familien von Ku und Hina bestiegen die Boote von Waka und Anuenue. Ku und seine Freunde schauten zurück und wußten, dieses Land war für immer verloren. Bald sahen sie nichts mehr, bis die Berge von Oahu erschienen. Sie landeten auf der nördlichen Seite der Nuuanu-Steilküste an und gingen hinauf nach Waolani, wo sie die anderen Familien trafen.

Als die Hochzeit des Wolkenmädchens und Kau-mai-liulas bevorstand, kam die wunderschöne Tochter des Sonnenuntergangs in Begleitung der beiden Bäume Makalei und Makuukao.

Der Speisenbaum Makuukao wanderte mit Kau-lani weiter, erklomm die Steilküste von Waolani, ließ sich dort nieder und sorgte für viele verschiedene Speisen.

Der Baum Makalei brachte auf seinem Weg so viele Sorten Fisch mit sich zu der Küste von Oahu, daß die See rot vor Fisch war. Dann begann der Makalei aus dem Meer auf den Strand heraufzusteigen. Kau-lani bat die Götter und Wesen um völlige Ruhe, wenn der mächtige Baum aus der See aufsteige. Sie müßten schweigen und dürften keinen Laut von sich geben. Doch als der mächtige Baum den Fuß der Steilküste erreichte, waren die Menehunes und die Eepas sehr erschrocken und begannen zu schreien, denn sie dachten, er wäre ein gefährlicher Zauberer aus Kahiki, der gekommen sei, um sie zu töten. Als sie schrien, fiel der Makalei am Fuß der Küste nieder, wo er bis zum heutigen Tage liegt, und die Fische zerstreuten sich um die Inseln herum.

Kau-lana geriet darüber in großen Zorn und verlangte von Kane und den anderen Göttern, daß zur Bestrafung die Lärmenden das wunderschöne Tal der Götter verlassen müßten. So verbannte Kane die Erdgeister und Zwerge von Waolani. Sie wurden fortgebracht und auf alle Inseln verteilt. So kamen die Erdgeister und Zwerge auf alle Inseln Hawaiis.

Ke-ao-mele-mele, das Wolkenmädchen, und die ›Dämmerungsruhe des Himmels‹ heirateten. Für viele, viele Jahre regierten sie alle Inseln bis hin in die geheimnisvollen Tiefen des Ozeans.

Als ihr Tod nahte, legten sie ihre menschlichen Körper Seite an Seite und machten nie wieder Gebrauch von ihnen. Aber sie verwandelten sich in ihre göttlichen Körper und blieben als Aumakuas, als Geistergötter, auf den Inseln Hawaiis.

Noch Hunderte von Jahren erschienen sie in den Himmeln über den Bergen und den Tälern, um ihre Abkömmlinge zu schützen und aufzuheitern.

41. Der Graf und das Mädchen

Es war einmal ein Graf. Dieser Graf hatte einen Sohn, der konnte alles, was man sich nur denken kann, nur reiten konnte er nicht. Als der Graf sah, daß sein Sohn nicht reiten konnte, war er sehr traurig. Deshalb ließ er verkünden, daß er demjenigen ein großes Geschenk machen und dazu noch seine Tochter zur Frau geben wolle, der seinen Sohn das Reiten lehren würde. Da kommt sein Diener zu ihm und sagt, er solle für seinen Sohn keinen Lehrer nehmen, denn er selbst wolle es ihn lehren, sogar für einen geringeren Lohn.

»Gut!« sagt der Graf zu ihm. »Tu es nur, ich werde dir einen Lohn geben, dessen du dich nicht zu schämen brauchst.«

Und so nahm der Diener den jungen Grafen ganz in seine Obhut. Gleich am nächsten Tag gehen die beiden los, um ein wenig spazierenzureiten. Sie reiten und reiten vom frühen Morgen bis zum späten Abend und kommen in einen großen Wald. Und sie ritten tief in diesen Wald hinein, so tief, daß man es kaum sagen kann, bis sie schließlich zu einem schrecklich tiefen Graben kamen. Da konnten sie nicht hinüber.

»Was jetzt?« fragten sie sich.

Schließlich sagt der Diener zu dem jungen Grafen: »Komm! Wir wollen versuchen hinüberzuspringen! Vielleicht hast du schon etwas gelernt.«

»Gut, versuchen wir es«, antwortet der junge Graf.

Der Diener springt als erster und kommt glücklich hinüber. Dann springt der Graf, aber er hat kein Glück und fällt in den Graben, bis auf den Grund. Das Pferd starb dabei, er aber wurde nur leicht verletzt.

Als er sich etwas vom Schmerz und von der Angst erholt hatte, stand er auf und sah sich ein wenig um. Der Graben ist so schrecklich tief, daß man nur den Himmel sehen kann, und so lang, daß kein Ende zu sehen ist.

»Was soll ich Armer jetzt anfangen, hier komme ich nicht mehr heraus, wohin soll ich jetzt nur? Ach, ich gehe einfach weiter, ich werde schon irgendwo hinkommen.«

Und so geht er auch und geht Tag und Nacht in diesem Graben weiter, bis er schließlich zu einer Tür kommt.

»Was ist das für eine Tür, was mag wohl dahinter sein? Soll ich hineingehen oder nicht?«

Schließlich faßt er sich ein Herz und klopft an die Tür. Er hört eine Stimme: »Harajn!«

Er geht hinein und sieht ein altes Weib, das war eine Hexe. Und er bittet sie, ihn übernachten zu lassen, denn er habe sich verirrt und wisse jetzt nicht, wohin. Die Alte sagt sogleich, er könne bleiben und solle sich nur zur Ruhe begeben. Und so geht er schlafen und schläft auch gleich ein.

Am nächsten Morgen stand er auf und wollte fortgehen. Die Alte aber ist teuflisch.

»Du gehst nirgendwohin, Söhnchen«, sagte sie zu ihm, »du wirst mir erst dafür bezahlen, daß du bei mir geschlafen hast.«

»Aber wie soll ich bezahlen?« fragt sie der junge Graf.

Unterdessen bringt sie ein gläsernes Beil und sagt zu ihm: »Hier, nimm dieses Werkzeug und geh! Siehst du jenen Wald dort, den rode bis zum Abend, dann pflüge und säe Weizen aus, damit ich dir am Abend einen Kuchen aus diesem Weizen backen kann.«

Als der Graf diese Worte hörte, wurde ihm schwer ums Herz. Jenen Wald roden – aber womit? Mit diesem Beil etwa? Wenn ich nur einmal zuschlage, zerspringt es.

Aber was nützt es? Da hilft kein Weinen, also los! Er geht in den Wald und versucht, einen Baum zu fällen. Aber als er zuschlägt, zerspringt das Beil sogleich in tausend Stücke. Da brach er in Weinen aus, daß man es bis zum Himmel hören konnte. Er weinte in einem fort bis zum Mittag. Gegen Mittag brachte ihm die Tochter der Alten das Mittagessen. Und als sie sah, daß er noch nichts geschafft hatte, fragte sie ihn: »Um Gottes willen, was machst du denn, du hast ja noch nichts getan? Wann willst du das machen, was dir die Alte aufgetragen hat? Weißt du, daß es dein Tod ist, wenn du das nicht tust? Denn die Alte ist eine Hexe.«

»Aber wie soll ich es denn machen, wenn ich gar kein Werkzeug habe? Wie kann ich das mit einem gläsernen Beil machen? Als ich das erstemal damit zuschlug, zersprang es sogleich in tausend Stücke.«

»Weißt du, wie?«, sagte das Mädchen. »Wenn du mich zur Frau nimmst, werde ich dich davon befreien. Schneide du dir nur mit einer Glasscherbe in den kleinen Finger, zum Zeichen, daß du mir treu bleibst.«

»Das will ich«, sagte der Graf und schnitt sich mit einer Glasscherbe in den Finger.

Nachdem er das getan hatte, gab sie ihm zu essen, und als er gegessen hatte, schlief er ein.

Unterdessen rief das Mädchen so viele Teufel herbei, daß der Wald im

Nu gefällt, gerodet, gepflügt und der Weizen ausgesät war. Und der Weizen wuchs, blühte und reifte heran. Als alles fertig war, ging das Mädchen nach Hause.

Da wachte der junge Graf auf, und als er den reifen Weizen sah, wunderte er sich sehr. »Wie ist das nur möglich! Gott und diesem Mädchen sei Dank, daß sie das für mich getan hat, jetzt bin ich gerettet! Der Abend ist bald da, der Weizen ist reif, was will ich mehr, als einige Garben schneiden und sie nach Hause tragen.«

Und so ging er mit dem Weizen zu dem alten Weib. Als er dort ankam, sagte er: »Alte, ich habe meine Arbeit getan, jetzt backe den Kuchen!«

»Gut, gut, Söhnchen, geh nur schlafen und steh morgen früh auf.«

Gut, er ging also schlafen. Am nächsten Morgen stand er auf und sagte zu dem alten Weib, daß er fortgehen wolle.

»Aber nein! Das ist noch nicht genug, liebes Söhnchen. Hier nimm diesen gläsernen Hammer und Löffel und geh zu jenem Berg. Dort hebe einen Brunnen aus, hole mit diesem Sieb Wasser aus jenem Graben und fülle damit den Brunnen.«

Der junge Graf ging sofort hin, aber nicht so traurig und betrübt wie beim erstenmal, denn er wußte, daß ihm das Mädchen helfen würde.

Als er an jene Stelle kam, begann er mit dem Hammer etwas zu hämmern und mit dem Löffel zu graben – aber alles zersprang.

Da setzte er sich hin und wartete, bis ihm das Mädchen das Mittagessen brachte.

Als sie mit dem Essen kam, sagte sie zu ihm: »Du hast ja noch nichts getan!«

»Was kann ich denn tun, wenn ich nicht einmal richtiges Werkzeug habe, und selbst wenn ich es hätte, wäre ich nicht imstande, es ohne dich zu tun.«

»Nun gut«, sagte sie zu ihm, »schneide dir zum zweiten Mal in den Finger.«

Nachdem er sich in den Finger geschnitten hatte, gab sie ihm zu essen, und als er gegessen hatte, schlief er auch schon ein.

Da rief sie eine Menge Teufel herbei, die im Nu den Brunnen ausgehoben und ihn ganz mit Wasser gefüllt hatten.

Als der Graf aufwachte und sah, daß alles fertig war, schöpfte er Wasser und trug es nach Hause zu dem alten Weib, wie sie es ihm aufgetragen hatte.

Als die Alte das sah, sagte sie zu ihm, er solle schlafen gehen.

Gut, der Graf ging schlafen, und als er am nächsten Morgen aufwachte, wollte er fortgehen.

Aber die Alte ist teuflisch; wieder sagte sie zu ihm: »Aber mein Söhn-
chen, das ist noch nicht genug, komm und baue mir auf jenem Berg so eine
Burg, wie sie dein Vater hat. Hier hast du eine gläserne Kelle und einen
Hammer; die Ziegel und Dachpfannen aber mußt du dir selbst brennen.«

Gut, der Graf nahm das Werkzeug und ging. Er machte sich keine
Sorgen, wie er das schaffen sollte, denn er wußte, daß ihm das Mädchen
helfen würde.

Als er an die Stelle kam, wo er die Burg bauen sollte, begann er mit
dem Hammer zu hämmern und die Kelle einzuschmieren. Aber er
schlug nur einmal zu, da zersprangen auch schon Kelle und Hammer.
Da setzte er sich an die Seite, begann über sein Unglück nachzudenken
und schlief darüber ein. Zur Mittagszeit brachte ihm das Mädchen das
Essen. Als sie zu ihm gekommen war, weckte sie ihn und sagte, er solle
essen und sich zum dritten Mal in den kleinen Finger schneiden; sie
würde das alles schon allein machen.

Und richtig, nachdem er zu Mittag gegessen hatte, schlief er sofort ein,
und das Mädchen rief wieder eine große Menge Teufel herbei, die im Nu
die Ziegel gebrannt, das Fundament ausgehoben und ein Haus gebaut
hatten, das ganz so war wie das seines Vaters.

Als der junge Graf erwachte und eine Burg sah, die ganz so war wie
die seines Vaters, freute er sich sehr und ging leichten Herzens nach
Hause.

Als er nach Hause kam, sagte er zu dem alten Weib, daß er seine Arbeit getan hätte und morgen zu seinem Vater nach Hause müsse, denn
weiß Gott, was sein Vater denke, warum er so lange von zu Hause fort-
bleibe.

»Gut, gut, Söhnchen, bleib nur hier und schlafe, morgen kannst du
dann fortgehen.«

Gut, und so ging der Graf schlafen.

Unterdessen ging die Alte zu ihrem Mann, der auch ein Hexenmeister
war, und sagte zu ihm: »Hör mal, Alter, was sollen wir mit diesem Bur-
schen anfangen? Du siehst, er kann mehr als wir, er könnte uns noch
umbringen, wenn er zornig wird. Deshalb sage ich dir, wir sollten ihn
lieber umbringen als umgekehrt. Und ich werde dem Mädchen sagen,
daß sie den Ofen bis morgen neunmal anheizen soll, damit wir ihn dort
hineinwerfen können.«

»Gut, Alte, gut. Du hast recht, so wird es am besten sein, nur in den Ofen mit ihm«, sagte der alte Großvater.

Und wirklich, die Alte lief zu dem Mädchen und sagte, sie solle bis morgen neunmal den Ofen anheizen, und wenn alles fertig sei, solle sie zu ihr kommen und es ihr sagen.

Das Mädchen wußte sofort, was das bedeutete, als die Alte sagte, sie solle den Ofen anheizen. »Nein, das kommt nicht in Frage, daß du alter Teufel diese schöne Seele umbringst; und wenn du sie doch umbringst, dann mußt du auch dafür bezahlen!« Und das Mädchen lief in ein Zimmer, in dem zwei Paar Stiefel standen: Das eine Paar hatte die Kraft, einen Menschen mit einem Schritt so weit zu bringen, als wäre er drei Tage gegangen, das andere Paar aber konnte ihn mit einem Schritt so weit bringen, als wäre er zehn Tage gegangen. Da es dunkel war, nahm sie jene Stiefel, die mit einem Schritt einen Weg von drei Tagen schafften. Mit diesen Stiefeln ging sie in das Schlafzimmer des Grafen und sagte zu ihm, er solle um Gottes willen so schnell wie möglich mit ihr gehen, sonst wäre er verloren, denn die Alte habe den Ofen anheizen lassen, um ihn da hineinzuwerfen.

Daraufhin fragte sie der Graf: »Wie und wohin sollen wir gehen?«

»Mach du dir deswegen keine Sorgen«, antwortete das Mädchen, »halt dich nur an meinen Schultern fest und sieh dich nicht eher um, bevor ich es dir sage.«

Und der Graf machte, was das Mädchen ihm gesagt hatte, und die beiden liefen davon.

Sie gingen und gingen, und als sie schon ziemlich weit gekommen waren, sagte das Mädchen zu dem Grafen, er solle sich jetzt umdrehen und nachsehen, was es hinter ihnen gäbe. Das tat der Graf, sah sich um und sagte: »Oh! Was für eine schreckliche Wolke zieht hinter uns auf!«

»Hab keine Angst«, sagte das Mädchen, »das ist der Großvater, der Mann der alten Hexe. Laß meine Schultern los, ich will dich einsalben, dann wirst du ein Baum, ich aber eine Krähe werden. Dann fliege ich auf den Wipfel des Baumes – und so werden wir abwarten.«

Gut, sie salbte den Grafen ein, und als alles fertig war, kam auch schon der Alte und fragte die Krähe, die auf dem Baume krächzte: »Hör zu, Krähe, hast du hier vielleicht zwei Menschen vorbeigehen sehen?«

Da antwortete ihm die Krähe: »Ich krähe hier an diesem Ort schon tausend und aber tausend Jahre, aber außer dir habe ich bis jetzt noch keinen Menschen hier gesehen.«

Als der Alte diese Worte hörte, drehte er sich um und ging wieder nach Hause. Die Krähe aber und der Baum verwandelten sich wieder in Menschen zurück, wie sie es vorher gewesen waren.

Als der Alte nach Hause kam, fragte ihn die Alte sofort, ob er sie gefangen hätte. Der Alte aber sagte, daß er keine lebende Seele gesehen hätte, sondern nur eine Krähe, die auf einem Baum krächzte. Die hätte er gefragt, ob sie vielleicht zwei Menschen gesehen hätte; sie aber hätte gesagt, daß sie niemanden gesehen hätte.

»Ach, du alter Narr, weißt du denn nicht, daß der Baum der Graf war und die Krähe das Mädchen? Marsch! Sofort hinter ihnen her! Oder ich reiße dir alle Haare aus!«

Was blieb dem Alten da anderes übrig, als ihnen so schnell wie möglich nachzugehen!

Unterdessen aber waren die beiden schon ziemlich weit gekommen. Da sagte das Mädchen zu dem Grafen, er solle sich umdrehen und nachsehen, was es hinter ihnen gäbe.

Der Graf drehte sich auch um und sah noch etwas viel Schrecklicheres als zuvor. Als das Mädchen ihn fragte, was es denn sei, antwortete er: »Oh! Was für eine gewaltige Wolke kommt hinter uns her, noch dreimal schlimmer als zuvor!«

»Hab keine Angst«, sagte sie, »laß nur meine Schultern los, und du wirst zu einer Kirche. Ich aber werde ein Pfarrer und in der Kirche die Messe lesen.«

Und richtig, kaum hatte sie diese Worte ausgesprochen, da verwandelte er sich in eine Kirche, sie sich aber in einen Pfarrer, der die Messe las.

Nach kurzer Zeit kam der Hexenmeister und fragte den Pfarrer, ob er vielleicht zwei Menschen gesehen habe, die hier vorbeigekommen seien. Doch der Pfarrer antwortete ihm: »Ich lese hier die Messe schon tausend und aber tausend Jahre, aber außer dir habe ich noch keinen Menschen gesehen.«

Daraufhin drehte sich der Alte um und ging seines Weges, der Graf und das Mädchen aber den ihren.

Als der Alte nach Hause kam und der Alten erzählte, wie es gewesen war, schimpfte sie ihn wieder aus und sagte: »Du alter Narr, du siehst nicht weiter als bis zu deiner Nasenspitze! Weißt du denn nicht, daß der Pfarrer das Mädchen war, die Kirche aber der Graf? Marsch! Geh weg! Jetzt gehe ich hinter ihnen her!«

Das Mädchen und der Graf aber waren, seit der Hexenmeister sie verlassen hatte, immer weitergegangen. Als sie schon ziemlich weit gekommen waren, sagte das Mädchen: »Hör mal, dreh dich um und sieh nach, was hinter uns ist!«

Der Graf drehte sich um und sah, daß eine schreckliche Wolke hinter ihnen herkam und daß es blitzte und donnerte. Da bekam er Angst und sagte zu dem Mädchen: »Weh mir, so wie jetzt war es noch nie! Es blitzt und donnert ganz schrecklich!«

»Das ist die Alte, die hinter uns herkommt; jetzt hilft nichts mehr, jetzt mußt du leiden. Du verwandelst dich jetzt in Wasser, ich aber in eine Ente, die auf dem Wasser schwimmt. Die Hexe wird dich haben wollen und deshalb das Wasser aussaufen, und das wird dir vorkommen, als würde sie dir das Fleisch abreißen. Du aber erdulde es, sonst wird es schlimm!«

Kaum hatte das Mädchen das gesagt, da verwandelte er sich in Wasser, sie sich aber in eine Ente. Da kam auch schon die Alte, die Ente aber schwimmt und planscht im Wasser.

»Du wirst ihn mir geben, du treulose Hündin!« sagte die Alte zu der Ente.

»Nein, ich gebe ihn nicht her!« sagte das Mädchen.

»Und du wirst ihn doch hergeben!«

»Ich gebe ihn dir aber nur, wenn du das Wasser hier aussäufst; dann kannst du ihn haben.«

Da fing die Alte sofort an zu saufen. Zuerst ging es noch irgendwie, aber nach einer Weile begann die Alte nach Luft zu schnappen. »Das macht nichts, du wirst ihn mir schon geben«, sagte die Hexe.

»Nun gut, mach nur, was ich dir gesagt habe, dann kannst du ihn haben.«

Und wieder begann die Hexe zu saufen und zu saufen, bis sie platzte. Da floß das ganze Wasser, das die Alte gesoffen hatte, wieder zusammen, so daß dem Grafen am Körper nichts fehlte – wenn es aber nicht so gewesen wäre, hätte an seinem Körper Fleisch gefehlt, und er wäre verletzt gewesen.

Jetzt wurden sie wieder so, wie sie gewesen waren, und gingen leichten Herzens nach Hause. Unterwegs unterhielten sie sich über allerlei; am meisten aber darüber, wie sie als Eheleute miteinander leben wollten. Immer wieder aber sagte sie zu ihm: »Hör zu, Liebster, hör gut zu! Wirst du mich auch nicht vergessen? Ach, wenn du nach Hause zu deinen Eltern kommst, wirst du deine Retterin sicher vergessen!«

Diese Worte machten den Grafen traurig, und er sagte: »Ach, Liebste, wie könnte ich das, wie könnte ich dich vergessen, da du doch meine Retterin bist, die mich vom Tode gerettet hat? Nein, nein, das darf nicht sein. Hier, sieh meine Hand, ich habe es dir doch dreimal geschworen!«

Während dieses Gespräches kamen sie, ohne es zu bemerken, zu der Mühle des jungen Grafen.

»Hier in dieser Mühle, Liebste, wirst du eine Weile als Magd bleiben, bis ich zu Hause von all meinem Glück und Unglück berichtet habe und dich holen werde.«

»Gut, ich bleibe hier, Liebster, aber du wirst mich vergessen!«

»Aber nein, das werde ich nicht; und nun lebe wohl, Liebste, bis wir uns wiedersehen!«

Als der Graf sich seinem Hause näherte, hüpfte sein Herz vor Freude, wenn er daran dachte, daß er seinen lieben Vater und seine liebe Mutter wiedersehen würde. Als er zu Hause ankam, waren alle außer sich vor Freude, daß sie ihn nach so langer Zeit wiedersahen, besonders aber sein Vater und seine Mutter. Aus Freude, daß sein Sohn zurückgekommen war, veranstaltete der Vater sogleich ein Gastmahl und lud alle Herrschaften aus der Umgebung ein, damit sie sich mit ihm freuten.

Während des Festes stand der junge Graf auf und erzählte, wie er aus dem Unglück, in das er geraten, befreit worden war. Und zuletzt sagte er: »Was verdient der Mensch, der mich gerettet hat?«

Einen Augenblick lang war alles still, dann aber hörte man sagen: »Wenn dich ein Mann gerettet hat, so soll er die Tochter des Grafen heiraten; wenn dich aber eine Frau gerettet hat, so soll sie deine Frau werden.«

Das Fest dauerte bis Mitternacht. Erst nach Mitternacht gingen die Gäste auseinander, ein jeder zu sich nach Hause.

Am nächsten Tag hatte der Jäger des Grafen etwas in der Mühle zu tun. Als er dort ankam, sah er das Mädchen auf der Schwelle sitzen und Mais entkörnen. Er fand sie wunderschön, und je mehr er sie ansah, desto schöner schien sie ihm. Er kam näher und fing an, über allerlei mit ihr zu sprechen, und fragte sie schließlich, ob er am Abend zum Schlafen zu ihr kommen könne.

»Warum nicht! Mag der Herr nur am Abend kommen, wenn ich den Kamin fege, aber früher nicht.«

Gut, er ging fort und konnte die Stunde kaum erwarten, da er zu diesem schönen Mädchen zum Schlafen gehen würde. Als die Stunde schon nahe war, ging der Jäger aus dem Haus. Als er zu der Mühle kam, guckte er zuerst durch das Fensterchen, ob sie schon den Kamin fege. Und da sie gerade damit fertig war, ging er in das Haus hinein.

Sie wußte sofort, was er wollte, und begann sich auszuziehen. Als er das sah, zog auch er sich aus, so schnell er konnte. Er hatte sich im Nu ausgezogen, sie aber hatte noch das Unterhemd an. Als das Mädchen sah, daß er ganz ausgezogen war, begann sie zu jammern: »Weh mir! O weh! Ich habe draußen etwas vergessen, aber wie soll ich, halbnackt, wie ich bin, hinausgehen?«

Als der Jäger das hörte, fragte er sofort: »Was, mein Seelchen, was hast du vergessen?«

»Ach, den Kellerschlüssel habe ich vergessen, und jetzt habe ich Angst, daß Diebe kommen und den Wein wegholen; dann würde mich der Herr erschlagen.«

»Aber wenn es nicht mehr ist!« sagte der Jäger. »Ich werde dir den Schlüssel sofort bringen!«

Und er lief hinaus.

Er kommt zu der Kellertür, faßt nach dem Schlüssel und will ihn herausziehen, aber der Schlüssel will nicht aus der Tür heraus, und auch seine Hand kommt nicht mehr vom Schlüssel los. So blieb der arme Jäger bis zum nächsten Morgen dort an den Schlüssel geschmiedet.

Als am nächsten Morgen die Müllersburschen aufstanden und nachsahen, ob das Wasser auch nicht den Mühldamm durchbrochen habe, da sahen sie zu ihrer Verwunderung einen Nackten an der Tür stehen und sich am Schlüsselloch festhalten. Da nahmen sie Knuten und schlugen auf ihn ein, und sie schlugen so lange, wie es dem Mädchen gefiel. Nachdem sie ihn richtig verprügelt hatten, befreite ihn das Mädchen wieder vom Schlüsselloch.

Da lief er, nackt wie er war, nach Hause und schlich sich heimlich in sein Zimmer. Nachdem er sich wieder angezogen hatte, begann er zu singen und sang und jauchzte den lieben langen Tag.

Als der Aufseher des Grafen hörte, wie er sang und lärmte, ging er zu ihm und fragte: »Was hast du, lieber Jäger, daß du heute so fröhlich bist? Ich bin schon ziemlich lange hier, aber ich habe dich noch nie so gut gelaunt gesehen wie heute. Nun sag mir schon, weshalb bist du so fröhlich?«

»Oh, lieber Bruder, wenn du wüßtest, weshalb ich so fröhlich bin, würdest du auch sofort dahin gehen, wo ich so froh geworden bin.«

»Nun komm schon, mein Lieber«, sagte der Aufseher, »sag, wo du gewesen bist!«

»Ach, wenn du wüßtest, was für ein schönes Mädchen dort unten in der Grafenmühle ist, dann würdest auch du sofort dahin gehen, wo ich so froh geworden bin.«

»Ist das auch wahr? Belüge mich nicht!«

»Das ist die reine Wahrheit«, sagte der Jäger zu ihm.

Auf diese Worte hin lief der Aufseher sofort zu der Mühle, und richtig, da sah er das Mädchen auf der Schwelle sitzen und Mais entkörnen. Sie gefiel ihm sofort, und je mehr er sie ansah, desto schöner schien sie ihm. Auch dieser Arme konnte nicht anders, als sie zu fragen, ob er zu ihr zum Schlafen kommen könne. Und sie sagte sofort, daß er kommen könne, und zwar zu der gleichen Zeit, die sie auch dem ersten genannt hatte.

Dem Aufseher ging es ebenso wie dem Jäger.

Als er nach Hause kam, begann auch er zu singen und zu jauchzen. Das hörte der junge Graf und ließ ihn zu sich rufen. Als der Aufseher kam, fragte ihn der Graf: »Hör mal, wie kommt es, daß du heute so ungewöhnlich froh bist? Ich habe dich noch nie so fröhlich gesehen, seit ich dich kenne.«

»Ach, lieber Herr Graf, wenn Ihr wüßtet, was für ein schönes Mädchen da unten in der Mühle ist, und wenn Ihr sie nur sehen würdet, dann würdet auch Ihr so fröhlich sein.«

»Was für ein Mädchen? Sie hat dir wohl den Kopf verdreht, daß du so närrisch geworden bist.«

»Das ist die reine Wahrheit, lieber Herr Graf, wenn Ihr es nicht glaubt, so geht nur hin und seht selbst.«

»Was mag das für ein Mädchen sein, das so schön ist und ihn so froh gemacht hat? Das muß ich sehen, da hilft nichts.«

Als der Graf den Aufseher fortgeschickt hatte, ging er sofort zu der Mühle. Als er in die Mühle kam, sah er sie sofort. Sie saß am Tisch und spann. Als auch sie ihn bemerkt hatte, stand sie sofort auf, ging zu ihm hin und nahm ihn bei der Hand. »Ich hatte recht gehabt«, sagte sie, »daß du mich vergessen wirst, wenn du zu deinen Eltern kommst. Hast du dich denn nicht daran erinnert, was du am kleinen Finger hast?«

Da erst erinnerte sich der Graf, daß dies seine Retterin war und daß er ihr sein ganzes Leben zu verdanken hatte.

»Ich erinnere mich, ich erinnere mich gut, Liebste, und werde auch mein Versprechen halten. Komm mit mir, du sollst keine Magd mehr sein, sondern meine Frau.«

Und so gingen die beiden zu der Burg, und als sie dort ankamen, stellte der junge Graf seinen Eltern sofort seine Retterin und jetzige Frau vor.

Da bereitete man die Hochzeitsfeier vor und lud von allen Seiten hohe Gäste ein, die sollten kommen und die junge Gräfin sehen. Die Hochzeit war sehr schön; und es waren so viele Hochzeitsgäste gekommen, daß nicht genug Diener da waren, um sie zu bedienen.

Auch ich bin dagewesen und habe getrunken und gegessen, und noch heute würde ich gerne so saftigen Braten essen und so guten Wein trinken.

42. Der Trommler

Eines Abends ging ein junger Trommler ganz allein auf dem Feld und kam an einen See, da sah er an dem Ufer drei Stückchen weiße Leinenwand liegen. »Was für feines Leinen«, sprach er und steckte eines davon in die Tasche. Er ging heim, dachte nicht weiter an seinen Fund und legte sich zu Bett. Als er eben einschlafen wollte, war es ihm, als nenne jemand seinen Namen. Er horchte und vernahm eine leise Stimme, die ihm zurief: »Trommeler, Trommeler, wach auf.« Er konnte, da es finstere Nacht war, niemand sehen, aber es kam ihm vor, als schwebte eine Gestalt vor seinem Bett auf und ab. »Was willst du?« fragte er. »Gib mir mein Hemdchen zurück«, antwortete die Stimme, »das du mir gestern abend am See weggenommen hast.«

»Du sollst es wiederhaben«, sprach der Trommler, »wenn du mir sagst, wer du bist.«

»Ach«, erwiderte die Stimme, »ich bin die Tochter eines mächtigen Königs, aber ich bin in die Gewalt einer Hexe geraten und bin auf den Glasberg gebannt. Jeden Tag muß ich mich mit meinen zwei Schwestern im See baden, aber ohne mein Hemdchen kann ich nicht wieder fortfliegen. Meine Schwestern haben sich fortgemacht, ich aber habe zurückbleiben müssen. Ich bitte dich, gib mir mein Hemdchen wieder.«

»Sei ruhig, armes Kind«, sprach der Trommler, »ich will dir's gerne zurückgeben.« Er holte es aus seiner Tasche und reichte es ihr in der

Dunkelheit hin. Sie erfaßte es hastig und wollte damit fort. »Weile einen Augenblick«, sagte er, »vielleicht kann ich dir helfen.«

»Helfen kannst du mir nur, wenn du auf den Glasberg steigst und mich aus der Gewalt der Hexe befreist. Aber zu dem Glasberg kommst du nicht, und wenn du auch ganz nahe daran wärst, so kannst du nicht hinauf.«

»Was ich will, das kann ich«, sagte der Trommler, »ich habe Mitleid mit dir, und ich fürchte mich vor nichts. Aber ich weiß den Weg nicht, der nach dem Glasberge führt.«

»Der Weg geht durch den großen Wald, in dem die Menschenfresser hausen«, antwortete sie, »mehr darf ich dir nicht sagen.« Darauf hörte er, wie sie fortschwirrte.

Bei Anbruch des Tages machte sich der Trommler auf, hing seine Trommel um und ging ohne Furcht geradezu in den Wald hinein. Als er ein Weilchen gegangen war und keinen Riesen erblickte, so dachte er: »Ich muß die Langschläfer aufwecken«, hing die Trommel vor und schlug einen Wirbel, daß die Vögel aus den Bäumen mit Geschrei aufflogen. Nicht lange, so erhob sich auch ein Riese in die Höhe, der im Gras gelegen und geschlafen hatte, und war so groß wie eine Tanne. »Du Wicht«, rief er ihm zu, »was trommelst du hier und weckst mich aus dem besten Schlaf?«

»Ich trommle«, antwortete er, »weil viele Tausende hinter mir herkommen, damit sie den Weg wissen.«

»Was wollen die hier in meinem Wald?« fragte der Riese. »Sie wollen dir den Garaus machen und den Wald von einem Ungetüm, wie du bist, säubern.«

»Oho«, sagte der Riese, »ich trete euch wie Ameisen tot.«

»Meinst du, du könntest gegen sie etwas ausrichten?« sprach der Trommler. »Wenn du dich bückst, um einen zu packen, so springt er fort und versteckt sich; wie du dich aber niederlegst und schläfst, so kommen sie aus allen Gebüschen herbei und kriechen an dir hinauf. Jeder hat einen Hammer von Stahl am Gürtel stecken, damit schlagen sie dir den Schädel ein.« Der Riese ward verdrießlich und dachte: »Wenn ich mich mit dem listigen Volk befasse, so könnte es doch zu meinem Schaden ausschlagen. Wölfen und Bären drücke ich die Gurgel zusammen, aber vor den Erdwürmern kann ich mich nicht schützen.«

»Hör, kleiner Kerl«, sprach er, »zieh wieder ab, ich verspreche dir, daß ich dich und deine Gesellen in Zukunft in Ruhe lassen will, und hast du noch einen Wunsch, so sag's mir, ich will dir wohl etwas zu Gefallen tun.«

»Du hast lange Beine«, sprach der Trommler, »und kannst schneller laufen als ich, trag mich zum Glasberge, so will ich den Meinigen ein Zeichen zum Rückzug geben, und sie sollen dich diesmal in Ruhe lassen.«

»Komm her, Wurm«, sprach der Riese, »setz dich auf meine Schulter, ich will dich tragen, wohin du verlangst.« Der Riese hob ihn hinauf, und der Trommler fing oben an, nach Herzenslust auf der Trommel zu wirbeln. Der Riese dachte: »Das wird das Zeichen sein, daß das andere Volk zurückgehen soll.«

Nach einer Weile stand ein zweiter Riese am Weg, der nahm den Trommler dem ersten ab und steckte ihn in sein Knopfloch. Der Trommler faßte den Knopf, der wie eine Schüssel groß war, hielt sich daran und schaute ganz lustig umher. Dann kamen sie zu einem dritten, der nahm ihn aus dem Knopfloch und setzte ihn auf den Rand seines Hutes; da ging der Trommler oben auf und ab und sah über die Bäume hinaus, und als er in blauer Ferne einen Berg erblickte, so dachte er: »Das ist gewiß der Glasberg«, und er war es auch. Der Riese tat nur noch ein paar Schritte, so waren sie an dem Fuß des Bergs angelangt, wo ihn der Riese absetzte. Der Trommler verlangte, er sollte ihn auch auf die Spitze des Glasberges tragen, aber der Riese schüttelte mit dem Kopf, brummte etwas in den Bart und ging in den Wald zurück.

Nun stand der arme Trommler vor dem Berg, der so hoch war, als wenn drei Berge aufeinandergesetzt wären und dabei so glatt wie ein Spiegel, und wußte keinen Rat, um hinaufzukommen. Er fing an zu klettern, aber vergeblich, er rutschte immer wieder herab. »Wenn ich jetzt ein Vogel wäre«, dachte er, aber was half das Wünschen, es wuchsen ihm keine Flügel. Indem er so stand und sich nicht zu helfen wußte, erblickte er nicht weit von sich zwei Männer, die heftig miteinander stritten. Er ging auf sie zu und sah, daß sie wegen eines Sattels uneins waren, der vor ihnen auf der Erde lag und den jeder von ihnen haben wollte. »Was seid ihr für Narren«, sprach er, »zankt euch um einen Sattel und habt kein Pferd dazu.«

»Der Sattel ist wert, daß man darum streitet«, antwortete der eine von den Männern, »wer darauf sitzt und wünscht sich irgendwohin, und wär's am Ende der Welt, der ist im Augenblick angelangt, wie er den Wunsch ausgesprochen hat. Der Sattel gehört uns gemeinschaftlich, die Reihe, darauf zu reiten, ist an mir, aber der andere will es nicht zulassen.«

»Den Streit will ich bald austragen«, sagte der Trommler, ging eine Strecke weit und steckte einen weißen Stab in die Erde. Dann kam er zurück und sprach: »Jetzt lauft nach dem Ziel, wer zuerst dort ist, der reitet zuerst.« Beide setzten sich in Trab, aber kaum waren sie ein paar Schritte weg, so schwang sich der Trommler auf den Sattel, wünschte sich auf den Glasberg, und ehe man die Hand umdrehte, war er dort. Auf dem Berg oben war eine Eb[e]ne, da stand ein altes steinernes Haus, und vor dem Haus lag ein großer Fischteich, dahinter aber ein finsterer Wald. Menschen und Tiere sah er nicht, es war alles still, nur der Wind raschelte in den Bäumen, und die Wolken zogen ganz nah über seinem Haupt weg. Er trat an die Türe und klopfte an. Als er zum drittenmal geklopft hatte, öffnete eine Alte mit braunem Gesicht und roten Augen die Türe; sie hatte eine Brille auf ihrer langen Nase und sah ihn scharf an, dann fragte sie, was sein Begehren wäre. »Einlaß, Kost und Nachtlager«, antwortete der Trommler. »Das sollst du haben«, sagte die Alte, »wenn du dafür drei Arbeiten verrichten willst.«

»Warum nicht?« antwortete er. »Ich scheue keine Arbeit, und wenn sie noch so schwer ist.« Die Alte ließ ihn ein, gab ihm Essen und abends ein gutes Bett.

Am Morgen, als er ausgeschlafen hatte, nahm die Alte einen Fingerhut von ihrem dürren Finger, reichte ihn dem Trommler hin und sagte: »Jetzt geh an die Arbeit und schöpfe den Teich draußen mit diesem Fingerhut aus; aber ehe es Nacht wird, mußt du fertig sein, und alle Fische, die in dem Wasser sind, müssen nach ihrer Art und Größe ausgesucht und nebeneinandergelegt sein.«

»Das ist eine seltsame Arbeit«, sagte der Trommler, ging aber zu dem Teich und fing an zu schöpfen. Er schöpfte den ganzen Morgen, aber was kann man mit einem Fingerhut bei einem großen Wasser ausrichten, und wenn man tausend Jahre schöpft? Als es Mittag war, dachte er: »Es ist alles umsonst und ist einerlei, ob ich arbeite oder nicht«, hielt ein und setzte sich nieder. Da kam ein Mädchen aus dem Haus gegangen, stellte ihm ein Körbchen mit Essen hin und sprach: »Du sitzest da so traurig, was fehlt dir?« Er blickte es an und sah, daß es wunderschön war. »Ach«, sagte er, »ich kann die erste Arbeit nicht vollbringen, wie wird es mit den andern werden? Ich bin ausgegangen, eine Königstochter zu suchen, die hier wohnen soll, aber ich habe sie nicht gefunden; ich will weitergehen.«

»Bleib hier«, sagte das Mädchen, »ich will dir aus deiner Not helfen. Du bist müde, lege deinen Kopf in meinen Schoß und schlaf. Wenn du wieder aufwachst, so ist die Arbeit getan.« Der Trommler ließ sich das nicht zweimal sagen. Sobald ihm die Augen zufielen, drehte sie einen Wunschring und sprach: »Wasser herauf, Fische heraus.« Alsbald stieg das Wasser wie ein weißer Nebel in die Höhe und zog mit den andern Wolken fort, und die Fische schnalzten, sprangen ans Ufer und legten sich nebeneinander, jeder nach seiner Größe und Art. Als der Trommler erwachte, sah er mit Erstaunen, daß alles vollbracht war. Aber das Mädchen sprach: »Einer von den Fischen liegt nicht bei seinesgleichen, sondern ganz allein. Wenn die Alte heute abend kommt und sieht, daß alles geschehen ist, was sie verlangt hat, so wird sie fragen: ›Was soll dieser Fisch allein?‹ Dann wirf ihr den Fisch ins Angesicht und sprich: ›Der soll für dich sein, alte Hexe.‹«

Abends kam die Alte, und als sie die Frage getan hatte, so warf er ihr den Fisch ins Gesicht. Sie stellte sich, als merkte sie es nicht, und schwieg still, aber sie blickte ihn mit boshaften Augen an. Am andern Morgen sprach sie: »Gestern hast du es zu leicht gehabt, ich muß dir schwerere Arbeit geben. Heute mußt du den ganzen Wald umhauen, das Holz in Scheite spalten und in Klaftern legen, und am Abend muß alles fertig sein.« Sie gab ihm eine Axt, einen Schläger und zwei Keile. Aber die Axt war von Blei, der Schläger und die Keile waren von Blech. Als er anfing zu hauen, so legte sich die Axt um, und Schläger und Keile drückten sich zusammen. Er wußte sich nicht zu helfen, aber mittags kam das Mädchen wieder mit dem Essen und tröstete ihn. »Lege deinen Kopf in meinen Schoß«, sagte sie, »und schlaf, wenn du aufwachst, so ist die Arbeit getan.« Sie drehte ihren Wunschring, in dem Augenblick sank der ganze Wald mit Krachen zusammen, das Holz spaltete sich von selbst und legte sich in Klaftern zusammen; es war, als ob unsichtbare Riesen die Arbeit vollbrächten.

Als er aufwachte, sagte das Mädchen: »Siehst du, das Holz ist geklaftert und gelegt: Nur ein einziger Ast ist übrig, aber wenn die Alte heute abend kommt und fragt, was der Ast solle, so gib ihr damit einen Schlag und sprich: ›Der soll für dich sein, du Hexe.‹«

Die Alte kam. »Siehst du«, sprach sie, »wie leicht die Arbeit war: aber für wen liegt der Ast noch da?«

»Für dich, du Hexe«, antwortete er und gab ihr einen Schlag damit. Aber sie tat, als fühlte sie es nicht, lachte höhnisch und sprach: »Morgen früh sollst du alles Holz auf einen Haufen legen, es anzünden und verbrennen.« Er stand mit Anbruch des Tages auf und fing an, das Holz herbeizuholen, aber wie kann ein einziger Mensch einen ganzen Wald zusammentragen? Die Arbeit rückte nicht fort. Doch das Mädchen verließ ihn nicht in der Not: Es brachte ihm mittags seine Speise, und als er gegessen hatte, legte er seinen Kopf in den Schoß und schlief ein. Bei seinem Erwachen brannte der ganze Holzstoß in einer ungeheuern Flamme, die ihre Zungen bis in den Himmel ausstreckte. »Hör mich an«, sprach das Mädchen, »wenn die Hexe kommt, wird sie dir allerlei auftragen: Tust du ohne Furcht, was sie verlangt, so kann sie dir nichts anhaben; fürchtest du dich aber, so packt dich das Feuer und verzehrt dich. Zuletzt, wenn du alles getan hast, so packe sie mit beiden Händen und wirf sie mitten in die Glut.«

Das Mädchen ging fort, und die Alte kam herangeschlichen. »Hu! Mich friert«, sagte sie, »aber das ist ein Feuer, das brennt, das wärmt mir die alten Knochen, da wird mir wohl. Aber dort liegt ein Klotz, der will nicht brennen, den hol mir heraus. Hast du das noch getan, so bist du frei und kannst ziehen, wohin du willst. Nur munter hinein.« Der Trommler besann sich nicht lange, sprang mitten in die Flammen, aber sie taten ihm nichts, nicht einmal die Haare konnten sie ihm versengen. Er trug den Klotz heraus und legte ihn hin.

Kaum aber hatte das Holz die Erde berührt, so verwandelte es sich, und das schöne Mädchen stand vor ihm, das ihm in der Not geholfen hatte; und an den seidenen goldglänzenden Kleidern, die es anhatte, merkte er wohl, daß es die Königstochter war. Aber die Alte lachte giftig und sprach: »Du meinst, du hättest sie, aber du hast sie noch nicht.« Eben wollte sie auf das Mädchen losgehen und es fortziehen, da packte er die Alte mit beiden Händen, hob sie in die Höhe und warf sie den Flammen in den Rachen, die über ihr zusammenschlugen, als freuten sie sich, daß sie eine Hexe verzehren sollten. Die Königstochter blickte darauf den Trommler an, und als sie sah, daß es ein schöner Jüngling war, und bedachte, daß er sein Leben darangesetzt hatte, um sie zu erlösen, so reichte sie ihm die Hand und sprach: »Du hast alles für mich gewagt, aber ich will auch für dich alles tun. Versprichst du mir deine Treue, so sollst du mein Gemahl werden. An Reichtümern fehlt es uns nicht, wir haben genug an dem, was die Hexe hier zusammengetragen hat.«

Sie führte ihn in das Haus, da standen Kisten und Kasten, die mit ihren Schätzen angefüllt waren. Sie ließen Gold und Silber liegen und nahmen nur die Edelsteine. Sie wollte nicht länger auf dem Glasberg bleiben, da sprach er zu ihr: »Setze dich zu mir auf meinen Sattel, so fliegen wir hinab wie Vögel.«

»Der alte Sattel gefällt mir nicht«, sagte sie, »ich brauche nur an meinem Wunschring zu drehen, so sind wir zu Haus.«

»Wohlan«, antwortete der Trommler, »so wünsch uns vor das Stadttor.« Im Nu waren sie dort, der Trommler aber sprach: »Ich will erst zu meinen Eltern gehen und ihnen Nachricht geben, harre mein hier auf dem Feld, ich will bald zurück sein.«

»Ach«, sagte die Königstochter, »ich bitte dich, nimm dich in acht, küsse deine Eltern bei deiner Ankunft nicht auf die rechte Wange, denn sonst wirst du alles vergessen, und ich bleibe hier allein und verlassen auf dem Feld zurück.«

»Wie kann ich dich vergessen?« sagte er und versprach ihr in die Hand, recht bald wiederzukommen. Als er in sein väterliches Haus trat, wußte niemand, wer er war, so hatte er sich verändert, denn die drei Tage, die er auf dem Glasberg zugebracht hatte, waren drei lange Jahre gewesen. Da gab er sich zu erkennen, und seine Eltern fielen ihm vor Freude um den Hals, und er war so bewegt in seinem Herzen, daß er sie auf beide Wangen küßte und an die Worte des Mädchens nicht dachte. Wie er ihnen aber den Kuß auf die rechte Wange gegeben hatte, verschwand ihm jeder Gedanke an die Königstochter. Er leerte seine Taschen aus und legte Händevoll der größten Edelsteine auf den Tisch. Die Eltern wußten gar nicht, was sie mit dem Reichtum anfangen sollten. Da baute der Vater ein prächtiges Schloß, von Gärten, Wäldern und Wiesen umgeben, als wenn ein Fürst darin wohnen sollte. Und als es fertig war, sagte die Mutter: »Ich habe ein Mädchen für dich ausgesucht, in drei Tagen soll die Hochzeit sein.« Der Sohn war mit allem zufrieden, was die Eltern wollten.

Die arme Königstochter hatte lange vor der Stadt gestanden und auf die Rückkehr des Jünglings gewartet. Als es Abend ward, sprach sie: »Gewiß hat er seine Eltern auf die rechte Wange geküßt und hat mich vergessen.« Ihr Herz war voll Trauer, sie wünschte sich in ein einsames Waldhäuschen und wollte nicht wieder an den Hof ihres Vaters zurück. Jeden Abend ging sie in die Stadt und ging an seinem Haus vorüber; er sah sie manchmal, aber er kannte sie nicht mehr. Endlich hörte sie, wie die Leute sagten: »Morgen wird seine Hochzeit gefeiert.« Da sprach sie: »Ich will versuchen, ob ich sein Herz wiedergewinne.«

Als der erste Hochzeitstag gefeiert ward, da drehte sie ihren Wunschring und sprach: »Ein Kleid, so glänzend wie die Sonne.« Alsbald lag das Kleid vor ihr und war so glänzend, als wenn es aus lauter Sonnenstrahlen gewebt wäre. Als alle Gäste sich versammelt hatten, so trat sie in den Saal. Jedermann wunderte sich über das schöne Kleid, am meisten die Braut, und da schöne Kleider ihre größte Lust waren, so ging sie zu der Fremden und fragte, ob sie es ihr verkaufen wollte. »Für Geld nicht«, antwortete sie, »aber wenn ich die erste Nacht vor der Türe verweilen darf, wo der Bräutigam schläft, so will ich es hingeben.« Die Braut konnte ihr Verlangen nicht bezwingen und willigte ein, aber sie mischte dem Bräutigam einen Schlaftrunk in seinen Nachtwein, wovon er in tiefen Schlaf verfiel. Als nun alles still geworden war, so kauerte sich die Königstochter vor die Türe der Schlafkammer, öffnete sie ein wenig und rief hinein:

> »Trommler, Trommler, hör mich an,
> Hast du mich denn ganz vergessen?
> Hast du auf dem Glasberg nicht bei mir gesessen?
> Habe ich vor der Hexe nicht bewahrt dein Leben?
> Hast du mir auf Treue nicht die Hand gegeben?
> Trommler, Trommler, hör mich an.«

Aber es war alles vergeblich, der Trommler wachte nicht auf, und als der Morgen anbrach, mußte die Königstochter unverrichteter Dinge wieder fortgehen.

Am zweiten Abend drehte sie ihren Wunschring und sprach: »Ein Kleid, so silbern als der Mond.« Als sie mit dem Kleid, das so zart war wie der Mondschein, bei dem Fest erschien, erregte sie wieder das Verlangen der Braut und gab es ihr für die Erlaubnis, auch die zweite Nacht vor der Türe der Schlafkammer zubringen zu dürfen. Da rief sie in nächtlicher Stille:

> »Trommler, Trommler, hör mich an,
> Hast du mich denn ganz vergessen?
> Hast du auf dem Glasberg nicht bei mir gesessen?
> Habe ich vor der Hexe nicht bewahrt dein Leben?
> Hast du mir auf Treue nicht die Hand gegeben?
> Trommler, Trommler, hör mich an.«

Aber der Trommler, von dem Schlaftrunk betäubt, war nicht zu erwecken. Traurig ging sie den Morgen wieder zurück in ihr Waldhaus. Aber die Leute im Haus hatten die Klage des fremden Mädchens gehört und erzählten dem Bräutigam davon; sie sagten ihm auch, daß es ihm nicht möglich gewesen wäre, etwas davon zu vernehmen, weil sie ihm einen Schlaftrunk in den Wein geschüttet hätten. Am dritten Abend drehte die Königstochter den Wunschring und sprach: »Ein Kleid, flimmernd wie Sterne.« Als sie sich darin auf dem Fest zeigte, war die Braut über die Pracht des Kleides, das die andern weit übertraf, ganz außer sich und sprach: »Ich soll und muß es haben.« Das Mädchen gab es, wie die andern, für die Erlaubnis, die Nacht vor der Türe des Bräutigams zuzubringen.

Der Bräutigam aber trank den Wein nicht, der ihm vor dem Schlafengehen gereicht wurde, sondern goß ihn hinter das Bett. Und als alles im Haus still geworden war, so hörte er eine sanfte Stimme, die ihn anrief:

>»Trommler, Trommler, hör mich an,
> Hast du mich denn ganz vergessen?
> Hast du auf dem Glasberg nicht bei mir gesessen?
> Habe ich vor der Hexe nicht bewahrt dein Leben?
> Hast du mir auf Treue nicht die Hand gegeben?
> Trommler, Trommler, hör mich an.«

Plötzlich kam ihm das Gedächtnis wieder. »Ach«, rief er, »wie habe ich so treulos handeln können, aber der Kuß, den ich meinen Eltern in der Freude meines Herzens auf die rechte Wange gegeben habe, der ist schuld daran, der hat mich betäubt.« Er sprang auf, nahm die Königstochter bei der Hand und führte sie zu dem Bett seiner Eltern. »Das ist meine rechte Braut«, sprach er, »wenn ich die andere heirate, so tue ich großes Unrecht.«

Die Eltern, als sie hörten, wie alles sich zugetragen hatte, willigten ein. Da wurden die Lichter im Saal wieder angezündet, Pauken und Trompeten herbeigeholt, die Freunde und Verwandten eingeladen wiederzukommen, und die wahre Hochzeit ward mit großer Freude gefeiert. Die erste Braut behielt die schönen Kleider zur Entschädigung und gab sich zufrieden.

43. Goldig Betheli und Harzebabi

Lebte einst, niemand weiß vor wie langer Zeit, eine Frau, die dem Betheli, ihrem Stiefkinde, recht bös war, dagegen ihrem eigenen, dem Babi, alles nachsah, selbst das Gröbste. Babi hatte immer recht, Betheli immer unrecht; Babi behielt immer den Vorzug, bekam die Haut voll zu essen, was es nur wollte, und ging hoffärtig gekleidet daher, während Betheli oft hungerte, daß ihm fast die Ohren abfielen und es in Lumpen armselig dastand. Babi hatte immer Feiertag, Betheli mußte Mühsal und hartes Leben erdauern. Tag und Nacht sollte Bethelis Spinnrädchen schnurren, und so wohl ihm's auch dabei ausfiel, Stiefmutter war nie, nie zufrieden.

Einmal fiel sein Wirtli zu Boden, trollte und trollte in ein Mauseloch hinein. Stiefmutter beharrte durchaus darauf, Betheli müsse jetzt in das Mauseloch hinabschlüpfen und das Wirtli selber wieder holen. Arm Betheli weiß nun nichts anderes, als zu gehorchen; es probiert, und Mauslöchlein macht ihm Platz. Und es ist, als ob es von unsichtbaren Händen unaussprechlich weit hinunter in eine ganz andere Welt getragen würde. So geschah es.

O wie herrlich sah es da unten aus, welch ein prächtiges Schloß glitzerte ihm entgegen!

Wie es nahe davorstand, sah Betheli vor den Pforten spielende Hündchen, gar liebe, gescheite Tierchen, die reden konnten wie Menschen. Sie grüßten das erstaunte Mädchen freundlich und wußten sogar seinen Namen, indem sie riefen: »Wau, wau, 's goldig Betheli kommt!«

Bald erschienen und traten Betheli entgegen mehrere Kinder; sie waren so hold und klug, ich kann nicht beschreiben wie. Betheli machte große schüchterne Augen; aber es fühlte sich von den wunderbaren Kindern so wohltätig angeblickt, daß ihm ganz heimelig wurde, zumal, da es sich wieder als das goldig Betheli begrüßen hörte.

Die Kinderlein sahen ihm indessen wohl an, wie sehr es hungerte, und fragten gleich: »Goldig Betheli, mit wem willst du essen, mit uns oder mit den Hündchen?«

»Setzt mich nur zu den Hündchen, 's ist lang gut genug für mich«, sagte demütig das Mädchen.

»Nein, du sollst mit uns zu Tische gehen!« riefen einstimmig die holden Kinder, welche ihm sofort zweierlei Gewänder zur Auswahl vorhielten, ein hölziges und ein goldenes.

Betheli langte nach dem hölzigen, indem es sagte: »Das ist gut genug für mich.«

Es geschah jedoch dem bescheidenen Kinde zum Lohn das Gegenteil, sie zogen ihm das Goldkleid an und führten's in einen glänzenden Saal des Schlosses, wo ein goldener Tisch mit den allerbesten und süßesten Speisen und Getränken bedeckt stand. Hungrig Betheli bekam es jetzt einmal so gut, fast wie des lieben Herrgotts Engelchen bei der himmlischen Mahlzeit. Die lieblichen Kinder spendeten Betheli von allen guten Sachen, lobten und küßten es, so daß ihm war wie im Paradies. Zum Abschied schenkten sie ihm obendrein vielen kostbaren Schmuck und unter anderem einen goldenen Wirtel. Dann schoben und hoben sie's wieder durch jenes Mauslöchlein hinauf in der bösen Stiefmutter Stube. Da stand Betheli wie ein lichter Engel strahlend im Goldkleid.

Kaum hatten sich Mutter und Babi vom größten Erstaunen erholt und Betheli über alles haarklein ausgefragt, als beschlossen wurde, Babi müsse ebenfalls in die andere Welt hinunter und zum mindesten ebenso schöne Sachen wie Betheli heraufholen. Mutter und Tochter zweifelten gar nicht daran, daß, wenn dem verachteten einfältigen Betheli solche Aufnahme zuteil ward, dem Babi natürlich noch weit mehr Ehre widerfahren würde. Und sie ließen einen Wirtel durch das Mausloch hinab, und Babi setzte ihm nach. Da wirklich das Löchlein wieder Platz machte und Babi verschwand, hoffte die Mutter oben und hoffte das Meitli unten während der Fahrt in die andere Welt das Allerbeste.

Babi, dort angelangt, ging die gleichen Wege, wie Betheli sie beschrieben hatte, bis es zu den Hündchen und dem Schloß gelangte. Schon lachte ihm das Herz im Leib. Die Hündchen bellten sogleich: »Wau, wau, 's Harzebabi kommt! Wau, wau, 's Harzebabi kommt!« Und das riefen sie in mürrischem Tone, machten trübe Augen und ließen die Schwänzchen hängen.

Wohl eilten auch jene holden Kinder herbei, allein ihr Blick leuchtete nicht so sonnig in Babis Herz wie in Bethelis. Sie fragten das Babi, mit wem es essen wolle.

»Mit euch«, sagte es, »das Betheli hat auch mit euch gegessen.«

Dann legten sie ihm zwei Paar Kleider vor, ein hölziges und ein goldiges. Babi sprach, es wolle das goldige; Betheli habe auch ein goldiges, und es wolle einen goldigen Wirtel und andern Goldschmuck. Allein sie ließen's ihm nicht, es mußte das hölzige anziehen, sofort mit den Hündchen auf dem Boden zu Gast essen, Abfall und Treber.

Zum Abschied ward sein Holzgewand mit Pech und Harz überstrichen, und es wurde dabei immer nur Harzebabi geheißen. Einen Wirtel bekam es, aber einen alten, hölzigen. Sie waren froh, es bald loszuwerden, und machten, daß Harzebabi schnell durch das Mauseloch in die Oberwelt stieg. Hier oben blieb Betheli zeitlebens in Ehre und Ansehen und hieß immer Goldig Betheli, während Babi verachtet blieb und oft hören mußte: »Wau, wau, 's Harzebabi kommt!«

44. Der wundersame Hirsch

Früher, es denkt uns Alten nicht mehr, und sogar unsere Großmutter konnte sich nicht daran erinnern, sollen in unsern Wäldern Hirsche gewesen sein. Die Alten sagten, daß ihnen die Grafen von Bitsch und noch andere, die hierherum auf den Bergen hausten, nachgejagt wären. Aber nicht mit der Flinte. Mit dem Speer sollen sie die Hirsche gejagt haben.

In der Zeit, von der nun die Rede ist, sollen Bäume in unseren Wäldern gestanden haben, etwas Großartiges und von ganz altem Bestand. Die Wälder hierherum sollen wie Urwälder gewesen sein. Man sagt auch, schon die alten Herzöge wären hier in unserem Eck auf die Jagd gegangen. Man weiß das zwar nicht mehr so genau. Aber in dem dichten Gebüsch konnten sich die Hirsche gut verstecken. Sie waren mordsmäßig groß. Ja, sie sollen so groß gewesen sein wie eine Kuh oder ein junger Ochse und in der Brunst so stark wie ein Stier. Ein Geweih hatten sie auf dem Kopf, das schlug wie Flammen heraus. Das schönste Geweih von einem Kapitalrehbock ist nichts dagegen!

Es lebten damals ein Besenbinder und seine Frau, die hatten zwei Kinder, das Margretel und das Annele. Sie waren sehr arm, aber rechtschaffen, und gingen zusammen jeden Morgen in den Wald hinaus und suchten Ginster und Reisig, um ihre Besen zu binden. Eines Tages aber wurde die Frau krank und starb. Da stand der Mann mutterseelenallein in der Welt. Was sollte er nun anfangen mit den zwei kleinen Mädchen? Er mußte sein armseliges Handwerk weiterschaffen und konnte die Kinder nicht immer mitnehmen, konnte sie aber auch nicht allein lassen. Er suchte sich eine zweite Frau. Im Dorf war ein Mädchen, schon ein bißchen ältlich, aber sauber und verständig! Das nahm er zu sich heim, um die Kinder zu versorgen, und wie er gemerkt hatte, daß es keine schlechte Mutter wäre für die Kinder, heiratete er es. Man kauf in dem

Falle keine Katz' im Sack, wenn's die Kinder gilt! Aber er hatte sich doch geirrt; anstatt den Kindern eine rechtschaffene Mutter zu sein, hatte sie ihre besonderen Pläne. Das Margretel konnte ihr schon an die Hand gehen im Haus und beim Besenbinden und konnte die Geißen hüten. Aber das Annele war ihr überall im Wege. Da zog sie das Margretel an sich und hetzte es gegen das Annele auf. Kinder haben ja keinen Verstand, und wenn das eigene Blut sie auch gemahnt, sie tun oft aus Angst, was ihnen selbst leid ist.

Die Stiefmutter verbohrte sich immer mehr gegen das Kind und tuschelte dem Margretel zu, daß es am besten wäre, wenn das Annele gar nicht da wäre und wenn sie es nicht zu ernähren und zu kleiden brauchten; was sie ausgäben für die Kleider von dem Annele, könnte es, das Margretel, dann dazu bekommen. Das Margretel war ein hoffärtiges Kind, und darum zog das bei ihm. So ging das ein Jahr hin und her.

Da überlegten die zwei zusammen, wie sie das Annele loswerden könnten, ohne gerade einen Mord aufs Gewissen zu laden. Sie nahmen sich vor, in den dichtesten Wald zu gehen, Pilze und Beeren zu suchen und Holz für den Winter aufzulesen. Dann wollten sie das Annele tiefer in den Wald hineinschicken und währenddessen fortgehen. Auf diese Weise hätten sie ihm nichts zuleide getan und wären es doch losgeworden. Die Stiefmutter war wohl so schlau, daß sie dem Margretel nicht gerade vom Umbringen sprach, denn dagegen wehrt sich doch das eigene Fleisch und Blut! Das Annele aber stand gerade vor der Stubentür, und wie es hörte, daß sein Name genannt wurde, und es nichts Gutes vermutete, da lauschte es und hörte, daß sie etwas Böses mit ihm vorhatten. Nun wußte es nicht, was es anfangen sollte, denn es hatte schon oft gehört, daß die Wölfe rudelweise im Lande wären, und es hatte große Angst vor den Wölfen. So viele gab es in den Wäldern, und darum und wegen der Wildsauen, die alles verwühlten, hatten hierzulande die Bauern früher Jagdfreiheit. Das gibt es heutzutage nicht mehr!

Da überlegte das Annele, was es denn machen könnte, und kniete hin und betete, und da kam's ihm, daß es zu seiner Patin gehen und sie um Rat fragen solle. Das war die Schwester seiner Mutter selig. Die hatte es über die Taufe gehoben und darum eine doppelte Pflicht gegen das Kind.

Wie das Annele der Patin alles klar dargelegt hatte, sagte die: »Weine nicht, Kind! Ich gebe dir ein Säckel voll Sägemehl mit. Das bindest du unter deine Schürze, daß es keiner sieht, und wenn ihr in den Wald geht, streust du das Sägemehl hinter dir her, dann findest du den Weg zurück.

Geh schön sachte hinter den zwei anderen her, dann merken sie es nicht. Und wenn sie dich im Stich lassen, dann gehst du der Spur nach wieder heim.«

Das Kind machte es so, wie die Patin ihm geraten hatte. Als sie nun in den Wald kamen, setzten sie sich auf einen moosigen Felsen, aßen ihr Brot und pflückten sich ein paar Beeren dazu. Die Heidelbeeren wuchsen ihnen gerade so in den Mund!

Auf einmal sagte die Mutter zu dem Margretel: »Mich beißt es so auf dem Kopf! Lause mich einmal. Unter der Zeit kann das Annele ein Stück weiter gehen, den Hang hinunter, und ein Bündel Reisig für mich und dich zusammensuchen. Wir tragen's dann zusammen heim!« Wiewohl die Mutter ganz schön tat mit dem Annele, wußte es doch, welche Uhr es geschlagen hatte. Das Margretel verriet auch nichts. Ein wenig Herzklopfen wird's ja doch wohl gehabt haben.

Das Annele ging schön seines Wegs und streute das Sägemehl, so wie die Patin es ihm gesagt hatte. Es sammelte sein Holz ein, und als die zwei nicht kamen, nahm es seine Tracht auf den Kopf und schleppte sie an den Felsen, an dem sie zusammen gesessen hatten. Aber die anderen waren weg, geradeso, wie das Kind es vermutet hatte. Da ging es seinen Weg weiter, immer dem Sägemehl nach, und kam wieder heim. Es warf seine Holztracht in den Schuppen und ging in die Küche.

Als die Mutter das Annele sah, sprang sie in die Kammer und sagte: »Margretel, das Annele ist wieder da! Da müssen wir morgen wieder in den Wald. Es kann alles nichts nützen. Diesesmal müssen wir tiefer hinein und an eine ganz fremde Stelle. Dann findet es nicht mehr heim.«

Das Annele hatte aber wieder an der Tür gehorcht, denn es war gewitzigt geworden mit der Zeit, und ging wieder zu seiner Patin und beriet sich mit ihr.

Da sagte die Patin: »Ich sehe ja, daß die böse Frau keine Ruhe hat, bis sie dich los ist. Wenn das deine Mutter wüßte, die müßte sich im Grabe herumdrehen! Jetzt gehst du hin und nimmst ein Säckchen Haferspreu und machst es genauso wie mit dem Sägemehl, dann kommst du wieder heim.« Als das Annele wieder daheim war und sie beim Nachtessen saßen, da sagte die Mutter: »Morgen gehen wir wieder in den Wald. Wir wollen Pfifferlinge suchen. Da müssen wir tiefer in den Wald hineingehen.« Das Annele wußte, was das bedeuten sollte, es hatte aber keine Angst mehr und kniete sich vor sein Bett und betete sein Nachtgebet und noch ein Vaterunser dazu für die Mutter, daß die es beschützen solle.

Am anderen Morgen, als sie ihre Suppe gegessen hatten, gingen sie wieder in den Wald. Die Mutter und das Margretel gingen vornweg und waren ganz lustig. Aber das Annele ging traurig hinterher und dachte nach, was es denn getan hätte, daß die Mutter und die eigene Schwester so böse gegen es waren und daß es so überflüssig war in dieser Welt. Als sie im Walde waren, setzten sie sich wieder auf einen Felsen und aßen ihr Brot. Dann sagte die Mutter wieder: »Es beißt mich so am Bein, es muß ein Floh in meinem Strumpf sein. Komm, Margretel, fang mir den. Du hast noch bessere Augen und flinkere Hände als ich!« Das Margretel kniete sich hin, um der Mutter den Floh zu fangen, und das Annele wurde wieder tief in den Wald hineingeschickt, um Holz aufzuheben und zu bündeln. Das Annele ging und suchte sein Holz zusammen und machte es mit der Haferspreu wie am Tag vorher mit dem Sägemehl. Und so kam es abends wieder heim.

Da war die Stiefmutter ganz zornig und sagte: »Ich möchte wissen, wer da seine Hand im Spiel hat! Diesesmal darf es mir nicht heimkommen. Es kann kosten, was es will.« Das hörte das Annele wieder, ging zu seiner Patin, und die wurde zornig und sagte: »Ich habe aber jetzt gar nichts zur Hand als das Säckchen Hanfsamen. Das nimm und streue es auf den Weg.« Dabei überlegte sie aber nicht, daß der Rat nicht gut war. Der Zorn nimmt dem Menschen immer den rechten Verstand! Aber das Unglück, das für das Kind kommen sollte, war doch sein Glück!

Wie am Tag vorher, so machte es die Mutter nun auch am dritten Tag. Sie setzten sich im Wald auf einen Baumsturz und aßen ihr Brot und ihren Käse, das Margretel mußte die Mutter wieder lausen und ihr einen Floh fangen, und das Annele mußte wieder tiefer in den Wald gehen. Aber es ging mutig fort und streute seinen Hanfsamen und dachte nicht nach, was es mit ihm auf sich hatte. Das merkte es erst, als es sich wieder auf den Heimweg machen wollte. Da sah es gerade noch, wie die Vögel die Körner hinter ihm aufpickten, fing an zu weinen und zu schreien und verlor ganz den Kopf. Wäre es ruhig geblieben, dann hätte es vielleicht den Weg noch gefunden. Aber es hatte halt nicht sollen sein! Unser Herrgott weiß, was er macht!

Wie nun das Kind sah, daß die Bäume dort, wo eine Lichtung war, schon lange Schatten warfen, fürchtete es sich vor den Wölfen, die in der Nacht kommen könnten, und fing an zu beten.

Dann überlegte es sich, was es jetzt tun könnte. Und weil es einen hellen Kopf hatte und klettern konnte wie ein Eichhörnchen, stieg es auf einen Baum, um Ausschau zu halten, ob es noch tief im Walde wäre oder ob es ein Dorf oder Gehöft sehen könnte. Es war aber weit und breit nichts zu sehen. Da merkte es auf einmal, wie ganz hinten, mitten im Wald, ein feines Rauchsäulchen aufstieg, so dünn wie ein Faden. Das Kind war flink den Baum hinunter, und auf dem untersten Ast warf es sein Halstuch in der Richtung des Rauches fort, damit es die Richtung nicht verfehle, und dann lief es schnurstracks in den Wald auf den Rauch zu! Da war ein hoher, hoher Felsen, und in den war eine Vorderwand aus Reisig geflochten und eine Tür hineingemacht mit ein paar Pfosten. Da klinkte es die Tür auf und hörte eine Stimme, die sprach: »Wer ist da?« Da sagte das Kind: »Ei, ich, das Annele«, und es brachte sein Anliegen vor. Die Stimme sagte: »Du darfst nur hereinkommen, wenn du mir versprichst, daß du ein Lebtag bei mir bleiben willst und daß du nie jemanden hereinläßt und mich nie verrätst, denn ich bin der Letzte von meinem Stamm.«

Das versprach das Kind alles, nur damit es hereindurfte, ehe die Nacht kam; denn es war schon duster im Wald. Das Kind ging hinein, doch war kein Mensch dort, sondern nur ein großer Hirsch lag hinter dem Ofen. Das war dem Kinde unheimlich, es erschrak und wollte schon wieder fortlaufen. Da redete der Hirsch, und da er so gute Augen hatte, wurde es zutraulich und ging zu ihm hin. Aber das war nicht die einzige Eigenart bei dem Hirsch, daß er sprechen konnte. Er hatte auch ein großartiges Geweih und war doch ein Muttertier, denn es sagte zu dem Kind: »Du hast weiter nichts zu schaffen bei mir, als mich jeden Morgen und jeden Abend zu melken, vor Sonnenauf- und Sonnenuntergang. Die Milch kannst du trinken, und wenn du nie jemanden hereinläßt, auch nicht deine leibhaftige Schwester, falls sie einmal kommen sollte, dann hole ich dir Kleider aus Samt und Seide, so viel, wie du dir nur wünschen kannst, und schöner, als man es sich denken kann. Wenn du mich aber jemals verrätst, dann ist es um unser Glück geschehen.«

Das Annele versprach das alles und ging in das Bett, das in der Ecke stand. Es fiel in die Daunen wie in eine Wolke und schlief ein und muckste sich nicht, bis die Sonne schien. Dann molk es den Hirsch, und der ging auf die Weide und kam abends wieder und brachte Kleider mit, daß das Annele nicht aus dem Staunen herauskam und aus der Verwunderung. Es kam sich vor wie eine verwunschene Prinzessin! So lebten sie zufrieden miteinander, und die Jahre gingen hin, als wenn es nur Tage wären.

Ein Jahr und zwei und drei und vier waren schon herum. Derweil war das Margretel verständiger geworden und überlegte sich, daß es doch gegen die eigene Art gewesen wäre, wenn es seiner leibhaftigen Schwester das Leben genommen hätte, und es bekam bittere Reue und Heimweh, denn Blut läßt nicht von Blut! Zuletzt hielt das Margretel es gar nicht mehr aus, es wurde ganz schmal im Gesicht und sprach kaum noch ein Wort.

Eines schönen Morgens sagte es, es wolle Holz holen. Es ging in den tiefen Wald hinein, immer tiefer und tiefer und fand sich nicht mehr durch zwischen den Farnkräutern und dem Gesträuch. Da war es müde, denn es lief wie in einem Irrgarten und legte sich hin und schlief ein. Aber vorher betete es doch noch ein Vaterunser, daß unser Herrgott ihm helfen solle; denn jetzt spürte es am eigenen Leibe, was es seiner Schwester angetan hatte.

Als das Margretel wieder wach wurde, war es schon ganz duster und dämmerig im Walde, und es wußte nicht ein und nicht aus. Es weinte und klagte und betete wie noch nie im Leben.

Da kam ihm der Gedanke, es könne einmal von einem Baum heruntersehen, ob kein Haus und kein Dorf und kein Gehöft zu sehen wäre. Aber es sah nichts. Nur einen dünnen Rauchschwaden sah es, und auf den ging es zu. Da kam es an den großen Felsen wie seine Schwester und klinkte an der Tür wie sie. Keine Antwort! Da ging es weiter und kam an einen großen Eichbaum. Der war hohl. In den legte es sich hinein, denn der gab ihm guten Schutz für die Nacht.

Am anderen Morgen stand es auf, ging gegen die Sonne zu und kam wieder an den Felsen. Und weil es noch müde war und hungrig und verängstigt, da ging es an die Tür, schlempelte und bat und bettelte, man solle es doch um Gottes Barmherzigkeit willen hereinlassen. Es wäre ein armes Mädchen und hätte sich im Walde verirrt. Das Annele erkannte an der Stimme, daß es seine Schwester war, aber es dachte an sein Versprechen, machte die Tür nicht auf und sagte: »Ich darf keine Menschenseele hereinlassen, wenn ich auch wollte. Nicht einmal meiner leibhaftigen Schwester darf ich die Tür aufmachen. Geh darum wieder fort, denn es wäre ein großes Unglück für uns alle.« Da klagte das Margretel zum Steinerweichen. Das Annele aber war ein gutherziges Kind, es brachte es nicht über sich und ließ zu guter Letzt das Margretel doch herein. Wie die Tür aufging und es hereinkam, sah es, daß das Mädchen in den schönen Kleidern seine Schwester war, und bat das Annele um Verzeihung wegen des vielen Leids, das es ihm angetan hatte, und konnte sich nicht satt sehen an den schönen Kleidern. Es setzte sich zu dem Annele auf die Ofenbank und fing an zu erzählen und es auszufragen. Das Annele suchte allerlei Ausreden und sagte, es wohne bei einem Bären. Das glaubte das Margretel nicht. »Bei einem Wolf«, sagte das Annele. Das glaubte das Margretel noch weniger, und es schmeichelte ihm so lange, bis das Annele alles preisgab. Als es sich aber verraten hatte, da hätte es sich die Zunge am liebsten abgebissen. Es war aber zu spät!

Auf einmal wurde das Margretel ganz neidisch, denn es hätte auch gern so schöne Kleider gehabt, und sagte: »Führe mich ein Stück des Weges, daß ich wieder heimkomme.« Als es daheim war, fand es kein Ende mehr mit Erzählen von den schönen Kleidern, und als es alles erzählt hatte, wurde die Stiefmutter ganz grün und gelb vor Neid und sagte: »Wir gehen morgen in den Wald, suchen den Felsen und holen das Annele mitsamt seinem Hirsch und seinen schönen Kleidern. Die schönen Kleider nehmen wir für uns, und den Hirsch stechen wir ab.«

Als der Hirsch am Abend heimkam, war er ganz traurig. Er sagte nichts, legte sich hinter den Ofen und tat, als wenn er schliefe. Das Annele aber hatte ein schlechtes Gewissen. Es ging um den Hirsch herum wie die Katze um den heißen Brei und fragte auf einmal: »Warum bist du denn so einsilbig heute abend!«

»Wie soll ich denn nicht einsilbig sein«, sagte der Hirsch, »wenn du so viel geredet hast? Du hast meinem Gebot nicht gefolgt, und jetzt ist alles aus. Alles ist verloren für uns, und du hättest mich doch erlösen können. So aber muß ich sterben, und du mußt in dein altes Elend zurück. Deine Mutter und deine Schwester holen dich, und mich stechen sie ab, aber ich kann dir nicht helfen. Wir sind beide verloren!«

Da weinte das Annele die ganze Nacht in sich hinein, und der Kummer drückte ihm fast das Herz ab. Das konnte der Hirsch nicht mehr ertragen, und er tröstete das Annele und sagte: »Es macht nichts, wenn ich jetzt sterben muß für dich, denn ich habe dich sehr lieb, und es kommt doch noch auf dein Glück hinaus. Wenn sie mich totgestochen haben, dann sage, du hättest drei Sachen zu begehren; die sollten sie dir gewähren: mein Herz, mein Geweih und den Huf vom linken Hinterfuß. Dann legst du mein Herz in die Erde, pflanzest meine Hörner darauf und hängst an die oberste Gabel von meinem Geweih den Huf. Nach drei Tagen gehst du wieder an das Grab, und es steht dann ein Baum mit Kirschen da, ganz dunkelrot und von der Form wie mein Herz, wie es bis jetzt noch keine gegeben hat. Diese Kirschen bleiben im Sommer und Winter am Baum. Kein Mensch kann sie pflücken als nur du. Und durch die Kirschen, die aus meinem Herzen wachsen, wirst du die reichste und vornehmste Frau der Welt.«

Am anderen Tag kamen die Mutter und die Schwester in den Wald, holten das Annele heim und führten auch den Hirsch mit. Der ging ganz willig mit, wiewohl er sich doch hätte wehren können. Aber er war gebannt, und die Stiefmutter hatte Gewalt. Sie war nämlich eine Hexe.

Am anderen Morgen ließ sie einen Jäger kommen. Der sollte ihr den Hirsch abstechen. Als der Hirsch umgebracht wurde, weinte das Annele aus Leibeskräften, aber es vergaß doch nicht die guten Lehren, die es erhalten hatte. Es ließ sich das Herz, die Hörner und den Huf geben, legte das Herz in die Erde, pflanzte das Geweih darauf und hängte an die letzte Gabel den Huf. Als es nach drei Tagen wieder an den Platz kam, stand da ein Baum mit Kirschen, so rot und so dick wie ein kleines Herz, wie sie noch kein Mensch in Lothringen gesehen hatte.

Eines schönen Tages – es war Winter, und der Schnee lag meterhoch – kam der Herzog von Lothringen an dem Garten vorbei, in dem der Baum mit den Herzkirschen stand. Er hatte seinen Sohn bei sich, der sein Nachfolger werden sollte. Sie kamen einen weiten Weg daher, denn sie waren im Heiligen Land auf einer Pilgerfahrt gewesen, und der Sohn hatte schwere Wunden von einer Schlacht mit den Türken. Diese hatten die Lanzenspitze vergiftet, und kein Mensch wußte Rettung. Weil es so kalt war, wollten sie noch den Falkenstein erreichen zum Übernachten. Der Falkenstein war damals eine große Burg. Wie nun der Herzog mitten im Schnee die großen Kirschen sah, dachte er: »Die könnten das Wundfieber von meinem Sohn heilen!« Und im gleichen Augenblick tat der Sohn die Augen auf, sah die Kirschen und verlangte danach. Da ging der Herzog an den Gartenzaun und rief in die Küche, sie sollten ihm von den Kirschen geben. Er gab sich aber nicht zu erkennen. Das Margretel wollte Kirschen herunterlangen. Wie es aber oben hinlangte, stellten sich alle Zweige hoch und waren störrig wie ein Reisigbesen. Keine Kirsche ließ sich abbrechen.

Da kam die Mutter. Als sie an den Ast rührte, gingen alle Zweige ineinander wie Dornen und zogen sich ganz in die Höhe. Da wunderte sich der Herzog und fragte, ob sonst niemand mehr in dem Haus wäre. Die Mutter und die Tochter sagten wie in einem Atemzug: »Nein.« Aber in dem Augenblick kam das Annele gerade von seiner Patin heim, und der Herzog fragte es, ob es die Kirschen brechen könnte. Es ging an den Baum, die Zweige neigten sich herunter, und die Kirschen fielen ihm in die Hand.

Da meinte der Herzogssohn, das wäre eine Heilige, die ihm der Herrgott vom Himmel heruntergeschickt hätte, um ihm zu helfen, und er aß die Kirschen und war gesund. Der alte Herzog sagte, zum Dank solle das Annele die Frau von seinem Sohn werden. Aber es wollte nicht, weil es doch armer Leute Kind war und es wohl merkte, daß die anderen ganz hohe Herren sein müßten. Aber der junge Herzog bestand darauf, er wäre von den Kirschen gesund geworden und das Annele müßte durchaus seine Frau werden. Er gab nicht nach, um keinen Preis.

Da erzählte das Annele dem Herzog seine ganze Geschichte und weinte, weil der Hirsch auf solche Weise hatte sterben müssen, auf so falsche und elende Art.

Der junge Herzog gab dem Annele einen Ring mit einem Karfunkelstein, auf dem das Lothringer Wappen war, ein Kreuz mit zwei Querbalken, und sagte, er wäre der Thronfolger und sein Vater der Herzog und es sollte Herzogin werden. Er nahm es mit in seiner Kutsche. Da wurde die böse Stiefmutter ganz grün vor Neid und Zorn. Dann holte das Annele schnell seinen alten Vater und nahm ihn in der Kutsche mit und gab ihm in der Herzogsburg eine schöne große Stube bis an sein Lebensende. Nun wurde eine Hochzeit gehalten – in Nanzig oder Metz, man weiß es nicht genau –, wie man noch keine gesehen hatte. Ihre Schwester ließ sie auch dazu kommen. Die alte Hexe aber, die Stiefmutter, wurde verbrannt.

Dann befahl der Herzog, daß von da ab nie mehr ein Hirsch abgestochen werden dürfe, und er ließ in ganz Lothringen Herzkirschen anbauen, die wachsen seither im ganzen Lande. Die Hirsche aber sind ausgestorben.

Das ist die Geschichte von dem wunderbaren Hirsch! Ich habe sie als Kind von meiner Großmutter gehört, und wenn die sie erzählt hat, sagte sie immer dazu: »Da steckt mehr dahinter, als man auf den ersten Blick glaubt.«

Bei der Hochzeit war ich auch dabei. Da ging es hoch her. Ich bin in die Küche gegangen und habe da herumgeschmust und kam dem Koch zwischen die Beine. Da hat er mir eine hinten drauf gehauen mit einem Schöpflöffel, so groß wie ein Mühlrad, daß ich gefahren bin bis hierhin auf den Stuhl, und auf dem sitze ich immer noch.

45. »*Bekennst du?*«

Es war einmal ein Schmied, der war ein so großer Trinker, daß er das Saufen nicht mehr lassen konnte. Schließlich vertrank er sein ganzes Gehöft, seine Schmiede und sein Handwerkszeug. Er hatte auch eine Frau gehabt, aber als diese bemerkte, daß alles dahinging, hatte sie einen Teil ihrer Habe an sich genommen und sich ein kleines Häuschen in der Nähe der Stadt gekauft.

Als nun der Schmied bis auf sechs Kupferstücke alles vertrunken hatte, ging er zum Seiler und kaufte sich einen Strick, um sich daran aufzuhängen. Der Seiler gab ihm ein gutes Stück und sagte: »Hier hast du einen, der hält!« Der Schmied ging in den Wald und sah sich nach einem passenden Baum um. Da fuhr ein altes Weib mit einem schwarzen Pferd an ihm vorbei und rief: »Mann, Mann, was hast du vor?«

»Ich will mich aufhängen«, antwortete der Schmied. »Warum denn?«

»Das Geld ist alle. Das alte ist vertrunken, und neues ist nicht zu erwarten.« Da sagte die Hexe: »Aber deshalb häng dich doch nicht auf, versprich mir das, was deine Frau jetzt zur Welt bringt, so kann ich dir helfen.« Der Schmied überlegte erst, aber dann versprach er es unter der Bedingung, daß er es fünfzehn Jahre behalten dürfe. »So lange magst du es behalten«, sagte die Hexe. Darauf gab sie ihm einen Beutel und sprach: »Hier hast du Geld, damit du dir helfen kannst.«

Der Schmied ging zu seiner Frau, bat um Teller und schüttete mehrere voll Geld. Dann kaufte er seine Schmiede und sein Handwerkszeug zurück, fing von neuem an zu arbeiten und lebte von da ab wie andere Menschen auch. Die Frau hätte gern gewußt, woher ihr Mann das Geld hatte, aber er wollte es nicht sagen. Mit der Zeit mußte er es aber doch sagen, daß er das Kind versprochen hatte.

Die Frau bekam ein Kind, und es war ein Mädchen. Als es vier Wochen alt war, fing es in der Wiege an zu sprechen: »Ich muß aufstehn und arbeiten, denn ich habe Eile.« Es stand auf und machte Spitzen und andere Arbeiten, wie sie nie zuvor in der Welt gemacht worden waren. Daher wurde das Mädchen von mancher Herrschaft zum Nähen genommen.

Eines Tages, als es bei einer Gräfin nähte, sagte es plötzlich: »Jetzt muß ich nach Hause gehen.« Daheim aber sagte es zu seiner Mutter: »Bringt alles in Ordnung, jetzt werde ich geholt.« Die Mutter erschrak und erzählte dem Vater, was ihre Tochter gesagt hatte. Der Vater rech-

nete nach, und es waren gerade die fünfzehn Jahre herum. Da brachten
sie die Kleider ihrer Tochter in Ordnung. Die Hexe kam und sprach:
»War es nicht so verabredet?«

»Das war es«, antwortete der Schmied. Das Mädchen wurde fertig gemacht, um mit der Alten zu gehen. Die Hexe hatte wieder schwarze
Pferde vor dem Wagen, wie damals, und das Mädchen setzte sich neben
sie. Da nahm sie das Mädchen auf ihren Schoß und fragte: »Hast du jemals weicher gesessen?«

»Was ist weicher als der Schoß der eigenen Mutter?« antwortete das
Mädchen. Da gab die Hexe dem Mädchen aus einer Flasche zu kosten
und fragte: »Hast du je etwas Süßeres gekostet?«

»Was ist süßer als die Milch der eigenen Mutter?« antwortete das
Mädchen. Neben dem Weg aber stand eine Ahlkirsche, und die Hexe
fragte: »Weißt du, warum sie vertrocknet ist?«

»Ich weiß es«, antwortete das Mädchen, »in dieser Truhe ist ein Rock,
den ich aus ihren Blättern genäht habe.« Dann fuhren sie in einen tiefen
Wald, und dort stand ein großes Haus. Da hinein brachte die Hexe das
Mädchen und befahl ihm, dort zu bleiben. Sie gab ihm viele Schlüssel,
von denen jeder zu einem besonderen Zimmer gehörte, und sie durfte in
alle Zimmer gehen, nur im Flur war ein Zimmer, das sie nicht betreten
durfte. Sie fand ein Zimmer mit allerlei Speisen und ein anderes, wo sie
schlafen konnte. Als sie eine Zeitlang dort war, kam die Hexe, um nach
ihr zu sehen. Da war noch nichts vorgefallen. Sie ging wieder fort und
ließ das Mädchen zurück.

Als nun die Schmiedtochter einmal in den Flur kam, dachte sie: »Was
mag wohl in der Kammer sein?« – und sie öffnete die Tür. Da hob von
der Rückwand ein Toter den Kopf nach ihr, als sie die Tür öffnete, denn
von der Tür bis zu dem Toten ging ein Kupferdraht. Sie schlug die Tür
zu, und der Tote rief ihr nach: »Bekenne es nur nicht!«

Die Hexe kam nach Hause und sagte: »Du hast die Tür zur Flurkam-
mer geöffnet.«

»Nein, das habe ich nicht getan«, antwortete das Mädchen. Die Hexe
sagte: »Da hilft nichts, du mußt deine Strafe haben. Willst du taub,
stumm oder blind sein?« Das Mädchen dachte: »Wenn ich taub bin, so
hör ich nicht, was die Menschen sagen, und höre die Vögel nicht singen,
und wenn ich blind bin, sehe ich Gottes schöne Welt nicht.« Sie antwortete, daß sie am liebsten stumm sein wolle.

Es verstrich einige Zeit, da wurde die Hexe böse und sprach: »Das ist noch nicht genug!« Und sie führte sie auf einen hohen Berg, und unter dem Berg war das Meer. Da zog ihr die Hexe alle Kleider aus und stieß sie von dem Felsen ins Meer. Aber da war sandiger Grund, und sie ging zu Fuß an das andere Ufer. Weil sie aber nackt war, wagte sie sich nicht in die Nähe der Menschen, sondern versteckte sich in einer großen hohlen Eiche.

Dort im Wald waren die Söhne des Königs auf der Vogeljagd. Und die Hunde, welche überall herumschnüffeln, fanden sie in dem Baum. Da ging der junge König hin und fragte: »Ist dort ein Mensch oder ein Spuk?« Und er befahl ihr herauszukommen. Das wollte sie nicht, weil sie nackend war. Aber der König drohte, sie zu erschießen, und da mußte sie kommen.

Sie war ein unsagbar schönes Menschenkind, und der junge König nahm sie zur Frau, obgleich sie nicht sprechen konnte. Nun, und dann bekam sie ein Kind. Die Hexe erschien und fragte sie: »Bekennst du?« Da antwortete sie: »Nein!« Der Hexe konnte sie antworten, und wenn sie sonstwer gefragt hätte: »Bekennst du?«, darauf hätte er Antwort bekommen. Die Hexe nahm ihr das Kind weg und legte einige Knochen neben sie, damit sie glaubten, sie habe ihr Kind aufgegessen. »Aus dem Wald ist sie gekommen«, sagten sie, »und sie wird wohl auch ein wildes Tier sein.« Aber der junge König verteidigte sie, obgleich es ihn sehr betrübte, daß auf diese Weise sein Kind verloren war, denn seine Gattin war ungewöhnlich schön und ganz unvergleichlich in allem.

Nun bekam die Königin zum zweitenmal ein Kind. Die Hexe erschien wieder und fragte: »Bekennst du, daß du damals die Kammertür geöffnet hast?« Da antwortete sie bloß: »Nein!« Da nahm ihr die Hexe wieder das Kind weg und legte Knochen neben sie. Die Königin sollte zum Scheiterhaufen verurteilt werden, aber nicht einmal jetzt wollte es der junge König zulassen. Er hatte die Hexe gesehen und sagte: »Wie kannst du nur so einer Hexe antworten, und auf meine Fragen antwortest du nicht?«

Das drittemal ging es ebenso. Beim drittenmal verurteilten sie die Königin zum Scheiterhaufen. Der Holzstoß war geschichtet, und viel Volk hatte sich versammelt. Der König führte sie selbst dorthin, denn er liebte sie sehr und hätte sie noch nicht hergegeben, aber das Gesetz verlangte es. Es waren aber dort drei Zauntüren, und jede Zauntüre begann zu fragen: »Bekennst du?« Die Königin antwortete: »Nein!« Der König verwunderte sich: »Warum antwortest du den Zauntüren und mir nicht?«

Dann führten sie die Königin auf den Scheiterhaufen, das Feuer war angezündet, und die Flammen züngelten schon nach ihren Kleidern, als die Hexe erschien und rief: »Bekennst du?«

»Nein!« Da blies die Hexe das Feuer aus und sprach: »Du bist stark geblieben, hier sind deine Kinder.« Es waren zwei sehr schöne Knaben und ein Mädchen. Dann konnte sie wieder sprechen. Freudig brachte jetzt der König sein Gemahl nach Hause, und einige Zeit darauf bat sie ihn um die Erlaubnis, ihre Eltern besuchen zu dürfen.

Aber die Hexe ließ sie von nun an in Frieden, weil sie ihre Probe bestanden und nicht bekannt hatte.

46. Der Liebste Roland

Es war einmal eine Frau, die war eine rechte Hexe und hatte zwei Töchter, eine häßlich und böse, und die liebte sie, weil sie ihre rechte Tochter war, und eine schön und gut, die haßte sie, weil sie ihre Stieftochter war.

Zu einer Zeit hatte die Stieftochter eine schöne Schürze, die der andern gefiel, so daß sie neidisch war und ihrer Mutter sagte, sie wollte und müßte die Schürze haben. »Sei still, mein Kind«, sprach die Alte, »du sollst sie auch haben. Deine Stiefschwester hat längst den Tod verdient, heute nacht, wenn sie schläft, so komm ich und haue ihr den Kopf ab. Sorge nur, daß du hinten ins Bett zu liegen kommst, und schieb sie recht vornen hin.«

Um das arme Mädchen war es geschehen, wenn es nicht gerade in einer Ecke gestanden und alles mit angehört hätte. Es durfte den ganzen Tag nicht zur Türe hinaus, und als Schlafenszeit gekommen war, mußte es zuerst ins Bett steigen, damit sie sich hinten hinlegen konnte; als sie aber eingeschlafen war, da schob es sie sachte vornen hin und nahm den Platz hinten an der Wand.

In der Nacht kam die Alte geschlichen, in der rechten Hand hielt sie eine Axt, mit der linken fühlte sie erst, ob auch jemand vornen lag, und dann faßte sie die Axt mit beiden Händen, hieb und hieb ihrem eigenen Kinde den Kopf ab. Als sie fortgegangen war, stand das Mädchen auf und ging zu seinem Liebsten, der Roland hieß, und klopfte an seine Türe. Als er herauskam, sprach sie zu ihm: »Höre, liebster Roland, wir müssen eilig flüchten, die Stiefmutter hat mich totschlagen wollen, hat

aber ihr eigenes Kind getroffen. Kommt der Tag und sie sieht, was sie getan hat, so sind wir verloren.«

»Aber ich rate dir«, sagte Roland, »daß du erst ihren Zauberstab wegnimmst, sonst können wir uns nicht retten, wenn sie uns nachsetzt und verfolgt.« Das Mädchen holte den Zauberstab, und dann nahm es den toten Kopf und tröpfelte drei Blutstropfen auf die Erde, einen vors Bett, einen in die Küche und einen auf die Treppe. Darauf eilte es mit seinem Liebsten fort. Als nun am Morgen die alte Hexe aufgestanden war, rief sie ihrer Tochter und wollte ihr die Schürze geben, aber sie kam nicht. Da rief sie: »Wo bist du?«

»Ei, hier auf der Treppe, da kehr ich«, antwortete der eine Blutstropfen. Die Alte ging hinaus, sah aber niemand auf der Treppe und rief abermals: »Wo bist du?«

»Ei, hier in der Küche, da wärm ich mich«, rief der zweite Blutstropfen. Sie ging in die Küche, aber sie fand niemand. Da rief sie noch einmal: »Wo bist du?«

»Ach, hier im Bette, da schlaf ich«, rief der dritte Blutstropfen. Sie ging in die Kammer ans Bett. Was sah sie da? Ihr eigenes Kind, das in seinem Blute schwamm und dem sie selbst den Kopf abgehauen hatte. Die Hexe geriet in Wut, sprang ans Fenster, und da sie weit in die Welt schauen konnte, erblickte sie ihre Stieftochter, die mit ihrem Liebsten Roland forteilte.

»Das soll euch nichts helfen«, rief sie, »wenn ihr auch schon weit weg seid, ihr entflieht mir doch nicht.«

Sie zog ihre Meilenstiefeln an, in welchem sie mit jedem Schritt eine Stunde machte, und es dauerte nicht lange, so hatte sie beide eingeholt. Das Mädchen aber, wie es die Alte daherschreiten sah, verwandelte mit dem Zauberstab seinen Liebsten Roland in einen See, sich selbst aber in eine Ente, die mitten auf dem See schwamm. Die Hexe stellte sich ans Ufer, warf Brotbrocken hinein und gab sich alle Mühe, die Ente herbei-zulocken; aber die Ente ließ sich nicht locken, und die Alte mußte abends unverrichteter Sache wieder umkehren.

Darauf nahm das Mädchen mit seinem Liebsten Roland wieder die natürliche Gestalt an, und sie gingen die ganze Nacht weiter bis zu Ta-gesanbruch. Da verwandelte sich das Mädchen in eine schöne Blume, die mitten in einer Dornhecke stand, seinen Liebsten Roland aber in einen Geigenspieler. Nicht lange, so kam die Hexe herangeschritten und sprach zu dem Spielmann: »Lieber Spielmann, darf ich mir wohl die schöne Blume abbrechen?«

»O ja«, antwortete er, »ich will dazu aufspielen.« Als sie nun mit Hast in die Hecke kroch und die Blume brechen wollte, denn sie wußte wohl, wer die Blume war, so fing er an aufzuspielen, und, sie mochte wollen oder nicht, sie mußte tanzen, denn es war ein Zaubertanz. Je schneller er spielte, desto gewaltigere Sprünge mußte sie machen, und die Dornen rissen ihr die Kleider vom Leibe, stachen sie blutig und wund, und da er nicht aufhörte, mußte sie so lange tanzen, bis sie tot liegenblieb.

Als sie nun erlöst waren, sprach Roland: »Nun will ich zu meinem Va-ter gehen und die Hochzeit bestellen.«

»So will ich derweil hierbleiben«, sagte das Mädchen, »und auf dich warten, und damit mich niemand erkennt, will ich mich in einen roten

Feldstein verwandeln.« Da ging Roland fort, und das Mädchen stand als ein roter Stein auf dem Felde und wartete auf seinen Liebsten.

Als aber Roland heimkam, geriet er in die Fallstricke einer andern, die es dahin brachte, daß er das Mädchen vergaß.

Das arme Mädchen stand lange Zeit, als er aber endlich gar nicht wiederkam, so ward es traurig und verwandelte sich in eine Blume und dachte: »Es wird ja wohl einer dahergehen und mich umtreten.«

Es trug sich aber zu, daß ein Schäfer auf dem Felde seine Schafe hütete und die Blume sah, und weil sie so schön war, so brach er sie ab, nahm sie mit sich und legte sie in seinen Kasten. Von der Zeit ging es wunderlich in des Schäfers Hause zu. Wenn er morgens aufstand, so war schon alle Arbeit getan: die Stube war gekehrt, Tisch und Bänke abgeputzt, Feuer auf dem Herd gemacht und Wasser, und mittags, wenn er heimkam, war gedeckt und ein gutes Essen aufgetragen. Er konnte nicht begreifen, wie das zuging, denn er sah niemals einen Menschen in seinem Haus, und es konnte sich auch niemand in der kleinen Hütte versteckt haben. Die gute Aufwartung gefiel ihm freilich, aber zuletzt ward ihm doch angst, so daß er zu einer weisen Frau ging und sie um Rat fragte.

Die weise Frau sprach: »Es steckt Zauberei dahinter; gib einmal morgens in aller Frühe acht, ob sich etwas in der Stube regt, und wenn du etwas siehst, es mag sein, was es will, so wirf schnell ein weißes Tuch darüber, dann wird der Zauber gehemmt.« Der Schäfer tat, wie sie gesagt hatte, und am andern Morgen, eben als der Tag anbrach, sah er, wie sich der Kasten auftat und die Blume herauskam.

Schnell sprang er hinzu und warf ein weißes Tuch darüber. Alsbald war die Verwandlung vorbei, und ein schönes Mädchen stand vor ihm, das bekannte ihm, daß es die Blume gewesen wäre und seinen Haushalt bisher besorgt hätte. Es erzählte ihm sein Schicksal, und weil es ihm gefiel, fragte er, ob es ihn heiraten wollte, aber es antwortete: »Nein«, denn es wollte seinem Liebsten Roland, obgleich er es verlassen hatte, doch treu bleiben; aber es versprach, daß es nicht weggehen, sondern ihm fernerhin haushalten wollte.

Nun kam die Zeit heran, daß Roland Hochzeit halten sollte; da ward nach altem Brauch im Lande bekanntgemacht, daß alle Mädchen sich einfinden und zu Ehren des Brautpaars singen sollten. Das treue Mädchen, als es davon hörte, ward so traurig, daß es meinte, das Herz im Leib würde ihm zerspringen, und wollte nicht hingehen, aber die andern kamen und holten es herbei. Wenn aber die Reihe kam, daß es singen sollte, so trat es zurück, bis es allein noch übrig war, da konnte es nicht anders.

Aber wie es seinen Gesang anfing und er zu Rolands Ohren kam, so sprang er auf und rief: »Die Stimme kenne ich, das ist die rechte Braut, eine andere begehr ich nicht.« Alles, was er vergessen hatte und ihm aus dem Sinn verschwunden war, das war plötzlich in sein Herz wieder heimgekommen. Da hielt das treue Mädchen Hochzeit mit seinem Liebsten Roland und war sein Leid zu Ende und fing seine Freude an.

47. Wolf und Ricke

Eine Ricke verbarg einst ihre Jungen in einer Scheune. Sie ermahnte sie: »Liebe Kinder, laßt niemanden herein, bis ich euch mit diesen Worten rufe: ›Kinderlein, laßt mich herein. Auf den Hörnern bring ich Heu und im Euter Milch herbei.‹« Damit ging sie.

Aber kaum war sie fort, so war auch schon der Wolf da und sagte mit seiner rauhen Stimme: »Kinderlein, laßt mich herein. Auf den Hörnern bring ich Heu und im Euter Milch herbei.« Doch die Kitze erkannten, daß es nicht ihrer Mutters Stimme war, und machten ihm nicht auf. Danach kam die Mutter, pochte an die Tür und rief: »Kinderlein, laßt mich herein. Auf den Hörnern bring ich Heu und im Euter Milch herbei.« Sofort erkannten sie ihre Mutter und ließen sie herein. Die Ricke tränkte ihre Jungen und entfernte sich bald wieder, vergaß aber diesmal, ihnen ausdrücklich zu sagen, daß sie keinem Fremden aufmachen dürften.

Kaum war sie fort, als schon der Wolf erschien und mit möglichst feiner Stimme rief: »Kinderlein, laßt mich herein. Auf den Hörnern bring ich Heu und im Euter Milch herbei.« Die Kitzlein meinten, ihre Mutter sei schon heimgekehrt, und öffneten die Tür. Der Wolf verschlang die Kitzlein und machte sich auf und davon.

Die Mutter aber kommt heim, bricht in ein jämmerliches Geschrei aus und läuft in ihrem Kummer auf den Hügel, dem Fuchs ihr Leid zu klagen. Der Fuchs hatte sich auf dem Hügel ein Feuer angezündet und kochte einen Brei. Aber die Ricke wollte sich weder am Feuer wärmen noch von dem Brei kosten. Sie klagte nur um ihre Jungen. Da sagte der Fuchs: »Laß das Jammern, ich will dir deine Kinder zurückschaffen, verbirg dich nur dort hinter dem Busch.«

Und siehe da, es dauerte gar nicht lange, so kam auch der Wolf zum Fuchs geschlichen und ließ sich beim Feuer nieder, um seine Zähne zu erwärmen.

Da sagte der Fuchs: »Nachbar, willst du nicht auch meine Grütze kosten?«

»O ja, recht gern!«

»Nun, dann leg dich mal auf den Rücken, daß ich sie dir ins Maul gießen kann.«

Der Wolf legte sich auf den Rücken, der Fuchs jedoch schöpfte einen vollen Kochlöffel der siedenden Grütze und goß sie dem Wolf in die

Kehle, indem er sagte: »Spei das weiße, spei das schwarze, spei die Kitzlein lebend aus!«

Der Wolf spie die noch lebenden Kitzlein aus und rannte, heulend vor grimmigem Schmerz, wie besessen von dannen.

48. Wie das Wölfchen von den Haustieren in ihrer Hütte begrüßt wird

Einst gingen der Bock, der Hammel, der Gänserich, der Hahn und die Katze miteinander spazieren, doch im Walde brach die Nacht über sie herein. Da beschlossen sie, gemeinsam ein Häuschen zu bauen. Der Bock erbot sich, mit seinen Hörnern die Stämme zu fällen, der Hammel mit seiner Stirn die Äste zu kappen, die Katze mit ihren Krallen Moos zusammenzuscharren, um die Fugen der Balken zu verstopfen. Der Hahn übernahm es, am Flußufer Schilf für das Dach zu brechen, und der Gänserich wollte mit seinen breiten Flügeln den Dachdecker machen. So wurde das Häuschen eins, zwei, drei fertig.

Nach dem Abendessen gingen alle schlafen: der Hammel vor dem Ofen, die Katze auf dem Ofen, der Gänserich mitten auf dem Boden, der Bock am Ende des Tisches und der Hahn unter dem Dach. Die Wandergenossen in ihrem Häuschen schnarchten bald.

Um Mitternacht zog die Wölfin mit ihren beiden Jungen aus, um sie ihr Gewerbe zu lehren, und kam zufällig zu dem neuerbauten Häuschen.

»Merkwürdig«, rief sie, »als wir heute morgen hier vorüberkamen, war davon noch nichts zu sehen. Fast so wie aus der Erde gezaubert!«

»Mütterchen, wollen wir hineingehen und sehen, wer das Häuschen bewohnt«, baten die jungen Wölfe.

»Nein, nein, Kinder, überall, nur nicht hier, wenn wir nicht in Gefahr geraten wollen.«

Während die Wölfin so sprach, eilte sie dem Ufer entlang bis zu einem Hügel, wo sie sich auf das linke Ohr legte und einschlief. Aber eines der Wölfchen schlich sich unterdessen zum Häuschen zurück und ging hinein. Der Bock als ein freundlicher Mann begrüßte den Eintretenden sogleich so herzlich mit seinen Hörnern, daß alle Scheiben klirrten. Die übrigen Gefährten erwachten auch und beeilten sich alle, ihn zu empfan-

gen: Der Hammel streichelte ihm mit seiner Stirn die Seiten, der Gänserich klopfte ihm den Pelz aus, die Katze prustete nur so vor Freude und
liebkoste ihm mit ihren Krallen das Gesicht, und der Hahn, der bei
Nacht nicht sehen konnte, rief: »Wo, wo, gebt mir auch etwas!«

Am Morgen fragte die Wölfin ihr Kleines, weshalb denn seine Haare
so zerzaust seien und wo die blauen Flecke herkämen. »Ja, Mutter,
während du schliefst, wollte ich mal sehen, was in dem Häuschen Gutes
zu finden wäre. Aber als ich die Tür öffnete, drückte mich einer gleich
mit einer eisernen Mistgabel an die Wand, ein anderer stieß mir mit einem Hebebaum in die Rippen, ein dritter kniff mich in den Rücken und
schlug mit zwei Riemen auf mich los, ein vierter spuckte mir in die Augen und gab mir Ohrfeigen, und ein fünfter rief: ›Wo ist er, wo ist er?
Gebt mir auch etwas!‹ Ein Glück, daß ich dem fünften auch noch ent-
wischt bin.«

»Das geschieht dir recht, mein Kleines, weshalb bist du dort hinge-
gangen. Sagte ich dir nicht, du solltest nicht gehen?«

49. Die Hexe auf der Espe

Zwei Brüder gingen einst auf die Jagd. Im Wald trafen sie einen Hund. Fragte der ältere Bruder den jüngeren: »Soll ich schießen?«

»Ach, schieß mich nicht!« antwortete der Hund, »ich will jedem von euch drei Junge geben. Das erste Paar heißt Packan, das zweite Zerbrich, das dritte Splittereisen. Wenn die ersten zupacken, so wird es stäuben, wenn die zweiten brechen, so wird es krachen, wenn die dritten reißen, so wird es splittern.«

Gut. Nach einer kleinen Weile trafen sie einen Wolf. Fragte der ältere Bruder den jüngeren: »Soll ich schießen?«

»Schieß mich nicht!« antwortete der Wolf, »ich will jedem von euch einen Welpen geben, das werden gute Spürer sein.«

Gut. Nach einer Weile trafen sie einen Bären. Fragte der ältere Bruder den jüngeren: »Soll ich schießen?«

»Schieß mich nicht!« antwortete der Bär, »ich will jedem von euch ein Junges geben, das werden gute Trotter sein.«

Gut. Nach einer Weile trafen sie einen Luchs. Fragte der ältere Bruder den jüngeren: »Soll ich schießen?«

»Schieß mich nicht!« antwortete der Luchs, »ich will jedem von euch ein Junges geben, das werden gute Springer sein.«

Gut. Nach einer Weile trafen sie einen Fuchs. Fragte der ältere Bruder den jüngeren: »Soll ich schießen?«

»Schieß mich nicht!« antwortete der Fuchs, »ich will jedem von euch ein Junges geben, das werden treffliche Heilkünstler sein.«

Gut. Nach einer Weile trafen sie einen Elch. Fragte der ältere Bruder den jüngeren: »Soll ich schießen?«

»Schieß mich nicht!« antwortete der Elch, »ich will jedem von euch ein Junges geben, das werden gute Träger sein.«

Gut. Nach einer Weile trafen sie ein Reh. Fragte der ältere Bruder den jüngeren: »Soll ich schießen?«

»Schieß mich nicht!« antwortete das Reh, »ich will jedem von euch ein Junges geben, das werden gute Läufer sein.«

Gut. Nach einer Weile trafen sie einen Hasen. Fragte der ältere Bruder den jüngeren: »Soll ich schießen?«

»Schieß mich nicht!« antwortete der Hase, »ich will jedem von euch ein Junges geben, das werden gute Ausreißer sein.«

Nun nahm jeder der beiden Brüder seine Tiere, seine Helfer, und dann gedachten sie sich zu trennen. Aber bevor sie sich trennten, verabredeten sie, jeder sein Messer in eine große Eiche zu bohren: Wenn einer von ihnen heimkehrte und fände das Messer des Bruders verrostet, so werde das ein Zeichen sein, daß es dem Bruder schlechtgehe; wäre es dagegen blank, so stehe es natürlich sehr gut. Der ältere Bruder wandte sich seitwärts, der jüngere ging geradeaus.

Am nächsten Tage kam der ältere Bruder in ein Schloß. Das war ganz ausgestorben, keine lebende Seele war darin bis auf ein Mädchen.

»Mägdelein, Schwesterchen, wo sind denn die übrigen Leute?«

»Die übrigen Leute sind einem weißen Elch nachgelaufen und zu Stein geworden. Auch Väterchen ist so fortgegangen.«

»Ja, ja, Mädchen, die sind ohne Helfer fortgelaufen, aber ich habe Helfer in Hülle und Fülle, da will ich den Elch schon fangen.«

Er ging hinaus, ja, der weiße Elch strich am Schloß vorbei, er eilte deshalb mit seinen Helfern hinterher. Doch plötzlich war der weiße Elch verschwunden. Da schaute der ältere Bruder aufwärts und sah auf einer alten Espe eine garstige Hexe. »Komm herunter, du alte Hexe, sonst schicke ich dir meinen Bären nach, damit er dich fein säuberlich herunterträgt.«

»Ich komme, ich komme, erlaube mir nur, mit diesem Stäbchen deine Tiere zu berühren, daß sie mich nicht beißen.«

Er erlaubte es. Aber kaum hatte die Hexe sie mit dem Stäbchen berührt, als alle Tiere, alle Helfer mitsamt dem älteren Bruder zu Stein wurden.

Nach geraumer Zeit kam der jüngere Bruder zur Eiche zurück und sah, daß seines Bruders Messer ganz verrostet war. Sogleich kehrte er um, seinen Bruder zu suchen, und kam in dasselbe Schloß, wo nur das eine Mädchen drin war.

»Mägdelein, Schwesterchen, wo sind denn die übrigen Leute?«

»Die übrigen Leute sind einem weißen Elch nachgelaufen und zu Stein geworden. Einmal ist auch ein Jüngling mit allerlei Tieren als Helfern gekommen, der gedachte, den Elch zu fangen, aber umsonst, auch sie sind zu Stein geworden.«

»Das war mein Bruder, das war mein Bruder, wie kann ich ihn befreien?«

»Den Bruder wirst du nicht befreien, bring dich lieber in Sicherheit, und wenn es dir möglich ist, so nimm mich mit. Du weißt ja nicht, mein Lieber, was dort auf der Espe für eine Hexe haust: Mit einem Wort und mit einem kleinen Stäbchen verwandelt sie dich, mich und deine Tiere für alle Zeiten in Steine. Und sie wird sich auch zu rächen suchen, wenn sie erfährt, daß ich dich hier festhalte. Fliehen wir lieber bei-zeiten!«

Der jüngere Bruder stieg nun auf den Rücken des Wolfes, nahm das Mädchen auf den Schoß und floh. Da erdröhnte die Erde, und die Hexe jagte hinterher. Der jüngere Bruder sah, daß er mit dem Wolf nicht ent-kommen würde, verließ deshalb den Wolf und stieg mit dem Mädchen auf den Rücken des Bären. Aber die Hexe kam trotzdem näher und im-mer näher. Da sprang der jüngere Bruder mit dem Mädchen auf den Rücken des Elchs. Aber die Hexe kam trotzdem näher und immer näher. Das Häschen lief wohl, so schnell es konnte. Das Rehlein rannte immer geradeaus, so schnell es vermochte; das Wölfchen, das Bärchen und das Füchschen setzten über Stock und Stein. Das Lüchschen humpelte im-mer drauflos. Nur Packan, Zerbrich und Splittereisen fletschten ihre Zähne, aber was wollten sie allein machen? Auch der Elch, der Träger, merkte zuletzt, daß die Hexe stärker war als sie alle zusammen. Er sagte daher dem jüngeren Bruder: »Reibe mein rechtes Geweih, dann wird aus ihm eine Hechel entstehen. Die wirf über die linke Schulter, doch schau nicht zurück!«

Der jüngere Bruder warf die Hechel über die linke Schulter, und siehe da! Hinter seinem Rücken entstand ein dichter, dichter schwarzer Wald. Aber die Hexe biß sich auch durch ihn hindurch. Da sagte der Elch zum jüngeren Bruder: »Reibe mein rechtes Geweih, dann wird aus ihm ein Schleifstein entstehen, den wirf über die linke Schulter. Nur schaue nicht zurück.« Der jüngere Bruder warf den Schleifstein über die linke Schul-ter, und siehe da! Hinter seinem Rücken entstand ein gewaltiges hohes Felsengebirge. Doch auch über das Gebirge drang die Hexe hinüber. Da sagte der Elch zum jüngeren Bruder: »Reibe mein rechtes Geweih, dann wird aus ihm ein Tüchlein entstehen, das wirf über die linke Schulter. Nur schaue nicht zurück.« Der jüngere Bruder warf das Tüchlein über die linke Schulter, und siehe da! Hinter seinem Rücken entstand ein Feuerstrom. Über den Strom konnte die Hexe nicht hinüber. Nun stieg der jüngere Bruder vom Elch und verschnaufte sich. Aber er konnte sich gar nicht lange ausruhen, mußte er doch zum Übernachten eine Hütte herrichten. Jetzt waren alle am Werk. Nein, wie flink das ging! Der eine trug herzu, der andere warf, der dritte hob, der vierte streckte, der fünfte schichtete, der sechste deckte.

Als sich alle zur Ruhe gelegt hatten, führte der Elch den jüngeren Bruder hinaus und sprach: »Jetzt schlachte mich und vergrabe meinen Kopf unter der Schwelle, meinen Rumpf unter der Diele. Hier hast du ein Strumpfband, das hüte wohl. Und wenn du dich einmal aus dieser Hütte entfernst, so schwenke das Strumpfband dreimal von rechts nach links und binde damit meinen Kopf an den Rumpf, so werde ich wieder lebendig werden.«

»Aber sag, lieber Elch, wie soll ich es übers Herz bringen, dich, meinen Retter, zu schlachten?«

»Verlier keine Zeit, ich rate dir doch zum Guten, es soll dein eigener Vorteil sein.« Da tat der jüngere Bruder, wie ihm geheißen war, und legte das Strumpfband ans Fenster. Am Morgen aber kam es ihm in den Sinn, mit seinen Tieren, seinen Helfern, ein wenig zu jagen, um nicht zu frieren. Das Mädchen aber blieb zu Hause und bemerkte das Strumpfband. Da dachte sie: ›Ein so schönes Band darf man nicht herumliegen lassen, ich will es um meinen Strumpf binden.‹

Doch indem sie ihren Strumpf zuband, schwenkte sie das Strumpfband von links nach rechts. Im selben Augenblick entstand über den Feuerstrom eine eiserne Brücke, und die Hexe war über den Strom hinüber. Jetzt stürzten sich die Tiere, die Helfer, auf die Hexe. Sie konnte auch wirklich nichts ausrichten, denn ihr Stäbchen hatte sie in der Eile an der Espe vergessen, aber so eine wie sie findet doch immer einen Ausweg: Eins, zwei, drei ist eine große Grube fertig, und wie nun die Tiere herankommen, stürzt eins nach dem anderen hinein. Und als alle drinnen auf einem Haufen liegen, legt sie, klauks! eine dicke, dreimalneunfache eiserne Tür darüber, und was jetzt? Jetzt ist der jüngere Bruder mit dem Mädchen in der Klemme.

Die Hexe grinste vor Vergnügen und sagte, sie sollten sofort die Badestube heizen und sich sauber waschen, dann sollten sie sich ihr Frühstück bereithalten. Jene heizten nun die Badestube, und die Hexe legte sich derweil in den Sonnenschein. Das Ofengewölbe war aber noch kaum lauwarm, da erschien der Elchkopf und sagte: »Ihr Dummköpfe, was beeilt ihr euch denn so mit dem Einheizen? Packan, Zerbrich und Splittereisen haben eben erst drei Eisentüren durchbrochen, jetzt fackelt man ja recht lange, bis alle Türen erbrochen sind.«

Kaum hatte sich der Elchkopf entfernt, da war auch die Hexe zur Stelle. »Ich liege und liege und kann euch nicht erwarten. Wie steht's, ist das Bad bald fertig?«

»Für einen Badenden wäre es so halb und halb gewärmt, für zwei müssen wir noch etwas Holz nachlegen.«

»Nun, wenn es sich noch so lange hinzieht, dann will ich gar nicht zwei zum Frühstück.« So sprach sie und ergriff das Mädchen und riß ihr den Vorderzahn aus, der war aus reinem Gold und ein Geschenk der Glücksmutter selbst. Hatte sie aber den nicht im Mund, so mußte sie sterben. Und so war es denn auch: Als der Zahn aus dem Mund des Mädchens heraus war, war sie tot. Die Hexe legte sie in einen eisernen Sarg und begrub sie am Kreuzweg. Während sich die Hexe damit abmühte, war der Elchkopf wieder zur Stelle: »Packan, Zerbrich und Splittereisen haben wieder drei Türen erbrochen.« Die Hexe kam vom Begräbnis des Mädchens herbeigelaufen und war noch mehr ausgehungert. Sie brüllte: »Heiz schnell, bist du nicht bald fertig, so fresse ich dich ungewaschen.«

»Ich bin gleich fertig, das Wasser muß nur noch etwas wärmer werden.«

Die Hexe legte sich wieder in den Sonnenschein, da erschien der Elchkopf abermals: »Packan, Zerbrich und Splittereisen zerbrechen eben die letzten Türen. Warte jetzt nur noch auf deine Helfer.« Es dauerte auch gar nicht lange, da waren alle Tiere zur Stelle. Jedes verbarg sich an seinem Ort: das Häschen unter der Bank, das Reh unter der Pritsche, der Fuchs hinter der Tür, der Wolf im Zuber, der Bär im Ofenwinkel, der Luchs in der Darrenluke, Packan, Zerbrich und Splittereisen und der jüngere Bruder im Ofenloch. Kommt nach einer Weile die Hexe und brüllt: »Ist es nun endlich soweit?«

»Jawohl, komm nur herein.«

Tschiks! Da öffnet sich die Tür, und die Hexe schleicht herein. Nun gab es was zu sehen. Packan packte zu, Zerbrich riß, Splittereisen fetzte, der Bär sengte, der Wolf zerriß, der Fuchs biß, der Luchs kratzte, das Reh feuerte aus, der Hase lief, und der jüngere Bruder schlug mit dem Gießeimer drauflos. Aber der Hexe ganz das Licht ausblasen konnten sie doch nicht. Denn die Tür zur Badestube war offengeblieben, und so konnte sie entwischen.

Jetzt waren alle froh. Als aber der jüngere Bruder vom Mädchen zu erzählen begann, wurden die fröhlichen Gesichter wieder betrübt, und alle unternahmen es einmütig, das Mädchen aufzusuchen. Das Häschen sprang voran, der Wolf und der Hund schnupperten nach ihrer Spur, und sieh da! Sie schnupperten so lange, bis sie die Spur gefunden hatten.

Der Luchs und das Reh scharrten sogleich den eisernen Sarg heraus, der Bär hob ihn hervor, Packan, Zerbrich und Splittereisen erbrachen den eisernen Deckel, und der Fuchs, der Heilkünstler, fand unter ihrem Kopf den goldenen Zahn. Der jüngere Bruder fügte nun den Zahn in die Lücke, und das Mädchen wurde zusehends wieder lebendig und gesund. Danach riefen alle durch das Strumpfband auch noch den Elch wieder ins Leben zurück, und dann ritten sie ebenso, wie sie hergeritten waren, ins Schloß zurück. Unterwegs sagte der schlaue Fuchs: »Alles können wir aufspüren, nur das eine haben wir damals nicht erschnüffeln können, daß die Hexe ihr Stäbchen auf der Espe vergessen hatte. War es nötig, daß wir soweit flohen?«

»Einerlei«, antwortete der Elch, »jetzt wollen wir der Hexe befehlen, ohne ihr Stäbchen von der Espe herabzusteigen, und gehorcht sie uns nicht, stürzen wir die Espe um.«

Gut. Sie kommen zur Espe. Die Hexe hockt wie ein Heuschober und ächzt: »Mich friert, mich friert. Laßt mich hinuntersteigen, mich zu wärmen: Aber erlaube mir, deine Tiere mit dem Stäbchen zu berühren, damit sie mich nicht beißen.«

Der jüngere Bruder aber achtete gar nicht auf ihr Jammern, sondern sagte: »Kommt nicht mit dem Stäbchen herunter, sondern sag uns zuerst, was das für Steine sind.«

»Das sind Menschen und Tiere.«

»Nun gut, wenn es Menschen und Tiere sind, wie ruft man sie ins Leben zurück?« Sie wollte es auf keinen Fall sagen, da drohten sie, die Espe umzustürzen.

»Stoßt sie nicht um, stoßt sie nicht um, ich will es euch sagen: Nimm etwas vom vermoderten Holz der Espe und streu es auf die Steine, so werden sie lebendig werden.«

So geschah es. Da erschienen Menschen, da erschien auch der ältere Bruder, ferner die Tiere, ihre Helfer, Vater und Mutter des Mädchens und alle ihre Untertanen. Da gab es einen Auflauf, ärger als auf dem Jahrmarkt. Dann umringten alle die Espe und stürzten sie mitsamt der Hexe zu Boden. Im Fallen fand sie weder Zeit, jemand mit ihrem Stäbchen zu berühren noch die Hand zu heben. Alle Tiere überfielen sie und rissen sie in Stücke. Der jüngere Bruder heiratete das Mädchen und lebte mit dem älteren Bruder in Liebe und Eintracht im ererbten Schloß. Der Vater des Mädchens aber übergab dem Schwiegersohn die Herrschaft.

50. Die kämpfenden Brüder

Es lebte ein Mann mit seiner Frau, die hatten drei Söhne und eine Tochter. Die Frau starb, der Mann nahm sich eine andere Frau, das war eine Hexe. Und so lebten sie nun miteinander.

Einstmals fuhr der Mann mit der Frau zur Kirche. Die Söhne sagten: »Wie, sind sie in die Kirche gefahren?« Ein jeder ging, um sich ein Pferd auszusuchen; ein jeder aber wollte das beste haben, so zankten sie und kämpften, bis der Vater und die Mutter zurückkamen.

»Warum kämpft ihr?«

»Um die Pferde kämpfen wir!«

»Kämpft ihr jetzt, so möget ihr euer Leben lang kämpfen!« fluchte die Mutter.

Kaum war das Wort heraus, so gingen die drei, immer noch kämpfend, davon. Jetzt blieb nur noch die Schwester nach; aber diese wurde von der Hexe geschlagen und gequält; Hunger mußte sie leiden, sogar ihrem Leben stellte man nach. Die Schwester entfloh und dachte: »Vielleicht finde ich meine Brüder.«

Sie ging und ging, bis sie zu einer alten, verfallenen Hütte kam, und da ging sie hinein und fand dort einen alten Mann. »Guten Tag, liebes Kind, wohin gehst du?«

»Ich gehe, meine Brüder zu suchen.«

»Wo sind denn deine Brüder geblieben?« Das Mädchen erzählte dem Alten, wie die Stiefmutter die Söhne verwünscht habe.

»Leg dich hin, liebes Kind, vielleicht kann ich dir helfen.« In der Nacht rief der Mann alle Tiere im Walde zusammen, die Wölfe, die Bären, die Füchse, die Elche, kurz, alles, was sich im Walde bewegte. »Ihr kommt in alle Welt, saht ihr nicht drei kämpfende Brüder?« Niemand aber hatte sie gesehen.

»Mach dich wieder auf den Weg, liebes Kind«, unterwies sie der Alte am andern Morgen, »du wirst bald zu einer ebensolchen Hütte kommen wie die meinige ist; vielleicht findest du dort Hilfe, ich vermag dir nicht zu helfen.« Das Mädchen ging und ging und kam zu einer verfallenen Hütte; drin wohnte auch ein altes, graues Männlein.

»Wo führt dich denn Gott her, liebes Kind?«

Das Mädchen erzählte ihm, weshalb sie wandere.

»Leg dich hin; der Morgen ist klüger als der Abend!«

Der Alte ging in die Nacht hinaus vor die Hütte und rief: »Es sollen sich versammeln alle Vögel, die unter dem Himmel fliegen!« Kaum hatte er diese Worte gesprochen, so entstand ein Rauschen, ein Brausen auf allen Seiten. Es flogen zusammen alle Vögel, die kleinen wie die großen. »Ihr seht die ganze Welt; saht ihr nicht die drei kämpfenden Brüder?«

»Wir haben sie gesehen; über neun Könige Land, am Meeresstrand, da kämpften sie mit eisernen Keulen.«

Der Alte gab dem Mädchen einen Knäuel. »Wohin dieser rollt, dahin folge du nach!« Der Knäuel rollte zu den Brüdern. Da war ein altes Hüttlein; im Hüttlein alles leer, nur drei Brötlein auf dem Tisch. Das Mädchen nahm des ältesten Bruders Brötlein und schnitt es an. Die Brüder kamen nach Hause. Der älteste erblickte sein Brot und sagte: »Wer hat mein Brötlein angeschnitten?« Die andern meinten: »Gott gibt uns Brot, er hat es vielleicht auch genommen.«

Die Schwester hielt sich hinter dem Ofen versteckt; sie sah, wie die Brüder in großer Eintracht lebten: sie küßten einander, und es fiel kein böses Wort. Doch als die Zeit zum Kämpfen kam, da nahmen sie ihre Keulen, begaben sich an den Meeresstrand und schlugen wieder aufeinander los.

Die Schwester nahm nun des zweiten Bruders Brötlein, zerschnitt es und versteckte darin der Mutter Ring. Die Brüder kamen nach Hause und schauten: »Wer mag das getan haben?« Sie erkannten ihrer Mutter Ring. »Vielleicht ist es unsere Schwester, die uns den Ring gebracht hat? Schwester, bist du's, dann tritt hervor!« Die Schwester trat hervor, alle Brüder fielen ihr um den Hals; sie unterhielten sich und sagten: »Hör, Schwester! Hier kannst du nicht leben. Kommt die Stunde, wo wir kämpfen müssen, da schlagen wir auch dich. Doch wenn du neun Jahre hindurch kein Wort sprichst, man mag dich quälen, man mag dich martern, dann wirst du uns erretten, sonst nie!«

Die Stunde brach an; die Brüder fingen an zu kämpfen, sie schlugen aufeinander los mit eisernen Keulen. Die Schwester aber entfloh; und auf der Flucht stürzte sie in eine Grube, die am Wege war.

Da fuhr der Königssohn an der Grube vorbei, zwei Kutscher saßen auf dem Bock. »Hier war ein Mädchen, wo ist es geblieben?« Der Königssohn schickte den einen Kutscher nachzusehen; der schaute und erblickte das Mädchen. So schön, so schön war es, daß er nicht vermochte, sich vom Anblick zu trennen.

Der Königssohn aber wartete und wartete und schickte endlich den zweiten Kutscher. Dem erging es ebenso: auch er vermochte nicht die Augen abzuwenden.

Da lief der Königssohn selber hin, um nachzusehn. Auch ihm gefiel das Mädchen; er zog es aus der Grube, nahm es in seine Kutsche, brachte es nach Hause und machte es zu seiner Frau. Die Schwester lebte ein Jahr mit ihm und wurde Mutter eines Söhnleins. Doch die Stiefmutter des Königssohnes nahm das Kind, schnitt ihm den Fuß ab, bestrich die Mutter mit dem Blute des Kindes und steckte ihr sogar den Fuß in den Mund. Drauf ging sie zum Königssohne und klagte: »Sieh doch, was deine Frau gemacht hat, ihr eigenes Fleisch und Blut hat sie umgebracht; dafür müßte auch sie umgebracht werden.« Doch der Mann antwortete: »Sie ist eine so gute Frau, wenn sie auch nicht spricht, sie soll noch leben, was sie auch getan haben mag.«

So lebte sie und lebte und wurde wieder Mutter eines Kindes. Die Stiefmutter schnitt dem Kinde eine Hand ab, bestrich mit dem Blute die Lippen der Mutter und steckte ihr sogar die Hand in den Mund. Drauf eilte sie zum Königssohn und klagte: »Komm doch und sieh, was deine gute Frau getan hat, ihr eigenes Fleisch und Blut hat sie umgebracht; die Hand steckt ihr noch im Munde. Laß sie vertilgen von Gottes Erdboden.«

Der Königssohn wollte sie immer noch nicht töten lassen, doch die Stiefmutter drängte ihn, bis sie ihn schließlich soweit hatte. Der Königssohn ließ einen Pfosten einrammen, an diesem sollte seine Frau erhängt werden. Doch während sie zur Hinrichtung hingeführt wurde, waren die neun Jahre gerade um. Da laufen die Brüder zu ihr, und Engel kommen aus dem Himmel und rufen: »Wie könnt ihr diese fromme Seele quälen und töten?«

»Richtet selber: sie hat ihre Kinder aufgefressen!« Doch die Engel Gottes sagen: »Tragt alle in den Himmel, aber die Stiefmutter stoßt in die Hölle, wo es weder Mond noch Sonne gibt!« So wurde es auch ausgeführt.

51. Der Bösen Tochter und das Waisenmädchen

Eine Mutter hatte eine Tochter. Sie lebten und lebten und gingen einmal zu Gast; und da geschah es, daß sie vom Wege abirrten. Die Böse gesellte sich zu ihnen; sie schleppte die Mutter, sie schleppte auch die Tochter hinweg. Sie lebten bei der Bösen; da tötete die Böse die Mutter, kochte

sie in einem Kessel und verzehrte sie. Die Tochter weinte und weinte, die Mutter rief: »Kindlein, weine nicht, nimm meine Gebeine und schlag sie in ein weißes Tuch!«

Die Tochter sammelte unter dem Tisch der Mutter Gebeine, da kam die Böse hinzu: »Was machst du da? Weshalb ißt du nicht?«

»Ich hab schon an den Knochen genug.«

Am Sonnabend heizte man die Badestube. Die Böse sagte zu ihrer Tochter und zum fremden Mädchen: »Wer von euch ihr Haar schneller trocknet, die nehme ich morgen mit in die Kirche.« Sie gingen in die Badestube, sie wuschen sich rein; der Bösen Tochter drehte sich den Kopf ab und trocknete sich schnell das Haar.

Am Sonntag fuhr die Böse mit ihrer Tochter zur Kirche, das Waisenmädchen blieb zu Haus; sie weinte und weinte, da fragten der Mutter Gebeine: »Was ist das, ist es ein warmer Regen?«

»Das ist kein warmer Regen, das sind meine Tränen!«

»Hast du's schwer, Töchterchen?«

»Schwer, schwer, Mütterlein.«

»Geh in den Schweinestall, da wirst du finden, was dich erfreut.«

Die Tochter ging in den Schweinestall: da erhielt sie herrliche Kleider, erhielt goldene Schuhe; vor der Kutsche warteten die Pferde, das Mädchen brauchte sich nur hineinzusetzen und fuhr zur Kirche; sie betete ihre Gebete und eilte wieder nach Haus. Unterwegs schaute ein Bursche: »Woher mag doch dieses schöne Mädchen sein, herrliche Kleider, eine prachtvolle Kutsche?« Wie die Böse mit ihrer Tochter aus der Kirche kam, war das Waisenmädchen schon bei der Arbeit und fragte: »Nun, was habt ihr in der Kirche Neues gehört und gesehen?«

»Wir haben manches gesehen, was deine Augen nicht gesehen haben: Ein Mädchen fuhr zur Kirche, schön war sie, stolz, herrliche Pferde hatte sie vor der Kutsche; wir konnten nicht in ihre Nähe, so drängte sich das Volk um sie; doch sie schaute nicht einmal hin; sie fuhr weg, niemand weiß, wohin.«

So lebten sie und lebten sie, bis wieder der Sonnabend da war. Man heizte die Badestube. Die Böse sagte wieder zu den Mädchen: »Wer von euch schneller ihr Haar trocknet, die werde ich morgen mitnehmen zur Kirche, die andere bleibt zu Haus.« Sie gingen in die Badestube. Der Bösen Tochter machte es natürlich keine Mühe, ihr Haar zu trocknen, sie drehte sich einfach den Kopf vom Leibe und trocknete dann das Haar.

Am Sonntag fuhr die Böse mit ihrer Tochter zur Kirche, die Waise blieb zu Haus. Sie ging wieder zu den Gebeinen der Mutter, sie weinte, weinte sehr bitter; die »Oh, es fällt wohl warmer Regen!«

»O nein, es fallen meine bitteren Tränen!«

»Hast du es denn so schwer, Töchterchen?«

»Schwer, ja, Mütterchen.«

»Nun, tritt in den Schweinestall, da findest du vielleicht, was dich erfreut.«

Das Mädchen trat in den Schweinestall und erhielt dort schöne Kleider, goldene Schuhe, eine Kutsche mit prachtvollen Pferden. Das Mädchen setzte sich in die Kutsche, fuhr zur Kirche, betete inbrünstig, betete unter vielen Tränen. Dann fuhr sie wieder dem Hause zu. Der Bursche schaute wieder und spähte: »Wohin mag sie doch fahren?« Nichts sah er, verschwunden war sie; das Mädchen saß schon zu Hause bei der Arbeit.

Die anderen kamen auch bald nach Hause und erzählten, welch eine Pracht sie erschaut; heute seien sie schon etwas näher gekommen. »Du Armselige, du hast gar nichts gesehen!«

»Wo soll ich, arme Waise, weder komm ich zur Kirche noch anderswohin!«

Es kam der dritte Sonnabend; man ging in die Badestube, der Bösen Tochter hatte ihr Haar wieder schneller trocken: sie drehte nur den Kopf vom Leibe und trocknete dann. Am Sonntag mußte natürlich die Waise zu Hause bleiben, die anderen fuhren zur Kirche. Die Waise weinte bitter bei der Mutter Gebeinen. Die Gebeine fragten: »Ist das ein warmer Regen?«

»Nein, das sind meine bitteren Tränlein!«

»Geh, Tochter, in den Schweinestall, da erhältst du, was dich erfreuen soll.«

Die Tochter ging in den Schweinestall und erhielt noch prächtigere Kleider als früher, erhielt goldene Schuhe; sie setzte sich in die Kutsche, fuhr zur Kirche, betete in der Kirche inbrünstig, betete von ganzem Herzen; wie sie gebetet hatte, fuhr sie wieder dem Hause zu. Doch der Bursche hatte erspäht, wohin sie fuhr; er versteckte sich unter einer Brücke, und als das Mädchen vorbeifuhr, kam er unter der Brücke hervor und hielt die Pferde an: »Wohin fährst du? Wer bist du?«

»Halte mich nicht an, ich muß schnell nach Hause fahren.«

»Ich komme zu dir auf die Freite!«

»Du wirst mich nicht erkennen!«

»Gib mir einen Goldschuh, wem dieser paßt, die will ich heiraten.«

Das Mädchen gab ihm einen Goldschuh. Der Bursche nahm den Schuh und ging auf die Freite: »Wem dieser Schuh paßt, die soll die Meine werden.«

Die Böse gab den Schuh ihrer Tochter; dieser paßte der Schuh nicht, ihr Fuß war zu groß. Da nahm die Mutter ein Beil, hieb ihr eine Zehe ab, brachte das Mädchen zum Freier: »Hier ist die Deinige!« Der Bursche nahm sie und erkannte nicht, daß es eine Fremde war. Schon fuhr er, da sah er: am Wege ein Apfelbaum, voll goldener Äpfel, ein kleiner See, goldene Fische darin. Diese Apfelbäume, diese goldenen Fische, alles war entstanden aus den Eingeweiden der Mutter des armen Mädchens, als die Böse sie getötet hatte. Der Freier erblickte die Äpfel, die Fische und sagte: »Wer mir einen Apfel holt, wer mir einen Fisch holt, die will ich heiraten.«

Die Tochter der Bösen ging, um das Verlangte zu holen, konnte es aber nicht: Der Apfel schlägt sie, der Fisch schwimmt weit weg in den See. Da kam das Waisenmädchen, nahm den Apfel, nahm das Fischlein, gab sie dem Freier und sang selbst dazu: »Bringet als letzte, haltet für die Geringste, werfet nieder meinen Goldschuh!« Der Freier erkannte die Seinige, er hielt an, warf der Bösen Tochter in den See und nahm das Waisenmädchen mit sich.

Nach einiger Zeit begab sich die Böse zur Tochter, um zu sehen, wie es mit der jungen Frau Gesundheit stehe. Als sie zum See kam, sah sie: Unter der Brücke wuchs ein hoher Rohrstengel hervor; dieser war entstanden aus der Tochter Nabel. Die Böse dürstete; als sie unter die Brücke ging, um ihren Durst zu löschen, da sang das Rohr: »Mütterchen, Mütterchen, reiß mich aus der Erde, Mütterchen, Mütterchen!«

Die Mutter erkannte, wer das sang; sie riß das Rohr heraus, und die Tochter war sofort am Leben. Dann fuhren sie zum Schwiegersohn; da stillte die Mutter gerade ihr kleines Kindlein. Die Böse warf der Frau eine Wolfshaut über; die Frau wurde zur Wölfin und lief weg in den Wald. Die Böse bettete unter die Decke statt der Frau ihre eigene Tochter, doch diese hatte dem Kinde keine Nahrung zu bieten; das Kind schrie, es schrie so, daß es traurig anzuhören war. Die Hirtin aber hatte dieses alles gesehen, sie nahm das Kind, trug es zum Walde und sang: »Mütterchen, Mütterchen, komm und biet die Brust dem Kindlein! Judas läßt dein Kindlein saugen morgens an dem Stuteneuter, mittags saugt es an der Spindel!«

Eine Wölfin kam aus dem Dickicht und warf ihre Haut auf einen Stein; es war des Kindes Mutter; sie bot ihrem Kind die Brust und verschwand dann wieder im Walde.

Am zweiten Tage brachte die Hirtin das Kind wieder zum Walde, um es stillen zu lassen. Sie sang: »Mütterchen, Mütterchen, komm und biet die Brust dem Kindlein! Judas läßt dein Kindlein saugen morgens an dem Stuteneuter, mittags saugt es an der Spindel!«

Wieder kam die Wölfin aus dem Walde, warf ihre Haut auf den Stein, stillte das Kind und verschwand darauf. Doch der Mann hatte es zufällig gesehen; er kam zur Hirtin: »Was ging hier vor sich?« Die Hirtin entdeckte ihm alles: »Zwei Personen kamen zu dir zu Gast, die andere blieb, deine Frau wurde in eine Wölfin verwandelt.«

Der Mann ging, um sich das Los werfen zu lassen; wie die Weise ihn lehrte, so führte er es aus: er brannte den Stein heiß, brannte ihn glühend.

Die Frau kam wiederum ihr Kind stillen; sie warf die Wolfshaut auf den Stein, diese verbrannte sofort. Der Mann hatte wieder seine Frau und brachte sie nach Hause; doch der Bösen Tochter erschlug er mit dem Schwert. Da fing er wiederum mit seiner Frau an zu leben, und die Böse kam nicht mehr, um ihnen nachzustellen.

52. Sigute

Ein Bruder und seine Schwester, Sigute, ein gutes und schönes Mädchen, lebten zusammen bei ihrer Stiefmutter, wußten aber nicht, daß sie eine Hexe war. Die Stiefmutter hatte auch eine rechte Tochter; aber diese war weder gut noch schön, sie saß den ganzen Tag geputzt und aufgeblasen im Winkel und tat nichts.

Solange der Bruder zu Hause war, war auch Sigutes Leben nicht allzu schwer, obgleich die Stiefmutter sie nicht leiden konnte. Aber der Bruder mußte in den Krieg ziehen, und Sigute blieb allein bei der Stiefmutter. Diese begann nun, ihre Stieftochter zu quälen; sie mußte die schwersten Arbeiten verrichten und im Sommer das Vieh hüten. Wenn sie sich müde gearbeitet hatte, aß und schlief sie im Stalle beim Vieh; denn sie durfte der Hexe nicht unter die Augen kommen.

In diesem Hause war eine schwarze Hündin und eine schwarze Kuh. Die konnten sprechen, wie alle Tiere in alten Zeiten. Mit diesen beiden gab sich Sigute den ganzen Tag ab und vergaß bei ihren Gesprächen mit ihnen oft ihre Arbeiten. Dafür bekam sie dann von ihrer Stiefmutter Schläge, der es immer schien, daß jene faul und übermütig war. Eines Tages, als Sigute das Vieh austrieb, befahl ihr die Stiefmutter, ihr Hemd auszuziehen, gab ihr einen Wickel Hede und sagte:

> »Auf, Sigute, an die Arbeit!
> Spinne fleißig dein Gespinste,
> Webe fleißig dein Gewebe,
> Deine Blöße zu bedecken!«

Was sollte Sigute tun? Sie zog ihr Hemd aus, nahm den Wickel Hede und trieb unter Tränen die Herde in den Wald. Dort fiel sie der schwarzen Kuh um den Hals und weinte und klagte, als ob ihr Herz brechen wollte. Da tat sie der schwarzen Kuh sehr leid, und diese sagte zu ihr:

> »Still, Sigute, Hirtenmädchen!
> Laß dein Weinen, laß dein Klagen!
> Sieh, ich spinne dir das Hemde!«

Sie nahm den Wickel in die Schnauze, fraß ihn und und spie nach einer Weile ein Hemd von feiner Leinwand aus. Sigute dankte der schwarzen Kuh herzlich und küßte sie auf die Schnauze.

Als sie des Abends heimtrieb und die Hexe sie in dem feinen Hemde sah, wollte die gern wissen, wie sie in der kurzen Zeit mit dem Spinnen hätte fertig werden können. Am Morgen, als Sigute austrieb, befahl sie ihr wieder, das Hemd auszuziehen, gab ihr einen Wickel Hede und sagte:

> »Spinne fleißig dein Gespinste,
> Webe fleißig dein Gewebe,
> Deine Blöße zu bedecken.«

Auch schickte sie ihre eigene Tochter aus; die sollte Sigute beim Spinnen beobachten. Die Tochter der Hexe versteckte sich hinter einem Baum und sah, wie Sigute der schwarzen Kuh um den Hals fiel, wie die Kuh den Wickel verschluckte und darauf ein Hemd ausspie. Als sie nach Hause kam, erzählte sie ihrer Mutter, was sie gesehen hatte. Die Hexe dachte nun: Wenn selbst die Tiere für Sigute eintreten und ihr beistehen, kann sie, wenn ihr Bruder zurückkommt, ihm alles sagen. Darum wollte sie jene auf alle Weise loswerden und beschloß, sie zu verbrennen. Sie grub nun mit ihrer Tochter an der Schwelle ein Loch und arbeitete daran Tag und Nacht. Als Sigute eines Morgens austrieb, nahm die Stiefmutter ihr nicht das Hemd weg, sondern umarmte sie sogar. Dann heizte sie den Ofen, nahm glühende Kohlen heraus und füllte sie in die Grube, bedeckte alles mit Reisig und Stroh, schüttete Erde darauf und machte den Boden überall gleich, so daß nichts zu merken war. Abends kam Sigute mit der Herde zurück, und die Stiefmutter lud sie zum ersten Male seit der Abreise ihres Bruders ein, in das Haus zu kommen, und sang:

»Komm herein, o liebe Tochter!
Heut ist frisches Brot gebacken;
Süßer Wein steht auf dem Tische,
Iß und trink und laß dir's schmecken!«

Sigute wollte eben gehen; da trat ihr die schwarze Hündin, die alles gehört hatte, entgegen und warnte sie:

»Geh nicht hinein, Sigute!
Bleib lieber draußen, Schwester!
Unterm Boden glimmen Kohlen,
Wenn du gehst, fällst du hinein.«

Da schrie ihr die Hexe zu: »Was treibst du dich hier herum und verscheuchst die Hühner?«, ergriff sie und sperrte sie in die Kammer. Aber Sigute ging nicht und blieb am Leben.

Als sie am folgenden Tage eintrieb, lud die Hexe sie wieder zum Schmause ein; aber sie wurde von der Hündin, die in der Kammer alles gehört hatte, gewarnt und blieb draußen; die Hexe aber riß der Hündin einen Vorderfuß aus. Dasselbe geschah am dritten und vierten Tage.

Die Hexe brach der Hündin nun auch die Hinterfüße aus, und am fünften Tage riß sie ihr gar die Zunge aus dem Hals. Nun war niemand, der Sigute warnen konnte; diese ging, fiel in die Grube und verbrannte. Die Hexe nahm nun ihre Asche und häufte sie am Tor auf.

Am folgenden Morgen trieb die rechte Tochter der Hexe die Herde aus. Die schwarze Kuh, die allen voranging, erkannte am Geruch die Asche Sigutes, beleckte sie mit ihrer Zunge und befeuchtete sie mit ihrem grünen Speichel; da flog aus der Asche eine Ente hervor.

Der Krieg war zu Ende, und Sigutes Bruder kehrte nach Hause zurück. Als er durch den Wald ritt, hörte er die Stimme seiner Schwester, konnte sie aber nirgends sehen. Sie sang:

»Höre, Reitersmann, mein Bruder!
Uns're böse Hexenmutter
Füllt' ein Loch mit glühenden Kohlen
An der Schwelle unseres Hauses,

Lud mich dann hereinzutreten.
Heut ist frisches Brot gebacken,

Süßer Wein steht auf dem Tische,
Iß und trink und laß dir's schmecken.

Höre, Reitersmann, mein Bruder!
Ich gehorchte ihrem Rufe.
Als die Schwell' ich überschritten,
Fiel ich in die glüh'nden Kohlen.

Höre, Reitersmann, mein Bruder!
Uns're böse Hexenmutter
Macht ein Häuflein aus der Asche
Vor der Schwelle unseres Hauses.

Höre, Reitersmann mein Bruder!
Uns're schwarze Kuh, die gute,
Kam und leckte meine Asche,
Und so ward ich eine Ente.«

Nun sah der Bruder auch die Ente, welche so zu ihm gesungen hatte. Sie erzählte ihm alles genau, da wurde er sehr böse und beschloß, sich an der Hexe zu rächen.

Er bestrich sein Pferd dick mit Harz und ritt dann nach Hause. Die Hexe, die gehört hatte, daß ihr Stiefsohn zurückkehrte, ging ihm mit einem goldenen Becher Wein entgegen, um ihn zu begrüßen. Als dieser sie sah, sprang er schnell von seinem Pferde auf die andere Seite. Die Stiefmutter sagte: »Mein Sohn, führe dein Pferd vom Fußsteige herunter, ich fürchte mich vor ihm.«

»Es ist ein gutes Pferd und wird nicht ausschlagen; fasse es nur an, Mütterchen, dann wird es dir aus dem Wege gehen.« Sie streichelte es, da blieb ihre Hand kleben. Die Hexe sagte: »Söhnchen, meine Hand ist angeklebt.«

»Klopfe es mit der anderen Hand, dann wird sie abspringen.« Sie klopfte es mit der anderen Hand, und auch diese klebte an.

»Stoße es mit dem Fuß, dann werden beide Hände frei werden«, und auch der Fuß klebte an.

»Stoße es mit dem andern«, auch der klebte fest. Die gefangene Hexe fing nun an, um Gnade zu bitten.

»Stoße mit der Stirn an, dann wird alles losgehen.« Sie tat es, auch die Stirn klebte fest.

»Das ist dein Lohn, Stiefmutter, dafür, daß du meine liebe Schwester verbrannt hast.« Zu dem Pferd gewandt aber sprach er: »Laufe mit ihr, mein Rößlein, soweit deine Füße dich tragen und deine Augen sehen können, verspritze und verstreue ihr Hirn in alle Winde!« Und das Roß donnerte davon.

Auch heute noch im Winter, wenn es tüchtig friert, glänzt und flimmert der Schnee. Das ist das Gehirn der Hexe.

53. Soreghina

Soreghina heißt eigentlich ›Sonnenstrahl‹. Davon geht folgende schöne Geschichte aus.

In der Gegend, die ›Lociade Contrin‹ heißt, lag früher ein kleiner See, und da wohnte eine schöne Vivana, die war – wenn sie sich sehen ließ – so schön wie die Sonne. Sie war angetan mit einem schönen Kleid, einem Mieder aus Silberstickerei, das Bruststück war goldbesetzt, und mit einer Schürze aus leuchtender Seide.

Diese Vivana heiratete den Sohn des Königs von Mortic. Ein Jahr später bekamen die beiden ein wunderhübsches Mädchen, das sie Soreghina nannten, weil es so schön war wie ein Sonnenstrahl. Die Mutter tauchte mit der Kleinen aber aus dem See nur auf, wenn die Sonne schien. Das kleine Wesen auf dem Arm der Mutter leuchtete wie pures Gold, und man sagte, es könne nur mit der Sonne leben, und einige fügten dann hinzu, das sei so, weil das Mädchen eigentlich die Tochter der Sonne sei.

Eines Tages sah die Mutter, daß ein schöner, klarer Tag heraufzog, und wollte mit der Kleinen höher in die Berge hinaufgehen, nach Ciampac. Aber die Dunkelheit brach schneller herein als gedacht, und wenn die Mutter auch so schnell wie möglich nach Hause eilte, so erreichte sie den See doch erst lange nach Sonnenuntergang.

Die kleine Soreghina konnte das nicht ertragen, sie erkrankte, fing an zu zittern, erholte sich nicht mehr und starb noch in der Nacht. Der Sonnenstrahl erstirbt in der Dunkelheit der Nacht. So erzählt diese Geschichte.

54. Die Hexe und die Königskinder

Mitten in einem Walde wohnte eine alte schlimme Hexe ganz allein mit ihrer Tochter, welche letztere ein gutes, mildes Kind war und bei der das Sprüchwort ›Der Apfel fällt nicht weit vom Stamme‹ nicht zutraf. Der Stamm nämlich war über alle Maßen knorrig, stachlich und häßlich; wer die Alte sah, ging ihr aus dem Wege und dachte: »Weit davon ist gut vorm Schuß.« Die Alte trug beständig eine grüne Brille und über ihrem Zottelhaar, das ungekämmt ihr vom Kopfe weit herunterhing, einen roten Tuchlappen und ging gern in kurzen Ärmeln, daß ihre dürren, wettergebräunten Arme weit aus dem sie umschlotternden Gewand hervorragten. Auf dem Rücken trug sie für gewöhnlich einen Sack mit Zauberkräutern, die sie im Walde sammelte, und in der Hand einen großen Topf, darin sie dieselben kochte und damit Ungewitter, Hagel und Schloßen, Reif und Frost zuwege brachte, sooft es ihr beliebte. Am Finger trug sie einen Hexenreif von Golde mit einem glühroten Karfunkelstein, mit dem sie Menschen und Tiere bezaubern konnte. Dieser Ring machte die Alte riesenstark und lebenskräftig und machte sie, wenn sie wollte, auch ganz und gar unsichtbar; da konnte sie hingehen, wohin sie wollte, und nehmen, was sie wollte – und das tat sie auch, und im Walde suchte sie die Hirschkühe auf, und wenn die Tiere den Ring sahen und sahen den Stein funkeln, da mußten sie, an eine Stelle gebannt, stehenbleiben, und dann ging die Alte zu den Hirschkühen und molk deren Milch in ihren Topf und trank sie mit ihrer Tochter. Diese Tochter hieß Käthchen und hatte es nicht gut bei ihrer bösen Mutter, doch trug sie geduldig alles Leid. Am schmerzlichsten war ihr, daß ihre Mutter manchesmal Kinder mitbrachte, mit denen Käthchen gern gespielt hätte, allein die Alte nahm immer den Kindern ihre Kleider, sperrte die Kinder ein und fütterte sie mit Hirschmilch, daß sie fett wurden, und was sie dann mit ihnen vornahm, ist gruselig zu erzählen; sie verwandelte sie nämlich in Hirschkälbchen und verkaufte diese an Jäger. Die Jäger aber schossen die armen verwandelten und verkauften Hirschkälbchen tot und lieferten sie in die Stadt, wo die Leute das junge Wildbret gar gern essen. So schlimm und böse war die häßliche Alte, und da sie den ganzen Tag nichts tat als zaubern und böse Ränke ersinnen und dabei oft und viel laut vor sich hin murmelte, so lernte ihre Tochter Käthchen ihr unvermerkt einige Zauberstücklein ab, die sie ganz im stillen für sich behielt.

Da brachte eines Abends die Alte wieder zwei wunderschöne Kinder geführt, einen Knaben und ein Mädchen, denen sah man an, daß es Geschwister waren und reicher Leute Kinder; beide hatten sich im Walde verirrt, waren von der Alten gefunden und nach ihrem Hause mitgenommen worden, und sie hatte ihnen gesagt, sie wolle sie zurück zu den Eltern bringen. Die Kinder sahen sich schrecklich getäuscht, als die Alte ihnen ihre schönen Kleider auszog, ihnen dafür Lumpen anlegte und sie in ein dunkles Kämmerchen einsperrte. Doch bekamen sie einen ganzen Topf voll Hirschmilch zu essen, welche gut schmeckte, und ein Stück schwarzes Brot dazu, welches weniger gut schmeckte, aber endlich doch auch verzehrt wurde.

Am andern Morgen humpelte die Alte schon frühzeitig in den Wald und winkte den Hirschkühen. Da war eine Hirschfamilie, welche die Alte besonders gut kannte und schätzte, bestehend aus dem Herrn

Hirsch, der Frau Hirschin und zwei jungen Kälbchen, die hielten sich immer treulich im Walde zusammen, waren aber doch in steter Furcht vor der bösen Alten, welche machen konnte, daß sie alle stillstehen mußten und mußten sich von der bösen Hexe die Muttermilch nehmen lassen, so daß die Kälbchen sich nicht satt trinken und nicht fett werden konnten. »Könnt ich dir nur einmal mein Geweih durch den dürren Leib rennen«, dachte oft der Hirsch, und die Hirschin hatte auch keine guten Wünsche für die Alte – es half aber ihr Wünschen allen beiden nichts. Während die Alte im Walde war, schlich Käthchen zu dem Kämmerlein und sah durch eine Ritze in der Tür die armen gefangenen Kinder, welche seufzten und weinten, in großem Herzeleid. Da fragte Käthchen: »Wer seid ihr denn, ihr armen Kinder?«

»Wir sind eines Königs Kinder! O mache uns frei, mein Vater wird es dir lohnen!« sprach der Königsprinz.

»Und meine Mutter auch«, sagte die kleine Prinzessin, indem sie hinzufügte: »Du sollst auch unsre gute Schwester sein und sollst bei mir im seidnen Bettchen schlafen, und ich will dir gar schöne goldne Kleider geben, hilf uns, hilf uns nur!«

Da sagte Käthchen: »Seid nur geduldig, liebe Königskinder; ich will schon zusehen und darauf sinnen, daß ich euch befreie.«

Am andern Morgen in aller Frühe machte das gute Käthchen ein Zauberstück. Sie verließ eilig ihr Lager, hauchte hinein und sagte leise:

»Liebes Bettchen, sprich für mich,
Bin ich weg, sei du mein Ich!«

So auch hauchte sie auf ihre Lade, auf die Treppe und auf den Herd in der Küche und sprach das nämliche Sprüchlein. Darauf ging sie an das wohlverwahrte Kämmerlein der Königskinder, hielt eine Springwurzel, welche die Alte auf dem Kannrück liegen hatte, an das Schloß und sagte:

»Riegel, Riegel, Riegelein,
Öffne dich, laß aus und ein!«

Da sprangen gleich Schloß und Riegel auf, und Käthchen führte alsbald die Königskinder hinweg und in den Wald hinein.

Als die Alte aufwachte, rief sie: »Käthchen, stehe auf und schüre Feuer an!« Da rief es aus dem Bettchen:

»Ich bin schon auf und munter!
Ich komme gleich in die Küche hinunter!«

Die Alte blieb nun noch liegen, doch da sie nach einer Weile nichts hörte, rief sie wieder: »Käthchen! Wo bleibt denn das faule Ding?«
»Gleich!« rief es von der Lade:

»Ich sitze auf der Lade
Und binde das Strumpfband über die Wade!«

Da nun wieder eine Weile verging und sich im Hause nichts rührte noch regte, so ward die Alte böse und schrie: »Käthe! Balg! Wo bleibst du denn?« Da scholl eine Stimme von der Treppe:

»Ich komme schon, ich fliege!
Ich bin ja schon leibhaftig auf der Stiege!«

Die Alte beruhigte sich noch einmal, aber nicht gar lange, denn da wieder alles still blieb, so fuhr sie auf und schalt und fluchte. Da rief es vom Herde her:

»Wozu die bösen Flüche?
Ich bin ja schon am Herd und in der Küche!«

Gleichwohl blieb es in der Küche und im ganzen Hause totenstill. Jetzt riß der Alten völlig der Geduldsfaden, sie sprang aus ihrem Bett, fuhr in die Kleider und nahm einen Besenstiel, willens, Käthchen unbarmherzig durchzuprügeln. Aber wie sie hinauskam, war kein Käthchen da, nicht zu sehen, nicht zu hören, und was das Schönste, für die Alte aber das Schlimmste war, auch die Königskinder waren fort. Jetzt hättet ihr sollen die Hexensprünge sehen, welche das zornige böse alte Weib machte. Ihr Ring zeigte ihr sogleich die Richtung an, nach welcher Käthchen mit den Kindern geflohen war, und sie raste nun wild hinter ihnen her. Die Kinder aber, als sie in den Wald gekommen waren, hatten dort den Herrn von Edelhirsch nebst Gemahlin, Sohn und Tochter angetroffen und dieser Familie in aller Eile ihr Unglück und ihre Flucht erzählt und ihre edlen Herzen mächtig gerührt, so daß sie sich bereit zeigten, ihnen alle mögliche Hilfe angedeihen zu lassen. Die gute Dame Hirsch bot den Kindern ihren Rücken dar, sie alle drei nach dem Königsschlosse zu tragen, das jenseit[s] des Waldes lag, und der Gemahl befahl seinen Kindern, sich in das Dickicht zurückzuziehen, er selbst stellte sich hinter

dichtes Laubgebüsch nahe am Weg, willens die Alte, wenn sie vorbei-
renne und er ihren Ring nicht sehe, über den Haufen zu stoßen.

Es währte auch gar nicht lange, so kam die Alte in großen Sprüngen
gesetzt; in ihrem Zorn und Eifer vergaß sie ganz, unsichtbar sein zu wollen, hielt auch den Finger mit dem Ring nicht empor. Und so geschah es,
daß plötzlich ein großes und stattliches Hirschgeweih mit ihr in eine
sehr verwickelte Berührung kam, bei welcher eines der Enden des Ge-
weihes mit Gewalt den Finger der Alten so streifte, daß der Zauberring
vom Finger herabging und sich auf dem Ende feststeckte, und ehe sich's
einer versah, so hatte der Hirsch die alte Hexe aufgegabelt, die nun
durch des Ringes Kraft selbst starr und steif wurde, und trug sie in ge-
strecktem Lauf der Fährte nach, welche die gute Hinde, seine Gemahlin,
im tauigen Grase zurückgelassen. Diese war indes mit den drei Kindern
bereits im Königsschloß angekommen, und von dem König und der
Königin waren die verlorenen Kinder und das gute Käthchen, das sie gerettet, mit großer Freude empfangen worden, als sie plötzlich alle mit
großer Verwunderung die Alte, auf dem Geweih des stattlichen Edel-
hirsches sitzend und getragen, daherschweben sahen. Der Hirsch aber
sprang ohne Säumen in den Schloßteich und tauchte mit dem Kopfe
unter. Als er wieder auftauchte, war sein Geweih frei von der Last.
Aber auch der Zauberring blieb im Grunde. Hirsch und Hirschin kehrten zu ihrem Walde und zu ihren Kindern zurück und waren sehr
froh, daß ihnen nun niemand mehr ihre Milch nahm; Käthchen aber
blieb bei den Königskindern und schlief in einem seidnen Bettchen
und trug goldne Kleidchen und wurde selbst gehalten wie ein Königs-
kind.

55. Aschenzuttel

Einst spannen Mädchen, die Rinder hüteten, um eine Grube herum sitzend. Da kam ein Alter dahergegangen, dem der weiße Bart bis zum
Gürtel niederquoll. Der sprach zu ihnen: »Mädchen, hütet euch vor dieser Grube, denn sobald einer von euch die Spindel hineinfiele, so würde
ihre Mutter augenblicklich in eine Kuh verwandelt.«

Nachdem der Alte dies gesagt hatte, entfernte er sich wieder. Die
Mädchen aber, über seine Rede verwundert, rückten der Grube um so
näher und guckten neugierig hinein. Da geschah es denn, daß plötzlich

einem der Mädchen, welches eben das schönste unter ihnen allen war, die Spindel aus der Hand glitt und in die Grube fiel.

Und als es am Abend heimkam, da war seine Mutter wirklich in eine Kuh verwandelt, stand vor dem Hause und blökte. Nun pflegte und fütterte das Mädchen die Kuh und trieb sie mit den übrigen Rindern auf die Weide.

Einige Zeit hierauf nahm der Vater dieses Mädchens eine Witwe zur zweiten Frau, die ebenfalls eine Tochter hatte und gleich einen Haß auf ihr Stieftöchterlein warf, weil dieses viel schöner war als ihr eigenes Kind. Sie verbot ihr, sich zu waschen und zu kämmen, sich umzukleiden, und suchte immer nach einer Ursache, wie sie sonst auf alle Weise sie quälen und ihr ein Leid antun könnte. So gab sie ihr einst am frühen Morgen einen ganzen Ranzen voll Flachs und sprach: »Wenn du dies alles nicht heute fertig spinnst und in schöne Knäuel windest, darfst du mir den Abend nicht heimkommen, sonst bring ich dich um.«

Das arme Mädchen spann, mit ihrer Herde hinausgehend, so emsig, wie es nur vermochte. Als aber am Mittag die Rinder sich im Schatten lagerten und es sah, daß am Flachse noch gar nicht zu bemerken war, was es davon gesponnen hatte, da fing es bitterlich zu weinen an.

Wie dies nun die Kuh sah, die einst seine Mutter gewesen war, begann sie auf einmal zu sprechen und fragte, was ihm fehle, worauf das Mädchen ihr der Reihe nach alles erzählte, wie es sich verhielt. Da tröstete es die Kuh und sprach: »Gräme dich weiter nicht, ich will den Flachs, den du spinnen sollst, ins Maul nehmen und kauen, da wird alsbald aus meinem Ohr ein Faden hervordringen, den erfasse und wind ihn in einen Knäuel.

Und so geschah es auch. Die Kuh nahm den Flachs ins Maul und fing zu kauen an, das Mädchen brauchte den Faden nur aus dem Ohr hervorzuziehen und abzuwinden, es dauerte gar nicht lange, so war sie damit fertig.

Als das Mädchen abends der Stiefmutter den großen Knäuel gab, war diese im höchsten Grade verwundert und gab ihm den nächsten Morgen noch viel mehr Flachs zu spinnen. Als es aber auch diesen spann und am Abend in einen großen Knäuel gewunden heimbrachte, da dachte die Frau, seine Freundinnen müßten ihm geholfen haben, und gab ihm den dritten Morgen noch mehr Flachs als die beiden ersten Male, schickte ihm aber heimlich ihre eigene Tochter nach, damit diese lauschen sollte, wer ihm denn spinnen und aufwinden helfe. Nachdem sich diese Kundschafterin versteckt und nun alles mit angesehen hatte, wie die Kuh den Flachs ins Maul nahm und kaute und die Hirtin das fertige Gespinst nur aus dem Ohr zu ziehen und aufzuwinden brauchte, da kehrte sie eilends heim und berichtete alles getreulich ihrer Mutter.

Sobald es diese vernommen hatte, drang sie in ihren Mann, die Kuh zu schlachten. Anfänglich versuchte der Mann, es ihr auszureden, als sie aber auf keinen anderen Gedanken mehr zu bringen war, willigte er zuletzt ein und bestimmte einen Tag, an welchem er sie schlachten wollte. Als die arme Hirtin dies erfahren hatte und unaufhörlich weinte, die Kuh aber sie um die Ursache ihrer Betrübnis fragte, teilte sie ihr alles mit, was zu Hause beschlossen worden war. Da sprach die Kuh zu ihrem Kinde: »Beruhige dich und weine nicht, du sollst nur, wenn sie mich geschlachtet haben, nichts von meinem Fleische essen, sondern meine Gebeine sammeln und sie hinter dem Hause unter dem und dem Stein in die Erde graben, und wenn du in Not und Bedrängnis bist, so komm dorthin auf mein Grab, und du sollst Hilfe finden.«

Nachdem sie die Kuh geschlachtet hatten und deren Fleisch zu verzehren anfingen, wollte das Mädchen davon nicht einmal kosten und half sich mit der Ausrede, daß es gar nicht hungrig sei und nichts essen könne; die Knochen jedoch las es sorgfältig zusammen und begrub sie an dem von der Kuh bezeichneten Ort.

Der eigentliche Name dieses Mädchens war Mara, da es aber zu den meisten Arbeiten und Verrichtungen im Hause, wie zum Wassertragen und Kochen, zum Abspülen der Kochgeschirre, zum Ausfegen des Hauses und zu anderen häuslichen Arbeiten angehalten wurde und viel am Feuer und beim Herde zu tun hatte, so nannten die Stiefmutter und deren Tochter es nur Aschenzuttel.

Einst, an einem Sonntag, nahm die Stiefmutter, ehe sie mit ihrer Tochter nach der Kirche ging, eine große Schüssel voll Hirse, streute sie im Hause herum und sprach zur Stieftochter: »Höre, Aschenzuttel, wenn du nicht all diese Hirse aufgelesen und das Mittagessen fertiggekocht hast, bis wir aus der Kirche zurückkommen, so bringe ich dich um.« Nachdem sie mit ihrer Tochter fortgegangen war, brach die arme Stieftochter in Tränen aus, bei sich selber sprechend: »Um das Mittagessen wäre mir nicht bange, leicht wollte ich damit fertig werden, aber wer ist imstande, diese Hirse aufzulesen!« Da fiel ihr mit einem Male ein, daß die Kuh ihr gesagt hatte, wenn sie in Not sein würde, sollte sie hinausgehen auf ihr Grab, dort werde sie Hilfe finden, und ungesäumt eilte sie hinaus. Wie sie aber hinkam, was sah sie da? Auf dem Grabe stand eine große offene Truhe voll der köstlichsten und mannigfaltigsten Gewänder, auf dem Deckel aber saßen zwei weiße Täubchen, die sprachen zu ihr: »Mara, wähle dir aus dieser Truhe ein Kleid, zieh es an und geh damit zur Kirche, indes werden wir die Hirse auflesen und alles Übrige besorgen.«

Vergnügt langte Mara nach dem ersten Kleide, das obenauf lag und ganz aus reiner Seide war, zog es an und begab sich in die Kirche. Dort angekommen, bewunderten alle, Männer wie Frauen, ihre ausnehmende Schönheit, ihre prächtigen Kleider um so mehr, weil sie allen fremd war, und keiner wußte, wer noch woher sie gekommen sei. Aber mehr als allen Anwesenden gefiel sie dem Sohne des Kaisers, der auch anwesend war und ein besonderes Auge auf sie warf.

Als die Messe schon halb zu Ende ging, schlich sich Aschenzuttel aus der Kirche und eilte heim. Dort zog es schnell die schönen Kleider aus, legte sie in den Koffer, der sich alsbald von selbst schloß, und verschwand, und wie es zum Feuer gehen will, da findet es das Mittagessen gekocht, die Hirse aufgelesen, alle sonstige Arbeit verrichtet. Bald nach ihr kommt auch die Stiefmutter mit ihrer Tochter zurück, und beide wundern sich, die Hirse aufgelesen und alles Übrige so in Ordnung zu sehen.

Den nächsten Sonntag darauf, als sich die Stiefmutter anschickte, mit ihrer Tochter zur Kirche zu gehen, streute sie beim Weggehen noch mehr Hirse als das erstemal im Hause herum und sprach zur Stieftochter: »Wenn du diese Hirse nicht alle aufgelesen, dann das Essen fertiggekocht und alle übrigen Arbeiten verrichtet hast, bis wir von der Kirche zurückkommen, so bringe ich dich um.«

Kaum waren aber die beiden fort, als die Hirtin auch schon hinauseilte auf ihrer Mutter Grab. Daselbst fand sie wieder den Koffer offen wie das erstemal, und auch die zwei weißen Täubchen saßen wieder auf dem Deckel und sprachen zu ihr: »Kleide dich an, Mara, und geh zur Kirche, wir wollen indes die Hirse auflesen und für dich arbeiten.«

Da nahm sie aus dem Koffer ein Kleid, das von hellem Silber strahlte, zog es an und ging fort in die Kirche. Dort wurde sie diesmal noch mehr angestaunt, und des Kaisers Sohn verwandte kein Auge von ihr. Sobald aber die Messe zu Ende ging, wußte sie sich aus der Menge wegzuschleichen und nach Hause zu eilen, wo sie die Kleider schnell im Koffer barg und sich ans Feuer stellte.

Als nun darauf auch die Stiefmutter mit ihrer Tochter nach Hause kam, da verwunderten sich beide noch mehr als das erstemal, die Hirse aufgelesen, das Essen fertig, alle sonstigen Arbeiten getan zu finden, und wußten sich's gar nicht zu erklären.

Den dritten Sonntag aber, als die Stiefmutter sich wieder anschickte, mit ihrer Tochter zur Kirche zu gehen, streute sie beim Fortgehen noch viel mehr Hirse als die beiden andern Male im Hause herum, indem sie zur Stieftochter wie früher sprach: »Wenn du nicht, bis wir von der Kirche zurückkommen, diese Hirse ganz aufgelesen, dann das Essen gekocht und alle übrige Arbeit verrichtet hast, so bring ich dich um.«

Doch die Stieftochter wußte schon, wo für sie Hilfe zu finden war, und nachdem die beiden das Haus verlassen hatten, eilte sie hinaus auf der Mutter Grab, wo sie auch wieder die Truhe offen fand, und auf deren Deckel die zwei weißen Täubchen, welche sie hießen, geschwind sich anzukleiden und in die Kirche zu gehen. Um das, was im Hause geschehen solle, möge sie sich weiter nicht kümmern. Da nahm sie diesmal aus dem Koffer ein Kleid, das war eitel Gold, zog es an und ging damit in die Kirche. Dort nahm die Bewunderung von allen Seiten kein Ende. Der Kaisersohn aber hatte sich vorgenommen, sie heute nicht so entschlüpfen zu lassen wie die anderen Male, sondern genau achtzuhaben, wo sie

285

hingehe. Als daher die Messe sich ihrem Ende nahte und sie fortgehen wollte, folgte ihr der Prinz auf der Ferse nach, und wie sie so hastig durch die Menge sich drängte, da geschah es, daß ihr der rechte Pantoffel vom Fuße fiel. In der großen Eile aber blieb ihr keine Zeit ihn aufzunehmen, sie mußte ihn zurücklassen und mit bloßem Fuße den Weg fortsetzen. Zu Hause angekommen, zog sie so schnell wie möglich die prächtigen Kleider aus und stellte sich ans Feuer, ihren gewöhnlichen Platz.

Dem Prinzen aber war nicht entgangen, was sie verloren hatte. Er hatte das Pantöffelchen aufgehoben und zu sich gesteckt und fing nun damit im ganzen Lande zu suchen an, indem er allen Mädchen auf die Füße sah, jede das Pantöffelchen probieren ließ, doch nicht einer einzigen wollte es passen. Der einen war es zu lang, der anderen zu kurz, dieser zu eng, jener zu weit. Wie er so suchend von Haus zu Haus ging, da kam er zuletzt auch in das Haus des Vaters der Hirtin. Die Stiefmutter aber, als sie sah, daß des Kaisers Sohn das schöne Mädchen zu suchen in ihr Haus kommen werde, verbarg eilends Aschenzuttel unter einen Trog, und als der Prinz mit dem Pantöffelchen eintrat und fragte, ob sie ein Mädchen im Hause habe, erwiderte sie ihm, ja, ein einziges, und führte ihm ihre Tochter vor.

Als der Prinz sie aber das Pantöffelchen anprobieren ließ und das Mädchen nicht einmal die Zehen hineinzwängen konnte, fragte der Prinz, ob sie denn nicht noch ein Mädchen im Hause habe, worauf sie ihm zur Antwort gab: »Nein.«

In dem Augenblick flog aber der Haushahn auf den Trog und rief: »Kickeriki! Das Mädchen steckt unter dem Troge hie!«

»Pst!« rief die Stiefmutter, »daß dich der Geier hole!« Der Prinz aber, wie er vernahm, was der Hahn krähte, eilte schnell hinzu und hob den Trog auf. Sieh, da fand er Aschenzuttel unter dem Trog angetan mit denselben Kleidern, welche es trug, als es das dritte Mal zur Kirche ging, nur am rechten Fuß fehlte ihm ein Pantöffelchen. Und wie es der Prinz da in seiner Schönheit erblickte, wußte er sich in seiner Freude gar nicht zu lassen. Schnell hieß er es das Pantöffelchen an dem rechten Fuß anziehen, und als er sah, daß es ihm nicht nur ganz recht war, sondern auch zu dem am linken Fuß getragenen genau paßte, da führte er es mit sich auf sein Schloß und machte es zu seiner Gemahlin.

56. Die Geiß mit ihren zehn Zicklein und der Bär

Es war einmal eine alte Geiß, die hatte zehn kleine, kleine Zicklein, die waren wie die Orgelpfeifen; immer eines kleiner wie das andere, und das kleinste war nur so groß wie ein kleiner Finger. Nun traf es sich einmal, daß die alte Geiß sagte: »Meine Kinderchen, hört, was ich euch sage. Ich gehe auf den Markt einkaufen, Salat und Kraut, und ich bringe euch was mit, Milch im Zitz und weiches weißes Brot. Schließt die Türe nur gleich hinter mir und laßt niemanden herein, der nicht eine feine Stimme und weiße Hände hat. Das aber bin ich. Sonst kommt der garstige Bär und frißt euch alle, wenn ihr ihn hereinlasset.«

»Nein, nein, Mutter, wir wollen gut folgen und niemanden hereinlassen, bis Ihr nicht kommt«, sprachen die Zicklein.

Nun nahm die Geißmutter den Quersack und ging. Die Zicklein schlossen zu und tanzten auf dem Fußboden herum und waren gar lustig. Als aber die Geiß durch den Wald ging, sah sie der Bär und dachte gleich: »Aha! Nun kannst du die Zicklein leicht bekommen und fressen!« Wie jene vorbeigegangen war, lief er gleich vor die Stube der Geiß, stieß in die Türe und brummte und murmelte gar erschrecklich: »Macht mir auf, macht mir auf!« Die kleinen armen Zicklein stoben ganz verblüfft, daß sie kein Leben hatten, auseinander und verkrochen sich, wohin sie konnten. Eines unter die große Mulde, eines unter den Waschtrog, eines unter den Milchnapf, eines in die Uhr, eines in die Ofenröhre und so weiter und das kleinste in die Asche. Wie nun der Bär draußen brummte und lärmte, aber doch nicht hineinkonnte, nahmen sich die neun größten Zicklein ein Herz und sagten: »Unsere Mutter sagte, wir sollten niemanden hereinlassen, der nicht eine feine Stimme und weiße Händchen habe.«

Nun fingen sie an auch zu spotten – aber das hätten sie können bleiben lassen – und sagten: »Herr Gevatter Bär, nicht wahr, das Zickleinfleisch schmeckt gut? Nun, kommt doch herein durch das Schlüsselloch. Ihr denkt ja, Ihr wäret der Stärkste und Klügste und könntet alles!«

Da wurde der Bär giftig und lief weg und dachte: »Nun wartet, ich will euch schon bekommen!«

Die Zicklein aber bekamen Mut. Wie sie merkten, daß der Bär nicht vor der Türe war, sprangen sie hervor aus dem Winkel und tanzten wieder und waren lustig. Nur der Aschenputtel jammerte:

»Was habt ihr getan?
Wie wird es uns gehn?
Der Bär ist zornig,
Der Bär ist stark.«

Der Bär lief stracks zu einem Schleifer und sprach: »Gleich schleife mir meine Zunge, daß ich auch so fein reden kann wie die alte Geiß.« Der Schleifer mußte es tun, denn der Bär wollte ihn auch sonst fressen. Dann ging der Bär wettergallig auf die Zickleinstube los. Wie er ganz nahe war, ging er leise und brummte nicht mehr wie ein Bär und kam vor das Schlüsselloch und schrie ganz fein wie die alte Geiß: »Macht mir auf!«

Die Zicklein schreckten zusammen, hörten auf mit Tanzen, blieben aber auf der Stelle stehen. Nur der Aschenputtel war gleich in der Asche.

Nach einer Weile, wie der Bär wieder rief, fragte eines: »Bist du unsere Mutter?«

»Ja, ja!« antwortete der Bär.

»Nun, laß deine Hände sehen!« Der Bär aber hatte vergessen, seine schwarzen garstigen Pranken weiß zu machen. Wie er sie nun zeigte, sahen die Zicklein, daß es der Bär war, und fingen wieder wie früher an zu spotten. Der Bär kochte vor Zorn und brummte bei sich im Weglaufen: »Nun wartet, ihr sollt mir dieses bezahlen!« Die Zicklein tanzten und sprangen wieder herum und waren lustig.

Der Bär aber lief geradezu in die Mühle und rief dem Müller zu: »Mach mir meine Pratzen so weiß wie die der alten Geiß!« Der Müller mußte es tun, denn sonst wollte ihn der Bär fressen. Als es geschehen war, eilte der Bär wieder zu den Zicklein und ging ganz leise, wie er in der Nähe war, und rief dann vor dem Schlüsselloch ganz fein wie die alte Geiß: »Ihr meine Kinderchen, Kinderchen, macht mir auf!«

Die Zicklein wurden wieder ganz stutzig, hörten auf vom Tanzen, blieben aber auf der Stelle stehn, nur der kleine Aschenputtel war gleich in der Asche. »Bist du unsere Mutter?« fragten die anderen.

»Ja, ja!« sagte der Bär. »Nun weiset die Hände!« Da zeigte der Bär seine weißgemachten Pratzen, und nun glaubten sie, er wäre ihre Mutter, und waren froh und sprangen und wollten gerne sehn, was sie ihnen gebracht hätte, und schlossen die Türe auf. O Schrecken, da sahen sie den garstigen Bären. Nun hättet ihr sehen sollen, wie sie durcheinanderliefen! Allein das half nichts. Der Bär sah, wohin sie alle liefen, fing eines nach dem andern und schluckte sie alle ein. Der Aschenputtel aber zitterte in der Asche und fürchtete sich, der Bär werde auch ihn finden. Allein er hatte es nicht gesehen, und so dachte er, er wäre fertig, und ging weg und war froh.

Wie er an den Berg und den Wald kam, so sah er die Geiß. Die kam eben vom Markte heim und brachte allerhand Einkäufe auf dem Rücken heim. Er fragte sie ganz lustig: »Nun, woher kommt Ihr, Gevatterin?«

»Nun, vom Markt!« antwortete sie höflich – denn sie dachte, es ist immer besser, man tut freundlich –, »man muß ja zuweilen etwas einkaufen!« Aber es war ihr gar nicht recht, daß der Schreckliche so spaßhaft war. »Nun, ich komme von der Hochzeit und habe gar gut gelebt«, sagte der Bär. Die Geiß aber ging schnell weiter und lief heim und wollte sehen, ob ihre Kinder vor dem Garstigen ruhig geblieben wären. Aber wie wurde es ihr, als sie die Türe angelweit offen und in der Stube alles umgedreht sah und alles mäuschenstill war!

»Meine Kinderchen, meine Kinderchen, wo seid ihr, kommt doch hervor!« Aber es ließ sich lange nichts hören. Der Aschenputtel zitterte und fürchtete, es wäre wieder der Bär und er hätte sich nur verstellt. Endlich guckte er ein wenig aus der Asche heraus und sah nun, daß es seine leibhaftige Mutter war, und sprang heraus und erzählte nun alles, wie es gekommen war.

Da wurde die alte Geißmutter zornig über den Bären und sagte: »Nun warte, ich will ihm's gleich bezahlen! Bleibe du, mein Aschenputtelchen, nur hübsch zu Hause, bis ich dich rufe.« Sie wollte gerade zu dem Bären aufs Gebäude. Aber als sie an den Wald kam, war er noch da, wo sie miteinander geredet hatten, und lag an einem Rain und sonnte sich. Nun kam die Geiß zu ihm und sagte: »Wie habt Ihr es doch, lieber Gevatter, auf der Hochzeit so gut gehabt. Wie gut werdet Ihr nun schlafen. Soll ich Euch nicht ein wenig lausen?«

»Wie gut wird das sein. Ei, wahrlich, tut das, Gevatterin!«

Nun fing sie an zu lausen, und er schlief darunter bald ein. Schnell lief sie nach Hause und rief ihrem Jüngsten: »Komm mit, bring die Nadel, den Zwirn und auch die Schere. Ich soll den Mühlstein tragen.«

So eilten sie zum Bären, der aber schleppte Klötze (schnarchte), daß es eine Freude war. Die Geiß nahm die Schere und schlitzte dem Bären den Bauch auf. Sogleich sprangen die neun Zicklein alle heraus und waren froh, wie sie ihre Mutter sahen und daß sie wieder im Lichte waren. Denn im Bären ist es, wie im Ochsen, ganz dunkel. Ihre Mutter aber klopfte sich auf den Mund und winkte ihnen, sie sollten ganz stille sein

und nach Hause gehen. Nur der Aschenputtel blieb da und war zur Hand. Nun nahm sie den Mühlstein und tat ihm den Bären in den Bauch und nähte ihn wieder zu. Er aber schlief noch fest und merkte nichts. Als er bald darauf erwachte, reckte er sich und rieb sich die Augen. Der Aschenputtel verkroch sich hinter einen Strauch.

»Weh!« seufzte der Bär, »es liegt wie ein Stein im Magen!«

»So geht es, wenn man zu gut lebt!« sprach die Geiß. »Allein, nicht lasset Euch, seid frisch, seht, wie munter ich bin!« Und die Geiß sprang und war lustig. Aber der Bär sah garstig aus und konnte sich mit Mühe nur von der Stelle rühren. »Nun, Ihr seid ein elender Kerl!« sagte die Geiß. »Ihr könnt nicht einmal über diesen Brunnen springen. Seht mir einmal zu!« Im Nu war die Geiß drüben.

Der Bär wollte nicht recht, aber er schämte sich zu sagen: »Nein, das kann ich nicht!«, denn er dachte, er wäre der Größte und könnte alles. Er ging einigemal um den Brunnen herum und wollte und wollte auch nicht. Endlich nahm er einen Anlauf und sprang, aber der Mühlstein zog ihn in den Brunnen. Die Geiß aber rief ihm fröhlich nach:

»Rumple, rumple, Mühlenstein,
Meine zehn Zicklein sind daheim!«

Der Aschenputtel lief nach Hause und rief auch die andern. Nun kamen sie alle und sprangen um den Brunnen und sangen:

»Gevatter Bär, Gevatter Bär,
So seht doch nur ein wenig her.
Ihr denkt, Ihr hättet Zicklein im Bauch,
Es ist Knochigers noch, Ihr alter Gauch.
Nun sauft gut auf den Mühlenstein,
Und bleibt ein andermal hübsch daheim!«

So mußte der Bär elendig ertrinken, und das war ihm recht.

NACHWORT

Bei allen Völkern kommt der Mutter wegen ihrer Bedeutung für den Fortbestand einer Gesellschaft eine besondere Rolle zu. Nicht selten ist damit eine Verehrung in religiöser Hinsicht verbunden. Die Mutter gilt in alten mythischen Überlieferungen als Hüterin der Fruchtbarkeit, symbolisiert das Erdhafte bzw. Bodenständige. Im allgemeinen Sprachgebrauch hat sich dies in Begriffen wie Mutter Erde oder Mutter Natur niedergeschlagen.

Europäische Märchen zeigen ein vielfältiges Mutterbild. Sie sehen die Mutter vor allem in ihrer Funktion innerhalb der Familie, in der sie für die Erziehung der Kinder zuständig ist und den Haushalt besorgt. Damit greift das Märchen traditionelle Rollenklischees auf, wie sie zur Zeit der schriftlichen Fixierung vieler Märchen im 19. Jahrhundert vorherrschten. Aber nicht nur die gütige und fürsorgliche Mutter begegnet uns in Märchen, es wird auch von Müttern erzählt, die aus Neid, Eifersucht oder ganz allgemeinem Konkurrenzdenken erhebliche charakterliche Schwächen aufweisen. In der Figur der negativ gezeichneten Stiefmutter oder Schwiegermutter machen sie den ihnen anvertrauten Kindern das Leben schwer, verfolgen gar Mordabsichten und trachten danach, diese Kinder für immer aus dem Weg zu schaffen.

Nun sind Märchen als literarische Gattung keine Abbilder der Wirklichkeit, wohl aber spiegeln sie nach allgemeiner Einschätzung Werte und Normen, Gefühlszustände und Lebensverhältnisse wider, selbst wenn uns das Erzählgut vergangener Zeiten durch mehrere Brechungen erreicht hat: Denn in das Gelesene und Gehörte haben die aus gutbürgerlichen Verhältnissen stammenden Herausgeber und Herausgeberinnen in die von ihnen zusammengestellten Märchen- und Sagensammlungen ihre Wertvorstellungen in gehörigem Maße einfließen lassen. Auch wenn ethische Vorstellungen in solchen Buchmärchen nicht unbedingt bestimmend sind, so begegnen sie doch sublim. Denn Märchen sind zeitenüberdauernder und gleichförmiger als andere Erzählungsgattungen. Zudem sind sie von einem hohen Grad an Ästhetik – dem griechischen Wortsinn nach Anschaulichkeit – geprägt. Sie äußert sich in der starken Bildkraft, den eindeutig gezeichneten Figuren des Märchens, seinen Requisiten und Szenen, wie der Schweizer Märchenkenner Max Lüthi eingehend beschrieben hat.

In diesem Zusammenhang interessiert das Verhältnis der Eltern zu ihren Kindern, und es ist erstaunlich, in welchem hohen Maße vom Thema und von der Struktur her europäische Märchen von familiären Situationen ihren Ausgang nehmen. Nach den Untersuchungen des russischen Strukturalisten Vladimir Jakovlevi' Propp sind folgende Märcheneingänge kennzeichnend: Der Held oder die Heldin verlassen ihr Elternhaus, weil es Probleme mit den Eltern, auch mit Mutter oder Vater allein gibt, eine Hungersnot hereinbricht wie im Märchen von Hänsel und Gretel (Nr. 33) oder weil die Situation in der Kleinfamilie durch den Tod der Mutter (seltener des Vaters) eine andere geworden ist. Gerade der Verlust der Mutter ist Auslöser für einen schweren Schicksalsweg der hinterbliebenen Kinder, wie etwa die Märchen *Die Mär vom Machandelbaum* (Nr. 7), *Wanjuschka und Annuschka* (Nr. 20), *Die Stiefmutter* (Nr. 30) oder *Die drei Männlein im Walde* (Nr. 34) zeigen.

Während heranwachsende Jünglinge das Haus verlassen, um in die weite Welt zu ziehen und sich auf Abenteuerfahrten zu bewähren, ein Handwerk zu erlernen oder als Soldat in der Fremde ihr Glück zu versuchen, müssen heranwachsende Frauen ihre Arbeitsamkeit, ihren Fleiß oder hausfrauliche Fähigkeiten unter Beweis stellen. Daß es dabei mitunter zu grotesken Ergebnissen kommen kann, machen Schwänke und Schwankmärchen genügend deutlich (Nr. 6, 10, 18). Märchen spiegeln die überkommene Rollenverteilung wider, in der selbstverständlich die Erziehung der Kinder und die Hausarbeit der Frau überlassen ist.

Doch mit dieser Rollenzuweisung ist nicht jede Frau einverstanden. Es geschieht also auch, daß Mädchen sich von ihrer Mutter lösen, ihren Rat mißachten und sich auf nicht ungefährliche Suchwanderungen begeben, um ihre verschwundenen Brüder wiederzufinden (Nr. 14). Dabei müssen die Frauen zwar keine Kämpfe mit Drachen oder anderen ungeheuren Fabelwesen bestehen, aber ungewöhnliche Situationen meistern, wenn sie auf ihrer Suche merkwürdigen Gegenständen, Personen oder gar Gestirnen wie Sonne, Mond und Sternen begegnen. Indem sie uneigennützig helfen, erweist sich ihre spontane Unterstützung für andere als Glücksfall für die Helferin selbst (Nr. 37), während Nachahmerinnen, ohne diese Voraussetzungen zu erfüllen, für ihre Habgier oder berechnende Hilfe bestraft werden oder in einer abgemilderten Form leer ausgehen (z. B. Nr. 17, 22, 26, 28).

Es ist aber nicht allein die familiäre Situation, die zu Beginn von Märchen skizziert wird. Dynamik erfährt das Geschehen durch die Einführung der Figur einer Gegenspielerin oder eines Gegenspielers. Die Gegenspielerin, öfter die Stief- oder auch Schwiegermutter der Heldin, verlangt schier Unmögliches, verleumdet ihre Tochter, oder mehr noch die Stieftochter, und/oder befiehlt als extreme Form deren gewaltsame Beseitigung.

Auslösende Momente für das Handeln der Gegenspielerin sind Neid, Eifersucht, Habgier und allgemein feindselige Gefühle, die sich aus dem Konkurrenzdenken ergeben. Gefahren, Konflikte aller Art überstehen die Kinder jedoch unter der stillschweigenden Voraussetzung, daß sie niemals schutzlos sind. Sie scheinen in Not oder schwach zu sein – und sie erwecken Mitleid. So erwächst aus dem Mangel Schutz. Über dieses Wissen verfügen die Leser und Hörer, weil der dem Märchen innewohnende Optimismus – im Gegensatz zum überwiegenden Pessimismus der Sage – für das unrechtmäßig gefährdete Mädchen, die ja zumeist eine junge Frau ist, einen guten Ausgang erwarten läßt. Die Heldin verfügt über Fähigkeiten, die ihr in bedrohlichen Situationen zugute kommen. Sie wird, wie die vielen Aussetzungssagen zeigen, in letzter Minute gerettet. Ihr sozialer Aufstieg ist vorprogrammiert, während eine ausgleichende Gerechtigkeit für die Bestrafung der Gegenspielerin sorgt. Mitunter spricht die Gegenspielerin sich unwissentlich selbst das Todesurteil (Nr. 23), doch sind solche grausam erscheinenden Körperstrafen wie das Aussetzen in einer Nageltonne in neueren Märchen kaum noch thematisiert, der Schluß ist oft auf Harmonie ausgerichtet: Die allen Gefährdungen entronnene Tochter vergibt ihrer Stiefmutter und läßt sie am Leben. Was für junge Heranwachsende gilt, läßt sich auf die Darstellungen von Menschen im Märchen allgemein übertragen: Der Mensch ist zwar besonders gefährdet, gleichzeitig aber in der Lage, die nahezu aussichtslose Situation zu bewältigen und unerreichbar scheinende Ziele zu erreichen.

Doch nicht allein strukturelle Gesichtspunkte lassen sich an Märchen von Müttern und Töchtern festmachen: Solche Erzählungen spiegeln – psychologisch gesehen – Entwicklungsprozesse wider, wie die Ablösung von Mutter und Vater, und Reifungsvorgänge, die zum Erwachsenwerden gehören. Somit lassen sie sich als symbolische Abbildungen wirklicher familiärer Konflikte verstehen. Hierbei ist nicht besonders wichtig, ob das Geschehen in der realen Welt angesiedelt ist oder in einer

Phantasiewelt spielt. Auch Tiermütter und Tierkinder können wie Menschen agieren, wenn wir an das Märchen von der Geißleinfamilie denken, das in unserer Ausgabe in einer Fassung der Siebenbürger Sachsen dargeboten wird (Nr. 56; vgl. auch Nr. 47). Im Unterschied zu älteren Fassungen betont das siebenbürgische Märchen – wie auch die entsprechende Fassung der Brüder Grimm – die Rolle der Tiermutter als Erzieherin und Retterin ihrer Kinder weitaus stärker. Von vornherein erzieht die Ziege ihre ›Kinder‹ im Bewußtsein der Gefahr, die ihnen durch den Bären droht. Als sie einmal weggehen muß, erteilt sie den Zicklein Ratschläge, woran sie das Untier erkennen können. Der Schutz der Zicklein sei das Haus, niemals dürften sie den Bären hereinlassen. Die Botschaft ist nicht zu überhören: Vorsicht vor allem Fremden. Einmal erkennen die vorsichtigen Zicklein den Bären auch dank der ihnen erteilten Ratschläge. Dann aber versagt das Beurteilungsvermögen der noch Unerfahrenen. Unglücklicherweise hatten sie dem Bären die Beurteilungskrierien ihrer Mutter genannt, und der Bär weiß daraufhin die Tiere zu täuschen. Alle frißt er auf, bis auf eines. Erst die heimkehrende Ziege erscheint als Retterin ihrer Jungen. Wie in vielen anderen Märchen ist die Fortführung der Geschichte nur denkbar durch die Einführung eines Überlebenden. Der inneren Logik des Märchens entsprechend bringt die Mutter den Schädiger durch die List des mit Steinen gefüllten Bauches zu Tode. Sie selbst behält bis zum Ende des Märchens alle Fäden in der Hand. Der Brunnensturz suggeriert: Sorglosigkeit tötet selbst den Starken.

Die Märchenmutter ist hier die überaus gütige, hilfreiche und nahrungspendende Mutter der heranwachsenden Kinder. Wer ihre Ratschläge unbeachtet läßt, gerät unversehens in eine angstmachende, gar lebensgefährliche Lage. Während das *Rotkäppchen*-Märchen der Brüder Grimm und die entsprechende Fassung Ludwig Bechsteins, des auflagenstarken Märchenherausgebers des 19. Jahrhunderts, erzieherische Aspekte wie Fürsorge, distanziertes Verhalten gegenüber Fremden und vor allem Gehorsam gegenüber der Mutter betonen und diese letzte Botschaft auch plakativ als Mahnung an den Schluß stellen: »Du willst dein Lebtag nicht wieder allein vom Weg ab in den Wald laufen, wenn Dir's die Mutter verboten hat«, ähnelt unsere ursprünglich aus Frankreich stammende Fassung (Nr. 1) der älteren Version Charles Perraults. Sie hat einen negativen Ausgang: Der Wolf verschlingt das Mädchen. Ironisch karikieren Perrault und darauf basierende Nachschöpfungen eine allzu brave Erziehung der Kinder, die keinen Raum läßt für eine Entwicklung zur Selbständigkeit, so daß sie einem Wolf – in der Rolle eines männlichen Verführers – schutzlos ausgeliefert sind, weil ihnen jegliche Lebenserfahrung fehlt. Ist die Rolle der Mutter als Erzieherin, der im Sinne des 4. Gebots unbedingter Gehorsam entgegengebracht werden muß, im Grimmschen und Bechsteinschen *Rotkäppchen*-Märchen bestimmend, so agiert sie in den französischen Märchen – weniger dominant – als glückliche und stolze Mutter eines Kindes, das »so artig, so freundlich und gefällig, wie eigentlich alle Kinder sein sollten«, ist.

Vor allem in den »Kinder- und Hausmärchen« hat die Figur der Mutter, die ihre Kinder zur Frömmigkeit und Arbeitsamkeit erzieht, beredten Ausdruck gefunden und in deutschen Märchen nach dem Vorbild der Brüder Grimm nachgewirkt. Als Prototyp könnte das bekannte Märchen von den Schwestern Schneeweißchen und Rosenrot (Nr. 2) gelten. Öfter ist herausgestellt worden, wie rührselig die Schilderung des behaglich dahinplätschernden Familienlebens wirkt und an ein biedermeierliches Genrebild erinnert. Da fehlt nichts, was die Idylle der armen Witwe und ihrer beiden holden Töchter hätte stören können. Reinlich und ordentlich ist's überall im Hause, das Verhältnis zu Tieren und zur Natur ungetrübt, und über allem wacht der Schutzengel, wie in manchem »Kinder- und Hausmärchen« der Brüder Grimm. In dieses harmonische Zusammenleben platzt das wilde Tier, der Bär, nicht etwa schreckenerregend und bedrohlich, sondern als ein gutmütiger Spielgefährte. Er kann wie die meisten Märchentiere sprechen und signalisiert seine Andersartigkeit mit dem für Märchen charakteristischen ›Kleinen Verlust‹, wenn beim Verlassen der Kinder ein Stück Haut aufreißt: »da war es Schneeweißchen, als hätte es Gold durchschimmern gesehen«. Trotz gefahrvoller Begegnungen mit einem undankbaren Zwerg kommt alles zu einem glücklichen Ende: Der Bär verwandelt sich in einen Königssohn und heiratet Schneeweißchen, Rosenrot erhält den Bruder zum Mann, und die alte Mutter »lebte noch lange Jahre ruhig und glücklich bei ihren Kindern«.

Wenn Märchen eingangs eine Mangelsituation (wie Hungersnot, Nr. 31, 33) aufzeigen oder eine Konstellation, aus der hervorgeht, daß die Mutter in Konkurrenz zu ihrer Tochter tritt, dann ist das harmonische Verhältnis der beiden beeinträchtigt, ja auf Dauer gestört. Eine solche Mutter wird ihrer Tochter in deren Entwicklung Beschränkungen auferlegen, sie als Konkurrentin empfinden. Neid und Eifersucht gewinnen die Oberhand, insbesondere dann, wenn die Tochter sich von ihrer Mutter löst und neue Wege geht, um ihre eigene Identität zu finden. Aus der gütigen Mutter wird die böse Mutter, die nahezu bei allen Märchen der Welt in Gestalt der Stiefmutter auftritt. Deren Handlungsweise entspricht den gleichen Mechanismen; sie haben ein boshaftes Wesen, sind neidisch, habgierig, ungerecht, sogar grausam und stets von niederen Gefühlen geleitet.

Die dramatische Märchenhandlung entsteht aus der Neuordnung der Familiensituation, wenn die Stiefmutter das eigene Kind bevorzugt, das Stiefkind körperlich und seelisch attackiert und es gefährdet. Die Zuspitzung des Konflikts erfolgt, wenn der junge Königssohn seine Absicht äußert, die Stiefschwester zu heiraten, die Stiefmutter ihr dieses Glück mißgönnt und ihre eigene, obendrein häßliche Tochter als Königin einsetzen möchte. Dabei schrecken die Stiefmutter wie auch deren Tochter vor keiner Gemeinheit, selbst vor Mordanschlägen, nicht zurück. Das erzählerische Schema ist zwar immer gleich, aber voller Spannung und Dramatik (Nr. 9, 41, 42).

In Geschwistermärchen offenbart eine solche Stiefmutter gespaltene Gefühle. Der eigenen Tochter, die ihr ja ähnlich ist, bringt sie Liebe und Aufmerksamkeit entgegen, der Stieftochter oder dem Stiefsohn (Nr. 7) dagegen Bosheit, Haß, Abscheu. Habgier bestimmt ihr Handeln in den Märchen des Frau-Holle-Typus (z. B. Nr. 22, 28, 29, 43), wenn sie ihre eigene Tochter auffordert, ebensolche Reichtümer nach Hause zu bringen wie die Stieftochter. Doch muß dieser Plan scheitern, weil die Voraussetzungen für den Dienst im Jenseits bei der Tochter nicht gegeben sind, da ihr die innere Bereitschaft für die Hilfe fehlt und sie nur widerwillig die ihr angetragenen Arbeiten erledigt.

Das fleißige und mit vielen Tugenden begabte Stiefkind muß wie im bekannten *Aschenputtel*-Märchen (vgl. Nr. 44, 51, 55) ein unwürdiges Leben führen, ebenso die Tochter einer Witwe im *Frau Holle*-Märchen (Nr. 29) oder die Gänsemagd (Nr. 5) aus dem gleichnamigen Märchen. In seiner Passivität erduldet das Stiefkind demütig viele Ungerechtigkeiten, verrichtet die niedrigsten Arbeiten. Der Platz in der Asche des Herdes hat Aschenputtel den abschätzigen Spitznamen eingetragen, der zugleich als sprechender Name im Titel verankert ist. Einer solchen Figur, die mit hohen Tugenden versehen ist, deren Lebensumstände aber entwürdigend sind, gehört indes alle Sympathie, und so überwindet dieses unschuldig verfolgte Mädchen, wenn auch mit Hilfe übernatürlicher Wesen, soziale Schranken.

Die Darstellung der Märchenstiefmutter ist unwirklich und extrem verzerrt, um, wie auch bei der Beschreibung positiv gezeichneter Figuren, die Polarisierung deutlicher aufzeigen und nachhaltigere Wirkung erzielen zu können: Gute und schlechte Eigenschaften sind maßlos übertrieben. Obwohl sich die kontrastreiche Handlung zuungunsten der Stiefmutter entwickelt, erwächst daraus – positiv gewendet – das Bild einer Mutter-Tochter-Beziehung, wie sie sein soll. Der realen Rolle von Stiefmüttern wird eine solche Zuschreibung keinesfalls gerecht. Vielmehr ist die Anhäufung normabweichender Charakteristika unter historischem Blickwinkel zu betrachten. Das erklärt, warum Stiefmütter in der ganzen Welt so negativ gezeichnet sind: Das frühere Erbrecht bevorzugte den Erstgeborenen, so daß die Kinder der zweiten Mutter, welche sie gemeinsam mit ihrem Mann hatte, immer benachteiligt waren. So ist sie bestrebt, für ihre eigenen Kinder eine bessere Ausgangsposition zu erlangen; sie sind ihr auch näher, weil sie von eigenem Fleisch und Blut sind und sie sich in ihnen eher wiederfindet als in der Tochter ihres Mannes aus erster Ehe.

Unsere Ausgabe möchte einen Eindruck über die typologisch vielfältige Rolle von Müttern zu ihren Töchtern und Stieftöchtern vermitteln. Das Verhältnis von Mutter und Tochter bzw. Stieftochter ist zwar oft von Spannungen und Störungen geprägt, aber gerade die kontrastreiche und zum Teil extreme Darstellung dürfte dazu beitragen, die positiven Aspekte der Mutter-Tochter-Beziehung stärker herauszuarbeiten.

Verzeichnis der Quellen

Von leiblichen Müttern und Töchtern

1. Das kleine Rotkäppchen. – Holting, Gustav [d. i. Karl Gustav Winckelmann]: *Das kleine Rothkäppchen. Ein Kinder-Märchen.* Frei nach dem Französischen. Berlin [1840]. – AaTh 333: Rotkäppchen.
2. Schneeweißchen und Rosenrot. – Brüder Grimm [d. i. Jacob und Wilhelm Grimm]: *Kinder- und Hausmärchen.* Bd. 1–4. Hrsg. von Hans-Jörg Uther. München 1996, Nr. 161. – AaTh 426: Mädchen und Bär.
3. Das Kätzchen und die Stricknadeln. – *Ludwig Bechsteins Deutsches Märchenbuch.* Hrsg. von Hans-Jörg Uther. München 1997, Nr. 37. – Mot. B 422, B 505, D 810: Zaubergabe als Geschenk Jenseitiger für barmherziges Verhalten.
4. Die Kobra und die Polonga. – Schleberger, Eckard: *Märchen aus Sri Lanka (Ceylon).* München 2. Auflage 1990, Nr. 41. – AaTh 285: Kind und Schlange.
5. Die Gänsemagd. – Brüder Grimm [d. i. Jacob und Wilhelm Grimm]: *Kinder- und Hausmärchen.* Bd. 1–4. Hrsg. von Hans-Jörg Uther. München 1996, Nr. 89. – AaTh 533: Pferdekopf: Der sprechende P.
6. Das kurzsichtige Mädchen. – Kooi, Jurjen van der/Gezelle Meerburg, Babs A.: *Friesische Märchen.* München 1990, Nr. 84. – AaTh 1456: Brautproben.
7. Die Mär vom Machandelbaum. – Nach Goldschmied, Friedrich: *Deutsche Volksblumen.* Leipzig [1836], 76-87. – AaTh 720: Totenvogel.
8. Das Kind mit dem Tränenkrug. – Witzschel, August: *Sagen aus Thüringen.* Wien 1866, 220, Nr. 218. – AaTh 769: Tränenkrüglein.
9. Goldmariken und Goldfeder. – Nach Müllenhoff, Karl: *Sagen, Märchen und Lieder der Herzogthümer Schleswig, Holstein und Lauenburg.* Neue Ausg. besorgt von O. Mensing. Schleswig 1921, Nr. 598. – AaTh 313 C: Braut: Die vergessene B.
10. Gut, daß ich geschwiegen habe. – Doerfer, Gerhard: *Sibirische Märchen.* 2: Tungusen und Jakuten. Düsseldorf/Köln 1983, Nr. 112 (jakutisch). – AaTh 1457: Brautproben: Die unvollkommenen Bräute (Sprechverbot beim Besuch des Freiers).
11. Die Rabe. – Brüder Grimm [d. i. Jacob und Wilhelm Grimm]: *Kinder- und Hausmärchen.* Bd. 1–4. Hrsg. von Hans-Jörg Uther. München 1996, Nr. 93. – AaTh 400: Mann auf der Suche nach der verlorenen Frau + AaTh 401: Prinzessin als Hirschkuh + AaTh 518: Streit um Zaubergegenstände.
12. Armreich und Schmerzenreich. – Nach Bünker, Johann Reinhard: *Schwänke, Sagen und Märchen in heanzischer Mundart.* Leipzig 1906, 353–361, Nr. 101. – AaTh 706: Mädchen ohne Hände.
13. Vom Zornbraten. – *Ludwig Bechsteins Deutsches Märchenbuch.* Hrsg. von Hans-Jörg Uther. München 1997, Nr. 15. – AaTh 901: Zähmung der Widerspenstigen.

14. Die zwölf Brüder und die Schwester. – Bojković-Stulli, Maja: *Kroatische Volks-märchen*. München 2. Auflage 1993, Nr. 29. – AaTh 451: Mädchen sucht seine Brüder + AaTh 709: Schneewittchen + AaTh 408: Orangen: Die drei O.
15. Die Schwester mit den neun Brüdern. – Schleicher, August: *Litauisches Lesebuch und Glossar*. Prag 1857, 144–146. – AaTh 451: Mädchen sucht seine Brüder.
16. Großmütterchen Immergrün. – Colshorn, Karl und Theodor: *Märchen und Sagen*. Hannover 1854, Nr. 4. – Mot. D 975: Blumen als Sympathiezauber.
17. Die Feen. – Tegethoff, Ernst: *Französische Volksmärchen 1*. Jena 1923, Nr. 29 (nach Charles Perrault). – AaTh 480: Mädchen: Das gute und das schlechte M.
18. Das Beil. – Meier, Harri: *Spanische und portugiesische Märchen*. Jena 1940, Nr. 55 (portugiesisch). – AaTh 1450: Kluge Else + AaTh 1245: Sonnenlicht im Sack.
19. Die sieben Raben. – *Ludwig Bechsteins Deutsches Märchenbuch*. Hrsg. von Hans-Jörg Uther. München 1997, Nr. 24. – AaTh 451: Mädchen sucht seine Brüder.

Von Stiefmüttern und ihren Kindern

20. Wanjuschka und Annuschka. – *Russische Volksmärchen*. Übers. von August von Löwis of Menar. Hrsg. von Reinhold Olesch. München 29. Auflage 1994, Nr. 34. – AaTh 511: Einäuglein, Zweiäuglein, Dreiäuglein + AaTh 450: Brüderchen und Schwesterchen.
21. Die Prinzessin mit der Nadel im Kopfe. – Bukowska-Grosse, Ewa/Koschmieder, Erwin: *Polnische Volksmärchen*. Köln 1984, Nr. 45. – AaTh 709: Schneewittchen.
22. Ferla. – Nach Moser-Rath, Elfriede: *Deutsche Volksmärchen*. Neue Folge. München 1990, Nr. 50 (aus Schlesien). – AaTh 480: Mädchen: Das gute und das schlechte M.
23. Die bestrafte Hexe. – Busch, Wilhelm: *Ut ôler Welt. Volksmärchen, Sagen, Lieder und Reime*. Hrsg. von Otto Nöldeke. München 1910, Nr. 10. – AaTh 403: Braut: Die schwarze und die weiße B.
24. Die Prinzessin von Beirut. – Assaf, Ursula und Yussuf: *Märchen aus dem Libanon*. Düsseldorf/Köln 1978, Nr. 12. – AaTh 706: Mädchen ohne Hände.
25. Mandoko. – Jungraithmayr, Hermann: *Märchen aus dem Tschad*. Düsseldorf/Köln 1981, Nr. 27. – Mot. S. 31: Böse Stiefmutter + Mot. L 111.4: Waisen als Helden + vgl. AaTh 300: Drachentöter.
26. Die böse Stiefmutter. – Busch, Wilhelm: *Ut ôler Welt. Volksmärchen, Sagen, Lieder und Reime*. Hrsg. von Otto Nöldeke. München 1910, Nr. 7. – AaTh 480: Mädchen: Das gute und das schlechte M.
27. Das weiße Hündchen. – Boehm, Max/Specht, Fritz: *Lettisch-litauische Märchen*. Jena 1924, Nr. 16 (lettisch). – AaTh 440: Froschkönig.
28. Die Tochter und die Stieftochter. – Boehm, Max/Specht, Fritz: *Lettisch-litauische Märchen*. Jena 1924, Nr. 15 (lettisch). – AaTh 480: Mädchen: Das gute und das schlechte M.
29. Der Lohn der Stieftochter und der Haustochter. – Löwis of Menar, August von: *Finnische und estnische Volksmärchen*. Jena 1927, Nr. 53 (estnisch). – AaTh 480: Mädchen: Das gute und das schlechte M.

30. Die Stiefmutter. – Löwis of Menar, August von: *Finnische und estnische Volksmärchen*. Jena 1927, Nr. 55 (estnisch). – AaTh 720: Totenvogel + AaTh 780: Singender Knochen.

31. Maria, die böse Stiefmutter und die sieben Räuber. – Nach Gonzenbach, Laura: *Sicilianische Märchen*, hrsg. von Otto Hartwig. Leipzig 1870, Nr. 2. – AaTh 327 A: Hänsel und Gretel (Einleitungsmotiv) + AaTh 709: Schneewittchen.

32. Stirnmöndlein. – Christensen, Arthur: *Persische Märchen*. München 1958, Nr. 7. – AaTh 403: Braut: Die schwarze und die weiße B.

33. Hänsel und Gretel. – *Ludwig Bechsteins Deutsches Märchenbuch*. Hrsg. von Hans-Jörg Uther. München 1997, Nr. 8. – AaTh 327 A: Hänsel und Gretel.

34. Die drei Männlein im Walde. – Brüder Grimm [d. i. Jacob und Wilhelm Grimm]: *Kinder- und Hausmärchen*. Bd. 1–4. Hrsg. von Hans-Jörg Uther. München 1996, Nr. 13. – AaTh 403 B: Braut: Die schwarze und die weiße B.

VON TIERMÜTTERN UND DÄMONISCHEN MÜTTERN

35. Der Schakal und die Amsel. – Spies, Otto: *Türkische Märchen*. München 1991, Nr. 47. – AaTh 56, 56 A: Fuchs [hier Schakal] und Vogeljunge + AaTh 122 Z: Überreden zum Sprechen, Singen etc.

36. Die Eule und das Rebhuhn. – Megas, Georgios A.: *Griechische Volksmärchen*. München 1965, Nr. 16. – AaTh 247: Kinder: Die schönsten K.

37. Die drei Pomeranzen. – Nach Schneller, Christian: *Märchen und Sagen aus Wälschtirol*. Innsbruck 1867, Nr. 18. – Mot. S 211: Mutter verspricht ihre Tochter drei Feen + vgl. AaTh 480: Mädchen: Das gute und das schlechte M.

38. Die drei Königssöhne. – Uther, Hans-Jörg: *Märchen vor Grimm*. München 1990, Nr. 28 (Albert Ludwig Grimm, 1809). – AaTh 554: Dankbare Tiere.

39. Prezzemolina (Petersilchen). – Schenda, Rudolf: *Märchen aus der Toskana*. München 1996, Nr. 20. – AaTh 400: Mann auf der Suche nach der verlorenen Frau + AaTh 518: Streit um Zaubergegenstände.

40. Ke-ao-mele-mele, das Mädchen von der goldenen Wolke. – Hartinger-Irek, Gabriele/Irek, Roland: *Märchen aus Hawaii*. München 1997, Nr. 5. – Mot. A 210, A 288, A 500: Mythen um Ke-ao-mele-mele.

41. Der Graf und das Mädchen. – Bojković-Stulli, Maja: *Kroatische Volksmärchen*. München 2. Auflage 1993, Nr. 32. – AaTh 313 C: Braut: Die vergessene B. + AaTh 313: Magische Flucht.

42. Der Trommler. – Brüder Grimm [d. i. Jacob und Wilhelm Grimm]: *Kinder- und Hausmärchen*. Bd. 1–4. Hrsg. von Hans-Jörg Uther. München 1996, Nr. 193. – AaTh 400: Mann auf der Suche nach der verlorenen Frau + AaTh 518: Streit um Zaubergegenstände + AaTh 313 C: Braut: Die vergessene B.

43. Goldig Betheli und Harzebabi. – Wildhaber, Robert/Uffer, Leza: *Schweizer Volksmärchen*. Düsseldorf/Köln 1971, Nr. 1. – AaTh 480: Mädchen: Das gute und das schlechte M.

44. Der wundersame Hirsch. – Merkelbach-Pinck, Angelika: *Lothringer Märchen*. Köln 1984, Nr. 8. – AaTh 511: Einäuglein, Zweiäuglein, Dreiäuglein.

45. »Bekennst Du?«. – Löwis of Menar, August von: *Finnische und estnische Volksmärchen*. Jena 1927, Nr. 33 (finnisch). – AaTh 710: Marienkind.

46. Der Liebste Roland. – Brüder Grimm [d. i. Jacob und Wilhelm Grimm]: *Kinder- und Hausmärchen*. Bd. 1–4. Hrsg. von Hans-Jörg Uther. München 1996, Nr. 56. – AaTh 1119: Bettplatztausch + AaTh 313 C: Braut: Die vergessene B. + AaTh 407: Blumenmädchen.

47. Wolf und Ricke. – Boehm, Max/Specht, Fritz: *Lettisch-litauische Märchen*. Jena 1924, Nr. 24. (lettisch). – AaTh 123: Wolf und Geißlein.

48. Wie das Wölfchen von den Haustieren in ihrer Hütte begrüßt wird. – Boehm, Max/Specht, Fritz: *Lettisch-litauische Märchen*. Jena 1924, Nr. 27 (lettisch). – AaTh 130 A: Tiere auf Wanderschaft.

49. Die Hexe auf der Espe. – Boehm, Max/Specht, Fritz: *Lettisch-litauische Märchen*. Jena 1924, Nr. 4 (lettisch). – AaTh 303: Brüder: Die zwei B. + AaTh 313 A: Magische Flucht + AaTh 554: Dankbare Tiere.

50. Die kämpfenden Brüder. – Kallas, Oskar: *80 Märchen der Ljutziner Esten*. Jurjew [Dorpat] 1900, Nr. 24. – AaTh 451: Mädchen sucht seine Brüder.

51. Der Bösen Tochter und das Waisenmädchen. – Kallas, Oskar: *80 Märchen der Ljutziner Esten*. Jurjew [Dorpat] 1900, Nr. 40. – AaTh 510 A: Cinderella.

52. Sigute. – Capeller, Carl: *Litauische Märchen und Geschichten*. Berlin 1924, 30–35. – AaTh 452 C*: Schwester als Ente.

53. Soreghina. – Kindl, Ulrike: *Märchen aus den Dolomiten*. München 1992, Nr. 18. – Mot. A 737: Warum Sonnenstrahlen erlöschen.

54. Die Hexe und die Königskinder. – *Ludwig Bechsteins Deutsches Märchenbuch*. Hrsg. von Hans-Jörg Uther. München 1997, Nr. 45. – AaTh 313: Magische Flucht.

55. Aschenzuttel. – Nach Karadschitsch, Wuk Stephanowitsch: Volksmärchen der Serben. Berlin 1854, Nr. 32. – AaTh 510 A: Cinderella.

56. Die Geiß mit ihren zehn Zicklein und der Bär. – Haltrich, Josef: *Deutsche Volksmärchen aus dem Sachsenlande in Siebenbürgen*. Wien 3. Auflage 1882, Nr. 83. – AaTh 123: Wolf und Geißlein [hier Bär].

LITERATURAUSWAHL

Badinter, Elisabeth: *Die Mutterliebe. Geschichte eines Gefühls vom 17. Jahrhundert bis heute.* München/Zürich 5. Auflage 1992.

Barker, Adele Marie: *The Mother Syndrome in the Russian Folk Imagination.* Columbus, Ohio 1986.

Bettelheim, Bruno: *Kinder brauchen Märchen.* (Stuttgart 1977) München 1980.

Biedermann, Hans: *Die großen Mütter.* Bern/München 1987.

Birkhäuser-Oeri, Sibylle: *Die Mutter im Märchen.* Hrsg. Marie-Louise von Franz. Deutung der Problematik des Mütterlichen und des Mutterkomplexes am Beispiel bekannter Märchen. Fellbach-Oeffingen 7. Auflage 1983.

Bottigheimer, Ruth B.: *Grimm's Bad Girls and Bold Boys. The Moral and Social Vision of the Tales.* New Haven/London 1987.

Doderer, Klaus: Das bedrückende Leben der Kindergestalten in den Grimmschen Märchen. In: ders.: *Klassische Kinder- und Jugendbücher. Kritische Betrachtungen.* Weinheim/Berlin/Basel 2. Auflage 1970, 137–151.

Dundes, Alan (Hrsg.): *Cinderella. A Casebook.* New York 1983.

Enzyklopädie des Märchens. Handwörterbuch zur historischen und vergleichenden Erzählforschung. Begründet von Kurt Ranke. Hrsg. von Rolf Wilhelm Brednich u. a. Berlin/New York 1977 ff. (bes. die Artikel »Familie« von Katalin Horn, »Mutter« von Torberg Lundell und »Mutter: Die treulose M.« von C. Shojaei Kawan).

Firman, Julie und Dorothy: *Lieben ohne festzuhalten. Mütter und Töchter.* Freiburg 1990.

Franz, Marie-Louise: *Das Weibliche im Märchen.* Stuttgart 1977.

Gobrecht, Barbara: Empfängnis, Schwangerschaft, Geburt und Stillzeit im europäischen Zaubermärchen. Zeiten der Bedrohung für die Heldin und ihre Kinder. In: *Fabula 33* (1992) 55–65.

Göttner-Abendroth, Heide: *Die Göttin und ihr Heros.* München 1980.

Helmig, Thomas: Eine »stiefmütterliche« Behandlung der Stiefmutter. Zur semantischen Struktur von »Stiefmutter« und ihrer Nutzbarmachung im Märchen. In: *Rheinisch-Westfälische Zeitschrift für Volkskunde 29* (1984) 205–210.

Hertzberg-Johnson, B.: *Myten om den oude stemor* (Die Mythe von der bösen Stiefmutter). Oslo 1982.

Köhler-Zülch, Ines/Shojaei Kawan, Christine: *Schneewittchen hat viele Schwestern. Frauengestalten in europäischen Märchen.* Gütersloh 1988 (Textsammlung).

Krawczyk, Ulrike/Früh, Sigrid: *Märchen von Müttern und Töchtern.* Frankfurt a. M. 1996 (erw. Neuausgabe) (Textsammlung).

Kuntze, F.: Die Legende von der guten Tochter in Wort und Bild. In: *Neue Jahrbücher für das klassische Altertum 13* (1904) 280–300.

Liebs, E.: »Spieglein, Spieglein an der Wand«. Mutter-Mythen, Märchen-Mütter,

Tochter-Märchen. In: *Mütter-Töchter-Frauen. Weiblichkeitsbilder in der Literatur.* Hrsg. von H. Kraft/E. Liebs. Stuttgart/Weimar 1993, 115–147.

Lundell, Torborg: *Fairy Tale Mothers.* New York/Frankfurt am Main/Bern/Paris 1990.

Lüthi, Max: *Das Volksmärchen als Dichtung.* Ästhetik und Anthropologie. (Düsseldorf/Köln 1975) Göttingen 2. Auflage 1990.

Lüthi, Max: *So leben sie noch heute. Betrachtungen zum Volksmärchen.* Göttingen 1976.

Mackensen, Lutz: Die Ballade von der Rabenmutter. In: *Oberdeutsche Zeitschrift für Volkskunde 5* (1931) 28–46.

Mayer, A.: *Erdmutter und Hexe.* Eine Untersuchung zur Geschichte des Hexenglaubens und zur Vorgeschichte der Hexenprozesse. München/Freising 1936.

Mergner, Gottfried/Gottwald, Peter (Hrsg.): *Liebe Mutter – böse Mutter. Angstmachende Mutterbilder im Kinder- und Jugendbuch.* Ausstellungskatalog Oldenburg 1989.

Müller, Elisabeth: *Das Bild der Frau im Märchen. Analysen und erzieherische Betrachtungen.* München 1986.

O'Connor, A.: *Child Murderess and Dead Child Traditions* (FFC 249). Helsinki 1991.

Roberts, Warren E.: The Tale of the Kind and the Unkind Girls. Aa-Th 480 and Related Tales. B. 1958.

Röhrich, Lutz: *Märchen und Wirklichkeit.* Wiesbaden 4. Auflage 1979.

Rusch-Feja, Diann: *The Portrayal of the Maturation Process of Girl Figures in Selected Tales of the Brothers Grimm.* Frankfurt am Main u. a. 1995.

Scherf, Walter: *Das Märchenlexikon 1–2.* München 1995.

Stalpaert, Hervé: Uit de dood verrezen moeder verzorgt haar kinderen. In: *Biekorf 75* (1974) 343–352.

Stein, Helga: *Zur Herkunft und Altersbestimmung einer Novellenballade* (DVldr Nr. 76 und Nr. 77). Die Schwiegermutter beseitigt die ihr anvertraute Schwiegertochter (FFC 224). Helsinki 1979.

Tatar, Maria: *Von Blaubärten und Rotkäppchen. Grimms grimmige Märchen.* Salzburg/Wien 1990.

Tucker, Elisabeth: The Cruel Mother in Stories Told by Pre-Adolescent Girls. In: *International Folklore Review 1* (1981) 66–70.

Ude-Koeller, Susanne: ›Straff der weiber so jre kinder tödten‹. Zur ›sagenhaften‹ Geschichte des Kindsmordes. In: *Fabula 32* (1991) 258–274.

Watson, Patricia A.: *Ancient Stepmothers. Myth, Misogyny and Reality.* Leiden u. a. 1995.

Weber-Kellermann, Ingeborg: Die Stiefmutter im Märchen. In: dies.: *Die Familie.* Frankfurt am Main 1976, 22–27.

Wentzel, Knud: *Den kongelige familie. Børn og forældre i folkeeventyret.* Odense 1997.

Wittgenstein, Otto Graf: *Märchen, Träume, Schicksale.* München 1973, 123–166.